传播学论丛

本书获得深圳大学学术著作出版基金资助

知媒者生存

媒介环境学纵论

李明伟 著

Knowing Media: A Media Ecology Approach to Man and Media

北京大学出版社
PEKING UNIVERSITY PRESS

图书在版编目(CIP)数据

知媒者生存:媒介环境学纵论/李明伟著. —北京:北京大学出版社,2010.1
(传播学论丛)
ISBN 978-7-301-16368-9

Ⅰ.知… Ⅱ.李… Ⅲ.传播媒介-环境科学-研究 Ⅳ.G206.2

中国版本图书馆CIP数据核字(2009)第207240号

书　　名:	知媒者生存——媒介环境学纵论
著作责任者:	李明伟　著
责 任 编 辑:	卢旖旎　周丽锦
标 准 书 号:	ISBN 978-7-301-16368-9/G·2765
出 版 发 行:	北京大学出版社
地　　址:	北京市海淀区成府路205号　100871
网　　址:	http://www.pup.cn
电　　话:	邮购部 62752015　发行部 62750672　编辑部 62765016
	出版部 62754962
电 子 邮 箱:	ss@pup.pku.edu.cn
印 刷 者:	北京飞达印刷有限责任公司
经 销 者:	新华书店
	730毫米×980毫米　16开本　19印张　337千字
	2010年1月第1版　2010年1月第1次印刷
定　　价:	40.00元

未经许可,不得以任何方式复制或抄袭本书之部分或全部内容。
版权所有,侵权必究
举报电话:010-62752024　电子邮箱:fd@pup.pku.edu.cn

目录

我们是鱼,生活在媒介的环境中　陈力丹　/1
媒介环境学研究的新气象　何道宽　/9

第一章　媒介矢量　/1
　　第一节　历史的媒介矢量　/1
　　第二节　社会的媒介矢量　/15
　　第三节　媒介矢量的变化　/23
　　第四节　媒介环境学研究综述　/29
　　本章小结　/38

第二章　重新认识媒介环境学　/40
　　第一节　定义媒介环境学　/40
　　第二节　名号之辨　/50
　　第三节　亲缘研究　/55
　　本章小结　/65

第三章　媒介环境学的代际传承　/68
　　第一节　伊尼斯——垄断、权力、扩张、依附　/68
　　第二节　麦克卢汉——感觉、延伸、反叛　/97
　　第三节　梅罗维茨——场景、前/后台、角色、行为　/134
　　第四节　莱文森——数字时代的"麦克卢汉"　/148
　　本章小结　/159

第四章　媒介环境学的理论框架　/165
　　第一节　媒介的静态分析　/165
　　第二节　媒介环境的演化分析　/174

1

第三节　媒介环境的影响研究　/178
　　本章小结　/184

第五章　媒介环境学的范式革命　/188
　　第一节　范式与科学革命　/188
　　第二节　媒介环境学的本体论　/192
　　第三节　媒介环境学的目的论　/197
　　第四节　媒介环境学的方法论　/200
　　本章小结　/205

第六章　媒介环境学的深刻与片面　/208
　　第一节　媒介环境学批判　/208
　　第二节　技术决定论的前世今生　/213
　　第三节　媒介环境学与技术决定论　/219
　　本章小结　/225

第七章　媒介环境的变革与社会化的历史变化　/231
　　第一节　社会化及社会化理论　/232
　　第二节　长幼无间——口语社会的社会化　/242
　　第三节　尊卑有序——印刷社会的社会化　/247
　　第四节　小鬼当家——电视时代的社会化　/254
　　本章小结　/263

主要参考文献　/265

后记　/278

我们是鱼，生活在媒介的环境中

直到20世纪末，我国传播学界的书籍和教材都对两大学派（经验主义学派和批判学派）、四大奠基人（拉斯韦尔、拉扎斯菲尔德、莱文［卢因、勒温］、霍夫兰）、一个"集大成者"（施拉姆）和一个怪人（麦克卢汉），习以为然了。进入21世纪，这些说法不再被学界公认。2004年，陈卫星的《传播的观念》和胡翼青的《传播学：学科危机与范式革命》，不约而同把传播学划分为三大学派。受他们启发，我在2005年发表了《试论传播学方法论的三个学派》，从方法论角度将传播学研究划分为三个学派："经验—功能"、"技术控制论"和"结构主义符号—权力"。三个学派共同的、较为直接的思想先驱是20世纪20年代美国芝加哥学派的一群学者；瑞士语言学家索绪尔和记者出身的沃尔特·李普曼，也为传播学的形成提供了丰富的思想。

19世纪中叶以后，工业国家的报纸进入成熟的大众化时代。电报、电话、广播等各种电子传播媒介迅速普及。两次世界大战中的电子信息战给人留下了深刻的印象。伴随着通信技术的快速发展和社会越来越媒介（机器）化，信息论、控制论、系统论等新学科登台亮相。它们从自然科学角度对传播现象的探索，不仅为经验—功能学派提供了传媒功能的认识模式，也启发了一批又一批人文社会科学学者关注媒介（机器）本身对人与社会发展的影响。如果说，芝加哥学派讨论的传媒对人与社会的影响还仅仅是一种假设的话，信息通讯理论则是传播学技术控制论学派的直接理论来源。该学派第一位研究者是加拿大学者英（伊）尼斯，紧接着便是麦克卢汉，随后梅罗维茨、莱（利）文森依次成为这个学派的代表人物。

相比对此前的传播学两大学派和几个人物的认识，认为传播学三大学派鼎足而立，似乎更恰当些，应该让麦克卢汉所属的技术控制论学派浮出水面了。李明伟的这本书,是目前国内研究传播学技术控制论学派(本书谓之"媒介环境学")的较早的专著,很有分量。

这本专著的基础是他的博士学位论文《媒介形态理论研究》。李明伟是我在中国社会科学院研究生院新闻系指导的最后两位博士生之一(2002—2005年)。对于他选定做"媒介环境学"这个思辨性质的研究,我多少有些担心。不过还好,李明伟以他的勤勉和敏思如期完成了学位论文。论文超越了国内长期限于对麦克卢汉或伊尼斯等单个学者研究的现状,实际上展示了整个"传播技术控制论学派"的发展全景,厘定了这个学派的内涵与外延;超越了既往对麦克卢汉"老三句"("媒介即讯息"、"媒介是人体的延伸"、"冷热媒介")和伊尼斯的"媒介偏向论"的研究,系统展示了他们所代表的学派的思想体系;超越了众口铄金式的对他们的简单评价,深入剖析了他们与"技术决定论"之间的关系。

毕业后,李明伟去了南方。在文化氛围不那么浓厚、教学任务繁重、家庭重担同时在肩的情况下,他没有放弃在这个方向上的探索。眼前这本书是他三年多来进一步深入研究的结晶。与当年的博士学位论文相比,这本专著的视野更加宏阔,材料丰富,逻辑严谨,论证缜密。

总地来看,本书在以下四个方面值得称道。

第一,论证媒介环境学作为一个研究范式的合法性。

何道宽曾就 Media Ecology 的翻译写道:"Media Ecology 的中文译名起初为'媒介生态学'。但是这个'媒介生态学'和国内学者关注的'媒介生态学'并不是一回事。应该怎么翻译才妥当呢?2005 年秋,李明伟博士从中国社会科学院到深圳大学任职。自此,我们开始切磋北美这个学派的译名问题。他的博士论文《媒介形态理论研究》里所谓'形态理论'就是北美的 Media Ecology 学派,因为这个学派强调媒介的形式而不是内容。……经过几个月的跨洋飞鸿……Media Ecology 应该定名为'媒介环境学',而不采用几年以来已经在使用的'媒介生态学'。"[①] 李明伟参与的这个名称翻译的讨论,实际上是对国内某些学者望文生义制造的"媒介生态学"的学术批评。

在这本书中,作者从三个方面论证了媒介环境学作为一个研究范式的合法性。他纵向梳理并论证了从伊尼斯到麦克卢汉、沃尔特·翁,再到梅罗维茨、莱

---

① 何道宽:《媒介环境学辨析》,《国际新闻界》2007 年第 1 期。

文森,这些学者之间的理论渊源关系,呈现了媒介环境学前后的思想接力与学术演进。横向方面,提取了他们共有的研究主题和演绎逻辑,尤其展示了媒介环境学的理论框架。作者提出,媒介环境学包括麦克卢汉的传播理论,并非表面看起来那么乱无头绪。宏观层面,媒介环境学有三个依次递进的研究主题。每个主题之下又有多个层次的展开。最基础的是媒介分析,包括对各种媒介、各类型媒介和媒介本质三个层次的分析;其次是对媒介环境演化的分析;最后是对媒介环境的深远意义的研究。作者认为,最后一个层面是媒介环境学的研究重心和落脚点。再者,作者站在范式革命的高度,深入论证了他们在研究的本体论、方法论和认识论三个层面的一致取向,及其与其他范式相比而言的不同凡响。

作者的结论是:"媒介环境学尊奉的这种学术信仰和这些研究原则,秉承这种信仰原则而展开的出色研究,以及由此获得的卓越成就,足以让它成为与经验学派和批判学派比肩而立的一个传播研究范式。"

第二,对代表学者和整个学派作出了新的评价。

本书认为,伊尼斯是对媒介环境进行专一而系统研究的第一人。他沿着经济学研究的思路,确证了大众媒介对商品经济的影响;然后转向探讨媒介对于知识和权力的意义;在此基础上,深入研究媒介变革在何种程度上以何种方式关系到社会发展的平衡与稳定,人类文明的存续和冲突。他不仅确定了媒介环境学的研究主题——媒介造成的环境与社会历史的变迁,为后继研究开掘了不尽的问题空间,还为媒介环境学创造了独特的方法论工具。作者因此提出,应该把伊尼斯放在媒介环境学奠基人的位置。

对于麦克卢汉,如作者所言:"故事才刚刚开始。麦克卢汉从感官偏向这个角度对媒介环境的探索研究,照亮了传播学与认知心理学、神经心理学和脑科学等学科进行跨学科研究的广阔空间。他提出的'内爆'这个概念,为鲍德里亚的后现代分析提供了思想的引线,也为后人进一步研究媒介环境变革与社会转型预留了思考空间。他对无形无象之人的分析,也还远未完结,我们仍需追问人在新媒介环境中的存在、意义这些终极问题。在这个由媒体主宰、变化越来越快的时代,麦克卢汉仍然值得我们常去拜询讨教。"

本书对梅罗维茨的评价颇高,认为他不仅构建了媒介环境学系统而扎实的理论体系,而且他的研究最能代表媒介环境学的理论生长点。作者在伊尼斯、麦克卢汉和梅罗维茨三人之间进行比较:伊尼斯尽管摆出了很多史料,但在材料与材料之间、材料与问题之间缺乏有组织的安排和有逻辑的论证;麦克卢汉的学术野心和方法论信仰,让他的思想总是天马行空,分析总是变动不居;梅罗维茨却全神贯注于媒介环境与人际交往之间的关系,用拟剧交往理论中的"交往场景",桥接了媒介环境与社会行为之间的作用关系,系统分析了媒介环境的变化如何改变交往场景进而导致社会行为的变化。梅罗维茨的这种变通和嫁接,让我们看到了媒介环境学在微观社会层面的理论效力和作为空间。

关于对这个学派的批评,作者重点就"不科学"和"技术决定论"这两大批评的观点做了分析。作者创造性地把"技术决定论"拆分为四个方面:技术的产生与发展、技术与社会之间的关系、技术作用于社会的方式,以及技术的社会效用,并依此对媒介环境学进行了对比剖析。他的结论是:媒介环境学在这四个核心要点上,与技术决定论有着很大不同。作者还从社会历史背景、学科研究背景和理论与实际的契合关系等方面,进一步指明媒介环境学在技术与社会关系上的研究取向的必要性、合理性和重要意义。

一套理论就是一种选择。哲学有哲学的阐释角度,传播学有传播学的阐释角度。在传播学内部,经验主义研究是一种选择,媒介环境学是一种选择。经验主义研究认为,传播内容是传播效果的重要原因。他们通过分析或控制特定的传播内容,以确定或得到相应的传播效果。这种研究能够展示具体传播内容的特征,提供改进传播效果的策略。不过,这种研究的有效性范围有限。它无法解释宏观的、长远的、结构性的社会历史变化。媒介环境学认为,传播媒介是社会历史变化的重要动因。他们希望通过分析媒介造就的环境的性质、结构及其演变,从一个新的角度理解人类社会,预见其未来的变化趋势。他们的重心不在于具体的传播活动和短期传播效果。所以,媒介环境学在理解传播的过程或者解决具体的传播内容及其效果方面,没有多大帮助。

作者所言皆有实据,可以启引后来。

第三,关于伊尼斯和麦克卢汉的一些研究发现。

本书通过很多有力的文献资料证明,伊尼斯的经济学研究深受索斯坦·凡勃伦的影响。凡勃伦的制度经济学打破传统经济学对经济现象的静态、刻板研究,超越经济和市场,在广阔的社会变迁中分析心理、习俗、制度与经济行为之间的动态作用关系。这种研究方法坚定了伊尼斯的社会科学信仰,启发他在宏阔历史背景中开展经济史学研究和传播偏向研究。凡勃伦对技术的经济与社会意义的肯定,在伊尼斯的经济史学研究中得到了进一步的确证,并为伊尼斯日后研究传播的社会意义埋下了最早的伏笔。作者还通过分析加拿大的历史、地理及与英、法、美之间的关系,强调传播在加拿大民族认同中所起的作用,由此揭示了伊尼斯忧患意识的深层原因。

本书通过对麦克卢汉生活的时代背景、家庭、学术经历、宗教信仰等多个角度和层面的深入解读,把麦克卢汉拉回到了我们身边。我们借此得见麦克卢汉的研究模式和表达风格缘何而就,他的一些标签般的术语、比喻和命题从何而来,又所指为何。之前很多文献只是提及麦克卢汉的文学出身。本书对文学新批评派与麦克卢汉之间的关系进行的分析表明,新批评派为麦克卢汉植入了形式主义的思想种子,让他迷上了文艺思维的模式,塑造了麦克卢汉的表达风格,也为他提供了丰富的思想资源。作者从新批评派的一些关键概念——"歧义"、"悖论"、"反讽"、"张力"——入手,对"媒介即讯息"这一命题的拆解,也让人耳目一新。

这种兼顾社会历史背景和文本分析的解读,对于理解艰涩的伊尼斯和麦克卢汉的论著,显然很有必要。媒介环境学的一些不常为人所知的颇有价值的思想和命题,被挖掘了出来。例如,本书第一次阐释了伊尼斯关于传播的市场意义的研究发现。其一,报纸的低价销售策略,首开商业领域薄利多销的先河。伊尼斯因此认为,大众化报业是工业革命后新型商品经济的源头。其二,大众媒体对各种商品和价格信息的快速传播,更加突出了价格体系的市场调节作用。在市场与媒体之间,传播学往往关注经济利益或者市场变动对传媒的影响,而伊尼斯却用专业经济学的眼光,关注大众媒介迅速传播信息的功能对市场的影响。

本书还提醒我们留意麦克卢汉对商品经济和文化教育的分析。麦克卢汉很早就预言了商品领域的个性化趋势和象征性消费的潮流,声称图书出版的互动性和个性化服务将会更强。图书文化也将发生逆转,从一种抽象的书籍文化过渡到一种高度感性、造型和画像似的文化。读图时代的到来证实了麦克卢汉的先见之明。麦克卢汉还说,电子传播让校园外的信息第一次超过校园教育的信息,学校教育因此需要作出三项重要改革:把媒介教育纳入学校教学;教学的任务不再是传授知识而是培养学生自我学习的能力;学校教育要增强互动性。

本书的这些研究发现,可以纠正我们对麦克卢汉和媒介环境学的脸谱式的看法,有助于扩展传播研究的视野和思路。

第四,就纠结难点发出自己的声音。

雷蒙德·威廉姆斯曾经批评麦克卢汉,说他自以为从媒介管窥到了社会的趋势,其实不过是把技术上的可能性直接转换成了社会事实。这代表了很多对麦克卢汉的"技术决定论"的批评。本书则认为："媒介环境学包括麦克卢汉的推论方式,根本不是威廉姆斯批评的'技术→结果'这样直接的因果推导。媒介环境学从未把技术看作社会历史变化的直接的、唯一的因素。在他们的论述中,至少可以看到传播内容和特定环境在效果产生过程中的作用。"而且,媒介环境学的推演和预测其实是有前提的,即某种媒介的大规模社会应用。在麦克卢汉那里,他说是"在人们正常使用技术的情况下"[①];梅罗维茨说的则是"在我们国家中","每一户美国家庭几乎都至少拥有一部电话和一台电视","每个家庭每周开电视的时间是50个小时"。[②]

"地球村"多被视为麦克卢汉的"技术乐观主义"的代名词。本书则提出相反的材料证明,"事实远没有这么简单分明"。麦克卢汉不仅对"地球村"变为现实的过程深感厌恶,而且对结果也深怀忧虑:人在电子传播环境中变成一个一个无形无象的信息符号以后,现实与虚拟交往之间的矛盾必然会产生越来越多的"内在紧张和精神分裂症",人类社会将从此进入旷日持久、天罗地网般的信息监控与跟踪的梦魇之中。

为厘定媒介环境学的内涵与外延,作者对一些混淆的名号和相近的研究一一作了仔细的辨析。同样是"鱼和水"的比喻,媒介和社会孰是"鱼"孰是"水"?作者指出,把社会看做是媒介的环境,还是倒过来视媒介为社会的环境。这是中、西方媒介生态学的一个根本差异。作者同意把美国芝加哥学派看作传播学包括媒介环境学的总源头,以刘易斯·芒福德、雅克·埃吕尔和尤尔根·哈贝马斯为代表的技术哲学为媒介环境学提供了思想给养。但是,作者认为,这种思想渊源并不意味着他们是一家,媒介环境学实际上也容纳不了这些研究。而美国"媒介生态学"的重要代表人物波斯曼,更接近批判学派而不是媒介环境学。这些观点都可以商榷,但作者的严谨和敢言,无疑值得肯定。

本书从历史和社会的深处引题,在充分的文献回顾之后提出自己的研究思路,再通过定义和对亲缘研究的辨析明确本书的研究对象,而后进入本书的主体,从纵、横两个方向及范式革命的高度,论证媒介环境学本体。全书体例清晰,逻辑分明,各章节井然有致,条分缕析。这说明,作者对研究内容有非常充分的理解和成熟的把握。

媒介环境学是一种宏大的思辨研究。研究它自然需要广阔的知识视野和扎

---

① 〔加〕麦克卢汉:《理解媒介》,何道宽译,商务印书馆2000年版,第79页。
② 〔美〕梅罗维茨:《消失的地域》,肖志军译,清华大学出版社2002年版,原著前言。

实的理论基础。除了多学科的视野,作者还有细致入微的社会观察能力,能够从日常社会生活中发现传播的轨迹。李明伟好读书,勤思考,能够发现问题,具有质疑的勇气。在学术研究行政导向和市场导向严重的现实环境中,李明伟索个人之迷思,言一己之真见,我心甚悦,为他加油!

陈力丹
2009年1月4日于北京时雨园

媒介环境学研究的新气象

一、祝贺

李伟明博士的专著《知媒者生存——媒介环境学纵论》完成了,我感到由衷的高兴。

2005年,他从社科院荣获博士学位后来深圳大学与我共事,他富有创见的博士论文《媒介形态理论研究》使我感到振奋。因为他研究的"媒介形态理论"就是我近20年来译介的"麦克卢汉"学派。

此前,我译介了这个学派几员大将的著作:《传播的偏向》(The Bias of Communication)、《帝国与传播》(Empire and Communications)、《理解媒介》(Understanding Media: The Extension of Man)、《麦克卢汉精粹》(Essential McLuhan)、《麦克卢汉:媒介及信使》(Marshall McLuhan: The Medium and the Message)、《思想无羁:技术时代的认识论》(Mind at Large: Knowing in the Technological Age)、《麦克卢汉书简》(Letters of Marshall McLuhan by Marshall McLuhan)、《手机:挡不住的呼唤》(Cellphone: the Story of the World's Most Mobile Medium and How It Has Transformed Everything!)、《真实空间:飞天梦解析》(Realspace: The Fate of Physical Presence in the Digital Age, On and Off Planet);同时发表了几篇介绍麦克卢汉及其学派的文章:《媒介即是文化——麦克卢汉媒介思想述评》、《麦克卢汉在中国》、《和而不同息纷争》、《媒介革命与学习革命》、《多伦多传播学派的双星:伊尼斯与麦克卢汉》、《天书能读:麦克卢汉的现代诠释》、《麦克卢汉的学术转向》。与此同时,我还为中国人民大学出版社主持或参与主持了三个译丛:"新闻与传播学译丛·大师经典系列"、"麦克卢汉研究书系"、"莱文森研究书系"。

然而,到 2005 年,我对这个学派的研究还是见树多,见林少。李明伟的博士论文《媒介形态理论研究》推动我前进一步,使我从总体上去思考如何给该学派定名、如何深入研究该学派的理论框架和地位。

几乎在同时,丁未博士从同济大学转来深圳大学工作。接着,台湾政治大学的陈世敏教授和美国新泽西州威廉·帕特森大学的林文刚教授分别来访。经过认真切磋,我们决定采用究其实而不据其形的办法来给这个学派定名:"媒介环境学"。此前的"媒介生态学"、明伟博士提出的"媒介形态理论"以及其他的考虑诸如"媒介哲学"都逐一放弃了。

在共同的努力下,我们代表深圳大学传媒与文化发展研究中心为北京大学出版社承担的"媒介环境学译丛"进展顺利,两年来已经出版三种书:《媒介环境学:思想沿革与多维视野》(Perspectives on Culture, Technology and Communication: The Media Ecology Tradition)、《技术垄断:文化向技术投降》(Technopoly: the Surrender of Culture to Technology)、《口语文化与书面文化:语词的技术化》(Orality and Literacy: the Technologizing of the Word)。

明伟博士的专著《知媒者生存——媒介环境学纵论》是中国学者研究媒介环境学的第一部作品,它的问世必将拓宽和深化国内学者对这个学派的研究。

国内以专著形式研究这个学派的先驱是张咏华教授。2002 年,她的《媒介分析:传播技术神话的解读》(复旦大学出版社)开风气之先,认真研究以麦克卢汉为代表的传播学派。由于历史的局限,国内大部分关于麦克卢汉的研究都有一些误读。我自己对这个学派的认识,也经历了一个从"误读"和"苛求"到"公允"和"客观"的过程。

2002 年,我在《多伦多传播学派的双星:伊尼斯与麦克卢汉》(《深圳大学学报》2002 年第 5 期)里说:"20 世纪下半叶,多伦多大学升起两颗学术明星:麦克卢汉和伊尼斯。他们背景殊异,却情趣相同,共同建立了传播学的一个学派:媒介决定论。"

2003 年,我试图修正对麦克卢汉的判断,指出他是面向未来的技术乐观主义者。在《天书能读:麦克卢汉的现代诠释》(《四川外语学院学报》2003 年第 1 期)里,我写下了这样一段话:"他绝对不是鼓吹技术决定论的人,他是要我们回归身心一体、主客一体的理想境界。麦克卢汉不仅是当代人的朋友,而且是子孙后代的朋友。他是一个面向未来的人、预言希望的人。"

经过三年的深入钻研和艰苦努力,明伟博士以其博士论文《媒介形态理论研究》为基础，在纵横两个维度上开拓，终于更新了他自己对这个学派的研究和批评。这对深化麦克卢汉研究、媒介环境学派研究乃至对中国传播学健康、平衡的发展贡献不小，令人高兴，值得祝贺。

二、学派简史

媒介环境学派的正名和定名经历了一个漫长的过程。它问鼎北美传播学核心和主流的征途也历经磨难。

该学派滥觞于20世纪初，却定名于20世纪后半叶。1998年8月4日，媒介环境学会才正式成立。从萌芽到举旗的里程几乎长达一百年！

该学派经过了三代人的生命历程。

先驱人物有帕特里克·格迪斯（Patrick Geddes）、刘易斯·芒福德（Lewis Mumford）、本杰明·李·沃尔夫（Benjamin Lee Wholf，1897—1941）、苏珊·朗格（Susanne K. Langer，1895—1982）等人。格迪斯是百科全书式人物；芒福德是城市生态学的创始人；沃尔夫主张语言相对论，强调语言对思维的影响；朗格是符号论美学代表人物。

第一代的代表人物有伊尼斯和麦克卢汉，他们是该学派的奠基人和旗手，他们的学问在20世纪50年代以后走向成熟。

第二代的代表人物在20世纪70年代登场。其中的三位代表人物尼尔·波斯曼（Neil Postman，1931—2003）、沃尔特·翁（Walter Ong，1912—2003）、詹姆斯·凯瑞（James Carey，1934—2006），国内学界已相当熟悉了。

第三代的代表人物有保罗·莱文森（Paul Levinson）、约书亚·梅罗维茨（Joshua Meyrowitz）、林文刚、德里克·德克霍夫（Derrick Dekerckhove）、兰斯·斯特雷特（Lance Strate）、埃里克·麦克卢汉（Eric McLuhan），他们多半在20世纪90年代以后登场，目前活跃在世界各地。前四位的著作已陆续引进国内。

麦克卢汉的地位经历了大起大落。20世纪60年代声震全球，70年代则一落千丈，世纪交替时又再次震撼世界，不过这一次的震动既渗透到真实世界又穿透在虚拟世界中。

三、坎坷的道路

姑且不论媒介环境学的萌芽和滥觞，即使从伊尼斯算起，其历史也在半个世纪以上；20世纪60年代到世纪之交，麦克卢汉的名声又大起大落。如果以媒介环境学会正式成立的1998年为准,这个学派从诞生到举旗,经历了几十年的坎坷。质言之,它难以打入美国传播学的主流和核心。

命运坎坷的岂止是它呢,传播学的批判学派包括马克思主义和非马克思主义的批判都难以撼动美国传播学经验学派的霸主地位。

媒介环境学派的两个中心是多伦多和纽约。多伦多学派以麦克卢汉为精神领袖、"文化与技术研究所"为制度保证、以《探索》(*Explorations*)和《预警线通讯》(*Dew Line Newsletter*)为学术阵地。这里形成了一个跨学科研究的麦克卢汉圈子。

纽约学派和多伦多学派有明显的承继关系,福德姆大学和纽约大学是媒介环境学纽约学派的重镇。

20世纪60年代,麦克卢汉来福德姆大学播种,约翰·卡尔金(John M. Culkin,1928—1993)在此培育,莱文森在这里拓展,经过三代人的耕耘,媒介环境学在该大学蔚为壮观。

尼尔·波斯曼是纽约学派的精神领袖和旗手。1970年,他在纽约大学创建媒介环境学博士点,迄今已经培养一百多位博士生、四百多位硕士生。他的诸多学生已经成为媒介环境学会的骨干。

多伦多学派和纽约学派都产生了一批世界级的传播学研究成果。然而,即使在网络时代和数字时代麦克卢汉"复活"的狂潮巨澜中,这个强大的学派却长期不能挟麦克卢汉的余威,难以旗帜鲜明地问鼎北美传播学的主流圈子。为什么?

因为美国是实用主义的故乡,诞生于斯的传播学自然就要沿袭实用主义的治学传统,所以美国主流的传播学派顽固地坚守经验主义、实证主义和量化研究的路子。传播学的先驱之一拉扎斯菲尔德将其命名为行政研究。与此相似,稍后兴起的哈佛社会学派以及施拉姆奠基的伊利诺伊传播学派、拉扎斯菲尔德领衔的哥伦比亚传播学派也始终沿袭实用主义、行为主义和功能主义的路子。

正如美国的大多数学科一样,北美传播学一开始就具有强烈的现实关怀,强调务实,打上了强烈的实证主义烙印,非常注重研究政治竞选、宣传效应、通讯控制、管理操作、广告实务、公关方略、媒体经营、传媒的直接和短期影响等等。思辨的、哲学的、形而上的、宏大叙事的、人文关怀和道德关怀的研究,不太容易打进核心的学术圈子。

北美本土的批判研究难以扎根,伊尼斯、麦克卢汉、波斯曼、詹姆斯·凯瑞的批判思想被传播学的经验学派视之为另类。

欧洲传入的各种批判思潮在这里水土不服。德国法兰克福学派、英国新左派的文化研究和政治经济学研究、法国的结构主义引进北美传播学后,长期难以进入主流圈子。这是因为美国人有两个难以克服的情结:对马克思主义天生的恐惧,"美国主义"使美国成为天生的例外!

麦克卢汉1980年底去世之后不久,北美传播学主流刊物《传播学杂志》(Journal of Communication)在1981年的一期特刊里发表了8篇纪念文章,对其亦臧亦否,毁誉参半,并不赋予其一派宗师的地位。

1983年《传播学杂志》的特刊《传播研究领域的发酵》(Ferment in the Field)接受了批判学派,却仍然把以麦克卢汉为代表的媒介环境学派拒之门外。

十年之后的1993年,《传播学杂志》又推出两期特刊,重估传播学的最新动态,分别题为《学科展望之一》(The Future of the Field I)、《学科展望之二》(The Future of the Field II)。然而"媒介环境学"这个术语再次遭到漠视,没有得到这两期特刊的承认。

新千年以后,媒介环境学会一年一度的学术盛会再也不需要谁的施舍,不容得经验学派不予承认。在前瞻性和历史厚重上,经验学派有和媒介环境学派一比高低的实力吗?

四、后生可畏

我曾经撰文赞许明伟的博士论文《媒介形态理论研究》(简称《研究》):"迄今为止,国内研究媒介环境学派最全面、客观、冷静、公允的成果是李明伟先生的博士论文《媒介形态理论研究》。"读了他据此修订的专著以后,我想在这个评价的基础上再加上一个修饰语:《知媒者生存》(简称《生存》)"是一部有相当深度的研究专著"。以下的评论先从表面上的修订和扩容开始,然后挑选几个亮点予以发挥。

从论文到专著,明伟博士这部书在结构上做了调整:《研究》共分八章,分别是导论、媒介形态理论、理论与时俱进、媒介形态及其社会影响分析、作为一个研究范式的媒介形态理论、问题与批评、媒介形态与社会化、研究结论;《生存》只有七章:媒介矢量、重新认识媒介环境学、媒介环境学的代际传承、媒介环境学的理论框架、媒介环境学的范式革命、媒介环境学的深刻与片面、媒介环境的变革与社会化的历史变化。章节少了,篇幅却增加了近一倍,计26万余字。"媒介矢量"取代"导论",内容更扎实丰厚。从第二章到第六章,思辨色彩更加耀眼,思想的锋芒更加犀利。

从《研究》到《生存》,作者对媒介环境学派的"规定性特点"做了调整。《研究》指出六个"规定性特点":立论的中心和原点是媒介;侧重研究的是媒介本身,而不是媒介传播的具体内容;区别对待不同媒介的特性,反对泛论媒介;注重考察媒介形态变化的动态历史;研究的旨归是从媒介形态及其变化的角度来解读社会历史变迁;考察的是长远时期和广大范围内的已然结果和可能效果。《生存》把这些"规定性特点"浓缩为五个:立论的原点是"媒介本身";承认和讨论具体媒介的特性;注重考察媒介环境的历史变化;研究的重心是解读社会历史的变迁;考察的是长远时期广大范围内的已然结果和可能影响。经过这样的调整,作者的思想突出,主题更加鲜明,论辩更加张扬。

《研究》一书的亮点不少,现择要介绍之。

首先,媒介环境学的"规定性特点"是目前笔者见到的最佳概括,有助于我们认识该学派的本质和特征。

其次,第一章第四节"媒介环境学研究综述"对近年来国内外对该学派的再认识和重新评价做了相当客观而全面的扫描,为全书的立论提供了很高的起点与合理的平台。读者可以由此而比较感性地认识媒介环境学派势不可当的蓬勃发展,很自然地过渡到第二章"重新认识媒介环境学"。

第三章"媒介环境学的代际传承"以纪传体的方式介绍和评介了媒介环境学派三代学者中的四位代表人物:伊尼斯、麦克卢汉、梅罗维茨和莱文森,编织了一个色彩斑斓的人物画廊,纵向追溯了该学派的历史发展和承继关系,横向勾勒了这几位学者各自的成就和地位。

第四章是作者深思好学的结晶,是该书的创新亮点之一。李明伟博士将媒介环境学的理论框架解析为三个层次:媒介分析、媒介演化分析和媒介的社会影响分析。他认为这是三个依次递进的研究主题。这是诸多媒介批评中难得一见的成果。李明伟博士打通了哲学、社会学、媒介理论,构筑了自己的立论框架。兹将他的图示抄录如下:

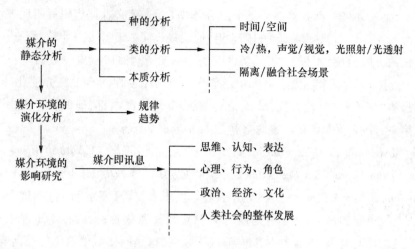

第五章"媒介环境学的范式革命"是本书最高层次的哲学思辨,分别从媒介环境学的本体论、目的论和方法论论证媒介环境学的革命性与合法性,为其问鼎北美传播学主流提供了最难以辩驳的依据。

第六章"媒介环境学的深刻与片面"对该学派进行再评价,从哲学的高度有力地捍卫了媒介环境学,摘掉其"技术决定论"的帽子,同时又指出其不足之处。

第七章"媒介环境的变革与社会化的历史变化"是我非常欣赏的章节之一。作者把人类学和社会学的"社会化"概念引入媒介环境学,独树一帜,对媒介环境学反复阐述的媒介历史分期做了生动的社会化描述,别开生面,语言幽默,通俗易懂。

李明伟博士博览群书、好学深思,书中涉及的参考文献数以百计,注释亦数以百计。作者的治学功夫由此可见一斑。

五、几点建议

瑕不掩瑜,但瑕亦为憾。如有机会修订,我建议考虑以下几点:

首先,第三章第四节介绍媒介环境学派的四位代表人物伊尼斯、麦克卢汉、梅罗维茨和莱文森,却没有给该学派第二代的精神领袖和领军人物尼尔·波斯曼专辟一节论述。这恐怕是比较大的疏漏,是笔者不敢苟同的。

其次,作者在四位详细介绍的代表人物中,褒扬梅罗维茨,对莱文森的贡献和地位估计不足。这也是笔者不敢苟同的。梅罗维茨和莱文森是师兄弟,同出尼尔·波斯曼门下。两人相比,在传播学和媒介理论著作的数量和质量上、在"反叛"和创新上、在扬弃麦克卢汉思想开创后麦克卢汉时代上、在学派内部的地位上,莱文森似乎都要略高一筹。早在读博期间,莱文森就旗帜鲜明地批评他的偶像麦克卢汉和恩师波斯曼;1977 年,他就提出了"玩具、镜子和艺术"这一媒介演化的三阶段论,用以补充麦克卢汉关于媒介演化的"提升—过时—再现—逆转"四定律;1979 年,他的博士论文提出了极具原创性的有关媒介演化的"人性化趋势"理论和"补救性媒介"理论;在媒介环境学派内部,他的媒介理论著作当数第一,计有六种[《学习赛博空间》(*Learning Cyberspace: Essays on the Evolution of Media and the New Education*)、《软利器》(*Soft Edge: A Natural History and Future of the Information Revolution*)、《数字麦克卢汉》(*Digital McLuhan: A Guide to the Information Millenium*)、《思想无羁》、《手机》和《真实空间》];在这个学派内部,他的思想频谱之广、学科跨度之大罕有与其匹敌者;他的哲学思考很有深度,他的著作与时俱进;他在学派内部担任顾问,这是同仁对他地位的最高赞誉。我在其他地方详细阐述过他的七大贡献,容不赘。我对莱文森极为推崇,所以才主动提出并参与《莱文森精粹》(*The Essential Levinson*)的编辑和翻译工作。《莱文森精粹》在中国的问世,实在是实至名归,相信这一选集对传播学界的同仁会有所启示。

感谢李明伟博士给我提供一个发表意见的机会。感谢他对中国的麦克卢汉研究和媒介环境学研究奉献的精心之作。

何道宽

2009 年 1 月 16 日

于深圳大学传媒与文化发展研究中心

第一章 媒介矢量

第一节 历史的媒介矢量

人类不是地球上出现最早的生命,也不是地球上存在最久的生命。悠久生命的历史目前可追溯到6亿多年前。苍蝇、蚊子、蟑螂、蜈蚣也都有上亿年的家世。人类历史往多了说几百万年,也不过是白驹过隙。但是,作为地球上有思想肯思考的高级动物,人类是唯一对自己的前世、今生和来世有历史认知追求的生命。

在史学尚未出现的人类幼年,神话和神学初步勾勒了这个世界的来去。古希腊诗人赫西俄德(Hesiod,公元前8—前7世纪)在其神话史诗《田功农时》(*Works and Days*)中,把人类历史划分为五个阶段:黄金时代、白银时代、青铜时代、英雄时代和黑铁时代。混沌初开万物既生之后,神创造了人类。人类和诸神一样生活无忧无虑,在世享受盛宴和快乐,死后羽化成仙,惩恶扬善,维持正义。当侍女潘多拉把主人宙斯封存"罪恶渊薮"的盒子打开,人类的"黄金时代"便结束了。"白银时代"的人类年幼时娇生惯养,上百岁不减童稚。接近生命尾声,他们放情纵欲,与人不善,对神不恭,死后变成魔鬼。"青铜时代"的人类残暴异常,在无休止的战争中互相残杀,死后进入阴森可怕的地狱。"英雄时代"的人类敬天畏道,但最后也陷入了战争和仇杀,死后他们在宙斯赐给他们的极乐岛上享受生活。"黑铁时代"的人类彻底堕落,他们不敬不爱,不友不邻,不劳不勉,生活在一个赫西俄德认为最不堪忍受的悲惨、无望的世界。当人类社会秩序最后达到混乱的极致,神明援手把人类从混乱又拨转到了初始的完美状态。"历史不是走向完美的一种进化,而是一种由秩序到混乱,由混乱复归为秩序后再到混乱的不断更替的过程,人类历史的变迁依循这五个时代不断退落,循环不已。"①

为证明自己的神明智慧和在世俗社会中的权威,宗教最汲汲于为人类描绘世界的来去。创制历法是宗教在这方面努力的一个集中体现。公元6世纪,罗马基督教神学家狄奥尼修斯·埃克西古斯(Dionysius Exigus,约500—560)正式提出并倡导使用基督纪元,即以耶稣基督的诞生为纪年元年,以 A.D(拉丁文"Anno Domin"的缩写)表示。后来,基督教神学家、英国"史学之父"比德(Beda Venerabilis,约673—735)又发明了"基督前"(英文"Before Christ",缩写为 B.C)来表示耶稣诞生之前的历史阶段,并且开始在历史著作中全面规范使用基督纪元。与赫西俄德的历史循环论不同,基督教史学体系中的人类历史是从一个起点(基督创世)走向一个终点(末日审判)的单线发展过程。不过,这两种人类史观显然都对人和人类社会持一种悲观态度。

14、15世纪,文艺复兴思潮在意大利萌发。为了对抗专制落后的天主教会,意大利人文主义者一方面祭出古典文化的利剑,高扬古希腊古罗马文化的人文精神,一方面又盛赞他们自己正在推动的文艺复兴运动。15世纪末,意大利史学家比昂多(Flavio Biondo,1388—1463)根据当时人文主义者的这种认识提出,古典文化和文艺复兴是人类历史上的两座文化高峰,这中间的一千年(5—15世纪)则是人类文化的低谷——腐朽愚昧的天主教文化,比昂多称之为"中世纪"(The Middle Age)。在此基础上,德国史学家凯勒尔(Christopher Cellarius,1638—1707)于17世纪末出版了《古代、中世纪和新时期世界通史》(*Universal History Divided into an Ancient,Medieval and New Period*)一书。如其书名所示,凯勒尔第一次把人类全部历史划分为古代、中世纪和现代三个时期。三个阶段的两个界标分别是西罗马帝国灭亡和文艺复兴。② 这一划分影响深远。

在"神性"之后,18至20世纪,"理性"成了西方史学的灵魂。进步史观成了史学的新主流。现代史学的奠基人、意大利史学家詹巴蒂斯塔·维柯(Giambattista Vico,1668—1744)继承和发扬了人文主义史学家的观点,认为人类历史不是由神创造和控制的,而是源自人类共同意志的推动。世界各民族都经历了

---

① 张广智、张广勇著:《史学:文化中的文化》,上海社会科学院出版社2003年版,第119页。

② 公元476年西罗马帝国灭亡是中世纪开始的标志,这基本上是共识。"现代"具体从哪里开始,不同学科和不同时代有不同的看法。有认为是文艺复兴,有认为是拜占庭帝国灭亡,有认为是世界地理大发现。中国的革命史观把1917年十月革命至1945年二战结束这段时间称为"现代",把1640年英国资产阶级革命到1917年十月革命称为"近代"。

从蒙昧、野蛮到文明的发展历程。人类整体的历史是一个螺旋式前进的过程。他在1725年出版的《新科学》(Scienza Nuova)一书中把人类历史划分为三个时代：神的时代、英雄的时代和人的时代。"这三个时代有三种不同的自然本性，从这三种本性就产生出三种习俗；由于这三种习俗，他们就遵守三种部落自然法，作为这三种法的后果就创建出三种民事政权或政体。"①只有到了人的时代（维柯所处的资本主义上升时期），由人类理性而生的法律而不再是神的旨意或者宗教权力，才成为支配人类社会的最高法则，才有了民主政府统治下的政治平等、经济发达和文化繁荣。理性进步史观从启蒙学者、三大空想家到黑格尔（Georg Wilhelm Friedrich Hegel,1770—1831），一路绵延发展，"理性"的地位也随之不断攀升。圣西门（Claude-Henri de Rouvroy Comte de Saint-Simon,1760—1825）甚至说："过去发生的一切和未来将要发生的一切，形成一个级数"，这个级数就是"人类理性进步的级数"。② 从理性决定历史出发，圣西门把整个人类历史分成三个"伟大的时代"：准备工作时代，这是人类理性从原始偶像崇拜到多神崇拜的时代；假设体系的组织时代，这是人类理性发展到一神崇拜的阶段；实证体系的组织时代，即人类理性从宗教束缚中解放出来，所迈入的科学文明的时代。

　　黑格尔之前的理性史观把人类历史等同于抽象"理性"的进步。黑格尔的历史哲学把这种抽象的"理性"落实到了一个具体的载体——"国家"或者说"民族"之上。黑格尔在《历史哲学》(Philosophy of History)一开始就摆明了他的世界史观：理性向来统治着世界、现在仍然统治着世界，因此也就统治着世界历史。③ 世界历史的展开，就是"世界精神"即理性自由从低到高步步攀登的四个阶段：发于东方，经希腊，到罗马，实现于德意志。具体来说，世界精神从中国开始，经印度、波斯到埃及，是它的童年时期。这个时期除了极少数的统治者，绝大部分人就像儿童一样没有清醒的自我意识和独立、自由的人格。古希腊和古罗马是世界精神的青壮年时期，人类的自由意识有了相当的进步。最终，世界精神在德意志进入了完满和成熟的老年。黑格尔眼中的世界历史就是这样一个直线往前延伸的过程，一点也不复杂深奥，一如他的《历史哲学》那样易读。

　　进入20世纪，史学发生了多元的转向。

---

① 〔意〕维柯著：《新科学》上册，朱光潜译，商务印书馆1989年版，第459页。
② 〔法〕圣西门著：《圣西门选集》上卷，何清新译，商务印书馆1962年版，第90页、第106页。
③ 〔德〕黑格尔著：《历史哲学》，王造时译，上海世纪出版集团2006年版，第10页。

一、从欧洲中心论转向文明等值论

正值西方人为历史正在通往自由光明的理性栈道上前进而陶醉憧憬的时候,一声闷响炸断了理性栈道的横梁。1917年12月,德国历史学家斯宾格勒(Oswald Spengler,1880—1936)出版了《西方的没落》(*Der Untergang des Abenlandes*)一书,向世人宣告西方文明表面上如日中天,实际上行将消亡。当时枪炮正酣的第一次世界大战,其后横扫西方世界的经济危机,以及第二次世界大战,一而再,再而三地应验了斯宾格勒的盛世危言。斯宾格勒之后,英国历史学家汤因比(Arnold J. Toynbee,1889—1975)以其多卷本《历史研究》(*A Study of History*)继续批判理性进步史观,拓建多元世界史观。世界历史的认知和书写在20世纪发生了重大转折。

第一,斯宾格勒和汤因比都对以欧洲为中心的传统世界史观严重不满。传统世界史观口口声声所言的世界历史,实际上只是欧洲文明的历史。斯宾格勒把这种欧洲中心论的世界史观称作古代宗教"世界感的产物",是"历史的托勒密体系"。斯宾格勒是西方第一位自觉承认并尊重世界历史多样性,真正用世界眼光来书写世界历史的史学家。他把世界历史划分为八种文化:古典文化、西方文化、印度文化、巴比伦文化、中国文化、埃及文化、阿拉伯文化、墨西哥文化,并一一探讨它们的兴衰演化。汤因比进一步拓展了世界史研究的视野,把世界历史划分为21个文明社会,包括5个现存的文明社会(西方基督教社会、东正教社会、伊斯兰教社会、印度教社会和远东社会)和16个早期的文明社会。而且,他还归纳了三种典型的文明模式:古希腊文明、华夏文明和犹太文明。两位学者都认为,这些文明无论是活的还是死的,无论是东方还是西方,价值等同。世界历史不等于欧洲历史。

第二,在历史研究的基本单位这个问题上,他们有不同的看法。所谓历史研究的基本单位,汤因比称之为"可以自行说明问题的研究范围"。斯宾格勒和汤因比都摒弃了传统史学中以国家、民族或者朝代为单位的研究模式。汤因比认为,历史研究可以自行说明问题的单位既不是一个民族国家,也不是另一个极端上的人类全体,而是某一种类型的社会,即原始社会和文明社会。在斯宾格勒那里则是原始文化和高级文化。世界历史由这些在世界各地自行展开的不同特性(斯宾格勒谓之 Prime Symbol)的文明组成。当然,研究单位的选择是一种看待世界的角度。角度有不同,并无对错。他们在民族、国家、阶级或者政治、经济之外,以不同特质的文明为研究单位,扩展了认识世界历史的维度,也使他们有别于其他的世界史观。

第三,历史发展的推动力或者内在机制是什么？之前的世界史观或者认为是神的旨意安排,或者认为是天才英雄的杰作,或者像黑格尔那样认为是人类理性的驱动。斯宾格勒认为,各种文明的历史犹如一切有机体一样,是一个命定的自然生命过程。对于斯宾格勒的这种历史宿命论,汤因比表示怀疑。汤因比研究发现,各种文明是在挑战与应战中往前发展的。挑战的主要形式往往是野蛮人对文明社会的入侵,就像"恶魔侵入了上帝的领域",推动旧秩序的灭亡和新秩序的产生。

二、从思辨的历史哲学到批判的历史哲学

始于18世纪的思辨哲学,以维柯、康德(Immanuel Kant,1724—1804)、赫尔德(Herder Johann Gottfried Von,1744—1803)、黑格尔为代表,汲汲于追求世界历史背后的规律——一种牛顿式的普遍规律。可是,在多样且多变的世界历史事实面前,思辨历史哲学家们发现的所谓规律总不免有些牵强。他们常常削足适履,为了心爱的理论,不惜破坏"历史事件的完整性、叙述与文献的统一性和发展的内在性"[①]。更严重的问题是,历史的"普遍真理"踪迹难寻,抑或存在与否都很难说。到19世纪末,思辨历史研究安身立命的根基动摇了。一些史学家开始反思历史研究本身。

> 在19世纪末20世纪初,一种性质不同的历史哲学悄然兴起,并蔚为巨流……这种性质不同的历史哲学,不再像专业历史学家、传统的思辨历史哲学家,甚至20世纪多元循环的思辨历史哲学家那样,关注历史的进程、意义和规律,而是把眼光从历史事实转移到历史知识,转移到人的历史认识上来。它的着眼点集中在历史学的性质、历史与历史学家的关系、历史的理解与解释、历史的真实性与客观性、历史中的因果关系、历史中的道德审判以及历史学的实践功能等一系列问题上。如果说此前的历史学和历史哲学是以历史本体为研究对象的话,那么这种新的历史哲学则是以历史认识作为对象的。[②]

---

① 〔意〕克罗齐著:《历史学的理论与实际》,傅任敢译,商务印书馆1982年版,第231页。
② 严建强、王渊明著:《西方历史哲学:从思辨的到分析与批判的》,浙江人民出版社1997年版,第129页。

历史哲学的这种批判转向首先必须对历史研究中的"月亮问题"①——历史事实在哪里——作出表态。作为历史研究的对象,已经发生的历史事实本身已经过去。研究者既不能亲身观察,也根本不可能通过任何实验的方式再现。历史学家根据史料所建构的历史,是实际发生的历史事实本身吗?在研究根本不可能达到"零度"(罗兰·巴特语)的情况下,历史的认知如何可能?从狄尔泰(W. Dilthey,1833—1911)、威廉·文德尔班(Wilhelm Windelband,1848—1915)、克罗齐(Benedetto Croce,1866—1952)到柯林伍德(Robin George Collingwood,1889—1943),批判历史哲学的奋进让"历史学终于摆脱了对自然科学的学徒状态"②。他们否认历史研究是一个纯粹客观的认知过程,能够获得纯粹客观的历史知识,因为历史研究有其必然的主观性。克罗齐指出,自然科学要求超然物外去研究,历史学则要求思入对象来领悟:

> 你想理解一个利久里安人或一个西西里的新石器时代人的真正历史吗?首先你就应该看能不能设法使你自己在心理上变成一个利久里安人或西西里的新石器时代人;如果没有可能,或者你无心这样去做,你就应当满足于把这类新石器时代人的头颅、用具、碑刻加以系统的描绘、分类和排比。你想理解一片草叶的历史吗?首先你应当设法使你自己变成一片草叶,如果变不成功,你就应当满足于分析叶片的各部分,甚至满足于把它们安顿在一种想象的历史中。③

不仅如此,批判历史哲学还认为,历史研究的动力总是来自于现实的兴趣。历史知识与现实兴趣的这种统一使历史染上了当代的性质。而这种当代性是"一切历史的内在特征"④。

现在看来,影响历史认知活动的不只是批判历史哲学所提出的主观因素,还有历史研究的主客体都离不开的媒介。首先,媒介攸关历史本体的保存与呈现。真实的历史事件一旦发生,便不会重演,后人"所能接触的仅仅是这一事件的有

---

① "月亮问题"来自于美国康奈尔大学物理学教授大卫·牟民(N. David Mermin)的一个比喻。在量子力学的研究中,科学家们发现,电子没有位置。确切地说是,如果观察者不去测量电子的位置,电子就没有位置。爱因斯坦不同意这一结论,他设计并提出了EPR理想实验来加以反驳。实验的结果没有获得他所希望的否定。大卫把这一结果表述为:月亮在无人看时是不存在的。玻尔及哥本哈根学派就EPR理想实验得出的结论也说:我们现在知道,月亮在无人看它时肯定不存在。
② 〔英〕柯林伍德著:《历史的观念》,何兆武译,中国社会科学出版社1986年版,第226页。
③ 〔意〕克罗齐著:《历史学的理论与实际》,傅任敢译,商务印书馆1982年版,第104—105页。
④ 同上书,第3页。

关记载"①。就后人的历史认知来说,一个没有任何媒介记载的历史事件,等于没有发生;一个没有留下任何资料的文明,等于没有存在过。汤因比在其"历史研究"中已经发现了历史研究的这一窘境。为什么古希腊古罗马历史的研究有优势?汤因比指出,一个重要原因的是,"对于古希腊、古罗马历史的研究,残存下来的材料不仅在数量上易处理,质量极好而且其各方面资料都很均衡。在这儿,雕像、诗歌、哲学著作的数量并不比法律和条约的原文少。"②亚历山大帝国崩溃之后,亚历山大的部将托勒密在埃及建立了独立的托勒密王朝。另外一位部将塞琉古则将亚历山大帝国的亚洲诸省合并建立了塞琉古王朝。这两个王朝虽然历时短暂,其创造性活动却影响巨大。遗憾的是,"有关这两个王国的原始史料的数量","同它们在历史上的重要地位相比简直不成比例",所以后人对它们的了解和研究与它们的历史地位相比也是相应地不成比例。③ 历史的认知往往会因为记载历史的媒介被发现而发生结构性的巨变。德国语言学家、哲学家恩斯特·卡西尔(Ernst Cassirer,1874—1945)正是在这个意义上,把梵文及其文献的发现与哥白尼体系相提并论:

> 在我们历史意识的发展中,并且在全部文化科学的演变中,梵文及其文献的发现是件重大事情。就其重要性和影响力而论,它可以同哥白尼体系在自然科学领域带来的伟大的理智革命相媲美。哥白尼的假设颠覆了宇宙秩序的旧概念:地球不再是宇宙的中心,它变为一颗"众星中的星体"。物理世界中的地球中心理论被摈除了。从同样的意义上说,梵语文学的发现结束了这样一种观念,即认为人类文化的唯一真实的中心只存在于经典的古代世界。从此,古希腊、古罗马世界只能作为人类文化领域的一个单独部分或一个小扇面。……黑格尔把希腊语和梵语的相同起源和发现,称为一个新世界的发现。④

媒介环境学的早期开拓者,加拿大政治经济家哈罗德·伊尼斯(Harold Adams Innis,1894—1952)最早对传播媒介与历史研究之间的关系这一主题发表了高论。他说:"我们对其他文明的了解,在很大程度上,有赖于这些文明所用的

---

① 张文杰等编译:《现代西方历史哲学译文集》,上海译文出版社1987年版,第229页。
② 〔英〕阿诺德·汤因比著:《文明经受着考验》,沈辉等译,浙江人民出版社1988年版,第6页。
③ 〔英〕阿诺德·汤因比著:《历史研究》,刘北成、郭小凌译,上海人民出版社2000年版,第5—7页。
④ 〔德〕恩斯特·卡西尔著:《国家的神话》,范进等译,华夏出版社1999年版,第19页。

媒介的性质。"① 伊尼斯提醒我们:"评估一种文明的时候,如果是用它依赖的一种传播媒介,那就需要知道该媒介的特征有何意义。……历史著作常常受到扭曲,那些耐久材料占上风的历史时期和地区,常常受到过分的重视。"② 媒介环境学的另一位代表学者保罗·莱文森(Paul Levinson)曾以维京战士(the Viking,北欧海盗)在新大陆发现史上的缺席为例,证明伊尼斯的这一论断。据考古发现,挪威海盗到达北美新大陆可能早于哥伦布500年之久。③ 但是,挪威人的口头传播在横向上的扩散范围有限,没有影响更多的人作进一步的探险;纵向上的流传又无法持久。这让挪威人的冒险壮举很快淡出了后人的视线。哥伦布却因为记载其事迹的文字被广泛印刷而流传整个欧洲,带动了改变世界历史的地理大发现,从而成为人类历史的重要一页。④ 这是口头语言和印刷文字的不同功效。不止于此,倘若这些海盗们连残图断橹都没有留下,考古都无从谈起,他们就只能是曾经的存在,彻底无法为后人所知了。

不同性质的媒介呈现不同景观的历史。我们今天了解电子媒介之前的人类历史,看到的是实物呈现、口头传说和文字记载的历史,而我们的后人了解我们今天的历史,无疑将看到更加光怪陆离的历史。

其次,媒介还直接影响研究主体对历史的表述和书写。"多少了解当代思潮者都知道,20世纪以来的人文社会科学无不受'语言学转向'的左右,这一'哥白尼式的革命'对诸多学科的影响不是一般性的、学科交叉意味上的借鉴,而是根本性的,甚至是改头换面的革命。"⑤ 根据这场革命的发起者、著名语言学家索绪尔(Ferdiand de Sausure,1857—1913)的理论,语言是一套自足的符号系统,有它自己的结构功能和语法逻辑。语言往往左右着思维,而非思维的简单工具。所有媒介都具有语言的这种性质。同样是曹雪芹的《红楼梦》,名著读本和电视剧呈现出来的红楼世界显然不同。同样是文字前的历史传说,古希腊的《荷马史诗》、中国的《格萨尔王传》、《玛纳斯》又为什么都采用了故事性极强、合辙押韵的说唱体形式?为什么20世纪二三十年代,以爱森斯坦(Eisenstein Sergey,1898—1948)为代表的一些苏联电影艺术家制作"理性电影",把《资本论》

---

① 〔加〕哈罗德·伊尼斯著:《传播的偏向》,何道宽译,中国人民大学出版社2003年版,第28页。
② 〔加〕哈罗德·伊尼斯著:《帝国与传播》,何道宽译,中国人民大学出版社2003年版,第125页。
③ 有据可考先于哥伦布到达美洲的有印度人、中国人、爱尔兰人、冰岛人、丹麦人、葡萄牙人等。
④ 〔美〕保罗·利文森著:《软边缘:信息革命的历史与未来》,熊澄宇等译,清华大学出版社2002年版,第25—26页。
⑤ 李彬著:《全球新闻传播史》,清华大学出版社2005年版,第17页。

搬上银幕的努力流于失败？① 原因纵然有很多,媒介本身的性质着实不能小觑。正如胡适所言,材料不但规定了学术的范围,并且可以大大地影响方法本身。②

三、从英雄史观转向众生史观

回顾西方史学的发展史,大体说来,从古代开始,就形成了三种传统:以希罗多德的《历史》开创的社会文化史传统、修昔底德的《伯罗奔尼撒战争史》奠定的政治军事史传统以及由圣·奥古斯丁的《上帝之城》所确立的神学传统。但是,在其后漫长的岁月里,西方史学的发展,三者并未成鼎足之势,而主要是政治军事史这一传统的"一花独放"。③

直至本世纪,历史的焦点基本上还是政治问题,即有关权力斗争的文献编纂。其中,除了诸如宗教改革、英国内战或法国大革命这样的危机时代以外,普通人的生活或者是经济和宗教所起的作用很少受到关注。历史时期是按照王权和朝代来划分的。甚至地方史所关注的主题也只是郡的分区和教区管理,而不是社区和街区的日常生活。④

历史的主角总是帝王将相,英雄伟人;历史的情节总是流血战争,阴谋政变。但是,历史的山脉不完全是插入云霄的峻拔峰顶。我们可能过高估计了大事件的转折性意义,而过于忽视了滴水穿石的潜移默化之功。完整的历史认知需要立体的、辩证的眼光。正如汤因比指出的那样,两次世界大战、工业革命、宗教改革、地理大发现、文艺复兴和基督教改革,绝对是划时代的事件。但是,推动历史发展的不只是这些重大事件,还有那些"比较迟缓的、无法直接感触到与无法衡量的运动,这些运动是隐藏在表面下一定深度上进行的。当然,千真万确的是,这些较为深沉、较为迟缓的运动最终造就了历史,并在那些耸人听闻的事件时过境迁之后,在这些事件所造成的心灵效应已缩小到它们适当的比例的时候,正是它们在回忆中支撑了伟大的历史"。⑤

进入 20 世纪,"新史学"发起了史学领域的民主革命。"新史学"的创始人,美国历史学家鲁滨逊(James Harvey Robinson,1863—1936)在其 1912 年出版的

---

① 张政、罗振宇著:《理解电视的一个角度》,中国青年出版社 2000 年版,第 140 页。
② 胡适:《治学的方法和材料》,《胡适作品集》(11),台北远流出版事业公司 1986 年版,第 143—156 页。
③ 张广智、张广勇著:《史学:文化中的文化》,上海社会科学院出版社 2003 年版,第 58 页。
④ 〔英〕保尔·汤普森著:《过去的声音:口述史》,覃方明等译,辽宁教育出版社 2000 年版,第 3 页。
⑤ 〔英〕汤因比著:《文明经受着考验》,沈辉等译,浙江人民出版社 1988 年版,第 182 页。

《新史学》(*The New History: Essays Illustrating the Modern Historical Outlook*)一书中开卷就讲:"从广义上来说,一切有关人类在世界上出现以来所做的或所想的事业与痕迹,都包括在历史范围之内。大到可以描述民族的兴亡,小到描写一个最平凡的人物的习惯和感情……历史是研究人类过去事业的一门极其广泛的学问。"① 历史研究的重心从此开始下沉。20世纪50年代以来,伴随着西方社会的分裂和后现代社会的浪潮,历史的书写越来越民主了。劳工史、儿童史、黑人史、妇女史……特别值得一提的是这一时期兴起的口述史学。

何谓口述史学?美国口述史家唐诺·里齐(Donald A. Ritchie)解释说:"口述历史是以录音访谈的方式搜集口传记忆以及具有历史意义的个人观点。"② 美国康涅狄格大学口述历史办公室主任勃鲁斯·斯代夫(Bruce M. Stave)认为:"口述史就是通过有计划的录音采访发掘原始资料。"③ 以我这个外行的理解,口述史学的意义主要有三点。其一,让历史变得有血有肉,更丰满。同样是第二次世界大战史,有丰富的口述史料,这历史就不再只是同盟国与轴心国两大阵营之间、罗斯福、斯大林、希特勒等大国巨头之间的战争史,里面可能会有官邸仆役的所见所闻,一线护士的战争日记,码头工人的亲身经历……历史不再只是惊涛骇浪,还有涓涓潜流、贝壳与细沙。其二,让历史变得不再孤傲,更民主。历史研究可以登高览胜,书写英雄史;也可以俯身细察,聆询凡语小事。口述史学走的多是自下而上的研究路线。其三,让历史变得有声有色,更逼真。从传播的角度来讲,除了实物留存,历史大都是以文字记载传诸后人。从符号编码的角度来说,文字是迄今为止最抽象的一种媒介。这意味着,所有文字记载的历史都已经远离了活生生的历史本体。如今,口述史学借助于录音录像,让历史多了一个委身之所。后人看历史,不必被迫只能面对抽象的文字与死人对话,而是可以看活的历史影像。

历史的存在和我们对历史的认知,因媒介变迁而发生了波澜不惊实际上却意义深远的变化。

四、唯物史观的新发展

马克思和恩格斯在19世纪波诡云谲的革命斗争中创立的唯物史观,在全世

---

① 〔美〕鲁滨逊著:《新史学》,齐思和等译,商务印书馆1964年版,第3页。
② 〔美〕唐诺·里齐著:《大家来做口述历史》,王芝芝译,台北远流出版事业股份有限公司1997年版,第34页。
③ 〔美〕勃鲁斯·斯代夫:《口述史的性质、意义、方法和效用》,《北大史学》,北京大学出版社1999年版,第253页。

界特别是社会主义国家赢得了至高的赞誉,占据了历史学的制高点。20世纪末以来,唯物史观在批判和实践中有了一些新的发展。

(一)人类历史五阶段发展规律不断被修正

人类历史先后经历了五个发展阶段:原始社会→奴隶社会→封建社会→资本主义社会→社会主义社会(共产主义社会)。现在我们知道,被视为唯物史观经典学说的这个规律,并非马克思原创。马克思在1859年《政治经济学批判》序言中说:"大体说来,亚细亚的、古代的、封建的和现代资产阶级的生产方式可以看做是社会经济形态演进的几个时代。"① 后来,是斯大林在这一提法的基础上抛出了人类历史五阶段发展规律的假说:"历史上有五种基本生产关系:原始公社制的,奴隶制的,封建制的,资本主义的,社会主义的"②,并把它作为无产阶级史学的必备常识。

> 五种社会形态的理论对现代中国历史学的发展有着巨大的影响,它有助于人们更深入、更科学地认识历史。然而任何理论过了头之后就会走向僵化的教条主义,科学就会朝着自己的对立面——经学(即神学)转化。……其情形竟好像是:历史学家的任务并非是要从历史研究中得出理论,理论是给定了的,历史学家的任务则只不过是找出一些事实来"填充"或者"证明"那个现成的理论而已。犹如《圣经》上提到某些事实时总是说"这就应了经上的话"。③

首先,人类历史五阶段发展规律不过是对西欧历史而非世界历史发展的归纳。这五个阶段除了一头(原始社会)一尾(社会主义社会),中间三个阶段无论是分期标志还是实际内容,都只是欧洲历史的展开。因此,五阶段历史发展规律实际上仍然是"欧洲中心论"的世界史观。其次,唯物史观把黑格尔"划时代的历史观"作为"直接的理论前提"④,延续了黑格尔一元、单线、进步的历史观。这与生产关系丰富多样的事实不符。历史学家罗荣渠教授曾提出"一元(生产力)多线(生产关系)论"来修正斯大林的这一规律。⑤ 比如,同样是工业生产力,产生的可以是资本主义的工业社会,也可以是社会主义的工业社会。

---

① 《马克思恩格斯选集》第2卷,人民出版社1995年版,第33页。
② 《斯大林选集》下卷,人民出版社1979年版,第446页。
③ 何兆武:《社会形态与历史规律再认识笔谈》,《历史研究》2000年第2期。
④ 《马克思恩格斯选集》第2卷,人民出版社1995年版,第42页。
⑤ 何兆武:《社会形态与历史规律再认识笔谈》,《历史研究》2000年第2期。

(二) 关于历史推动力的新认识

唯物史观的历史推动力，在中国曾经被钦定为"阶级斗争"，改革开放后才逐渐回转到唯物史观的本义——生产力。但是，唯物史观中作为历史推动力的"生产力"到底该作何解？或者说何谓"生产力"？

"生产力是人们解决社会同自然矛盾的实际能力，是人类征服和改造自然使其适应社会需要的客观物质力量。"① "所谓生产力就是人们征服自然、改造自然以获得物质生活资料的能力，是人们改造自然的物质力量，它表示的是生产中人对自然界的关系。"② 这是常见的对生产力内涵的解读。生产力的外延：

> 马克思在《资本论》第一卷中谈及劳动生产力时写道："劳动生产力是由多种情况决定的，其中包括：工人的平均熟练程度，科学的发展水平和它在工艺上应用的程度，生产过程的社会结合，生产资料的规模和效能。"他明确指出，生产力构成既包括物质要素，即通常所说三要素，也包括精神要素如分工和协作、经营与管理、劳动者素质的提高、科学技术的应用，等等。马克思和恩格斯在100多年前已经切身感受到了科学技术进步所引起的产业革命给工业经济的发展注入了多么强大的生命力，在其著作中特别强调了科学技术与生产力的关系。马克思不仅明确地指出"科学的力量也是不费资本家分文的另一种生产力"，而且已经蕴涵着科学技术是第一生产力的思想："随着大工业的发展，现实财富的创造较少地取决于劳动时间和已耗费的劳动量，较多地取决于在劳动时间内所运用的动因的力量，而这种动因自身——它们的巨大效率——又和生产它们所花费的直接劳动时间不成比例，相反地却取决于一般的科学水平和技术进步，或者说取决于科学在生产上的应用。"(《马克思恩格斯全集》第46卷(下)，人民出版社1980年版，第217页)③

1978年，邓小平在全国科学大会上重申了马克思的这一重要论点——"科学技术是生产力"。十年之后，邓小平在同捷克斯洛伐克总统胡萨克谈话时，对这个论点作出了新的重大发展，提出了"科学技术是第一生产力"的论断。

实践表明，科学技术确已成为现代社会生产力的中坚力量。现代科学技术

---

① 李秀林等著：《辩证唯物主义和历史唯物主义原理》，中国人民大学出版社1990年版，第356页。
② 高光等著：《历史唯物主义》，中共中央党校出版社1990年版，第26页。
③ 孙小礼、冯国瑞主编：《信息科学技术与当代社会》，高等教育出版社2000年版，第100—101页。

广泛渗透到社会经济生活的各个领域和环节,对国民经济发展的贡献越来越大,对社会发展和变化的影响越来越大。国民经济在科学技术的推动下不仅有量的飞速增长,而且发生了质的重大变化,经济结构、劳动结构、产业结构无不因之而发生了重大变革。正如邓小平所说:

> 当代的自然科学正以空前的规模和速度应用于生产,使社会物质生产的各个领域面貌一新。特别是由于电子计算机、控制论和自动化技术的发展,正在迅速提高生产自动化的程度。同样数量的劳动力,在同样的劳动时间,可以生产出比过去多几十倍、几百倍的产品。社会生产力有这样巨大的发展,劳动生产率有这样大幅度的提高,靠的是什么?最主要的是靠科学的力量、技术的力量。①

知识、信息的生产、流通和应用是当前科学技术发展的重要内容。唯物史观对科学技术之重要性的还原,包含着对信息传播这种生产力的无声肯定。

五、全球统一史观的勃兴

当代史学的另外一个显著趋势,是"运用全球观点来研究和撰写世界通史"②。如果说20世纪之前的史学受经验范围所限,根本无法书写真正意义上的世界历史,那么,20世纪迅速掀起的全球化浪潮和马歇尔·麦克卢汉(Marshall McLuhan,1911—1980)预言的"地球村"成为现实,客观上对世界通史的书写既提出了要求,也提供了条件。

世界通史不是哪一个国家或者哪一个大陆的历史,也不是多个国家或民族历史的拼盘。《剑桥近代史》的主编阿克顿勋爵(Lord Acton,1834—1902)说道:

> 世界史截然不同于由所有国家的历史合并而成的历史。它不是一盘散沙,而是一个不断的发展;它不会成为记忆的负担,相反,将照亮人们的灵魂。世界史连续不断地朝诸民族均附属于它的方向发展。虽然它将根据诸民族对人类的共同命运作出贡献的不同时间和不同程度来讲述它们的故事,但不是为了诸民族本身,而是与一个高级的系统有关,且服从于这一系统。③

---

① 《邓小平文选》第3卷,人民出版社1993年版,第275页。
② 张广智、张广勇著:《史学:文化中的文化》,上海社会科学院出版社2003年版,第53页。
③ 〔美〕斯塔夫里阿诺斯著:《全球通史——1500年以后的世界》,吴象婴、梁赤民译,上海社会科学院出版社1999年版,第2页。

世界史研究的是共同影响世界各国的历史力量和历史运动。它需要超越一个国家或地区,站在全球的视野高地关注人类整体。因此,世界历史的研究和书写需要一个世界历史运动的"共同维度"。世界历史运动的"共同维度",除了生产力、生产工具、技术发明之外,传播媒介是一个逐渐被接受的新秀。以媒介为共同维度,不仅适用于全球新闻传播史的书写,而且适用于世界历史的研究和书写。伊尼斯是专一从媒介这个维度考量世界历史的第一人:

> 我不打算专注于不列颠帝国某些时期或地区的微观研究,虽然这样的微观研究,对了解其历史,具有重大意义。我也不会把兴趣局限在不列颠帝国,把它作为特有的现象,因为这种现象是其他帝国种种现象的汇集——在一定程度上是可以这样说的。……相反,我要集中研究西方历史上的其他帝国,同时与东方帝国参照,以期抽离出可资比较的重要因素。传播这个课题能给人很多可能的启示,我一直有这样的印象。在政治的组织和实施中,传播占有关键的一席。在历代各国和西方文明中,传播也占有关键的一席。①

　　伊尼斯按照传播媒介的历史发展把世界史分为九个时期。步伊尼斯的后尘,麦克卢汉把人类历史分为三个阶段:口头传播阶段、印刷传播阶段和电子传播阶段。这一划分伴着麦克卢汉的声名远播和信息时代的到来,现在已然扩散到了史学界乃至日常生活。美国当代历史学家威廉·麦克高希(William Mc-Gaughey)在比较了世界史研究的各种视角之后,选择了以"变革的文化技术"作为"历史时代的先导",把五千多年的世界文明史划分为五个阶段:原始表意文字阶段的文明、始于字母文字的文明、始于欧洲印刷术的文明、始于电子通信技术的文明、计算机技术开启的第五个阶段的文明。②

　　当前的现实也已有力地表明,世界历史的标志性事件不再只是军事战争、王室革命,还有传播领域的重大变革。"东欧政变"、"9·11事件"影响的不过是大国之间的游戏。电视直播的出现、计算机和手机的发明、Windows 的开发应用、全球因特网的联通,影响却是无远弗届,无孔不入。政治、经济、外交受其影响自不待言,交通、教育、医疗、农业等等领域都有它们的影子;领袖、政客、CEO

---

①　〔加〕伊尼斯著:《帝国与传播》,何道宽译,中国人民大学出版社2003年版,第3页。
②　〔美〕威廉·麦克高希著:《世界文明史——观察世界的新视角》,董建中、王大庆译,新华出版社2003年版。

因之改变是显而易见,小学生、菜贩子、农民工也都被它们重重包围。难道,后者不是更具有普适性的深远历史意义吗?

媒介的重要性并非只在当今,而是贯穿人类社会的全部历史。人类从形成的那一天起,就走上了与其他动物不同的进化道路。反过来说也不错,人是因为走上了不同的进化道路才成其为人。动物进化依靠生命基因的遗传。人类进化则不仅依靠生命基因的遗传,还依赖文化基因的遗传。生物基因的遗传是通过DNA的复制和生命的繁衍来完成。文化基因的遗传则必须通过媒介的记载和传播来进行。从这方面来看,我们日常所说的"让历史告诉未来",实则有误。历史自身无法告诉未来。未来看到的所有历史都是媒介化的历史。克罗齐说,"一切历史都是当代史"。柯林伍德说,"一切历史都是思想史"。媒介环境学则认为,"一切历史都是媒介史"。

第二节 社会的媒介矢量

我们先来看一看,古老的传说和今天的电影如何评价和表现媒介的社会意义。

西方关于媒介社会影响力的一个最早最著名的传说,是"通天塔"(the tower of Babel,又译巴比塔)的故事。《圣经·旧约·创世纪》第11章记载了这个传说:洪水大劫之后,天下人都说同一种语言。随着人口越来越多,人类开始向东迁移。在底格里斯河和幼发拉底河之间的示那地(古巴比伦附近),他们发现了一片肥沃的平原,开始在此修建城池家园。有了富裕的生活和成熟的工程技术之后,他们计划建造一座直达天庭的高塔,以显示人类的力量和团结。塔越建越高,惊动了上帝耶和华。他暗自忖度,现在天下人都是一个民族,都说一种语言,他们团结一致,什么奇迹都可以创造,神还怎么统治人类?耶和华于是变乱了人类的语言,使他们无法沟通,通天塔最终半途而废。这个传说高调说明了语言的威力。借助语言这种媒介,人们可以更有效地沟通协调,形成更强大的集体力量,成就惊天动地的创举。

中国关于媒介社会影响力的一个最早最经典的传说是仓颉造字的故事。传说记载,中国的汉字乃皇帝的史官仓颉所造。仓颉发明汉字的那一刻,"天雨粟,鬼夜哭"。仓颉造字,上天为什么要降下谷物,夜鬼为什么又会大哭呢?作家周作人的《鬼夜哭》一诗云:

>仓颉造文字，其时天雨粟。
>亦有南山鬼，夜半号啕哭。
>天意似欣喜，发廪散五谷。
>有似雨香花，往事征天竺。
>鬼意欲何为，诡秘殊难度。
>或恐凿混沌，不能保纯朴。
>或恐窥幽奥，如燃通犀角。

周诗认为，老天爷对仓颉造字好像满心欢喜，所以降下五谷以示奖励，就像当年天竺国佛陀说法之时天女散花以示慰祝一样。鬼之所以号哭，可能是害怕人类从此失去纯朴本色，也可能是担心人类从此心智通达，洞悉天地万物。按周诗解，仓颉造字到底是好是坏，神与鬼看法殊异，未有定论。

周诗说不清楚，我们来看一看这个传说的原始出处——《淮南子·本经训》作何解释："昔者仓颉作书，而天雨粟，鬼夜哭；伯益作井，而龙登玄云，神栖昆仑。能愈多而德愈薄矣。故周鼎著倕，使衔其指，以明大巧之不可为也。"这段话的意思是：从前仓颉创制文字的时候，天上落下谷物，鬼在夜里号哭。当年伯益发现了地下水源，掘地造井，龙和诸神都以此为难，因此潜龙腾空飞天，众神也都跑回了圣地昆仑山。人的智巧越多，道德就越淡漠。所以，周朝铜鼎上的上古巧匠倕的形象是自己咬着自己的手指，这说明奇技淫巧之事不可为！

《淮南子》明确告诉世人，"仓颉造字"不是好事！文字这种媒介将给人类带来更多的灾难而不是福祉。因为，"能愈多而德愈薄"矣！换句话说，知识越多越堕落！这是道家的一贯主张。道家的老祖宗老子主张"绝圣弃智"。道家仙骨庄子也曾以"抱瓮汲水"①之典告诫人们机事不可为，机心不可有。可是，文字如果确像《淮南子》所言是一个祸孽，"天雨粟"又该作何解呢？对于这个问题，汉代的高诱别有一番圆说：文字的发明是人类机心萌发所致。机心萌生诈伪，心德沉沦，人类就会舍本逐末，放弃农事，而汲汲于刀笔之利。人类将因此陷入灾难，不得温饱。所以，上天有好生之德，降下五谷以备救苍生于饥荒。②

---

① 子贡南游于楚，反于晋，过汉阴，见一丈人方将为圃畦，凿隧而入井，抱瓮而出灌，滑滑然用力甚多，而见功寡。子贡说："有诫于此，一日浸百畦，用力甚寡而见功多，夫子不欲为？"为圃者忿然作色而笑曰："吾闻之吾师，有机械者必有机事，有机事者必有机心。机心存于胸中，则纯白不备，则神生不定；神生不定者，道之所不载也。吾非不知，羞而不为也。"

② 《淮南子》高诱注："苍颉始视鸟迹之文造书契，则诈伪萌生。诈伪萌生，则去本趋末，弃耕作之业，而务锥刀之利。天知其将饿，故为雨粟，鬼恐为书文所劾，故夜哭也。"

今天,媒介的社会影响已经成了热点问题。电视有专题节目讨论如何戒除网瘾,学术期刊有大量文章探讨电视对儿童的影响,报纸不断有文章评说书籍图片化的利弊……2003年上演的国产电影《手机》很好地诠释了手机这种传播工具在方便人们交流的同时,所产生的独具特色的手机交往行为和对社会关系与家庭关系的冲击。剧中一个电视栏目小组开会,会议刚开始,一男编导的手机铃声响起。男编导支支吾吾地用"对"、"啊"、"行"、"噢"、"嗯"、"咳"、"听见了"寥寥几个字就接了一通电话。周围的同事一脸的迷茫和好奇。栏目主持人严守一反倒很兴奋,他得意地卖弄说:"肯定是一女的打的……我能翻译。"严守一学着男女两种语气:"你开会呢吧?"——"对"。"说话不方便吧?"——"啊"。"那我说你听。"——"行"。"我想你了。"——"噢"。"你想我了吗?"——"嗯"。"昨天你真坏。"——"咳"。"你亲我一下。"——(停顿)"那我亲你一下。"——(亲吻)"听见了吗?"——"听见了!"

当剧中那个一直扮酷玩深沉的栏目总策划费墨,像他的老搭档严守一那样墙外开花而东窗事发的时候,费墨用他一贯的深刻语言表达了发自肺腑的感慨:"还是农业社会好呀!那个时候交通、通讯都不发达。上京赶考,几年不回,回来的时候,你说什么都是成立的!(掏出自己的手机)现在……近,太近,近得人喘不过气来!"

未来的媒介环境与人类社会更是好莱坞工厂开掘不尽的题材。《黑客帝国》(The Matrix)是迄今为止探索未来媒介环境下人类生存境况的最为经典的科幻片。影片为我们展现了一个人类被电脑人统治的可怕未来。它们把所有的人浸泡在营养液中,通过电子线路输入由电脑控制的电流刺激,模拟出人的全部感觉、经验、思维和想象。每一个人从生到死,都生活在由电脑人制造的虚拟世界中而毫无察觉。这就是无所不在又不为人知的Matrix。以默菲斯为首的反抗者坚持与统治者战斗,他们要破坏Matrix,戳穿人类的全部幻觉。与此同时,虚拟世界中的一个反叛者——名叫安德森的软件工程师,经常以尼奥为黑客名字攻击虚拟世界的电脑网络。虚拟世界的护卫逮捕了安德森并逼迫他协助他们追捕默菲斯。安德森没有向虚拟世界低头,而是听从默菲斯等人的召唤回到了真实世界,开始公开以尼奥为名与电脑人特工展开生死搏斗,最终把人类从一场幻梦生活中惊醒过来,恢复了人类的实在生活。

《黑客帝国》的英文片名是"The Matrix"(矩阵)。"Matrix"的本意是子宫、母体。英国数学家席维斯特(Joseph Sylvester,1814—1897)最早使用"matrix"这个词来指代由行列数字组成但又不同于行列式的数字组。一个 $m \times n$ 矩阵就是一个 m 行 n 列的矩形数组。之后,英国数学家凯莱(Cayley Arthur,1821—1895)开始对矩阵本身进行专门研究,发展出了包括一套概念和话语体系的矩阵理论。20世纪下半叶,"matrix"这个词开始出现在科幻作品中。美裔加拿大科幻小说家威廉·吉布森(William Gibson)在1984年出版的经典科幻小说《神经漫游者》(*Neuromancer*)①中多次使用了这个词。小说主人公是一个反叛者兼独行侠凯斯,他可以通过与其大脑意识相通的电子线路,在全球电脑网络构成的三维 matrix 空间里自由穿梭。吉布森把这个空间取名为"Cyberspace"(赛博空间)。《神经漫游者》获得了极大成功,是迄今为止唯一荣获"雨果奖"(Hugo Award)、"星云奖"(Nebula Award)与"菲利普·狄克奖"(Philip K. Dick Award)三项科幻小说大奖的著作。吉布森本人也因为对电脑网络的准确预言,被视为今天赛博文化的先师。

如果还有人怀疑这些传说和电影所传达的媒介的社会意义,我们就再拿语言这种最古老的媒介和网络这种最现代的媒介,来看一看它们的社会影响是何等的不言而喻!

人类借语言来把握和驾驭这个世界。有了语言,世间万物和天地鬼神都成了人类的阶下囚。人类施予它们一个一个的符号,从此它们在人类社会中不再是无名之物。无名之物最可怕。2003年发生在中国的SARS危机,就是一个典型。在危机初发南粤的时候,全世界的人都不知道这种极易传染的病毒是什么病毒,它到底是一种什么病。在人类文明高度发展的当今时代,在人类认识和掌握的病毒已经林林总总的时候,竟然还有一种病毒在人类的病毒库之外!无名的病毒让人不寒而栗。不知道它是什么病,不知道它缘何而发,怎么去应付它?人岂不成了它的案上鱼肉?不久,专业人士站出来说,这是一种"非典型性肺炎"。尽管这只是一个否定式命名,只说明了它不是典型性肺炎,而没有确切地说明它是什么,但是这个名字至少告诉人们它属于肺炎或者说主要是由肺部感染引发的疾病。人们绷紧的神经舒缓了很多。鲁哀公十四年(公元前481年)春,叔孙氏在大野狩猎时捕获一只兽,大家都不认识,以为是不祥之物,惶恐不安。孔子看了之后告诉他们说:这是麒麟。② 于是,它不再是不祥的了。人通过

---

① 〔加〕威廉·吉布森著:《神经漫游者》,雷丽敏译,上海科技教育出版社1999年版。
② 《左传·卷十二》载:哀公十四年春,西狩于大野,叔孙氏之车子钥商获麟,以为不祥,以赐虞人。仲尼观之曰:"麟也"。

命名已经征服了这种怪兽。

　　命名是力量的展示,给人一种居高临下、一切尽在掌握之中的优越感。能够命名无名之物的人是超人,能够命名难以名状之物的人无疑是圣人。黑格尔用"异化"这个词来说明人被自己创造的东西所控制这一现象。马克思进一步提出了"劳动的异化"这个概念,揭示了资本生产过程中劳动者被自己创造的资本所奴役这种社会悲剧。鲁迅用"阿Q精神"来概括欺弱怕强、麻木健忘、自轻自贱、以精神胜利聊以自慰等等这些病态人格。弗洛伊德用"潜意识"这个概念,让"理性"下面潜藏暗涌的"本能"一下子进入了大众的视野。每一个社会都有调整社会关系和交往行为的明文规则。但是,中国人大都能感觉到真正规范人们关系与行为的往往不是这些明文规则,而是另外一套社会默认的约束和调节机制。当代历史学家吴思名之为"潜规则"。麦克卢汉同样也是一位超人。在所有人包括学者们都习惯性地认为传播效果来自于具体传播内容的时候,麦克卢汉却高度肯定了媒介本身的巨大威力和深远影响,口出"媒介即讯息"这一惊世骇俗之言,并以"地球村"之名谕示今天环球一体的情状。须知,早在1838年,电报的发明者莫尔斯(S. Morse,1791—1872)就预见到了20世纪"地球村"的出现。他写道,不久"大地将遍布通讯神经,它们将以思考的速度把这块土地上的消息四处传播,从而使各地都会成为毗邻"[①]。奈何,描述与命名不可相提并论! 自然,扬名立万的是麦克卢汉而不是莫尔斯。此所谓,察常人之未察,言常人之不能言。

　　有了语言,人的思维得以从具象走向抽象,从具体上升到一般,人类思考和把握世界的能力才得以不断提高。原始语言的词汇大都指向具体事物,极少对事物进行类型层次上的概括。这与婴儿的认知特征相似。比如气球,婴儿开始只能认识具体的一个气球,后来逐渐扩展到对所有同样事物的一个总体概括,知道"气球"这个"概念"。在对新事物不断命名并不断积累这些认知成果的基础上,人们的认知得以向更深更广更高的层次开进,人类文明发展的历史长河才成奔腾绵延之势。

　　现代语言学已经让我们相信,语言不仅仅是思维的工具,语言还积极而深刻地影响着思维过程。1929年,美国语言学家爱德华·萨皮尔(Edward Sapir,1884—1939)指出:

[①] 〔美〕丹尼尔·杰·切特罗姆著:《传播媒介与美国人的思想》,曹静生、黄艾禾译,中国广播电视出版社1991年版,第10页。

人并不是独自生活在客观世界之中，也不是像平常理解的那样独自生活在社会之中，而是受着已经成为社会交际工具的那种语言的支配。认为自己可以不使用语言就能适应现实情况，认为语言是解决交际中具体问题或思考问题时偶然使用的工具，那是非常错误的。事实上，所谓的客观世界在很大程度上建筑在社团的语言习惯上。①

本杰明·李·沃尔夫（Benjamin Lee Wholf，1897—1941）发展了萨皮尔的观点。沃尔夫早先是一个保险公司的防火检查官。他在日常的火灾分析工作中逐渐发现了语言符号对态度和认知的影响。后来，他在耶鲁大学协助萨皮尔从事印第安语的研究，自己则主要研究美国亚利桑那州的霍皮语。沃尔夫在研究中发现，由于霍皮语的语法与印欧语言的语法不同，霍皮人对世界的看法与欧洲人很不相同。1940年，沃尔夫在《科学与语言学》一文中全面阐述了语言决定思维的理论。他说："背景性的语言系统（即语法），不仅仅是表达思想的一种再现工具，而且是思想的塑造者……。思想的形成并不是一个独立过程……而是某种语法的一部分。语法不同，形成过程也不一样，有的区别很大，有的区别甚微，我们都按照本民族所规定的框架去解剖大自然。"② 后来，美国语言学家卡鲁尔（John B. Carroll，1916—2003）把他们的观点称为"萨皮尔—沃尔夫假说"（the Sapir-Wholf Hypothesis）。

语言决定思维的结论一出，顿时引来了争论和质疑。很多人试图通过精确的实验来验证这一假说。美国加州大学伯克利分校心理学教授苏珊（Susan M. Ervin-Tripp）在1953年做了一项实验。受试者是几个移居美国多年的日本妇女，日语和英语都很娴熟。测试者给她们每人一张图片，上面是一个挟着书的女孩，背景是一个正在田间劳作的农民和一个背靠着树的农妇。受试者分别用日语和英语进行叙述。同样是这些日本妇女，他们用日语叙述出来的图片含义是：这个姑娘要上大学了，心里很矛盾，母亲长年有病，父亲辛辛苦苦地干活，收入很少。用英语叙述出来的却是：这个姑娘是一个社会学系的大学生，她正在田野考察农民劳作，并深为农民的辛苦而感动。2004年，美国哥伦比亚大学的科学家彼得·戈登等人对巴西亚马逊河流域的Piraha部落进行了实验。这是一个几乎与世隔绝的原始部落，迄今没有受到现代文明的太多影响。在这一部落居民的

---

① 刘润清编著：《西方语言学流派》，外语教学与研究出版社1995年版，第179—180页。
② 同上书，第181页。

母语中,只有"1"、"2"以及"许多"这几个词汇来表示数字。研究人员在地面上摆放数量不同的各种小物件,让这些部落居民模仿这一行为。结果发现,这些居民很难辨认出 3 以上的数字。当只有一两件物品的时候,这些部落居民都能够轻松完成模仿任务,随着物品数量的增加,他们就会出现不少的错误。其他一些实验也显示了他们在计数方面与现代人的巨大差距。[①] 这些实验尽管没有完全证实"语言决定思维"这一假说,但是它们已经证明,语言的确影响人们的思维和认知,语言差异是人们思维差异的一个重要根源。

倘若说语言的社会影响不易为常人所察觉,网络的社会影响至少在现阶段是显而易见的。因为,现阶段正是麦克卢汉所说的媒介环境变革的关头。麦克卢汉告诉我们,媒介环境发生巨变之时,正是媒介环境的社会意义突显之时,就像鱼塘池水枯竭,鱼儿才会体会到水的重要意义一样。变革的速度越快,力度越大,身处其中的人们就会更强烈地感受到媒介环境的意义。网络是迄今为止扩散最快的大众传播媒介。所以,现代社会的人们都能明显感受到它的影响。

电影 The Matrix 在香港的译名是《22 世纪杀人网络》。这个译名的艺术水准和简洁程度,在我看来远不如内地译名《黑客帝国》。但是,港译片名歪打正着(我宁可相信它是歪打正着),反而最切近现实——实实在在的杀人"网络"。2001 年 2 月,韩国大田市有 2 名男子因受到自杀网站的教唆服毒自杀,其中一名 16 岁少年不治身亡,另一名 28 岁男子被送往医院后获救。这是自韩国首次发现网站唆使自杀案件以来发生的第 10 起案件。在自杀率很高的日本,据警方统计,2003 年 1 月至 2004 年 6 月先后共有 45 人通过网络相约自杀。

不只是自杀,现实生活中的很多事情、现象、关系、行为,开始在网络世界出现。亲人友人离开人世,可以在网上设灵堂放牌位追思拜祭;素未谋面,可以在网络聊天中相识相交相恋;对身份不明的焦点人物,网上有比公安部门的海捕文书还要厉害的"人肉搜索";对平凡而伟大的好人善人,网上有不同于 CCTV 版的网络版"感动中国人物评选";对欺世盗名之徒,有网络打假;对好学上进之辈,有远程教育;还有电子商务、电子政务、网络欺诈……我们和我们的生活以及我们生活的这个世界,因为网络发生了多么巨大的变化!

网络出现之后,学习和教育发生了一场革命。读书,可以读电子书,不必再黄卷青灯,没有了书香盈袖。课堂教学流行用 PPT 演示,板书变成了可有可无。

---

① 《北京科技报》2004 年 9 月 3 日。

笔者常常庆幸自己长在新世纪,活在网络里。但是,有一天笔者偶然忘带了PPT讲稿,发现自己竟然失去了讲课的能力,学生们也几乎不能接受没有PPT演示的课堂讲授!作业也都电子化了,学生做和老师批都不用手写。当我尝试复古,把对每个学生作业的手写批阅意见反馈给他们的时候,我看到了他们不约而同的讶异表情。几年前的惯例今天恍然成了异数。学生们阅读印刷书籍的喜好和能力,一届不如一届,逻辑性的思维和表达越来越不尽如人意,书面作业变得越来越碎片化……面对这些变化,有的人揭竿而起,"1996年,美国教师联合会号召10万名高等教育成员反对通过因特网、视频会议及其他技术教授课程,除非这种方法能达到教工的教学质量与标准。该组织还设法限制高校学生通过远程教育获取的学分。另一个机构——国家教育协会同样组织协会成员,反对虚拟大学采用的技术与低成本兼职教育相结合的做法"①。当然,也有上前拥抱的——很多人主张现代教育应该积极利用而不是一味抵制新媒介。

　　让思维抛开这些杂乱的表象向下潜泳,其实不难发现媒介的社会意义之真谛。人是通过各种各样的媒介来经验和把握这个世界的。这是人这种高级动物与所有其他动物的一个重要区别。柏拉图有一个著名的"洞穴"比喻②:一些囚徒自小生活在一个洞穴里,人被绑缚着,不能走动也不能扭转头,只能面壁而视。在他们背后上方燃烧着一个火炬。火炬和囚徒之间有一堵矮墙。墙外面有人拿着各色各样的假人或假兽,高举过墙对着火炬晃动。洞穴内的囚徒看见了投射在他们面前墙壁上的影像。他们会把这些影像当作真实的东西,也会把墙外众人的交谈误以为影像在说话。此时,假如有一个囚徒被解放,他回头就可以看见事情的真相,但他却以为他回头看到的是幻象,而面壁所见才是真实。假如有人再把他带出洞穴,走到外面的阳光之下,他会因光线刺激而眼睛不适,什么也看不见。他会痛恨那个把他带到阳光下面的人,恨这个人让他看不见真实事物,而且给他带来痛苦。

　　柏拉图作这个比喻,本意是要揭示"受过教育与没受过教育的人的本质区别"③,借此说明哲学家是那些能够走出洞穴、看见真相、获知真理(太阳)的人,因此最有资格做他所谓的"理想国"的国王。从传播的角度来看,柏拉图的"洞穴"比喻无疑指向了人、媒介与现实之间的关系问题,揭示的毋宁说是"人的本

---

① 〔美〕丹·希勒著:《数字资本主义》,杨立平译,江西人民出版社2001年版,第272页。
② 〔古希腊〕柏拉图著:《理想国》,张子菁译,光明日报出版社2006年版。
③ 同上书,第226页。

质"。人的本质,实乃比喻中困于洞穴面壁而坐的囚徒。囚徒的生存状态也是电影"黑客帝国"所展示的未来人类的生存状态。这就是:人生活在媒介环境之中,人通过媒介来经验这个世界。没有任何人能够走出这个洞穴,没有任何人包括哲学家可以不借助任何媒介还可以作为人这种高级动物存在。恩斯特·卡西尔说,从语言的出现开始:

> 人不再生活在一个单纯的物理宇宙之中,而是生活在一个符号宇宙之中。语言、神话、艺术和宗教则是这个符号宇宙的各部分,它们是织成符号之网的不同丝线,是人类经验的交织之网。人类在思想和经验之中取得的一切进步都使这符号之网更为精巧和牢固。人不再能直接地面对实在,他不可能仿佛是面对面地直观实在了。人的符号活动能力进展多少,物理实在似乎也就相应地退却多少。在某种意义上说,人是在不断地与自身打交道而不是在应付事物本身。人是如此地使自己被包围在语言的形式、艺术的想象、神话的符号以及宗教的仪式之中,以致除非凭借这些人为媒介物的中介,他就不可能看见或认识任何东西。①

媒介是人类经验世界的中介。尼葛洛庞帝(Nicholas Negroponte)在《数字化生存》(Being Digital)一书序言中写道:计算的意义与计算机无关。它关乎我们的生活。② 可以更进一步地说,数字化不仅关乎我们的生活,更关乎我们的存在;关乎我们存在的不仅是数字化(digital medium),实则是所有的媒介(medium matrix)。作为人,我们始终是媒介化的存在(mediated beings)。

既如此,我们没有理由漠视媒介的性质、功能和意义。我们需要知道,我们经验世界的这些中介,是否或者能否忠实地为我们服务,它们如何影响我们对这个世界的认知和我们在这个世界上的作为。

第三节 媒介矢量的变化

媒介矢量的变化不仅事关历史发展和社会变迁,在媒介产业化之后还具有突出的市场意义。

2005年年中,中国报业广告在经历了近20年年均增速超过30%的高歌猛

---

① 〔德〕恩斯特·卡西尔著:《人论》,甘阳译,上海译文出版社1985年版,第33页。
② 〔美〕尼古拉·尼葛洛庞帝著:《数字化生存》,胡泳、范海燕译,海南出版社1997年版。

进之后,以7.08%的增长率首次低于中国GDP的增长率(见图1-1)。中国南北两份代表性的报纸——《北京青年报》和《广州日报》的广告经营额与2004年同期相比分别下降了24.14%和6.25%。

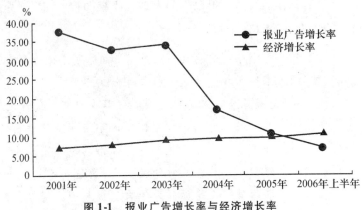

图1-1 报业广告增长率与经济增长率

中国报业广告经营额的急剧下滑引起了业界和学界的高度关注。新华社主办的《中国记者》杂志2005年第10期组织了一个专题,讨论中国报业的困境和出路。许多人认为,报业广告经营额下滑不只是广告经营的问题,而是报纸这种传统媒体所面临的生或死的转型问题。中国人民大学新闻学院喻国明教授的"拐点说"和美国北卡罗莱纳州立大学教授菲利普·迈耶(Philip Meyer)的报纸消亡论,当时在国内产生了较大影响。

喻国明指出,中国报业在2005年进入了他两年前就已预见到的"拐点"。不过,这个"拐点"并不意味着传统媒体(尤其是报业)从此走上衰退的不归路。"拐点"之后的中国报业是枯竭而死还是柳暗花明,要看报业自己的作为。喻国明认为,只要变革经营体制和机制,创新传播方式和赢利模式,中国报业一定会把这个"拐点"变成一次"涅槃"之变,迎来"爆发式"发展的新局面。① "拐点"说代表了大多数人特别是报界的看法。很多报业集团的老总在公开场合都信誓旦旦地声称,这只是一时的困难,只要积极转型创新,报业不但不会萎缩,反而有可能取得更大的发展。

但是,也有一些人不那么看好报纸的未来。网上各种唱衰报纸甚至宣判报纸死刑的言论多不胜数。名为"张锐"的传媒博客上写道:报纸是一种落后生产

---

① 喻国明:《"拐点"的到来意味着什么——兼论中国传媒业的发展契机》,《中国记者》2005年第10期。

力,格调也越来越俗,又非常不环保,报纸灭亡只是时间早晚的问题。① 菲利普·迈耶教授更是言之凿凿地宣告了报纸灭亡的具体时间:"到2044年,确切地说是2044年10月,最后一位日报读者将结账走人。"② 2006年12月13日,美国《时代》(Time)周刊载文分析报纸的命运,其中引用了迈耶教授的预言。

中国人民大学新闻学院的陈力丹教授著文批驳了迈耶教授的结论③。他指出,现在提出纸质媒体的灭亡结论,根据主要是一些地区的报纸发行量下降了(但是同时另一些地区的发行量上升了),这种情况不足为怪。其他媒介增多,原有的传媒市场自然会适当减少,这很正常。其次,现在已经进入了"融媒"时代,各种媒体实际上正在或已经融合为数字化传媒,只是外在形态为了适应不同的需要而有所差异,这种差异不是本质的差异,只是外在形式的差异罢了。在新的媒体环境中,简单地说某种媒体要灭亡,不过是一种武断的猜想。陈力丹教授认为,现在我国报业所遇到的困难很大程度上是自身原因造成的,我们该做的是认真反思纸质传媒为什么现在遇到了发展危机,而不是囿于生还是死的无谓争辩。"问题解决了,面对报纸2044年消亡或灭亡的预言,我们会以自信的微笑应对。"

值得一提的是,十年前在中国以"泡沫论"掀起新旧媒介论争的朱光烈教授这一次再度发言:"我依然认为新媒体将取代旧媒体","媒体'大灭绝'势不可当"。④ 朱光烈指出,如果新事物没有取代旧事物的足够优势,共处将会持续下去;如果新事物具有足够的优势,旧事物一定会被新事物吸收改变。他重申了自己的观点:技术发展的巨大潜力提供了新媒体取代旧媒体的巨大可能性;而人性的需要和经济利益的驱动又为其提供了最为强大的推动力。在新媒体的冲击下,以报纸为代表的传统媒介必将走向灭亡。

回首1994年初,时任北京广播学院学报主编的朱光烈发表了《我们将化为"泡沫"——信息高速公路将给传播业带来什么?》⑤一文,抛出了他的惊人之论:

---

① http://blog.donews.com/zrde/archive/2005/12/11/654014.aspx.
② 〔美〕菲利普·迈耶著:《正在消失的报纸:在信息时代拯救记者》,张卫平译,新华出版社2007年版。
③ 陈力丹:《用自信的微笑应对2044年报纸消亡的预言》,2007-02-04。http://blog.sina.com.cn/u/4a594037010007bi.
④ 朱光烈:《"不谋万世者无以谋一时,不谋天下者无以谋一域"——2006年再论"泡沫"》,《现代传播》2006年第5期。
⑤ 朱光烈:《我们将化为"泡沫"——信息高速公路将给传播业带来什么?》,《北京广播学院学报》1994年第2期。

在信息高速公路面前,传统的大众媒介和大众传播工作者都将化为泡沫,不复存在。"泡沫论"引来哗然一片。几乎所有公开发表的争鸣文章都对朱光烈预言的媒介未来不以为然。中国新闻学院李启教授批评该文感想多于论证,是情调浪漫的散文而非严谨的论文,结论缺乏说服力。① 上海大学的张咏华教授指出,媒介发展演变的历史显示,除非旧媒介坐以待毙,历史上几乎从未出现过旧媒介被新媒介逐出局的情况。而"以目前的情形来看,传统的大众传媒并未显示出正在逐步走向消失的迹象,而是显示出了利用新兴传媒——电脑互联网改进其传播活动的倾向"。② 面对这些批评,朱光烈先后在《国际新闻界》(1997)、《新闻大学》(2001)、《现代传播》(2004)、《学术界》(2002)等多个刊物上发表文章回应。

吉林大学新闻系的苏克军是少数与朱光烈持近似观点的学者。他在1998年《现代传播》两期卷首接连发表文章③提出,以因特网为代表的信息高速公路"将把人类带入后大众传播时代","后大众传播以双向互动传播代替了大众传播的点对面的单向传播,以个人化的点播式服务代替了大众传播的批量生产,以综合的媒体形式代替了大众传播的单一形式。"信息高速公路所到之处,大众传播媒介将会消亡,准确地说是其"灵魂"——运作方式——将会消亡,其"躯体"——媒介——将会改头换面分化组合,融入信息高速公路之中。

如果说2005年前后发生新旧媒体争论,是因为以网络为代表的新媒体已经实实在在地瓜分了传统媒体的市场,那么十年前争论的时候,新媒体还仅仅是假想敌。当时,中国刚刚迈入网络世界④。再往前看,每一次关于新旧媒体变数的争论,都有媒介环境的巨变这一重要历史背景。文字出现的时候,当时的很多大师硕儒们绝不像后人那样对文字赞誉有加,视其为人类文明开始的标志。苏格拉底在《斐多篇》(*Phaedo*)里转述埃及主神的话对希腊文字评价道:"……这个东西使习字者的心灵患上健忘症,因为他们不再使用自己的记忆;他们会相信外在的文字,记不得自己。"在苏格拉底看来,只有思考和交谈才能让人获得真理。

---

① 李启:《试论传播学与新闻学关系的定位》,《新闻与传播研究》1996年第1期。
② 张咏华:《归于消失,还是再获新生?——试论传媒的发展前景兼与朱光烈先生商榷》,《国际新闻界》1996年第5期。
③ 苏克军:《后大众传播时代的来临——信息高速公路带来的传播革命》,《现代传播》1998年第3期;《信息高速公路对人类社会的冲击》,《现代传播》1998年第4期。
④ 1993年9月,美国"信息高速公路"(正式名称为National Information Infrastructure)计划出台。中国从1993年起,开始实施以"三金"工程(指金桥、金卡、金关工程)为代表的一系列重大信息系统工程。1994年,中国科学院高能物理研究所网络和中关村地区教育与科研示范网络正式接入因特网。

所以,与孔子、耶稣一样,苏格拉底始终笃守口头教诲,"述而不作",不著一文。报纸的出现有着相似的遭遇。从公元4世纪到19世纪初期,西方社会一千多年的书籍传播培养了庞大的读书人阶层,形成了根深蒂固的书籍文化的使用和传承习惯。尽管和书籍一样是以纸张为介质,18、19世纪兴起的报纸还是无可避免地引起了读书人的深忧和拒斥。名人大家没有几个不对报纸这种当时的新媒体嗤之以鼻。卢梭(Jean-Jacques Rousseau,1712—1778)说:"一本周期性出版的书是怎么回事呢?那就是一本既无价值又无益处的昙花一现的著作。文人们以轻率的态度诵读这些东西,仅仅是给未受教育的女人们和为虚荣心所驱使的蠢人们听的。"狄德罗(Diderot Denis,1713—1784)在《百科全书》(*Encyclopédie*)中指责道:"所有这些报刊文章,对于无知者犹如食粮,对于只愿谈论而不愿读书的人犹如锦囊;而对于劳动者,则犹如灾祸和令人生厌的东西。它们从来没有为有才华的人说过半句好话,也从来没有阻止过蹩脚的作家发表作品。"[①]他们当中有谁可曾预料到,报纸日后会戴上"历史的百科全书"之桂冠?

讨论媒介的生死枯荣有意义吗?的确,与哈姆雷特的天问"to be or not to be?"相比,一种人造工具的生死既没有让人揪心的彷徨悱恻,也没有让人百思回味的人生哲意。但是,媒介环境的变化同样关乎人的存在,关乎人与世界以及人与人之间的关系。而且在今天,它还关乎传播技术的研发和传媒产业的兴衰。

20世纪80年代,日本、美国先后研制出了2英寸(1英寸=2.54厘米)左右、3万多像素的"迷你电视"。无论是轻便程度,还是画面和声音的清晰与稳定程度,这种迷你电视都达到了当时电视技术的最高水平。但是,技术过硬不等于市场成功。市场的冷清很快证明,迷你电视不过是研发人员的一厢情愿和技术自大症的发作。在中国,也许很多人都还有印象,城镇大街小巷的很多商店有一个时期都曾摆放过一种7—10英寸的小电视。这种小电视拥有可爱的外观、亮丽的颜色和小巧轻盈的身姿,非常适合在没有立足之地的小商店里使用。无聊的售货员很需要这种东西来消磨时间。但是,这种小电视也像当年日本的迷你电视一样,昙花一现,终成过去。现在,商店里很少再看到这样的电视。据我的随机访谈,被淘汰的首要原因是这种电视太小,收看这种小电视不是在享受,反倒是受罪。

今天,电子纸、网络电视、手机电视等各种新媒体的吆喝声此起彼伏。年轻的研发人员总是抱着对市场前景的美好向往和对研发能力的满怀信心,不断提

---

① 〔法〕彼·阿尔贝、弗·泰鲁著:《世界新闻简史》,许崇山等译,中国新闻出版社1985年版,第13页。

出一个又一个新产品的研发计划,奋不顾身地投入到让人激动而又迷醉的研发实践中。有些时候,高涨的研发冲动容易冲走冷静的市场思考。他们或者高估新产品的需求潜力,或者低估人们喜新厌旧的可能。结果,很多得意之作除了证明自己的研发实力,别无他途。一种新媒体的市场前景如何,它能够在多大程度上改变已有的媒介环境?一种旧媒介的未来命运如何,面临各种挑战它是必然趋向萎缩甚至走向灭亡,还是有可能固守阵地甚至蓬勃发展?回答这些问题,需要考虑技术之外的更多因素:现有媒介环境的结构、目前主导媒介的性质和社会使用情况、媒介发展演变的规律、媒介与社会之间的相互关系、市场推广和媒介经营……

研究多认为,媒介市场格局变化的主观因素是媒介经营和媒体从业人员的观念。在中国,无论是广播在电视普及之后所遭遇的危机,还是报纸在网络等新媒体崛起之后所陷入的困境,经营问题都被视为其中的一个主要原因,自然也被当作扭转危机的突破口。客观因素则多认为是体制、政策和新媒体的冲击。中西方实践表明,这些确实是媒介兴衰的重要原因。20世纪40年代,美国的广播因二战期间的战地现场播报而影响力大增,引起了报纸的惶恐和嫉恨。美国报刊发行人协会遂停止向广播网提供新闻。广播则通过自办通讯社、增设记者站、通过电话采访等多方努力,最终取得了反报纸围剿的胜利。到了20世纪60年代,电视成为新的媒体霸主,广播被迫另辟蹊径,转身钻进了汽车,在车载广播领域找到了自己的海阔天空。在中国,1988年中央人民广播电台全国听众调查显示,在提供新闻方面,电视跃居三大传媒之首,广播退居第二。[①] 1997年,电视从之前的娱乐"玩意儿"摇身一变成为人们了解时事的新闻媒体。[②] 面对电视竞争的强大压力,中国广播转变经营思路,分别开发出了音乐广播和交通广播这两个极具竞争优势的领域。

事实似乎证明,新媒体的冲击也罢,政策体制的变动也罢,一种媒介只要经营对路就不会轻易消失。但是,我们不能忘记,在媒介发展的历史长河中,帛书、羊皮书、默片、寻呼机等媒介还是彻底消失了。电报在今天几近绝迹。传统的私人书信和日记也正悄然隐退。一些有百年基业的大报一个接一个终止印刷,转身网络。媒介格局的千变万化好像不完全是人所能控制。媒介的生死枯荣有人为,也有命定。既如此,什么情况下,谋事在人?如何去谋?什么情况下,成事在

---

① 《中国新闻年鉴》,中国社会科学出版社1989年版,第227页。
② 罗明、胡运芳编著:《中国电视观众现状报告》,中国社会科学文献出版社1998年版,第37页。

天？天意为何？就像今天我们讨论报纸这种媒介的命运,如果承认报纸在新媒体冲击下虽不至于灭亡,也必然会大幅萎缩,那就只能在坚守或者转向而不是扩张的意义上来谈论报纸经营的转型;如果坚信报纸不仅能挺过挑战,还有可能梅开二度,那就要仔细考察挑战来自哪里,如何应对挑战才能梅开二度。

媒介环境学为我们提供了关于媒介和媒介环境的性质、媒介环境与社会之间关系的分析工具和思想洞见,可以帮助我们理解媒介的生死兴衰,增进我们对媒介和媒介环境的认识。

第四节 媒介环境学研究综述

知道媒介环境学的,远远没有知道麦克卢汉的人多。

20世纪六七十年代,麦克卢汉是北美乃至整个西方世界最耀眼的学术明星和文化领袖。在新闻界,"1966年这一年之内,报刊上介绍麦克卢汉的文章就达120余篇,差不多每一种重要的美国、加拿大和英国的报刊都参与了这场运动。人们以激动的心情思量着,这可能是一位洞见堪与达尔文和弗洛伊德一比高低的重量级人物"[1]。1968年,麦克卢汉成为美国《新闻周刊》(Newsweek)的封面人物。同年,著名的通俗杂志《花花公子》(Playboy)不惜版面刊载几万字的麦克卢汉访谈。英国广播公司(BBC)、加拿大广播公司(CBC)、美国全国广播公司(NBC)力邀他为座上客,或向公众解释他的怪异观点,或就最新的教育、政治问题发表高见。NBC副总裁一次买下20本《理解媒介》送给公司里的执行官,向他们极力推荐麦克卢汉。在企业界,通用汽车公司、贝尔电话公司等大企业的CEO们,重金聘请他为企业发展指点迷津。在政界,麦克卢汉因为准确预见了肯尼迪与尼克松的电视辩论结果而名声大振。加拿大总理特鲁多(Joseph Philippe Pierre Yves Elliott Trudeau,1919—2000)每月请他吃饭,讨教如何改变自己的电视形象。吉米·卡特总统也与他通信,向他请教执政的法宝。在学术界,肯定他的给他最高赞誉,认为麦克卢汉代表了"最激进的和最详尽的美国传播媒介理论"[2],否定他的彻底贬损,说他是一个学术卖弄大师,剽窃抄袭,粗制滥造

---

[1] 〔加〕马歇尔·麦克卢汉著,斯蒂芬尼·麦克卢汉、戴维·斯坦斯编:《麦克卢汉如是说》,何道宽译,中国人民大学出版社2006年版,汤姆·沃尔夫序。

[2] 殷晓蓉著:《战后美国传播学的理论发展——经验主义和批判学派的视域及其比较》,复旦大学出版社2000年版,第79页。

空洞的冗词，没有任何思想创见。① 在文化艺术领域，麦克卢汉是最高祭司，绘画、摄影、影视、音乐、广告等很多领域都拿他的语录作指路明灯。

经过十多年的沉寂②，到20世纪末，全世界再度掀起麦克卢汉热。1994年，美国《连线》(Wired)③杂志把他的头像置于刊头，称他为电子文化的开山祖师。美国、加拿大、英国、中国纷纷出版或者再版麦克卢汉的著作。他的"地球村"一词更是已经成为世界范围内的日常用语。

也许是麦克卢汉的思想光辉太耀眼了，又或者是麦克卢汉的思想洞见太令人费解了，在几十年的时间里，中西方传播学界都只是在他的思想迷宫中拆解猜悟，而忽略了他的生前身后。现在我们知道，在麦克卢汉之前，同是加拿大人的哈罗德·伊尼斯已经开始从媒介这个角度研究传播的社会影响和历史意义。麦克卢汉从伊尼斯那里获取了直接的思想灵感和学术指引。与麦克卢汉同时，美国古典哲学教授埃里克·哈弗洛克(Eric Alfred Havelock,1903—1988)深入探讨了古希腊文化从口头传播转向文字所发生的变化。紧随其后，美国圣路易斯大学教授沃尔特·翁(Walter Ong,1912—2003)研究了各种传播形式特别是原生口语和书写传播的不同意义。

这个别致的研究路径并没有因为麦克卢汉的过世而寿终正寝。20世纪80年代以后，这一领域的研究重镇转移到了美国。纽约新罕布什尔大学的约书亚·梅罗维茨(Joshua Meyrowitz)把媒介环境研究与社会学家欧文·戈夫曼(Erving Goffman,1922—1982)的"拟剧交往理论"结合起来，系统研究了美国从印刷时代过渡到电子时代社会行为的变化。纽约福德汉姆大学的保罗·莱文森把这个研究路径延伸到了网络社会。他们两位在1975—1978年间同在纽约大学攻读"媒介环境学"博士学位。这个博士点是尼尔·波斯曼(Neil Postman,1931—2003)受麦克卢汉的启发在1970年创建起来的。截至1996年，波斯曼创建的这个"媒介环境学"博士点共培养了100多位博士，400多位硕士。④ 1998

---

① Richard Abel,*Marshall McLuhan:A Master of Academic Grandstanding*,Logos 12, no3, 138-42 2001.
② 艺术领域对麦克卢汉的厚爱在这十多年间基本上没有什么变化。
③ 《连线》：世界著名杂志,1993年,路易斯·罗塞托接受尼葛罗庞蒂75000美元的风险投资创办于美国,网站：www.wired.com。如果说比尔·盖茨是网络时代的英雄,那么,罗塞托一类就是幕后英雄。如果说《滚石》是美国20世纪60年代文化革命的领袖,那么,《连线》就是20世纪90年代科技革命的旗手。罗塞托和《连线》是数字文化和网络时代的吹鼓手,是技术恋物癖的集中营。参见〔美〕加里·沃尔夫著：《连线：数字时代的传媒梦想》,黄锫坚译,中国铁道出版社2006年版。
④ 〔加〕菲利普·马尔尚著：《麦克卢汉——媒介及信使》,何道宽译,中国人民大学出版社2003年版,尼尔·波斯曼序。

年8月4日,媒介环境学在纽约成立了"媒介环境学会"(Media Ecology Association)。

从媒介环境的角度审视传播的社会效果,不是麦克卢汉一个人,而是一个群体,一个成型的研究范式。20世纪90年代以来,在全世界再度掀起麦克卢汉热的同时,这个研究传统的学术地位和思想影响日益彰显。在美国,伊尼斯去世以后的三十年(1960—1990)中,总共出版了六篇关于他的博士论文,而仅20世纪90年代的十年间就有十篇研究伊尼斯传播理论的博士论文出版。2000年,国际传播学年会有一个讨论小组专门讨论传播学科的经典文本,12本被提名的著作里面有伊尼斯的《帝国与传播》①、麦克卢汉的《理解媒介》和梅罗维茨的《消失的地域》(No Sense of Place: The Impact of Electronic Media on Social Behavior)。换句话说,媒介环境学占去了1/4的位置。2003年,国内出版的两套丛书也把他们的研究放在了较以往更为显著的位置:潘忠党在为"传播·文化·社会译丛"(华夏出版社)写的总序中,评价《消失的地域》一书是象征互动论取向的经典著作;张国良主编的《20世纪传播学经典文本》(复旦大学出版社)列举了28本"经典文本",《消失的地域》和《理解媒介》位列其中。

作为一个整体,媒介环境学的学术地位也开始得到学界肯定。1995年英国学者史蒂文森(Nick Stevenson)②,2004年中国传媒大学教授陈卫星③和南京大学青年学者胡翼青④,2005年中国人民大学教授陈力丹⑤都分别重新划定了传播学的理论版图,一致认为传播研究不只是我们传统视野中的两个学派,而是经验主义、批判学派和媒介环境学三足鼎立。

这里分两个层面展开相关研究的综述。先说麦克卢汉研究的总体情况。麦克卢汉在国内的普及程度丝毫不亚于在美国、加拿大等国。很多教材性质的传播学著作都辟有专门章节介绍麦克卢汉的三论:媒介讯息论、人体延伸论、冷热媒介论,评价也几乎是众口一词,认定他是典型的技术决定论者。盖因麦克卢汉的传播思想歧义迭出或者耐人寻味,时至今日,仍不断有阐释麦克卢汉老三论的论文公开发表。不过,真正有创见的很少。

---

① 我倒认为,晚一年出版的文集《传播的偏向》比《帝国与传播》更有价值。
② 〔英〕尼克·史蒂文森著:《认识媒介文化——社会理论与大众传播》,王文斌译,商务印书馆2001年版。
③ 陈卫星著:《传播的观念》,人民出版社2004年版。
④ 胡翼青著:《传播学:学科危机与范式革命》,首都师范大学出版社2004年版。
⑤ 陈力丹:《试论传播学方法论的三个学派》,《新闻与传播研究》2005年第2期。

中国传媒大学的陈卫星教授在刘易斯·芒福德（Lewis Mumford, 1895—1990）的《技术与文明》（*Technics and Civilization*）一书中发现，芒福德早麦克卢汉30年就提出了传播技艺是"人的延伸"这一命题。① 不止如此，芒福德在这本书中还提出，电子时代复兴了人与人之间即刻反应的交往方式。芒福德写道："自电报开始，一系列发明超越空间的限制，减少了传播与接收之间的时间差：首先是电报，然后是电话，接下来是无线电报，无线电话，最后是电视。因此，在机械装置的帮助下，传播正在回归它初期那种人与人之间的即刻反应。"② 这与麦克卢汉的"重新部落化"这一思想形异而质同。

复旦大学新闻学院殷晓蓉教授介绍了麦克卢汉在美国的影响，特别提到麦克卢汉既对美国经验主义传播学严重不满，又以媒介大于内容的理论命题消解了欧洲批判学派针对传播内容发出的警告。③ 上海大学张咏华教授分析了麦克卢汉思想在20世纪60年代和90年代末两度绽放的原因，综述并评价了20世纪末国内外麦克卢汉研究的最新情况。④ 中国社会科学院新闻与传播研究所的王怡红副研究员，发表了对麦克卢汉技术乐观主义的批评。她在《"忧虑的时代"与不忧虑的麦克卢汉》⑤一文中指出，置历史和社会因素于不顾，是麦克卢汉对传播技术抱定乐观态度的一个根源。

另有文章从解读的方法方面提出，理解麦克卢汉需要更多地从麦克卢汉的背景和当时传播学研究的实际情况出发，以艺术而非社会科学的思路来理解麦克卢汉思想。⑥ 还有文章拿麦克卢汉的传播理论联系比较了语言学领域的萨丕尔—沃尔夫假说⑦和哲学领域的现象学⑧。

国内关于麦克卢汉的研究，总体而言，我基本认同武汉大学两位学者石林和冉华的评价：

> 一是浅表性、重复性的研究较多。这是一个比较普遍的研究状态，即对

---

① 陈卫星：《麦克卢汉的传播思想》，《新闻与传播研究》1997年第4期。
② Lewis Mumford, *Technics and Civilization*, Harcout, Brace and Company Inc, 1934. p. 239.
③ 殷晓蓉：《麦克卢汉对美国传播学的冲击及其现代文化意义》，《复旦学报·社会科学版》1999年第2期。
④ 张咏华：《新形势下对麦克卢汉媒介理论的再认识》，《现代传播》2000年第1期。
⑤ 王怡红：《"忧虑的时代"与不忧虑的麦克卢汉》，《国际新闻界》1997年第1期。
⑥ 杨伯溆、李凌凌：《艺术的视角——理解麦克卢汉》，《现代传播》2006年第1期。
⑦ 李岗：《"媒介即讯息"与沃尔夫假说》，《西南民族大学学报（人文社会科学版）》2004年第1期。
⑧ 范龙：《媒介的直观——论麦克卢汉传播学研究的现象学方法》，《华中科技大学学报·社会科学版》2005年第2期。

麦克卢汉的理论只是作一些描述性的介绍,介绍麦克卢汉的生平、著作,学术界的两次热点讨论或对麦克卢汉的思想理论作出简单的归纳,如将他的媒介思想称之为媒介三论:媒介讯息论、媒介延伸论和媒介冷热论。当我们一再重复这些研究结论时,我们却很少去思考这种结论的归纳是否科学、准确。一个学者的学术思想和学术理论的构建与他的成长历史是不可分离的,对麦克卢汉学术生涯和个人生活的研究,目的是帮助我们更好地把握麦克卢汉:他的理论渊源,他理解媒介的方式与当时人文环境和人文思潮的关联,但我们却很少能看到在这个问题上有比较深入的思考。在有些问题的分析和评价方面,基本上沿用着前辈学者如施拉姆或港台学者的一些观点,却很少思考这些观点是否偏颇,是否受到历史的局限……

二是纠缠于具体问题的讨论,作散点式的研究。无论是早些年出版的传播学教材中有关麦克卢汉的章节,还是近年发表的有关学术论文,都呈现出一个共同的特点,即比较关注麦克卢汉单个媒介观点的讨论,这主要集中在他的三个重要的观点上。……在麦克卢汉研究中,对他的一些主要的理论命题的探讨毫无疑问是非常必要的,但这并不能代替我们对麦克卢汉媒介思想的系统把握,而这恰恰是完整、准确地理解麦克卢汉的基础。在已有的研究中,我们很少去思考麦克卢汉这些理论命题之间的关系,换句话说,我们从未去追问麦克卢汉媒介思想的核心视点是什么。这当然会影响我们对于麦克卢汉的基本理解,比如认为他的媒介理论无系统可言,只有闪光的思想,毫无逻辑关联,是零乱的,支离破碎的,甚至攻击一点,不及其余。

三是抽象的肯定,具体的否定。……确定大多是从抽象意义上所作出的,比如称赞他是天才的预言家,是媒介狂欢时代的先知,是20世纪的思想巨人;认为《理解媒介》是世界进入信息时代的先导,是一座绕不开的丰碑,具有超前的后现代意识。但是由于缺乏对麦克卢汉的全面系统的理解,与这种抽象肯定相伴随的,往往是对具体的理论命题的否定,质疑他大部分的理论命题,因此几乎很少有人客观全面地肯定他。比如媒介即讯息与极端媒介技术决定论倾向;认为"地球村"流露出浅薄而盲目的乐观情绪,是为人类的梦想做广告;在冷热媒介的划分标准上纠缠不清,陷于其中不能自拔的结果就是断定麦克卢汉不过是在信口开河。麦克卢汉的思想是跳跃的、玄妙的,没有严密的理论,缺乏学术的严谨性和连贯性。①

2000年以后,随着伊尼斯、梅罗维茨、波斯曼、莱文森等代表学者的著作在中国内地翻译出版,媒介环境学的整体逐渐清晰起来。评介伊尼斯、梅罗维茨传播理论的文章开始增多②。由于这个研究传统在国外的叫法不一,反映到国内也是名目繁多,有媒介分析理论、多伦多学派、媒介生态学、技术主义范式、媒介环境学等。

上海大学张咏华教授较早关注到了这个学术群体。她在1998年出版的《大众传播社会学》③一书中,评述了梅罗维茨的"情境论"。后来,她又聚焦传播学当中的"媒介分析"这一研究部类,出版了《媒介分析:传播技术的神话解读》一书,集中阐释了关于"媒介技术的产生和发展、各种媒介技术的特征及使用、媒介技术及其发展史同人类社会变迁和文明发展史的关系等"研究的主要传播理论,包括未来学家丹尼尔·贝尔(Daniel Bell)、阿尔温·托夫勒(Alvin Toffler)和约翰·奈斯比特(John Naisbitt),还有詹姆斯·贝尼格(James Beniger)的"控制革命论",雷蒙德·威廉姆斯(Raymond Williams,1921—1988)的"文化研究",丹·席勒(Dan Schiller)的"数字资本主义",当然还有伊尼斯、麦克卢汉和梅罗维茨的媒介理论。④ 作为"新世纪传播学研究丛书"(该丛书由按照拉斯韦尔的5W模式分别展开的五部专著和一部译著组成)之一,该书所谓的"媒介分析理论"是与5W模式中的"媒介"这一环节相对应的传播研究部类,而非本体论、方法论意义上的理论学派。但是,该书研究显示,在"媒介分析理论"这一研究部类当中,伊尼斯、麦克卢汉和梅罗维茨三人之间的理论一致性最为突出。这是国内真正注意到媒介环境学这个群体的开始。

南京大学青年学者胡翼青从反思传播学的学科危机——经典传播学(经验学派和批判学派)的内在学术困境和外在现实挑战——中发现了媒介环境学(胡称之为技术主义范式)的范式革命意义。⑤ 在该书"技术主义范式的兴起"一章中,作者介绍了伊尼斯、麦克卢汉和梅罗维茨的"媒介决定论",分析了这一

---

① 石林、冉华:《对麦克卢汉媒介思想研究现状的检讨》,武汉大学新闻与传播学院网站,http://journal.whu.edu.cn,2005-05-25。
② 王纬:《哈罗德·伊尼斯传播理论与美加的文化战》,《现代传播》1999年第2期。徐桂权:《传播图景中的制度》,《国际新闻界》2004年第3期。田中初:《电子媒介如何影响社会行为——梅罗维茨传播理论述评》,《浙江师范大学学报·社会科学版》2006年第1期。
③ 张咏华著:《大众传播社会学》,上海外语教育出版社1998年版。
④ 张咏华著:《媒介分析:传播技术神话的解读》,复旦大学出版社2002年版。
⑤ 胡翼青著:《传播学:学科危机与范式革命》,首都师范大学出版社2004年版。

范式的两种论调——乐观主义和悲观主义,并以人本主义为参照系批评了技术主义范式的缺憾。该书在国内首次明确了伊尼斯、麦克卢汉和梅罗维茨的研究是一个成型的理论范式,并通过与以美国实证研究为代表的"经验主义范式"和以法兰克福学派为代表的批判主义范式的比较,肯定了其作为传播学三大研究范式之一的学术地位。这是一个认识上的突破。该书的重点是在批判三大研究范式的基础上,论证传播学必然、必须转向新人本主义范式,即传播学研究向传播的主体——人的回归。作者站在传播学学科发展的高度指明了技术主义范式的学术位置,但是并未过多论及技术主义范式在研究对象、研究内容、思想逻辑和研究方法等等方面的内在一致性和前后的发展演进,对伊尼斯、麦克卢汉和梅罗维茨传播理论的介绍也基本没有超越之前的研究。作者2007年出版的《再度发言》[①]一书,在系统回顾芝加哥学派传播思想的历史发展中,追溯了媒介环境学与芝加哥学派的渊源关系,照亮了媒介环境学的社会学背景。

孜孜致力于迻译媒介环境学经典作品的何道宽教授[②],在多篇文章中对媒介环境学进行了整体的介绍和评价。清华大学新闻与传播学院崔保国教授[③]和武汉大学新闻与传播学院单波教授[④],介绍了西方媒介生态学的源流和发展。

与国内情况基本一样,国外关于媒介环境学的研究也多局限于单个学者。总体来看,关于麦克卢汉的研究占绝对多数。在全世界最大的网上书店——亚马逊书店网站的图书搜索引擎中键入"Marshall McLuhan",可以得到8588个记录(包括麦克卢汉本人的著作)。[⑤] 研究麦克卢汉的论文更是浩如烟海。还有多个专门的麦克卢汉研究网站。[⑥] 这些都还只是大略数字。20世纪80年代以来,美、加、英、德、法等国开始更多地关注伊尼斯、波斯曼、梅罗维茨等人的研究成果。媒介环境学作为一个传播学流派的学术地位也逐渐得到了认可。

梅罗维茨在20世纪90年代有一篇专论这个学派的文章"Medium Theo-

---

① 胡翼青著:《再度发言:论社会学芝加哥学派传播思想》,中国大百科全书出版社2007年版。
② 何道宽:《异军突起的第三学派——媒介环境学评论之一》,《深圳大学学报·人文社会科学版》2006年第6期;《媒介环境学辨析》,《国际新闻界》2007年第1期,等等。
③ 崔保国:《媒介是条鱼》,中华传媒网,http://academic.mediachina.net/article.php?id=4327。
④ 单波、王冰:《西方媒介生态理论的发展及其理论价值与问题》,《新闻与传播研究》第13卷第3期。
⑤ http://www.amazon.com/。此为2008年1月3日搜索结果。
⑥ http://www.marshallmcluhan.com/; http://www.cios.org/encyclopedia/mcluhan/m/m.html. http://www.mcluhan.utoronto.ca; http://www.mcluhan.ca/.

ry"①。论文概述了"Medium Theory"第一代学者的研究情况：以伊尼斯和麦克卢汉为代表，其他还有沃尔特·翁（Walter J. Ong, 1912—2003）、埃德蒙·卡彭特（Edmund Snow Carpenter）、托尼·施瓦茨（Tony Schwartz, 1923—2008）、丹尼尔·布尔斯廷（Daniel J. Boorstin, 1914—2004）、蔡特（H. L. Chaytor）、伊丽莎白·爱森斯坦（Elizabeth Eisenstein）等；以他自己为代表的第二代学者的研究情况，其他还有桑塔格（Susan Sontag, 1933—2004）、波斯曼和莱文森等人。此外，他还在传统的经验主义研究和"Medium Theory"之间作了简单的比较，指出了"Medium Theory"的研究缺陷。

现任媒介环境学会副会长、美国威廉·帕特森大学华裔副教授林文刚2006年编辑出版了《媒介环境学：思想沿革与多维视野》一书。在该书第一章，林文刚对媒介环境学派的思想沿革作了一个全面、精练而清晰的描绘。其余各章是当今活跃在世界各地的12位媒介环境学学者对该学派前辈传播理论的阐发和评价。正如译者何道宽所言，这是媒介环境学"第一部自觉反省的历史记述式的思想批评之作，它系统地提炼、归纳和阐述了该学派从萌芽、诞生、成熟到壮大的历程"②，展示了媒介环境学的思想发展历史和多维理论视野，以及它在今天的研究格局。编者林文刚是纽约大学波斯曼教授的传人，20世纪80年代在纽约大学攻读媒介环境学博士，后回母校执教。该书的蓝本是林文刚在20世纪90年代期间执教的媒介环境学研讨班讲稿。因为此，该书"偏重纽约学派，对加拿大学派（多伦多学派）的成就反映不够"，"媒介环境学走向成熟的历史和成就反映比较多，其萌芽和奠基时期的成就反映则比较少；波斯曼的研究比较深，麦克卢汉的研究则比较浅"。③况且，这本书毕竟是来自多个学者的一本文集，注定不可能对媒介环境学进行系统而深入的清理。

立足于既有的这些研究成果，本书致力于以下五个方面的拓展：

1. 既有的研究过于注重细节、局部和文本，忽略了时代背景、学术背景以及每位学者的理论整体和思想系统。麦克卢汉的冷媒介与热媒介、光透射型媒介与光照射型媒介、声觉空间与视觉空间等等这些概念，是紧密关联互生共通的。单独一个一个拿出来看，既让人费解又容易产生误解。同样，伊尼斯的传播理论

---

① Joshua Meyrowitz, "Medium Theory," *Communication Theory Today*, edited by David Crowley and David Mitchell, Polity Press, 1994.
② 林文刚编：《媒介环境学：思想沿革与多维视野》，何道宽译，北京大学出版社2007年版。
③ 同上书，何道宽中文版序。

离开他前大半生的经济学研究和美国与加拿大之间的复杂关系,也不可能理解通透。本书希望超越一叶障目的研究视野和瞎子摸象的研究方式,在时代背景和学术背景中解读每一位学者的传播思想,在每一位学者的学术积累和思想系统中解读他的传播理论命题。

2. 既有的研究多注重单个学者,而疏于这个学派整体。前述已经表明,研究媒介环境之深远影响的不止麦克卢汉一个人,而是一个群体。那么,这是一个什么样的群体?包括哪些学者?他们为什么会谋合在一起或者不谋而合在一起?刘易斯·芒福德、丹尼尔·贝尔、约翰·杜威(John Dewey,1859—1952)、罗杰·菲德勒(Roger Fidler)、尼尔·波斯曼等诸位学者属于这个阵营吗?媒介环境学前后是一个什么样的思想谱系?本书希望明确媒介环境学的内涵与外延,呈现一个更完整清晰的媒介环境学。

3. 尽管已有研究明确了这些学者代表一个学派、范式,论述了他们之间的渊源关系,并肯定了他们的学术地位,但是,没有人论证他们何以成为一个范式,这个研究范式的理论前提和假设是什么,逻辑起点在哪里,研究旨归向何处,理论框架又是什么样子,这个研究范式在本体论、认识论和目的论上有什么样的不同凡响,为什么有那样的不同凡响。本书于纷纭芜杂的话语万象中抽取这个研究范式的思想脉络和理论框架,着力论证媒介环境学作为一个研究范式的合法性,并尽显这个研究范式在传播理论版图中的独特性。

4. 既有的评价过于简单粗暴。褒扬的说"地球村"概念和思想完全是麦克卢汉独创,殊不知在麦克卢汉之前已有多人多次提出过类似的预见;否定的说麦克卢汉是剽窃专家,却完全不顾麦克卢汉用同样的词语囊裹了何种新意;不先明确技术决定论是什么,就草率认定媒介环境学是技术决定论;不先摆明人文社会科学的评价标准,就裁决他们的研究不科学。本书不避艰险,尽力全面而深入地研析媒介环境学的可取之处与软肋所在,在更广阔的视野中评判这一研究范式的理论价值和现实意义。

5. 综合以上研究,结合实际提出一些可能的研究思路和方向,并尝试运用媒介环境学来探讨社会化的历史变化。

本书各章的主要内容如下:

第一章:媒介矢量。本章从媒介环境的历史意义、社会意义和市场意义三个层面引出媒介环境学,然后分别梳理关于麦克卢汉本人和关于媒介环境学整体的国内外研究成果,在此基础上明确本书的研究重点、研究思路和主要内容。

第二章：重新认识媒介环境学。定义媒介环境学，明确媒介环境学的内涵和外延，再通过辨析花样繁多的命名和近似一家的亲缘研究，进一步厘定本书所论的媒介环境学。

第三章：媒介环境学的代际传承。结合知识谱系、时代背景和个人身世，解读他们各自的学术道路、研究方向、研究主题，阐释每位学者个性化的理论命题和研究发现，呈现媒介环境学在纵向上的思想接力与学术演进。

第四章：媒介环境学的理论框架。撇去他们各有千秋的研究发现和风情万种的话语表述，讨论他们共同的研究主题，梳理媒介环境学整体上的演绎逻辑和理论框架。

第五章：媒介环境学的范式革命。根据科学哲学家托马斯·库恩（Thomas Samuel Kuhn, 1922—1996）的"范式"概念，从本体论——研究什么，认识论——如何研究，和目的论——为什么这样研究三个方面，论证媒介环境学作为一个研究范式的合法性，这也是在第四章的基础上深入一步探寻他们更为内在的一致研究取向。

第六章：媒介环境学的深刻与片面。在以上各章讨论的基础上，综合国内外已有的各种评价，从厘清技术决定论入手，探讨媒介环境学在媒介与社会关系问题上的态度和表述策略，研判媒介环境学的正当性、理论价值和现实意义。

第七章：媒介环境的变革与社会化的历史变化。结合社会学、人类学、社会心理学等学科在社会化方面的研究成果，从媒介环境变化这个角度考察社会化在不同历史时期的特征，以验证媒介环境与社会化之间的关联机制，希望能对当前媒介环境与青少年社会化之间的关系问题有所助益。

本 章 小 结

传播媒介攸关历史本体的保存。历史事件一旦发生，便不会重演，留给后人的仅仅是这一事件的有关记载。就后人的历史认知来说，一个没有任何媒介记载的历史事件，等于没有发生；一个没有留下任何资料的文明，等于没有存在过。所以，历史自身无法告诉未来。未来看到的所有历史都是媒介化的历史。不仅如此，历史以什么样的面目见诸后人，也深为传播媒介所左右。我们今天了解电子媒介之前的人类历史，看到的是实物呈现、口头传说和文字记载的历史，而我们的后人了解我们今天的历史，无疑将看到更加光怪陆离的历史。例如，口述史学借助于录音录像，让历史多了一个委身之所。后人看历史，不必被迫只能与死人对话，而是可以看活的历史影像。

　　传播媒介影响世界历史的发展。关于历史发展的推动力，宗教说是神的旨意安排，英雄史观视之为英雄伟人的杰作，黑格尔归诸于人类理性的驱动。汤因比则提出，各种文明是在挑战与应战中往前发展的。按照麦克卢汉的观点，媒介恰恰是人类应对挑战的一个最好体现。传播媒介的发展是历史发展过程中的一根主线，是世界历史运动的一个"共同维度"。正因为此，随着全球统一史观的勃兴，传播媒介开始成为继生产力、生产工具之后一个研究和书写世界历史的新视角。

　　媒介的社会意义的真谛正如柏拉图的"洞穴"比喻所指：人本质上是困于洞穴面壁而坐的囚徒，永远生活在媒介环境之中，通过媒介来经验这个世界。没有任何人能够走出这个洞穴，没有任何人可以不借助任何媒介还可以作为人这种高级动物存在。媒介是人类经验世界的中介。所有人都是媒介化的存在。既如此，我们没有理由漠视媒介的性质、功能和意义。我们需要知道，我们经验世界的这些中介，是否或者能否忠实地为我们服务，它们如何影响我们对这个世界的认知和我们在这个世界上的作为。

　　如果说传播学还不至于贻笑大方，对由媒介引发的这些广泛而颇有深度的问题进行了专业的、系统的研究，提出了一些其他学科未曾企及且刮目相看的思想创见，毫无疑问，此等功劳非媒介环境学莫属。

　　可是，如此重要的一个理论流派却一直蒙受着最多的非议和误解，对他们的研究直到20世纪末仍然是支离破碎，挂一而漏万。

　　本书希望超越一叶障目的研究视野，在时代背景和学术背景中解读每一位学者的传播思想，在每一位学者的学术积累和思想系统中解读他的传播理论命题；纵向上，梳理并论证他们之间的理论渊源关系，呈现媒介环境学前后的思想谱系；横向上提取他们共有的研究主题，勾勒媒介环境学整体的理论框架；在此基础上，站在范式革命的高度，论证他们在研究的本体论、方法论和认识论三个层面的一致取向，及其在传播学理论版图中的独特性。通过这些工作，论证媒介环境学作为一个研究范式的合法性，及其与经验学派和批判学派三足鼎立的事实。然后，综合国内外已有的各种评价，在更广阔的视野中评价媒介环境学的理论价值、学科地位和主要缺陷。最后，尝试运用媒介环境学从媒介环境变化的角度考察社会化的历史变化，期望能对当前媒介环境与青少年社会化之间的关系问题有所助益。

第二章　重新认识媒介环境学

第一节　定义媒介环境学

媒介环境学从媒介本身的特性出发,研究各种媒介组成的媒介环境(特别是其中的主导媒介)及其变化已经或可能产生的深远影响。代表人物是加拿大的哈罗德·伊尼斯和马歇尔·麦克卢汉,美国的约书亚·梅罗维茨和保罗·莱文森。媒介环境学由伊尼斯在20世纪40年代末开创,经麦克卢汉在六七十年代的大肆渲染而名噪一时,20世纪80年代以来在信息技术日益彰显的时代背景下,经以梅罗维茨和莱文森为代表的一批学者的努力拓展而日渐丰赡。

这个定义包含了媒介环境学的五个规定性特点:

一、立论的原点是"媒介本身"

媒介环境学研究的不是总体意义上的"传播",也非可见的具体"传播内容",也不是影响传播过程的各种"噪音",传播背后的各种操纵力量或者"意识形态"。在传播学所有研究分支和领域中,唯有媒介环境学把"媒介本身"作为变化之源和立论原点。此乃媒介环境学的旗帜性特征。

何为"媒介本身"?"媒介本身"是一个话语意义而非实在意义上的概念。在所有传播活动中,没有不假道一定形式而传播的内容,也没有不携带内容而传播的媒介形式。然而,这并不妨碍把它们拆开来看。我们经常说某部电影好看,某一本书精彩,某个电视剧有味儿。没有人会否认,我们这是在言说媒介传播的内容。无论是解释乡村社会的变迁、女性的媒介形象还是青少年的反社会行为,经验主义研究都会很重视从媒介传播的节目、语词、画面等等内容里面寻找原因和对策。与之相反,媒介环境学高度肯定传播形式的重要性。"媒介本身"对媒介环境学而言不再是一个价值零负荷的传播渠道或介质,而是具有内在逻辑和自主力量,在人类事务中发挥能动作用的一个重要因素和社会历史变化的一个重要动因。

二、承认和讨论具体媒介的特性

媒介环境学主张区别看待和研究各种具体媒介,反对"泛论媒介"。1949年,伊尼斯在《加拿大政治经济学》(*Canadian Journal of Economics and Political Science*)期刊第15期发表了一篇针对哈钦斯(Robert Maynard Hutchins, 1899—1977)报告①的评论文章。文章指责该报告忽视媒介本身的特性,把所有媒介不加区别地堆集在一起。伊尼斯说:"我们可能需要分别追问广播、报纸、动画、杂志和书籍而不是一个大意上模糊的泛泛效果,尽管委员会出版物中用'新闻'来指代所有的媒介,但每种媒介都有它自己的独有特性。持有这一常识是研究新闻的开始。"② 梅罗维茨把媒介环境学取名为"medium theory",目的正是为了与惯常所见的"泛论媒介"③区分开来:"我用单数 medium theory 来描述这个研究传统,为的是把它与大部分的其他 media theory 区别开。Medium theory 关注每一个媒介或者是每一类媒介本身(type)的独特性质。"④

同样是研究传播效果,经验学派着眼于内容,分析在其他条件都恒常的情况下不同的传播内容各会引起何种反应;批判学派着眼于权力,研究政治、经济等各种权力因素如何操控传播来达到他们的目的。媒介环境学着眼于媒介,强调不同媒介的特性。在他们看来,与社会发展的各个阶段和社会各领域的历史变化相对应的,是一路发展演化性质各异的不同媒介,而非混沌的、抽象的媒介。讨论抽象的媒介无以解释社会历史的动态变化。

媒介环境学视野中的"媒介"神形各异,千姿百态。他们关注的媒介种类之多,远在人们的常识和经验范围之外。伊尼斯论及的有石头、莎草纸、羊皮纸、象

---

① 即以芝加哥大学校长哈钦斯为组长的新闻自由调查委员会在1946年发布的调查报告《一个自由而负责的新闻界》。
② 转引自 William J. Buxton, "Harold Innis' Excavation of Modernity: The Newspaper Industry, Communications, and the Decline of Public Life," *Canadian Journal of Communication*, 1998: Volume 23。
③ "泛媒介论"与"泛论媒介"不同。媒介环境学是"泛媒介论"。他们所言的媒介外延很广,衣服、窗户、照片等等都是媒介。他们反对不加区分地"泛论媒介(media)",主张具体地分析各种媒介(medium)。
④ Joshua Meyrowitz, "Medium Theory," *Communication Theory Today*, edited by David Crowley and David Mitchell, Polity Press, 1994, p.50.

形文字、楔形文字、报纸、广播等等媒介;麦克卢汉在《理解媒介》一书中,用大半篇幅分析了服装、道路、住宅、汽车、报纸共26种媒介;莱文森在其《软边缘》一书中,从最古老的文字到最现代的万维网、虚拟空间,娓娓道来人类文明史上的各种传播形式。就这一点来说,媒介环境学不啻于为人类文明建成了一座活的媒介博物馆。

值得注意的是,媒介环境学不是在培养皿中而是在广阔的社会实践中观察、比较媒介的"特性"。媒介的"特性"既包括媒介的物理特性比如大小、轻重、耐久性,还包括媒介的传播特性和使用特征。例如,麦克卢汉概括提出的声觉空间型媒介和视觉空间型媒介,根据的是受众在使用媒介的过程中被卷入的各种感官的属性以及它们之间的关系。不仅包括人造媒介如文字、报纸、电视的物理属性、语法逻辑和传播特征,还包括生理媒介如口头语言、体态语的性质、结构和语法特征。而且,媒介环境学每每是从具体的比较中确认一种媒介的特性。例如,在口头语言和文字这两种媒介之间,伊尼斯认为前者是时间偏向型的,因为口头语言的交流丰富,给人的印象深刻;后者显然是空间偏向型的,因为文字是不胫而走的语言,更多地具有穿越空间距离的优势。古希腊恰恰是因为有丰富而深厚的口头传统,才成就了其前所未有的文化繁荣。[1] 在分析古埃及帝国的时候,伊尼斯又在泥版的楔形文字和印刷文字之间进行了比较,认为印刷文字属于空间偏向型媒介,泥版楔形文字则属于时间偏向型媒介。因为"泥版适宜长期使用,然而它笨重,不适合用做远距离的传播媒介。……适合远距离传播的文字倚重的是书写的统一和符号的规范"[2]。

三、注重考察媒介环境的历史变化

就对传播效果的基本态度而言,媒介环境学显然属于强效果论。只不过,它们所强调的传播效果不是即刻引起的行为与态度的改变,而是潜移默化的深远影响。他们把媒介环境看做是社会变革和历史变迁的一个重要参数。

一个特定历史时期的媒介环境,往往不是各种媒介的均衡布局,而是一种媒介占据优势地位。这种优势地位体现为媒介影响力的大小、受欢迎的程度以及受众的首选比例。表面上,媒介环境学是把媒介环境整体视为社会历史变化的自变量。实际操作中,他们是用主导媒介来对应各个历史时期。他们把人类社

---

[1] 〔加〕伊尼斯著:《传播的偏向》,何道宽译,中国人民大学出版社2003年版,第54页。
[2] 同上书,第27页。

会分为口语社会、印刷社会和电子社会。口语社会相对应的主导媒介是口头语言。这一时期的媒介环境中还有图画、手势等多种沟通方式。电子社会相对应的主导媒介是广播、电视等电子媒介,这一时期的媒介环境中还有口语、书报等其他多种媒介。

四、研究的重心是解读社会历史的变迁

无论是各种媒介、主导媒介还是媒介环境,这些都不是媒介环境学研究的重心所在。媒介环境学在这些方面的所有探索研究,最终都是为了解读社会图景的变化和人类文明的变迁。从伊尼斯到麦克卢汉,从沃尔特·翁到梅罗维茨和莱文森,不管各人如何叠床架屋,千回百转,他们每个人的研究最后都指向了社会的某些领域,历史的某些阶段。伊尼斯在他的《传播与帝国》中,讲述了媒介与知识垄断、价格变动、权力斗争和文明演化之间的波诡云谲之象。麦克卢汉则遍数了从印刷社会到电子社会,认知模式、社会关系、社会结构等等方面的流变转换。梅罗维茨则专一而细致地考察了印刷和电子两种媒介环境的交接更迭对社会行为和角色扮演的影响。

五、考察的是长远时期广大范围内的已然结果和可能影响

媒介环境学认为,传播学不能只醉心于眼见的、直接的、短期的传播效果,还应该努力探查传播所产生的间接的、微妙的和长期的影响。所以,与经验学派测定短期传播效果不同,媒介环境学考察的是媒介可能或者已经产生的深远社会影响。这个"深远",不是经验学派研究的当下或者三五十年,而是一个很长的历史时期,几百年甚至更长。另外,媒介环境学不仅考察媒介已经产生的现实效果,还通过分析媒介的属性偏向和预存功能来预测可能带来的社会变化。

1967年,中文世界最早介绍麦克卢汉的台湾学者徐佳士就注意到了这一点。他说,到目前为止,传播效果的研究几乎完全集中于施教、改变态度及意见以及市场促销等方面的短期效果,麦克卢汉第一个倾心于传播媒介的长期社会影响。① 梅罗维茨也强调指出:"媒介环境学……尤其是在帮助我们把握媒介潜在的长期后果方面,颇多启发。"②

---

① 徐佳士:《麦克卢汉的传播理论评价》,《新闻学研究》(台湾政治大学新闻研究所主办)第1集。
② Joshua Meyrowitz, "Medium Theory," *Communication Theory Today*, edited by David Crowley and David Mitchell, Polity Press, 1994, p.72.

以上五个方面共同规定了媒介环境学的内涵,是它区别于其他传播学流派的标准。

本书所定义的媒介环境学,代表学者以时间为序主要有哈罗德·伊尼斯、马歇尔·麦克卢汉、约书亚·梅罗维茨和保罗·莱文森。

一、哈罗德·伊尼斯

1894年,伊尼斯出生于加拿大安大略省的南部乡村。1918年,在多伦多市麦克马斯特大学获经济学硕士学位。在此之前,他应征入伍,亲历了第一次世界大战。1918—1920年,在美国芝加哥大学修读政治经济学。其间,他选修了芝加哥大学社会学系的一些课程,为本科生讲授经济学入门课,后来与他的一位学生相爱成家。博士毕业后,他回到加拿大多伦多大学执教,讲授政治经济学,一直到生命终了。

伊尼斯的前期代表作是1923年出版的博士学位论文《加拿大太平洋铁路史》(*A History of the Canadian Pacific Railway*, Toronto: University of Toronto Press),该书系统回顾了太平洋铁路这条大动脉的修造历史,及其对加拿大国家发展的巨大作用。这项研究吸引他进一步追溯交通运输的改善如何改变了加拿大的大宗皮货贸易。为此,他先后进行了四次史诗般的长途田野考察,辗转追寻加拿大皮货贸易路线和格局的发展变化。最终,他用丰富扎实的文献资料和细致入微的实地发现,书写了加拿大皮货贸易中心几经变更、盛衰跌宕起伏的壮阔历史画卷。这就是他的政治经济学代表作——1930年出版的《加拿大的皮货贸易》(*The Fur Trade in Canada: An Introduction to Canadian Economic History*, Toronto: University of Toronto Press)。沿着皮货贸易,伊尼斯踏入了对木材、矿产、纸浆等"大宗贸易"的研究领域。1940年出版的《鳕鱼业》(*The Cod Fisheries: The History of an International Economy*, New Haven: Yale University Press),研究了国际范围内的鳕鱼捕捞和商贸交易,论证了大宗贸易对大国外交、经济和政治关系的影响。

伊尼斯后期转向传播学,先后出版了《帝国与传播》(*Empire and Communications*, Toronto and Buffalo: University of Toronto Press, 1950)和《传播的偏向》(*The Bias of Communication*, Toronto and Buffalo: University of Toronto Press, 1951)两本文集。转向传播学之前,他的政治经济学研究已经让他名声斐然。1941年,他创建了加拿大经济史学会(Economic History Association),创办学会刊物《经济史

杂志》(Journal of Economic History)。他自己也荣任多伦多大学经济学系的系主任和该校研究生院的院长。1948年,牛津大学邀请伊尼斯开设有关大不列颠帝国经济史的系列讲座。《帝国与传播》就是由该系列讲座所用的讲稿组成。这些讲稿的素材来自他多年积累的传播史手稿。讲稿倒是很快成书出版,而这些传播史手稿直到他1952年因病去世都没有整理出版,又因为种种原因直到今天也还未能面世。

二、马歇尔·麦克卢汉

1911年,麦克卢汉出生于加拿大艾伯塔省埃德蒙顿市。母亲是个演员,擅长朗诵。受母亲影响,麦克卢汉小时候就对诗歌产生了浓厚的兴趣。1934年,麦克卢汉在曼尼托巴大学拿到了学士学位。同年,进入英国剑桥大学攻读英国文学。1936年毕业后到美国威斯康星大学英语系任教。1939年再入剑桥大学攻读文学博士学位。1942年他到美国圣路易斯大学任教。1946年,麦克卢汉回到加拿大成为多伦多大学的文学教授。1963年起,担任该校文化与技术中心主任。1979年9月,麦克卢汉中风失语。1980年的最后一天,麦克卢汉离开人世。

麦克卢汉的早期研究以文学批评为主。1951年,他出版了自己的第一本专著《机器新娘》(The Mechanical Bride: Folklore of Industrial Man, New York: Vanguard Press),讨论了当时新兴的媒介文化。这本书在当时并未引起关注,销量也很可怜。《纽约时报》(The New York Times)虽然刊发了一篇书评,"但批评的态度缺乏同情"[①]。稍早于此,他参加了一个对他影响至深的学术沙龙。沙龙的常客有美国人类学家埃德蒙·卡彭特、英国城市景观设计师杰奎林·提尔惠特(Jacqueline Tyrwhitt, 1905—1983)、瑞士历史学家和建筑评论家西格弗里德·吉迪恩(Siegfried Gidion, 1888—1968)、英国人类学家阿什利·蒙塔古(Ashley Montagu, 1905—1999)。伊尼斯曾经在1949年4月参加这个沙龙并就印刷和广播的影响发表演讲。这些人要么成了麦克卢汉的重要学术伙伴,要么成了他日后传播学研究的重要思想源泉。

1952年伊尼斯去世不久,麦克卢汉从好朋友埃德蒙·卡彭特那里获悉,福特基金会行为科学研究部准备提供5万美元,赞助一个为期两年的跨学科项目——媒介与文化研究。麦克卢汉和卡彭特提交了申请书,名为"变化中的语

---

① 林文刚编:《媒介环境学:思想沿革与多维视野》,何道宽译,北京大学出版社2007年版,第123页。

言模式和新兴的传播媒介"。申请书援用伊尼斯的观点宣称,媒介环境的巨变必然产生巨大的话语、政治和经济变迁。电视、广播和电影等新媒介出现之后,社会经过了重塑:一种"新的语言"正在形成。麦克卢汉又从萨丕尔和沃尔夫那里学到:人类通过语言感知世界,语言塑造人感知世界的方式。他们在申请书中提出,媒介包括语言是一种艺术形式,一种感知聚焦的工具。与其他申报小组倾向于把传播看成是信息工程问题相比,这个观点让他们显得略胜一筹,最终在1953年拿到了福特基金会4万多美元的赞助。他们用这笔钱的一部分创办了一份小型刊物——《探索》,为他们的研究成果提供出版机会。在这个杂志上发表文章的除了卡彭特、麦克卢汉和麦克卢汉的学生沃尔特·翁,还有美国著名的社会学家大卫·里斯曼(David Riesman,1909—2002)、心理学家皮亚杰(Jean Piaget,1896—1980)。《探索》前后共出版9期,1959年停办。

1959年,麦克卢汉受全美广播电视教育工作者协会的邀请和赞助,为11年级的学生制定媒介教育大纲。1960年6月底,麦克卢汉完成了该项目的研究报告。这个报告令赞助方大为不解,甚为不满。因为报告里面的内容太匪夷所思,显然太不适合11年级的学生。然而,正是在这个报告的基础上,麦克卢汉出版了让他名震天下的《理解媒介》一书,并由此成了"流行崇拜中的高级祭司和媒介形而上学者"[①]。

三、约书亚·梅罗维茨

美国新罕布什尔大学(University of New Hampshire)教授。与保罗·莱文森同出波斯曼门下。不过,他们两个好像都不是很忠于老师的学生。梅罗维茨1985年出版的专著《消失的地域》,是他的成名作,也是他最重要的传播理论专著。作者自述该书是他在奎因斯大学和纽约大学做的两篇博士学位论文的完善,前后有十年时间。在这本书中,梅罗维茨结合社会学家戈夫曼的拟剧交往理论,用"交往场景"桥接了传播媒介与社会行为之间的关系,系统分析了从印刷传播到电子传播,新的信息传播系统如何改变社会交往场景,进而导致社会行为的变化。他搭建的这个理论框架,大大矫正了此前媒介环境学从媒介到社会的直接因果关系,被认为是对媒介环境学的一大推进,也是社会学领域的一大突破。

---

① 1968年《花花公子》访谈录的副标题。

该书出版后,《传播学季刊》《传播学杂志》《基督教科学箴言报》(The Christian Science Monitor)、《费城问询报》(Philadelphia Inquirer)、《圣路易斯快邮报》(St. Louis Post-Dispatch)等学术刊物和报纸均给予了好评。1987年,该书荣膺美国广播者协会和广播教育协会"最佳电子媒介专著"桂冠和美国语言传播协会的年度图书金奖。同年,该书被翻译成德文出版。1990年,德国又以两卷本的形式再版。1993年,意大利版面世。张咏华教授"于1987—1988年在澳大利亚堪培拉高等教育学院进修大众传播学专业的研究生课程时,曾经亲身领略过此书与书中的理论在那里受重视的程度。在该专业的一门名字为'高级传播学理论'的研究生主干课程中,任课教师奥斯本博士曾在研讨该书中的媒介理论上倾注了相当大的教学课时"。① 1995年美国Wadsworth公司出版的《大众传播学理论:基础、骚动与未来》(Mass Communication Theory: Foundations, Ferment, and Future)一书,将该书的出版列入"大众传播(学)大事年表"。2000年,该书在国际传播学年会上又获"传播学科经典文本"提名。

除了这本书,梅罗维茨还有一些研究论文,其中较为重要的两篇分别是《媒介分析理论》("Medium Theory")和《转变中的"陌生人":媒介分析理论与"他们"和"我们"之间的对立变化》("Shifting Worlds of Strangers: Medium Theory and Changes in 'Them' Versus 'Us'")②。

四、保罗·莱文森

纽约福德汉姆大学(Fordham University)教授,传播学者,科幻小说家,远程网络教育的先行者。1976年到纽约大学攻读"媒介生态学"博士,此间经导师波斯曼介绍认识麦克卢汉,并与之结为好友。1979年博士毕业,博士学位论文《人类历程回顾:媒介进化理论》(Human Replay: A Theory of the Evolution of Media)初步提出了媒介人性化发展的命题。莱文森的兴趣和知识之广,与麦克卢汉有几分相似。他是远程网络教育的先锋,1985年主持创办了"联合教育公司"。公司的远程教育现已遍布美国,远及南非、俄罗斯等20多个国家和地区。作为科幻小说家,他出版的科幻作品已有20多部,其中长篇科幻小说就有6部。他的科幻作品曾荣获雨果奖、星云奖和斯特津奖。

---

① 张咏华著:《媒介分析:传播技术神话的解读》,复旦大学出版社2002年版,第119页。
② Joshua Meyrowitz, "Shifting Worlds of Strangers: Medium Theory and Changes in 'Them' Versus 'Us'," *Sociological Inquiry*, Vol. 67, No. 1, February, 1997.

作为传播学者,他糅合自己的媒介实践与科幻思维,批判性地推进麦克卢汉的思想,着力研究手机、赛博空间、人工智能等数字革命的社会影响。他于1988年出版的《思想无羁》(南京大学出版社2003年中文版),试图从哲学高度论证技术与理性、认知及人类进化之间的关系,进而说明技术的重要性。与这本书的艰涩相比,1997年出版的《软边缘》(清华大学出版社2002年中文版)一书,相对通俗很多。该书追溯了信息革命从字母文字到最新数字传播技术的全部历史,总结了媒介发展的一些规律性现象,并宣布自己站在软决定论一边,以示不同于麦克卢汉的硬决定论。1999年出版的《数字麦克卢汉》(社会科学文献出版社2001年中文版)一书,是其传播理论的总汇。

五、其他学者

沃尔特·翁,1912年11月30日出生于美国堪萨斯州。1946年成为天主教牧师。1938—1941年间,翁在他后来执教的圣路易斯大学跟随导师麦克卢汉学习英语文学。他的硕士学位论文是《霍普金斯的跳跃节奏和英语诗歌的生命力》。他于1955年在哈佛大学博士毕业,博士学位论文研究的是法国哲学家拉米斯(Petru Ramus,1515—1572)。博士毕业后回到圣路易斯大学任教36年,先后就职于该校医学院精神病学专业和人文学院。2003年8月12日逝世。

翁与比自己大一岁的老师麦克卢汉一直保持紧密的联系,讨论问题,交流学术信息。对于从麦克卢汉那里所受的启蒙和引导,翁心存感激。他把1958年出版的博士学位论文献给麦克卢汉,献词是"他启动了我做的一切"。他为麦克卢汉的《机器新娘》撰写书评。麦克卢汉曾在给翁的信中说道:"你评《机器新娘》的文章,简直就是唯一有意义的文章。你过奖了,不过你看清了正在发生的变化。对这些问题的认真研究几乎是一片空白,就是说,存在着普遍的感性和知性上的无知,大可不必的无知。"①

翁的研究足迹和学术影响遍及世界各地。他领受法国政府颁发给他的勋章,到尼加拉瓜、西非共和国考察研究,在英国做访问学者,到日本去演讲。他的研究涉及传播学、文学、教育学、艺术、哲学、意识科学等多个领域。翁对传播学的贡献,圣路易斯大学在讣告中评价得很准确,"翁的永恒贡献是向我们阐述了各种传播形式——从讲故事到赛博空间——是如何塑造我们的思想、关系和文

---

① 〔加〕梅蒂·莫利纳罗、科琳·麦克卢汉、威廉·托伊编:《麦克卢汉书简》,何道宽译,中国人民大学出版社2005年版,第270页。

化的"(Perhaps Ong's most lasting contribution was to show how various forms of communication—from storytelling to cyberspace—shape our thoughts, relationships and cultures)。翁最有影响的著作是他在 1982 年出版的《口语文化与书面文化》(Orality and Literacy: The Technologizing of the Word, New York)(北京大学出版社 2008 年中文版)。该书被翻译成十几种语言,广为传播和征引。由于各方面的不俗建树,翁在 1967 年被吸收成为美国白宫 14 人教育干预团成员。1978 年,他荣任全球最大学会、拥有 3 万名会员的美国现代语言协会会长。1997 年,美国基督教与文学联合会授予他终身成就奖。

埃里克·哈弗洛克,古典哲学研究专家,1929—1947 年间在加拿大多伦多大学执教,1947—1960 年间在哈佛大学古典系执教,后转入耶鲁大学。他在研究古希腊文化的过程中开始注意并研究古希腊字母表、文字与古希腊文化之间的重要关系。他于 1963 年出版的《柏拉图导论》(Preface to Plato, Cambridge, Mass, and Oxford)一书,备受麦克卢汉推崇。麦克卢汉在给他的信中称赞该书"独步天下","我每次看《柏拉图导论》都心存感激"。[1] 哈弗洛克的其他著作还有 1978 年出版的《古希腊的正义观:从荷马到柏拉图》(The Greek Concept of Justice: From Its Shadow in Homer to Its Substance in Plato)和 1982 年出版的《古希腊的书写革命及其文化成果》(The Literate Revolution in Greece and Its Cultural Consequences)。

伊丽莎白·爱森斯坦,1953 年获哈佛大学博士学位,1959 年起在密执安大学教授历史直至 1988 年荣休。曾任法国史研究协会副会长。她的主要兴趣是欧洲知识分子史。她在媒介环境学方面的贡献,主要是深入研究了西方传播媒介从手写到印刷的转变所引发的重要社会变化。她的代表专著是 1979 年出版的《作为变革动力的印刷机》(The Printing Press as an Agent of Change: Communications and Cultural Transformation in Early Modern Europe, Cambridge University Press),和 1983 年出版的《早期现代欧洲的印刷革命》(The Printing Revolution in Early Modern Europe, Cambridge University Press)。

此外,杰克·古迪(Jack Goody)、托尼·施瓦茨(Tony Schwartz)[2]和埃德

---

[1] 〔加〕梅蒂·莫利纳罗、科琳·麦克卢汉、威廉·托伊编:《麦克卢汉书简》,何道宽译,中国人民大学出版社 2005 年版,第 465 页。

[2] 〔美〕托尼·施瓦茨著:《传播媒介:第二位上帝》,蒯亮编译,台北"国立"政治大学新闻研究所 1986 年版。

蒙·卡彭特等研究了社会主导媒介由印刷转向电子所带来的广泛社会影响。詹姆斯·凯瑞(James Carey,1934—2006)重点探讨了电报的社会意识形态①。目前这一领域比较活跃的还有德里克·德克霍夫(Derrick de Kerckhove)、林文刚、兰斯·斯特雷特(Lance Strate)等人。

第二节 名号之辨

一、媒介生态学

媒介生态学有中西之分。中国的"媒介生态学"和西方的"Media Ecology",名同而实异。

西方的"Media Ecology"诞生在美国。根据波斯曼的说法,"Media Ecology"这个词最早是麦克卢汉在20世纪60年代提出的。② "实际上,迄今为止的一切记述证明,创造这个术语的正是波斯曼本人。"③ 1968年,波斯曼在"美国英语教师全国委员会"的年会演讲中,首次把"媒介生态学"定义为"将媒介作为环境的研究"。④ 1970年,他会同尼斯特洛姆(Christine Nystrom)和莫兰(Terence Moran),在纽约大学发起创立了世界上第一个"媒介生态学"的博士和学士点课程。1998年8月4日,媒介生态学会(Media Ecology Association)在纽约成立。兰斯·斯特雷特担任会长,林文刚担任副会长,莱文森被推举为顾问。他们顺承刘易斯·芒福德、伊尼斯、麦克卢汉等人的传播思想,研究传播技术的社会影响。

中国的"媒介生态学"肇始于21世纪。2001年,浙江大学邵培仁教授发表在《新闻界》第5期上的《传播生态规律与媒介生存策略》和发表于《新闻大学》冬季刊上的《论媒介生态的五大观念》这两篇文章,"真正开始引发国内关于媒介生态学的大探讨",应该算是中国本土"媒介生态学"的起点。⑤ 2003年,清华大学崔保国教授发表文章《媒介是条鱼》,系统阐述了中国媒介生态学的研究内容和理论框架。文章说,媒介生态学研究在我国的展开来自于我国传播学者的

---

① 詹姆斯·W.凯瑞著:《作为文化的传播:"媒介与社会"论文集》,丁未译,华夏出版社2005年版。
② Neil Postman, "The Humanism of Media Ecology," keynote address delivered at the inaugural Media Ecology Association Convention, Fordham University, New York, June 16—17, 2000.
③ 林文刚编:《媒介环境学:思想沿革与多维视野》,何道宽译,北京大学出版社2007年版,第9页。
④ Neil Postman, "The Reformed English Curriculum," in A. C. Eurich, ed. *High School 1980: The Shape of the Future in American Secondary Education*, New York: Pitman Publishing Corporation, 1970.
⑤ 杨婷婷:《论中西媒介生态学的差异》,《新闻界》2005年第3期。

自觉。尽管美国学者开展媒介生态研究和日本学者开展媒介环境研究要比我们早很多年，但似乎国内媒介生态研究的展开与他们并没有什么渊源。中国的媒介生态学从一开始就侧重研究媒介的生存发展环境，把媒介作为社会河流中的一条鱼，探讨社会大环境对媒介的影响，"方法上接近政治经济学和媒介经营管理学"。①

中国本土的"媒介生态学"着重研究政治、经济、文化、制度等社会各方面因素对媒介和传播的影响。源自北美的"媒介生态学"着重研究各种媒介构成的媒介环境如何影响人与政治、经济、文化等社会各方面的发展。同样是"鱼和水"的比喻，麦克卢汉说：一切媒介都是人的延伸，产生了深刻而持久的影响；但是人们却对身处其中的媒介环境麻木无知，就像鱼对水的存在浑然不觉一样。②媒介和社会，孰是"鱼"，孰是"水"；以社会为媒介的环境，还是倒过来视媒介为社会的环境。这是中西方媒介生态学的一个根本差异。关于它们之间的异同，武汉大学新闻传播学院研究生杨婷婷的《论中西媒介生态学的差异》一文可供参考。

本书所用"媒介环境学"这个名称，主要来自北美的"Media Ecology"。这里面有一个过程。2002—2005年间，笔者在中国社会科学院做博士学位论文时，仔细斟酌过"Media Ecology"这个名字，觉得不很合适。况且，当时邵培仁教授已经提出了本土的"媒介生态学"。经与导师陈力丹教授反复讨论，我们确定暂用"媒介形态理论"名之。博士毕业后笔者来到深圳大学，开始与这方面的翻译专家何道宽教授深入讨论这个学派的命名问题。2006年底和2007年初，台湾政治大学的陈世敏教授和美国新泽西州威廉·帕特森大学的林文刚教授，先后访问深圳大学传媒与文化发展研究中心，我们有了更好的机会讨论这个问题。正如何道宽所言："最终，我们决定采用究其实而不据其形的办法给这个学派定名，也就是说，根据该学派的根本性质和主要追求，Media Ecology应该定名为'媒介环境学'，而不采用几年来已经在使用的'媒介生态学'。"③

但是，有两点需要说明。第一，即使没有中国本土的"媒介生态学"，我也更认同"媒介环境学"这个名称而不太倾向于使用"媒介生态学"来冠名这个理论

---

① 崔保国：《媒介是条鱼——关于媒介生态学的若干思考》，《中国传媒报告》2003年第2期。
② 〔加〕埃里克·麦克卢汉、秦格龙编：《麦克卢汉精粹》，何道宽译，南京大学出版社2000年版，第360页。
③ 林文刚编：《媒介环境学：思想沿革与多维视野》，何道宽译，北京大学出版社2007年版，何道宽序。

流派。首先，媒介生态学会和波斯曼对"Media Ecology"的定义，与伊尼斯、麦克卢汉、梅罗维茨和莱文森包括波斯曼等人的研究实际上并不吻合。媒介生态学学会的章程第一条开宗明义："媒介生态学研究符号、媒介和文化彼此之间的复杂关系。"① 波斯曼本人说，媒介生态学主要探索传播媒介如何影响人类的感知、理解、感觉和价值，以及我们与媒介的相互作用如何帮助或阻碍我们的生存。但是，这些学者的研究并没有对人、社会和文化与媒介环境的相互作用予以同等关注，而是始终聚焦于媒介环境对人和社会的影响。其次，他们并未把生态学的研究方法和框架导入他们的传播学研究。什么是媒介生态环境，这个环境内部各种媒介之间的生态关系如何，这些都不是他们重点关心的内容。他们的研究不过是弥漫着一种生态学的精神气息，用波斯曼的话说，即"技术变化不是附加的；它是生态学的。一种新媒介不是增加了什么，而是改变了一切"②。总而言之，他们的研究重点不是媒介生态，而是媒介对社会和人的影响。第二，本书所谓的"媒介环境学"与 Media Ecology 在外延上有些出入。本书不把刘易斯·芒福德、雅克·艾吕尔（Jacques Ellul, 1912—1994）、苏珊·朗格（Susanne K. Langer, 1895—1982）等人作为这个学派的代表人物，而是看作这个学派的思想渊源；认为应该更多地看到波斯曼与他的前辈和学生之间的相异之处。这些留待下一节再作详细展开。

二、Medium Theory

梅罗维茨曾经师从波斯曼在纽约大学修读 Media Ecology 的博士学位。这个博士点到 20 世纪 90 年代初已经培养了几百名博士和硕士，Media Ecology 的研究阵营也越来越大。可是，梅罗维茨没有延用导师所定的 Media Ecology 这个名称，而是另起炉灶用"medium theory"来称呼这个研究传统。

梅罗维茨说："medium theory 关注每一个媒介或每一种类型的媒介的独特性质。展开说，我们问的是：每一种传播工具相对固定的特征是什么？这些特征是如何使这种媒介与其他媒介以及面对面交往，在物理上、心理上和社会方面有所区别的？"③ 这个定义，应该说，抓住了这个研究传统的基本特征：以媒介为出

---

① 见该学会网站 www.media-ecology.org。
② Neil Postman, "Science and the Story that We Need," *First Things*, 69, January, 1997.
③ Joshua Meyrowitz, "Medium Theory," *Communication Theory Today*, edited by David Crowley and David Mitchell, Polity Press, 1994, p.50.

发点;研究的是媒介本身;注重不同媒介本身的独特属性;研究不同媒介本身对社会各个方面的不同影响。而且,梅罗维茨创造的这个名字在美国也得到了一些人的认可和使用。但是,这个名字同样无法反映媒介环境学的研究重心——解读社会历史的变迁。更要命的是,中文里没有对应的词汇来区分"medium theory"和"media theory"。如果译成"媒介理论",势必南辕北辙,混淆了梅罗维茨本要特意作出区分的两类研究。

三、多伦多学派

国内外不少文献使用这个称呼。[①] 例如,北京师范大学陆道夫教授写道:多伦多传播学派是上世纪60年代由加拿大多伦多大学学者哈罗德·伊尼斯、艾瑞克·亥乌络克(Eric Havelock)和马歇尔·麦克卢汉共同创立的。后继工作由目前的多伦多大学麦克卢汉文化与技术研究所开展,代表人物是戴瑞克·德科柯夫。多伦多学派提出了一种在人类文化结构和人类心智中传播居于首位的新理论和新的媒介分析技术,对后来的传播学发展产生了重大的影响。总体上来说,多伦多传播学派的媒介文化理论可以分为三个阶段,即奠基人伊尼斯提出的"传播偏向论"、核心人物麦克卢汉倡导的"媒介讯息延伸论"和上世纪80年代以来戴瑞克以电子现实为研究框架所倡导的"文化肌肤论"。戴瑞克的研究兴趣主要是基于虚拟现实的赛博空间和赛博文化给人们带来的媒介新体验。他的《文化肌肤》(*The Skin of Culture:Investigating the New Electronic Reality*, 1995)一书曾被列为加拿大第一畅销书。[②]

想当年,麦克卢汉如愿以偿拿下福特基金会的研究项目以后,在多伦多确实聚集了一个小圈子。他与多伦多大学人类学系的朋友卡彭特一起创办《探索》杂志,组织一些同事和研究生开展研究基金会的课题。1963年以后,麦克卢汉又有了一个重要阵地——多伦多大学文化与技术研究所。麦克卢汉在这里主持每周一次的研讨会。但是,当时在麦克卢汉周围并没有与之并肩齐辉的同道。他与伊尼斯也仅仅是擦肩而过。20世纪40年代末,他们在学术沙龙上初次见面。1951年,伊尼斯曾把《帝国与传播》送给麦克卢汉,麦克卢汉写信给予了高

[①] Denis McQuail 著:《大众传播理论》,潘邦顺译,台北风云论坛出版社2000年版,第126页。Rowland Lorimer & Mike Gasher, *Mass Communication in Canada*, Oxford University Press,2001.

[②] 陆道夫:《多伦多传播学派媒介文化理论初探》,《学术论坛》2004年第2期。

度评价。① 伊尼斯过世之后,麦克卢汉以伊尼斯为师,大量引用伊尼斯的著作,还为他的两本再版书作序。然而,他们之间未曾有过密切的学术交往和联系,更没有形成趣味一致、通力合作的研究群体。罗杰斯(Everett M. Rogers,1931—2004)说道:"尽管麦克卢汉承认他在理论上得益于哈罗德·伊尼斯,而且有几年他俩都在同一所大学里执教,但是他们几乎没有直接的联系。"②

但是,古迪和瓦尔特早在1968年发表的论文中已经使用了"多伦多学派"(the Toronto School)这个称呼。他们写道:伊尼斯、麦克卢汉、哈弗洛克等人都是一脉相承,凯瑞(1967)和考普顿(1968)最近分别对他们的研究以及这个学派作出了评估。③ 德克霍夫则更为积极地为多伦多学派鼓与呼。他认为,这些人当时不仅都在多伦多大学,而且一致强调,传播媒介能够产生深远的社会和心理影响。虽然他们三人之间没有直接的联系,但他们都相互了解对方的研究并且深为共通的观念所鼓舞。④

且不管是否存在多伦多学派,就迄今为止的全部发展历史而言,媒介环境学是从伊尼斯起步,至麦克卢汉而如日中天,20世纪80年代以后研究重镇和突出成就都在美国。多伦多大学或者多伦多学派只是媒介环境学发展的一个历史阶段,它无法代表媒介环境学的全部。

四、媒介研究

还有不少人以"媒介研究"(media theory)来称呼他们的研究。这就是对该学派基本内涵的无知了。梅罗维茨明确提出,他之所以用 medium theory 来命名,就是为了与 media theory 划清界限。从伊尼斯开始,他们始终如一、旗帜鲜明地反对泛论媒介,主张研究各种媒介的不同特性和功能。国内传播学书籍大多把他们放在"渠道研究"的行列予以介绍,这同样不合适。根据拉斯韦尔提出的5W 传播模式,"渠道研究"只是传播学当中的一个研究部类,不能说是一个研究流派或研究范式。媒介环境学的重点是研究媒介环境对人与社会的影响,远不

---

① 见麦克卢汉写给伊尼斯的信。〔加〕梅蒂·莫利纳罗、科琳·麦克卢汉、威廉·托伊编:《麦克卢汉书简》,何道宽译,中国人民大学出版社2005年版,第252—255页。
② 〔美〕E. M. 罗杰斯著:《传播学史——一种传记式的方法》,殷晓蓉译,上海译文出版社1997年版,第513页。
③ Jack Goody and Ian Watt, *The Consequences of Literacy in Traditional Societies*, Cambridge University Press, 1968, p.1, n.1.
④ Derrick de Kerckhove, "McLuhan and the 'Toronto School of Communication'," *Canadian Journal of Communication*, 1989:73—79.

是单纯的渠道研究所能涵盖。

此外,还有人用"技术决定论"来直接称呼这个研究传统。批评他们的"技术决定论"取向,是可以的,但如若拿它来指称这个学派,恐怕就有挂一漏万的危险了。更何况,这个批评本身也还是有值得商榷的地方。对此,本书第六章有详细论述。

第三节 亲缘研究

以杜威、库利和帕克为代表的社会学芝加哥学派,以刘易斯·芒福德、雅克·艾吕尔和尤尔根·哈贝马斯(Jurgen Habermas)为代表的技术哲学,以罗杰·菲德烈和闵大洪为代表的媒介研究,都与媒介环境学有着亲密的学缘关系,需要在此先行说明。

一、芝加哥学派的传播研究

随着西方新闻业的不断壮大和社会影响的日益显著,"到19世纪末,当时的先驱社会科学家已清楚地意识到新的大众媒介正给人类状况带来重要的变化"①。"当然,在这些研究者中,最为系统的传播理论还是来自社会学芝加哥学派。"② 约翰·杜威、查尔斯·库利(Charles Cooley, 1864—1929)和罗伯特·帕克(Robert Park, 1864—1944),是当时社会学芝加哥学派的三剑客。他们对传播之宏观社会效果的关注,对媒介环境学产生了直接而重大的影响。

杜威认为,社会是一个有机体。社会这个有机体必须依赖信息的共享和传播才能存在、延续和发展。他在《民主主义与教育》(Democracy and Education)一书中说,教育是社会生活延续的一个必要条件,但学校并非唯一的、最重要的教育手段。社会生活本身是一种更重要的教育方式。而这种共同的社会生活就是沟通。所以,作者在这本书中开宗明义地讲:"社会不仅通过传递、通过沟通继续生存,而且简直可以说,社会在传递中、在沟通中生存。"③ "传播建构了社

---

① 〔美〕梅尔文·德弗勒、桑德拉·鲍尔—洛基奇著:《大众传播学诸论》,杜力平译,新华出版社1990年版,第27页。
② 胡翼青著:《再度发言:论社会学芝加哥学派传播思想》,中国大百科全书出版社2007年版,第3页。
③ 〔美〕约翰·杜威著:《民主主义与教育》,王承绪译,人民教育出版社1990年版,第5页。

会而不是社会建构了传播,这是杜威社会哲学研究的开端。"① 杜威以此为起点,讨论了传播对于民族国家的形成发挥的作用、民主主义和理想城市社区的实现,以及社科研究成果的推广等多方面的已然结果和潜在效能。

库利和帕克是杜威的学生。他们用更具体的论证发展了杜威的传播观。同样是把社会看作有机体,库利从人之为人和社会之为有机体两个方面论证了传播的社会地位。传播是人的一种特质。没有传播,就没有语言、思维和人的意识。人的发展也是在传播中进行的。库利通过"镜中我"的概念指出,每一个人都是通过其他人对自己的认识而认识自己,根据别人眼中的自己这面镜子来不断调整自我。社会有机体的形成和维系同样深深地依赖传播。一方面,社会有机体内部各部分必须依靠信息沟通来形成横向上的社会关系;另一方面,社会有机体的文化基因和文明成果必须依赖传播才得以有纵向上的积累和延续。帕克更为细致地探讨了传播引起的社会变迁,准确地说是传统社会向现代社会的转型:日益发达的交通和通讯促进了人口流动,扯断了传统社会的地域纽带,加快了城市的快速膨胀。迅速膨胀的城市和快速变化的城市生活,形成了新的城市社会关系,革新了人们的传统意识和观念。

很明显,早期芝加哥学派对传播这种新兴社会力量抱有极大的信心和期望。如丹尼尔·杰·切特罗姆(Daniel J. Czitrom)所言:"19世纪90年代,三位美国理论家开始将现代传播的整体作为社会进步的一种力量,首次作出综合性考虑。……他们都在本质上将现代媒介解释为在美国恢复广泛的道义和政治一致的力量。"② 在芝加哥学派看来,发达的信息传播系统将促进社会由传统走向现代,改进社会民主,重整社会秩序。其中,"库利对于现代传媒的乐观分析是极其彻底的,超过了他的老师杜威,超过了芝加哥学派的技术乐观主义者,甚至超过了麦克卢汉。他可以说是现代'电子乌托邦'主张的创始者"③。库利对现代传媒如此看好,以至于他相信"传播媒介可能使社会越来越根据人类较高尚的情操而结合在一起,像智慧与同情,不是根据权威、阶级、琐务。现代传播媒介意味着

---

① 胡翼青著:《再度发言:论社会学芝加哥学派传播思想》,中国大百科全书出版社2007年版,第113页。
② 〔美〕切特罗姆著:《传播媒介与美国人的思想》,曹静生、黄艾禾译,中国广播电视出版社1991年版,第98页。
③ 胡翼青著:《再度发言:论社会学芝加哥学派传播思想》,中国大百科全书出版社2007年版,第137页。

自由、前途、无限可能"①。杜威和帕克还亲身实践,创办了一种新型报纸,希望运用现代新闻业来传播社会科学的研究成果。但是,现代传媒的自由乖张和市场逐利超出了他们的想象。对现代传媒抱有的乐观情绪,不久就被证明不过是一种幻想。晚年的杜威改变了早期对现代传播的热望和信念,转而称赞面对面的共享传播,尽管这种传播方式在现代传播的冲击下已经犹如暮霭晚霞。稍后,斯宾格勒在《西方的没落》一书中,深入批判了现代大众传媒所造成的西方文化的全面衰退。李普曼(Walter Lippmann,1889—1974)的《公共舆论》(*Public Opinion*)则警告世人,传媒不过是制造舆论的工具,我们身处其中的不是真实环境,而是传媒为我们塑造的一个拟态环境。

  现在,越来越多的人相信,传播学的源头在社会学芝加哥学派。他们提出了传播研究的几乎所有主题。

  他们三人将对传播的研究,建立在社会统计和现象观察(行为科学)的基础上,把理论探讨与应用研究相融合,不仅把传播视为信息传递的过程,而且看作是一种文化建构的符号象征过程。他们深信传媒技术革命对社会具有强大的推动作用。他们为后来形成的传播学"经验—功能学派"提供了较为直接的学科方法论,也为后来形成的"技术控制论学派"提供了认识前提。②

社会学芝加哥学派是传播学的源头,但并非传播学研究的全部,也无法并入传播学研究的任何流派包括媒介环境学。首先,芝加哥学派所讨论的传播,既不具体到特定的一种媒介,也从未拆分为形式和内容作区别对待,而是一个笼统的传播概念。如前引切特罗姆所言,他们是将现代传播作为一个整体进行综合性的考察研究。这与"媒介环境学"高擎媒介本身的大旗,有根本不同。

  从理论上看,库利尽管对传播技术与事业的发展欢欣鼓舞,但他从来没有真正研究过传播技术与事业本身,因此他的传播研究只能被称为是传播社会学的研究而不是传媒研究。……而芝加哥学派似乎在这个方面也受到了传染。芝加哥学派的传播思想几乎都是社会学的派生物,他们更多的关

---

① Charles Horton Cooley, *Social Organization: A Study of the Larger Mind*, New York: Charles Scribner's Sons, 1967.
② 陈力丹:《试论传播学方法论的三个流派》,《新闻与传播研究》2005年第2期。

心的是传媒作为现代社会的要素所体现的社会功能,而不是传媒本身。①

其次,他们对传播的论述既不系统也不专一,他们的思想投映在了传播学领域,但他们毫无疑问仍旧置身于社会学园地。胡翼青对芝加哥学派研究的一个结论是:

> 我并不认为芝加哥学派本身的传播研究已经构成了某种范式。毕竟对于范式(即使不是在最严格的意义上)而言,即使是芝加哥学派的社会学也不能胜任。更何况,从来没有一个传播学的芝加哥学派,其传播理论的谱系总的来说是其社会学思想的副产品……并未完全定型,并不是非常成熟的理论。②

二、技术哲学研究

亚瑟·克洛克(Arthur Kroker)在《技术与加拿大的思想家:伊尼斯、麦克卢汉和格兰特》(Technology and The Canadian Mind, Innis/McLuhan/Grant)一书中开门见山就说:"加拿大在思想上对北美的主要贡献是有关技术的高度原创性、全面而意义深远的论述。"③ 事实的确如此。大众传播是现代社会中最炫目最具影响力的技术。探讨各种传播技术是技术哲学的题中必有之义。而媒介环境学对传播媒介的论述又经常上升到技术这一总的概念。所以,媒介环境学与技术哲学无可避免地成了亲家。常被认为与媒介环境学同属一个研究流派的,是芒福德、雅克·艾吕尔和哈贝马斯。在分别阐述他们的相关论述之前,有必要先把技术哲学的基本情况作一简单说明。

技术哲学是伴着科学技术成长为一支重要的社会力量而兴起的,正如传播学是随着传媒业成为一支重要的社会力量而兴起一样。西方科学技术的迅猛进步,得益于自文艺复兴运动以来的思想大解放和市场大发展。天主教神学统治秩序的解体,疏浚了科学发展的河道。1543 年,哥白尼(Nicolaus Copernicus, 1473—1543)的《天体运行论》(On the Revolutions of Heavenly Spheres)一书出版,

---

① 胡翼青著:《再度发言:论社会学芝加哥学派传播思想》,中国大百科全书出版社 2007 年版,第 140 页。
② 同上书,第 323 页。
③ Arthur Kroker, *Technology and The Canadian Mind, Innis/McLuhan/Grant*, St. Martin's Press, New York, 1984, p.7.

宣告科学"从神学中解放出来",走上独立发展的道路。① 新兴资产阶级的壮大发展和资本主义市场的迅速扩张,对科技发展提出了迫切而强烈的要求。以各种新机器、新工艺的发明为核心内容的技术革命,和紧随其后以这些新技术的大规模应用为核心内容的产业革命,迅速凸显了科学技术作为社会发展巨大推动力的重要地位。1877 年,德国哲学家卡普(Ernst Kapp,1808—1896)在其《技术哲学纲要》(Grundlinien einer Philosophie der Technik)一书中,首次明确提出了"技术哲学"这一术语。

技术哲学在其孕育和诞生的初期阶段,形成了两种传统:"工程技术哲学",即工程技术人员从技术的内在结构出发,分析技术的本质,并把技术活动看做是理解人的其他活动的研究范式;"人文技术哲学",即人文社会科学家用非技术的、人文的观点来解释技术的社会意义。刘易斯·芒福德是人文技术哲学的第一位代表人物。他在《技术与文明》(Technics and Civilization,Harcourt Brace and Company Inc.,1934)、《历史名城》(The City in History: Its Origins, Its Transformations, and Its Prospects, New York: Harcourt, Brace and World, 1961)、《机器神话》(The Myth of the Machine: The Pentagon of Power, New York: Harcourt, Brace, Jovanovich,1964)等著作中深入考察了技术与社会、人性之间的关系。

芒福德的青少年阶段是美国城市快速发展的时期。

> 老阿瑟·施莱辛格用"城市的兴起"这个词语来表述 1878 至 1898 年的特征。人口普查数据表明,1880 至 1900 年:人口在 8000 以上的美国城市的数目增加了一倍。……1880 年,美国人口为 5000 万,其中 22.7% 生活在 8000 人以上的大小城市。到 1900 年,城市人口已上升至占总人口 7600 万的 32.9%。……日见高涨的移民潮不断涌向这些城市,给美国社会带来了新血液和新问题。1880 年至 1890 年尤为突出,那 10 年总共有 500 万移民进入美国。②

---

① 有意思的是,哥白尼并非出于"背叛"基督教神学的目的而是为了更好地表达对上帝的敬意,才写作、出版《天体运行论》的。该书前面有一篇哥白尼献给教皇保罗三世的"序",其中明确写道,希望这本著作"将会对全体基督徒、对陛下所拥有的最高权力作出贡献"。在哥白尼看来,当时基督教神学信奉的托勒密体系就像一个"怪物",肯定不合上帝本意。因为,"造物主不会造出累赘无用的东西,而有将多种现象归于同一原因的能力"。为了"显示出宇宙具有令人赞叹的对称性和轨道的运动及大小的和谐",进而显示出"神的造物主的庄严作品是何等伟大",哥白尼建立了新的天体模型。(哥白尼著:《天体运行论》,李启斌译,科学出版社 1973 年版。)

② 〔美〕迈克尔·埃默里、埃德温·埃默里著:《美国新闻史》,展江、殷文译,新华出版社 2001 年版,第 182—183 页。

芒福德的研究延续了社会学芝加哥学派对当时社会变化最集中、最突出的城市的关注,更为全面地考察了各种技术如何聚人群而为城市,如何制造规则有序的城市节奏和相互依赖但又彼此疏离的城市社会关系。他讨论的技术的范围之广丝毫不亚于麦克卢汉所论的媒介范围:钟表、印刷出版、电报、电话、广播、电视……关于各种技术在城市生活、社会关系、人的自我意识等等方面的影响,芒福德也提出了比芝加哥学派更多更具体的分析和预见。例如关于钟表对于城市生活的意义,芒福德说:"钟表不仅仅是记录时间的工具,而且还使人们的行动同步化。……钟塔的铃声几乎决定了城市的存在。"① 在《理解媒介》其中的一小节"时钟——时间的气味"里面,麦克卢汉直接引用了芒福德的这一见解。芒福德还明确指出,技术的意义不在于技术本身,而在于它们所创造的新的生活方式和生存方式。"……机器最恒久的成果不在于工具自身,因为它们很快会过时;也不在于生产的产品,因为它们很快会被消费掉;而在于经由机器和在机器中可能生成的生活方式。""技术的重要性并不只限于它的物质成就。它正在快速生成一个新的环境类型——处于自然和人文艺术中间的第三环境。总之,机器推进了一种新的生存方式。"② 这与媒介环境学的话语和命题何其相似!另外,芒福德关于媒介发展规律的一些思考和他划定的技术历史分期,也为媒介环境学提供了这方面的思想雏形。所以,西方媒介生态学的创始人之一克里斯汀·L.尼斯特洛姆把《技术与文明》一书,尊为媒介生态学的奠基之作。③ 芒福德本人则被视为媒介生态学的鼻祖。

但是,芒福德对城市化进程中技术与人和社会之间关系的探讨,毕竟是在"技术"的层次上,而不像媒介环境学那样专一从"媒介"这个概念出发并且始终强调媒介本身的社会效用。媒介生态学会副会长林文刚对芒福德的评价很准确:"实际上,他很少把媒介或传播推进到前台,虽然他在探讨艺术和文化的同时探讨了媒介和传播,尤其是把这样的探讨和他研究的两大主题——技术与城市联系起来。"④ 再者,芒福德不仅讨论当时社会中的各种传播媒介,而且把庞大的劳动力群体、官僚政治和各种军事组织也作为大型机器复合体予以深度关注。媒介环境学讨论的媒介范围虽然很广泛,却从未扩及这些因素。

---

① Lewis Mumford, *Technics and Civilization*, Harcourt Brace and Company Inc., 1934, p.14.
② Ibid., pp.322—323.
③ 林文刚编:《媒介环境学:思想沿革与多维视野》,何道宽译,北京大学出版社2007年版,第51页。
④ 同上书,第52页。

相对于芒福德而言,哈贝马斯的传播研究在国内已为很多人所了解。这里只简要提及哈贝马斯有关技术地位的见解。哈贝马斯认为,在当今资本主义社会中,科学技术本身已经成了"第一位的生产力",而且是一种先进的生产力。科技的直接结果是前所未有的物质富有和生活富足,随之而来的是阶级差别和阶级对抗的消失。更为深刻的变化在于,科学技术从根本上占据了社会统治的合法性的基础。作为社会劳动的核心力量,科学技术提供了当今社会几乎所有的生产和生活资料。依靠科技进步的成果,依靠科技对个人需求的满足所取得的民众对制度的忠诚,社会获得了统治的合法性。科学技术作为新的合法性基础,已经成了一种以科学为偶像的新型意识形态。

哈贝马斯对技术的信仰,与媒介环境学视媒介为社会历史的中心,有些许类同。不过,哈贝马斯在这方面着重讨论的是科学技术的生产力性质。而且,他所讨论的技术,虽然有时候也明确表明是当今社会的技术或者具体的某一种技术,但更多情况下还是抽象的技术总体。就与本书所定义的"媒介环境学"的关系而言,哈贝马斯显然没有芒福德更接近。

媒介不都是技术,比如语言、手势。① 技术也不都是媒介,比如钻木取火、酿酒技术、纺织机、车床。② 技术有多个层次的含义,它可以是一种知识,一种方法,一种活动,一个实物。当我们说航天技术的时候,我们说的是关于航天飞机的知识、制造航天飞机的方法、研制航天飞机的活动,还是航天飞机这种东西?美国学者 L. 维纳(Langdon Winner)认为,技术至少包括三个元素:(1) 成套设备(pieces of apparatus);(2) 使设备工作的操作技巧(techniques of operation to make the apparatus work);(3) 技术活动在其中进行的社会组织(social institutions within which technical activities take place)。③ 无论如何,技术不仅仅是机械或者载体。而媒介环境学所谈的"媒介",总是传播活动中双方共同使用的信息流通中介。

再者,技术哲学与媒介环境学毕竟是不同话语体系和学科范畴的研究。作为一个跨学科的研究平台,传播学有必要去吸纳技术哲学对传播技术的哲学见

---

① C. 辛格(Charles Singer)在其主编的八卷本《技术史》中,把语言和符号系统、社会组织、游牧、狩猎、采集食物、烹饪等都算作技术。

② 按照麦克卢汉的风格和观念,这些东西未必不是媒介。麦克卢汉的《理解媒介》也曾被列为技术哲学的经典研究(见 F. 拉普著:《技术哲学导论》,刘武等译,辽宁科学技术出版社 1986 年版,第 180 页)。

③ Rowland Lorimer & Mike Gasher, *Mass Communication in Canada*, Oxford University Press, 2001, p. 261.

解。但是为了建立本学科自有的知识谱系,最好还是不要动不动就把其他学科的研究归入自己的门下。换句话说,寻根可以,攀亲也勉强说得过去,但拉大旗作虎皮就容易贻笑大方了。

三、媒介研究

按照通行的学科划分,传播学可以分为传播理论、传播史和传播业务。媒介环境学显然属于"论"而非"史"的研究。媒介研究中大多是关于媒介发展历史的研究,比如中国学者闵大洪的《传播科技史》[1]、法国学者让—诺埃尔·让纳内的《西方媒介史》[2]和弗雷德里克·巴比耶的《书籍的历史》[3],以及日本学者佐藤卓己的《现代传媒史》[4]。这些显然属于"史"而非"论"。

另有一些媒介研究不是追溯和建构传播媒介的发展历史,而是透过纷繁复杂的历史表象,着力探究媒介变化及其社会应用的内在规律或者动力机制。美国学者罗杰·菲德勒的媒介变化动力研究[5]和 E. M. 罗杰斯的创新扩散论即为此类。在《媒介形态变化》(*Media Morphosis:Understanding New Media*)一书中,菲德勒先后评述了美国加利福尼亚州未来研究所所长保罗·萨弗关于新思想融入社会的三十年法则、著名传播学者、斯坦福大学教授罗杰斯的创新扩散理论,和布利安·温斯顿从文化和社会角度对新技术扩散影响的理论分析。在此基础上,菲德勒提出了他的媒介变化原理——传播媒介的形态变化通常是由可感知的需要、竞争和政治压力,以及社会和技术革新的复杂相互作用引起的。在这些因素的推动下,媒介发展变化一般遵循六个原则——一切形式的传播媒介都在一个不断扩大的、复杂的自适应系统内共同相处和共同演进(共进退原则);新媒介都是从旧媒介的形态中逐渐脱胎出来,它们会延续旧媒介的一些特点(传承原则);新媒介出现后,旧媒介会继续进化,否则就是死亡(求存法则,形态变化原则);新媒介的扩散应用并不仅仅因为技术优势,还有社会的、政治的、经济的等等因素(机遇和需要原则);新媒介从概念的证明到普遍采用,往往需要一代人(20—30 年)的努力(延时采用原则)。

菲德勒的媒介形态变化研究,堪与贝尼格的控制革命论和罗杰斯的创新扩

---

[1] 闵大洪著:《传播科技纵横》,警官教育出版社1998年版。
[2] 〔法〕让—诺埃尔·让纳内著:《西方媒介史》,段慧敏译,广西师范大学出版社2005年版。
[3] 〔法〕弗雷德里克·巴比耶著:《书籍的历史》,刘阳译,广西师范大学出版社2005年版。
[4] 〔日〕佐藤卓己著:《现代传媒史》,诸葛蔚东译,北京大学出版社2004年版。
[5] 〔美〕罗杰·菲德勒著:《媒介形态变化:认识新媒介》,明安香译,华夏出版社2000年版。

散论相媲美。他们都在媒介变革的动力和规律方面提出了极具启发性的论见。媒介环境学在研究媒介环境与社会历史变迁之间的关系过程中,也试图探寻媒介发展变化的规律。这是媒介环境学与媒介研究的交叉之处。笔者在社科院新闻所做博士学位论文的时候就此请教过明安香教授。明教授当时力主把罗杰·菲德勒列入媒介环境学派。胡翼青也认为,菲德勒属于伊尼斯、麦克卢汉开创的技术主义范式。①

但是,本书定义的"媒介环境学"不包括他们的研究。因为,菲德勒、贝尼格和罗杰斯等人的研究重心是媒介如何发展以及如何进入社会即扩散和普及。恰如菲德勒自己所言:"我的目的一直是尽可能使得新出现的媒介技术不那么神秘,同时提供一个架构以便了解它们对于当今主流媒介的流行形式——报纸、杂志、电视和广播等的潜在影响。"② 媒介环境学的研究重心是在媒介的大规模社会应用之后,即已经深深嵌入社会之后的深远影响。菲德烈、贝尼格等人都未曾像媒介环境学那样向广阔的社会历史变化射出"媒介之矢",在媒介环境中考量社会历史的万千变化。

四、媒介批评家波斯曼

作为北美"媒介生态学"的创始人,波斯曼总是与芒福德、艾吕尔、伊尼斯、麦克卢汉等人一起被视为媒介环境学派的群星之一。波斯曼本人早在20世纪50年代就结识了麦克卢汉,并与之保持友谊关系直到麦克卢汉去世。也正是受麦克卢汉的启发和鼓励,波斯曼发起创立了"媒介生态学"的学位点。波斯曼本人的研究总体上也是以媒介环境的社会影响为核心,特别是《童年的消逝》一书,出发点和架构与媒介环境学并无二致。

这些事实不是让笔者按下而是让笔者更加谨慎地提出个人看法:把波斯曼与伊尼斯、麦克卢汉、梅罗维茨和莱文森等学者放在一根主干上,会湮没他们在一些关键点上的不同。伊尼斯、麦克卢汉、梅罗维茨等人的不同是一个理论流派内部的不同——不同的视角、不同的侧重点和不同的学术风格,波斯曼与他们之间的不同却不好作如是说。

概而言之,媒介环境学的假设是媒介本身具有巨大而深远的社会历史影响;

---

① 胡翼青著:《再度发言:论社会学芝加哥学派传播思想》,中国大百科全书出版社2007年版,第184页。

② [美]菲德勒著:《媒介形态变化:认识新媒介》,明安香译,华夏出版社2000年版,作者前言。

波斯曼的假设是新媒介的社会效果弊大于利。媒介环境学的研究是从分析入手,着眼于各种媒介的性质和主导媒介的社会历史建构;波斯曼的研究有价值标准在先,全力批判媒介的负面效果。媒介环境学强调媒介本身的巨大社会功用,以校正大多数人对传播内容的片面关注;波斯曼强调技术的非人性一面,以抗衡大多数人对技术恩惠的津津乐道。波斯曼非常明确地说,每一种技术都有利弊两面,但是人们都只注意技术的益处,而想象不到它的破坏力。他的使命就是要提醒人们技术的严重后果。[①]

波斯曼始终认为,现代传播技术弊大于利。他的研究思路是以人性和道德的尺度挞伐技术的负面社会影响。1982年出版的《童年的消逝》(*The Disappearance of Childhood*),警告人们电子媒介将摧毁童年;1985年的《娱乐至死》(*Amusing Ourselves to Death*),提醒人们不要在信息娱乐中自戕;1992年的《技术垄断》(*Technopoly*),批判的是文化对技术的屈从。2000年,波斯曼受邀在媒介环境学会成立大会上作主题报告。他报告的题目是"媒介环境学的人文关怀"。波斯曼在报告中特别说明:"从一开始,我们就是一群强调道德关怀的人。……这里没有道学家的栖身之地。坦率地讲,我认为应该在道德伦理的大背景中去研究媒介,用其他的态度去研究媒介是没有意义的。"[②] 因为,现代化的媒介让"我们正处于一个周遭黑暗而又辨不清出路的时刻"[③]。实际生活当中,波斯曼也身体力行他的这一学术信仰。他坚持用纸、笔写作,不用电脑,也从不上网。

波斯曼的著述总是弥漫着浓郁的人文关怀精神和道德拯救意识,价值判断的渲染极其深重。这很像批判学派的立场。比如,波斯曼在《娱乐至死》一书序言中说,本书探讨的是这样一种可能:过多信息将使我们陷入被动和自我中心主义,我们将毁于我们所钟爱的信息。[④] 全书围绕这个研究假设展开。而麦克卢汉等人的研究以媒介为立论的出发点,重点是通过主导媒介来把脉社会,预知动向。他们更多地去分析媒介,"理解媒介",而不是判断媒介,裁决媒介。波斯曼很清楚自己与麦克卢汉等人之间的这种差别,"我认为,麦克卢汉避免思考媒介善恶问题的观点,确实有相当大的优点。但我从来就不抱这样的态度"。"尽管

---

① Neil Postman, *Technopoly: the Surrender of Culture to Technology*, Random House, Inc., New York, 1993, pp.4—5.

② Neil Postman, "The Humanism of Media Ecology," *Proceedings of the Media Ecology Association*, Volume 1. 2000, www.media-ecology.org.

③ Neil Postman, "Science and the Story that We Need," *First Things* 69, January, 1997.

④ 〔美〕尼尔·波兹曼著:《娱乐至死》,章艳译,广西师范大学出版社2004年版。

我认为麦克卢汉像我一样,可我坚信他不太会喜欢我的著述,他可能认为说教味太浓,过于道德批判,即使不是那样,也肯定是过多的裁断。"①

波斯曼的道德批判与哀怨气质,让他背叛了他的前辈麦克卢汉,也让他的不少后辈背叛了他。梅罗维茨在1985年出版的《消失的地域》一书中,声称自己的研究建基于戈夫曼的拟剧交往理论和麦克卢汉的媒介学说,却避而不谈自己的导师波斯曼。1994年,梅罗维茨把波斯曼列入他所谓的"medium theory"第二代学者的行列,但是却没有跟随自己的导师采用"Media Ecology"这个名称,而是另起炉灶使用"medium theory"这个名字。波斯曼的另一个学生莱文森在承认"Media Ecology"的同时,直言麦克卢汉与Media Ecology之间一直存在着差别。② 他在自己的著作《手机》的扉页上写道:谨以此书献给尼尔·波斯曼,他教会我如何教书。这段谢辞显然回避了评价恩师波斯曼的学术地位。2003年波斯曼逝世以后,一些学生在追思他的文字中评价他是"没有一定之规"(no real discipline),"无法归类"(unclassifiable)。③ 波斯曼所在的纽约大学在讣告中尊称他是教育改革家、社会观察家和媒介批评家,并没有给他"媒介环境学研究专家"或者"传播学者"之类的称号。

本书暂时不把波斯曼放进媒介环境学派进行讨论。但是,波斯曼在把媒介环境学从加拿大多伦多引进到美国纽约和壮大媒介环境学的声势方面,厥功至伟,不容忽视。

本章小结

考虑到长久以来对媒介环境学派的认识模糊与混乱,同时也为了促进建立传播学这个交叉学科自有的知识谱系,本书以一种相对保守的态度来定义媒介环境学的内涵与外延。

媒介环境学从媒介本身的特性出发,研究各种媒介组成的媒介环境(特别是其中的主导媒介)及其变化已经或可能产生的深远影响。媒介环境学的内涵包括五个方面:立论的原点是"媒介本身";承认和讨论具体媒介的特性;注重考

---

① Neil Postman, "The Humanism of Media Ecology," *Proceedings of the Media Ecology Association*, Volume 1. 2000, www.media-ecology.org.
② Paul Levinson, "McLuhan and Media Ecology," www.media-ecology.org.
③ "Neil Postman (1931—2003): Some Recollections," http://journalism.nyu.edu/pubzone/weblogs/pressthink/2003/10/07/postman_life.html.

察媒介环境的历史变化;研究的重心是解读社会历史的变迁;考察的是长远时期广大范围内的已然结果和可能影响。这五点是媒介环境学区别于其他传播学流派的标准。

媒介环境学由伊尼斯在20世纪40年代末开创,经麦克卢汉在六七十年代的大肆渲染而名噪一时,20世纪80年代以来在信息技术日益彰显的时代背景下,经以梅罗维茨和莱文森为代表的一批学者的努力拓展而日渐丰赡。除了这四位代表学者,属于这个学派的重要学者还有沃尔特·翁、埃里克·哈弗洛克、伊丽莎白·爱森斯坦、杰克·古迪、托尼·施瓦茨、埃德蒙·卡彭特、詹姆斯·凯瑞、林文刚、兰斯·斯特雷特等人。

为进一步厘定本书所定义和研究的媒介环境学,本章还对与他们有关的不同名号以及与他们相近的亲缘研究进行了逐一的辨析。

最容易混淆和误导的当属"媒介生态学"这一名称。中国的"媒介生态学"和西方的"Media Ecology",名同而实异。前者以媒介为"鱼",社会为"水",侧重研究由政治、经济、文化、制度等等组成的社会大环境对媒介生存和发展的影响;后者以社会为"鱼",媒介环境为"水",着重研究媒介环境对人与社会各方面的深远影响。

以杜威、库利和帕克为代表的社会学芝加哥学派是传播学的源头,他们在传播学尚无学科陈规和理论窠臼的萌芽时期,提出了关于传播学的几乎所有重大研究问题:传播与思维意识、知识教育、社区建设、城市发展、社会关系、民主政治以及社会变迁、人类发展等等之间的关系。其中对传播之宏观社会效果的关注,对媒介环境学产生了直接而重大的影响。但是,芝加哥学派所讨论的传播既没有具体到特定的一种媒介,也从未被拆分为形式和内容作区别对待,而是一个笼统的传播概念。他们是将现代传播作为一个整体进行综合性的考察研究。这与"媒介环境学"高擎媒介本身的大旗,有根本不同。其次,他们对传播的论述既不系统也不专一。他们关于传播的先见之明只是其社会学研究的探照灯在传播问题上的一掠而过。

芒福德的研究延续了社会学芝加哥学派对当时社会变化最集中、最突出的城市的关注,更全面地考察了各种技术如何聚人群而为城市,如何制造规则有序的城市生活节奏和相互依赖但又彼此疏离的城市社会关系。芒福德的这些研究是在"技术"的层次上,而不像媒介环境学那样专一从"媒介"这个概念出发并且始终强调媒介本身的社会效用。再者,芒福德讨论的技术不仅包括各种传播媒介,而且还有劳动力群体、官僚政治和各种军事组织。媒介环境学尽管持泛媒介论,但也从未把媒介"泛"到这些因素。芒福德的研究属于技术哲学领域,是媒介环境学的一个重要思想渊源而非成员。

媒介研究中的大多数是关于媒介发展历史的研究,这与属于理论研究的媒介环境学有根本不同。另有一些研究例如罗杰·菲德勒的媒介变化动力学、詹姆斯·贝尼格的控制革命论,虽然与媒介环境学有几分接近,但他们研究的是前后相继却界限分明的两个阶段。菲德勒、贝尼格和罗杰斯等人的研究重心是媒介如何发展、如何进入社会以及在社会当中扩散和普及。媒介环境学的研究重心是在媒介的大规模社会应用之后,即已经深深嵌入社会之后的深远影响。换个说法,前者重点探究媒介变化及其社会应用的内在规律和动力机制;后者重点研究媒介对社会的作用机制和作用效果。

也许会有很多人不理解,本书为什么把波斯曼排除在媒介环境学之外。依据在于:媒介环境学的假设是媒介本身具有巨大而深远的社会历史影响;波斯曼的假设是新媒介的社会效果弊大于利。媒介环境学的研究是从分析入手,着眼于各种媒介的性质和主导媒介的社会历史建构;波斯曼的研究有价值标准在先,全力批判媒介的负面效果。媒介环境学强调媒介本身的巨大社会功用,以校正大多数人对传播内容的片面关注;波斯曼强调技术的非人性一面,以抗衡大多数人对技术恩惠的津津乐道。波斯曼的著述总是弥漫着浓郁的人文关怀精神和道德拯救意识,价值判断的渲染极其深重。这种研究立场和态度拉近了他与批判学派之间的距离,拉开了他与媒介环境学派之间的关系。但是,这些都不能抹杀波斯曼与媒介环境学的密切关系及其对媒介环境学发展作出的突出贡献。

第三章 媒介环境学的代际传承

第一节 伊尼斯——垄断、权力、扩张、依附

一个经济学家怎么会转向对传播的研究？又怎么会成为媒介环境学的奠基人？他奠定了哪些基础？何道宽在《传播的偏向》"译者序言"里说，伊尼斯的媒介"偏向论"看似研究世界文化史和传播史，但主要的着眼点还是强烈的现实关怀。伊尼斯关怀的是什么？

一、伊尼斯的研究背景

（一）经济学研究中的方法论心得和对技术之重要意义的发现

上海大学张咏华教授曾言："伊尼斯的媒介理论的一个重要特点，是他的经济史学和政治经济学的学科背景留下的深深的印记。"① 遗憾的是，伊尼斯的这种双重身份，他的政治经济学和传播学之间的相互关联被忽略了。一些人读皮货贸易的著作，一些人读传播的偏向；很少有人两者都读。要理解伊尼斯从经济学到传播学的学术转向，要全面深入地把握伊尼斯的传播理论，必须上溯探讨他的经济学研究。

伊尼斯的经济学研究深受索斯坦·凡勃伦（Thorstein Veblen，1857—1929）的影响。凡勃伦是美国经济学家、社会学家、制度经济学派的创始人和主要代表人物。主要著作有：《有闲阶级论》（The Theory of the Leisure Class）(1899)、《企业论》（The Theory of Business Enterprise）(1904)、《工艺本能和工艺状况》（The

---

① 张咏华著：《媒介分析：传播技术神话的解读》，复旦大学出版社2002年版，第57页。

Instincts of Worksmanship and the State of the Industrial Arts)(1914)、《帝国主义德国和工业革命》(Imperial Germany and the Industrial Revolution)(1915)、《科学在现代文明中的地位》(The Place of Science in Modern Civilization and Other Essays)(1919)。他所创立的制度经济学在20世纪30年代左右风行资本主义世界,直接影响了之后美国制度经济学的各种流派,包括产权经济学、新制度经济学和法律的经济分析学派等等。1918年,伊尼斯进入芝加哥大学攻读博士学位。当时,凡勃伦已经离开这所大学13年,但他依然是校园里广受热捧的思想大师。受这种环境的影响,伊尼斯在芝加哥大学系统研读了凡勃伦的著作,还在老师的帮助下参与了一个凡勃伦研究小组。马修·伊温顿(Matthew Evenden)说:"对伊尼斯经济学研究影响最大的是凡勃伦,特别是凡勃伦有关工业主义的著作,伊尼斯早在芝加哥大学攻读博士期间就深入研究过。"[1] 切特罗姆在《传播媒介与美国人的思想》(Media and the American Mind: From Morse to McLuhan)一书中,也评述过伊尼斯和凡勃伦之间的关系。[2]

　　制度经济学的创立,首先来自于凡勃伦对传统经济学的尖锐批驳。以新古典主义为首的传统经济学有一个基本的理论假设——享乐主义的经济人。他们认为,"人是快乐和痛苦的灵敏计算器,每个经济人就像一个个渴求快乐的同质小水珠,在刺激物的推动下来回振荡,但又不会让自己破裂"[3]。凡勃伦批评说,传统经济学的这一假设既不切实际,又无助于社会分析。首先,消费者并非同质的、独立决策的经济体。每个消费者在决策自己的行为之前,往往先观察其他人的行为,以其他人对同一物品的使用评价作为自己判断的重要参考。其次,按照享乐主义经济人的假设,在追求享乐的理性驱动下,个人的消费决策和行为总是会保持一个均衡的状态,不会出现任何偏差和非理性的行为。比如,商品价格下降必然意味着该物品的消费增加。凡勃伦认为,新古典经济学的这种理性经济人假设和边际效益分析,忽略了经济行为的其他驱动因素和个人所处的社会环境。任何经济行为的意义,都不只局限于经济利益。况且,习俗不断在变化,制度始终在变迁。新古典经济学特别是马歇尔(Alfred Marshall,1842—1924)和克

---

[1] Matthew Evenden,"The Northern Vision of Harold Innis," *Journal of Canadian Studies*, 34, No. 3, pp. 162-86, Fall 1999.

[2] 〔美〕切特罗姆著:《传播媒介与美国人的思想》,曹静生、黄艾禾译,中国广播电视出版社1991年版,第161页。

[3] Thorstein Veblen, *The Place of Science in Modern Civilization*, New York: The Viking Press, 1919, p. 73.

拉克(John Bates Clark,1847—1938,美国边际效用学派代表,凡勃伦的导师),却把经济和社会行为看作一个自然的、恒常的过程,去寻求这一过程的不变法则。

凡勃伦认为,经济学不能囿于经济谈经济,必须更多地吸收社会学、人类学和心理学的研究方法和理论,从制度变迁的角度,"把经济学重建成一门'进化科学',努力追溯漫长岁月中人类的制度和习惯的复杂演变"[1]。经济学应该研究人类经济活动得以进行的各种制度。制度由意识和习惯形成。意识和习惯在人类本能的推动下发展变化。本能是决定制度和经济活动的重要因素。新古典经济学所强调的"理智"不过是本能达到目的的一种方法而已。

凡勃伦对"有闲阶级"和"炫耀性消费"的独到研究,证实了他对新古典主义经济学的批判,和他所倡导的制度分析方法的有效性。通过对人类不同发展阶段的人类学式的分析研究,凡勃伦发现,"有闲阶级制度是从原始的野蛮阶段到未开化阶段的转变中逐渐涌现的"[2]。"有闲阶级"是制度变迁和社会发展的产物,而且随着制度和社会的不断变化而变化。这种经济现象的重要意义不在于传统经济学家所看重的经济意义,而在于其突出的社会意义。因为,"要获得尊荣并保持尊荣,仅仅保有财富或权力还是不够的。有了财富或权力还必须能提出证明,因为尊荣只是通过这样的证明得来的"[3]。而表现金钱力量从而获得和保持尊荣的有效手段,正是"有闲"和对财物的"炫耀性消费"。在传统乡村社会,"有闲"和"炫耀性消费"的社会效果大致相同。随着社会发展越来越快,社会交往的范围越来越大,"炫耀性消费"将比"有闲"更能够博取荣耀。[4] 凡勃伦总结提出,"炫耀性消费"遵循竞争原则、歧视性消费原则、浪费原则和金钱荣誉原则。社会有一套与"炫耀性消费"相匹配的阶层结构和行为规范。人们通过这种大大超出其生理需求的"炫耀性消费"向他人表明自己的地位和身份。

凡勃伦的学术革命气质及其首倡的经济学的制度分析方法,深深打动了伊尼斯。1929 年,凡勃伦逝世当年,伊尼斯发表了一篇文章《凡勃伦的贡献》("The Work of Thorstein Veblen")[5]。在这篇文章中,伊尼斯高度肯定了凡勃伦

---

[1] 〔美〕切特罗姆著:《传播媒介与美国人的思想》,曹静生、黄艾禾译,中国广播电视出版社1991年版,第161页。

[2] 〔美〕凡勃伦著:《有闲阶级论——关于制度的经济学》,蔡受百译,商务印书馆1964年版,第8页。

[3] 同上书,第31页。

[4] 同上书,第67—68页。

[5] Harold A. Innis, *Essays in Canadian Economic History*, edited by M. Q. Innis, Toronto: University of Toronto Press, 1956.

对新古典经济学的批评,及其创立的制度经济学的学科价值和研究意义,并表露出了效仿和应用其理论的浓厚兴趣。

综合伊尼斯关于凡勃伦的见解及其研究著述中的实际表现,可以认定,伊尼斯的学术研究包括经济学和传播学深受凡勃伦的影响。影响最突出的有三个方面:

第一,方法论的启发。经济学应该是什么样的研究?取什么样的方法研究?在凡勃伦看来,传统经济学把经济活动作为一种类物理现象,去发现其中的所谓"精巧装置"和"不变法则"。这完全不切实际。凡勃伦的制度经济学跳出经济和市场领域,在广阔的社会变迁图景中分析心理、习俗、制度和经济行为之间的作用关系及其变化,打破了传统经济学对经济的静态、刻板研究。这一点深合伊尼斯的学术志趣。他赞同凡勃伦对新古典经济学偏执于"计算"的批判态度。在1929年的那篇文章中,伊尼斯写道:"在我看来,当代经济学家都沉浸于琐细的经济学分类研究而不能自拔,马歇尔时代的经济学与亚萨·格雷(Asa Gray,1810—1888)时代的植物学并无二致。"① 20 年后,伊尼斯更明确地表达了自己的社会科学信仰:"社会科学的任务是去发现和解释模式和趋势,以便能够预测未来。而不是靠精细计算为政府和工商业提供短期的预测。"② 追随凡勃伦的研究方法,伊尼斯在加拿大历史发展的大背景中,分析气候变化、技术变革、制度变迁等等多种变数如何影响加拿大大宗贸易路线的形成与变化;在人类文明变迁的宏大历史背景中,探寻传播媒介在政治、宗教、军事、贸易和文化冲突中所扮演的角色和发挥的作用。伊尼斯的追随兼有效仿和超越。与凡勃伦在其制度经济学中所分析的"本能→心理、习俗→制度→经济活动和社会行为"这一作用链条相比,伊尼斯无论是对原因的钻探、对结果的审视,还是对历史上各种文明兴衰过程的分析,都更加恢弘而不失深刻。

第二,加深了伊尼斯对技术在经济与社会发展中的重要作用的认识。凡勃伦认为,技术创新是制度变迁的一个重要动力。他把人类社会分为四个阶段:野蛮时代、未开化时代、手工业时代和机器方法时代。根据凡勃伦的研究,各种工艺技术的进步不只是促进市场消费和经济发展,更主要的是对思想和习惯的改变,进而推动社会制度的不断演变。凡勃伦对技术之经济与社会意义的分析和

---

① Harold A. Innis, *Essays in Canadian Economic History*, edited by M. Q. Innis, Toronto: University of Toronto Press, 1956. p.24.
② 〔加〕哈罗德·伊尼斯著:《传播的偏向》,何道宽译,中国人民大学出版社2003年版,第69页。

肯定,给伊尼斯留下了非常深刻的印象。这种印象随着伊尼斯对加拿大经济史研究的不断深入而日渐清晰,愈发巩固。

20世纪20年代,伊尼斯进行了后来被誉为"加拿大史学史上的神奇经历"(mythic instances in the history of Canadian historiography)①的四次长途田野考察:1924年和同事沿麦肯齐河(Mackenzie);1926年沿育空河(Yukon River);1927年到北部安大略湖、魁北克和马里泰吾省(the Maritimes)的许多城镇;1929年到哈德逊湾。在麦肯齐河地区的实地考察中,伊尼斯发现了交通运输系统在经济和贸易发展中的关键作用。在这些地区,贸易运输严重依赖河道,导致贸易往来具有明显的季节性和单向流动的特征。工业革命淘汰了早期的狗拉和木筏这些比较原始的运输方式,这些地区的贸易往来才得以摆脱自然条件的束缚,向规模化和组织化的方向发展。

1930年,伊尼斯出版了专著《加拿大的皮货贸易》。在这本书中,伊尼斯追溯了加拿大皮货贸易的发展历史,从中发现了大量的交通技术变革决定性地改变贸易发展格局的例子。他研究发现,加拿大的皮货贸易之所以在1600—1663年间能够脱离渔业而独立发展,很大程度上有赖于圣劳伦斯河到内地的航路开通。1883年,加拿大太平洋铁路及其到阿尔伯特省的支线开通,直接导致之前的商贸基地福特卡尔顿被阿尔伯特省取代,并使后者一直到19世纪90年代末都保持着加拿大商贸基地的地位。而圣劳伦斯至休伦湖的路线开通,则直接推动了欧洲货物向渥太华附属国及更远地区的市场拓展,加拿大皮货贸易的中心由此从沙格奈河地区转移到了圣劳伦斯。② 伊尼斯在这些案例中详细分析了交通(communication)变革在公司制度、贸易控制、商贸竞争及专利垄断等等方面产生的重大影响。伊尼斯总结说:"贸易的技术条件有着基本的重要性。"③ 这些技术条件包括陆路、水路交通,车、船等运输工具。它们的重要性不仅在加拿大国内贸易的发展,而且也在加拿大与美国之间的贸易往来和两国关系中表现突出。

对"价格体系"(price system)的研究让伊尼斯更加坚信技术的巨大作用。"价格体系"是经济学的一个基本概念。经济学各流派对"价格体系"的角色和

---

① Matthew Evenden, "The Northern Vision of Harold Innis," *Journal of Canadian Studies*, 34, No. 3, pp. 162—86, Fall 1999.

② Harold A. Innis, *The Fur Trade in Canada: An Introduction to Canadian Economic History*, University of Toronto Press, 1956, pp. 26—29.

③ Ibid., p. 176.

作用,见仁见智。亚当·斯密(Adam Smith,1723—1790)认为,价格体系导致了劳动分工和技术进步。凡勃伦强调的是价格体系在文化和习俗方面的重要影响,特别是培育了金钱文化(pecuniary culture)。伊尼斯对"价格体系"的看法融合了斯密和凡勃伦的不同见解。伊尼斯研究发现,价格体系不仅与工业生产和技术变革联系紧密,而且在形成新的文化和社会组织方面影响不凡。伊尼斯特别指出,正是价格体系推动产生的技术变革和工业生产,引起了社会在时间和空间上的不断扩张。没有技术这个中间环节,价格体系的社会影响势必大打折扣。

第三,关键概念和命题。除了"价格体系",伊尼斯还有其他一些受益于(并非来自)凡勃伦的重要概念或者说思想命题,例如"偏向"、"依附"、"中心—边缘"。伊尼斯为这些概念注入了一些新的内涵。"凡勃伦在把对制度的讨论下探到本能的时候提出,人的本能在历史发展的过程中产生了不同偏向的思想意识和习俗惯例。这种偏向不仅存在于社会所有成员的思想意识中,而且能够以某种不一定有益的方式投射到技术和社会结构之中。"[①] 简单地说,凡勃伦制度经济学中的所谓"偏向",是指思想、习俗及其形成的制度在不同历史发展阶段的性质特征。它源自于人类本能的推动,是制度进化过程中的必然现象。伊尼斯对这一概念予以了特别的重视和加工,并把它放在了文明变迁的轴心地位。伊尼斯提出,传播的偏向是塑造文化与社会偏向的重要力量。

在媒介环境学里面,伊尼斯对中心与边缘之间的矛盾关系给予了最多的关注。麦克卢汉对这一问题也稍有论及,他讨论的"中心—边缘"是指不同社会群体之间的权力涨落关系,例如黑人与白人、男性与女性、凡人与权威。伊尼斯关注更多的则是国家或地区之间在政治、经济和文化问题上的强弱之分,主要是加拿大与西欧和北美这些强势国家之间的依附关系。在伊尼斯之前,凡勃伦已经讨论了先进国家与后进国家在经济、技术、制度等等方面的不平衡发展。[②] 与凡勃伦的一个最大不同在于,伊尼斯不像凡勃伦那样认为问题和解决问题的主动权在于后进国家自身。在伊尼斯看来,"中心—边缘"之间关系的形成和变化是双方共同组成的社会经济体系整体发展的结果。在经济共同体的结构中,边缘地区的经济发展必然是依附性的。显然,伊尼斯把矛头指向了"中心"对"边缘"

---

① Fletcher Baragar, "The Influence of Thorstein Veblen on the Economics of Harold Innis," *Journal of Economic Issues*, 1996.

② Thorstein Veblen, *The Instinct of Workmanship and the State of the Industrial Arts*, New York: Macmillan, 1914, pp. 248—251.

的控制和盘剥。

（二）传播与想象的民族共同体

加拿大最早是法国人的殖民地。1603年,法国人在这里建立了广袤的新法兰西帝国。17世纪上半叶,英国在北美的势力不断增强,英法之间争夺殖民地的斗争愈演愈烈。后来,英国在英法"七年战争"（1756—1763）中获胜。英国人接管了新法兰西领地,成为包括大西洋沿岸13个殖民地在内的北美大陆的宗主国。1867年,英国把四块殖民地——安大略省、魁北克省、新斯科舍省和新不伦瑞克省——组合成了加拿大,加拿大成为英国的一个自治领。作为被捏合而成的一个政治经济联合体,加拿大从成立之日起就开始了争取独立自主的斗争,直到1926年获得外交独立。也就是在这个时候,美国作为一个新兴的超级大国初露峥嵘,在经济上取代英国成为加拿大最大的出口市场。第二次世界大战是加拿大与美国关系的一个转折点。当时,西欧沦陷,英国无暇再顾加拿大的安危治乱。美国乘此机会,全面推进和加深了与加拿大的政治、军事和贸易往来关系。到1941年大战结束时,美国对加拿大的重要性在各个方面都超过了英国。美国既是加拿大的军事保护伞,又是加拿大最大的贸易伙伴和外资供应方。美国成了加拿大的新主人。

这就是加拿大的历史,先后被英、法两国轮番殖民,又长期作为英、法、美三国利益纷争的战场。这三个国家的习俗、宗教、经济与社会制度,共同浇铸成了混合多元的加拿大。除了明确的领土主权,加拿大的文化精神、民族意识和经济贸易等,都多为英、法、美三国所牵绊。加拿大人民通过民族斗争换来了国家独立,但是他们付出了更艰苦卓绝的努力,却一直遍寻不着、无法确认一个具有高度认同感的民族与文化身份。

除了历史缘故,自然地理和人口分布也是影响加拿大社会文化的重要因素。加拿大是一个地域辽阔、地貌多样的大国,国土面积近一千万平方公里,横跨六个时区。许多地区的地形极其复杂,气候恶劣无常,几乎完全不适宜人的生存。因此,大部分地区的人口异常稀少,每平方公里不足三人。四分之三的加拿大国民集中生活在从东到西的狭长地带,距离美国边境仅有100多公里。邻国的繁荣和先进很容易俘获加拿大人的心灵。拿电视来说,居住在加美边境的加拿大居民就像我国东南沿海居民之方便和习惯于收看港台节目那样,长期沉浸在美国的电视新闻和肥皂剧之中。这种影响实在不容低估。加拿大学者玛丽·葳庞德(Mary Vipond)在她的一本专著中没有使用"Canda's Mass Media"（加拿大的大众媒介),而是刻意用"Mass Media in Canada"(在加拿大的大众媒介)作书的副标题,其意图是强调:"加拿大的媒介特别是英语加拿大媒介所传送的内容,不是加拿大的,而是美国的。"①

这些历史地理因素导致"加拿大是一个不易确认、不易管理也不易想象的国家"②。一方面,加拿大历史上深受来自英、法两国的欧洲传统的长期影响,言谈举止、人文习俗无不仰承欧洲文化;另一方面,又与家门口的美国过从甚密,在追随美国现代化发展的道路上,形成了高度依附性的经贸和文化关系。多语种、多元文化和高度依附性的经济,把加拿大变成了一个大杂烩的社会,一个身份晦暗认同模糊的国家。

> 可以肯定的是,焦虑主题深深地贯通了加拿大人的思想……加拿大人的论述既不是美国式的,也不是欧洲式的,而是经济与历史之间的一种对抗文化。……加拿大知识分子的本质在于:由于历史环境和地理附属原因,我们注定永远是"现在意识"性的美国文化的边缘,同时,又在我们欧洲历史的文化遗产上徘徊矛盾。③

1867年组建的加拿大,只是英国出于实用目的捏合而成的一个政治经济联合体,而非现代民族共同体意义上的一个国家。加拿大联邦成立之后,加拿大人萌发了建立民族共同体的意识。要建立精神、意识层面同气相求、血脉相连的共同体,加拿大首先必须解决居住分散、交往困难的问题,把大家联结成为一个形式上的共同体。这也就难怪,加拿大"加强民族统一的首要措施之一是建设交通网络,最早修建的就是加拿大太平洋铁路"④。这条铁路与加拿大的社会历史发展如此紧密地联系在一起,以至于成了加拿大人认识自己的一个标志性符号。"交通"与"传播"本语出同源(communication)。在"传播"直到19世纪末尚未成为一种突出的、独立的社会力量之前,这两个词在意义上也是混用的。它们之间一而二、二而一的关系在加拿大表现得尤为突出。"加拿大的现代传播系统历史地植根于运输。虽然约翰·麦克唐纳建造加拿大太平洋铁路主要是为了保

---

① 〔加〕玛丽·葳庞德著:《传媒的历史与分析——大众媒介在加拿大》,郭镇之译,北京广播学院出版社2003年版,导言。
② 同上。
③ Arthur Kroker, *Technology and the Canadian Mind*, *Innis/McLuhan/Grant*, St. Martin's Press, New York,1984,p.59,pp.7—8.
④ 〔加〕玛丽·葳庞德著:《传媒的历史与分析——大众媒介在加拿大》,郭镇之译,北京广播学院出版社2003年版,导言。

证货物的流通,但是,随着货物流通一道而来的是信息的流动。"①

从此以后,"传播"就一直是确认实质上的或者神话中的加拿大民族的中心特征。正如罗伯特·福尔福特所言:"传播影响了所有的社会;但是加拿大尤其是借助于传播系统形成并由此获得国家意义的。"我们的两位获得世界承认的学者,哈罗德·伊尼斯和马歇尔·麦克卢汉,都是从传播和技术中发展出他们的理论的,这并非偶然的现象。而一批加拿大信奉民族主义的学生被卡尔·杜奇的"功能主义"所吸引,也并不令人惊奇,因为他的观点是,民族主义主要不是依赖于共同的特征,而是基于这样的事实:在一个更大团体中进行交流时,同一民族的成员比外面的成员交流更有成效,交流的话题也更广泛。……我们大众媒介的状态成为如此受到关注和争论的议题,其主要的原因是,在想象加拿大社会时,传播的思想居于中心的地位。②

(三) 伊尼斯的爱国心

伊尼斯博士毕业后返回并始终坚持在多伦多大学执教,不为国外的盛情和优待所动。"20世纪30年代中期芝加哥大学反复请他回去执教,给予他优厚的待遇,他还是婉言谢绝了。"③ 他把自己的一生献给了多伦多大学,献给了祖国的教育事业,更为加拿大的经济学发展作出了开疆辟土的突出贡献。

1920年伊尼斯选择回国执教的时候,加拿大的经济学研究尚处于非常初级的阶段,完全无法与美国的经济学相比。在研究资源极其匮乏的条件下,伊尼斯筚路蓝缕,致力于推动加拿大经济学的发展。在自己的学术研究之外,他组织开展加拿大经济学的资料发掘与整理、学科建制及教育研究规范工作,组织出版了加拿大经济学和经济史研究文献汇编(1928,1929),编辑出版了第一套《加拿大经济史研究文选(1497—1783)》(*Select Documents in Canadian Economic History*, 1497—1783) (1929)。1941年,伊尼斯组织创建了加拿大经济史学会,并创办了学会刊物《经济史杂志》。

拳拳爱国之情让他对加拿大的发展危机有着高度的敏感。在早期对加拿大

---

① Arthur Kroker, *Technology and the Canadian Mind*, *Innis/McLuhan/Grant*, St. Martin's Press, New York, 1984, p.7.
② 〔加〕玛丽·葳庞德著:《传媒的历史与分析——大众媒介在加拿大》,郭镇之译,北京广播学院出版社2003年版,导言。
③ 林文刚编:《媒介环境学:思想沿革与多维视野》,何道宽译,北京大学出版社2007年版,第109页。

经济史的研究中,伊尼斯已经注意到了美国在对加贸易中的经济和文化扩张。他指出,这是造成加拿大经济处于依附地位的主要原因,加拿大经济发展史实际上就是这种边缘与中心之间矛盾冲突的历史。① 比如伊尼斯发现,太平洋铁路的开通不仅带动了美加之间的商品流通,随之而来的还有美国的文化。尤其具有讽刺意味的是,美国文化对加拿大的渗透借助的却是加拿大出口到美国的纸浆。

(伊尼斯发现)随着美国报纸工业的迅速扩张,紧接着就有了"便士报"的发明,美国对加拿大木浆和纸张的需求量增加了。美国经济的高速增长,迫使美利坚在全球范围内攫取越来越多的原材料。加拿大因地理及欧洲王权史的原因,就沦为向英国和美国提供这些原材料的原料经济国。结果,许多与加拿大的发展密切相关的决定由伦敦、纽约和华盛顿做出,尤其到了19世纪,美国对加拿大的发展前景起到了举足轻重的作用。为维持进口,美国向加拿大出口资本、商品以及越来越多的文化。在伊尼斯对纸张的研究中,发现了加拿大所受的双重束缚:美国打着自由贸易主义的旗帜,从加拿大进口印刷品的原材料……而它出口到加拿大的正是由这些来自加拿大的原材料加工后的成品:报纸、书籍、杂志还有最重要的广告,并用信息自由主义为其进口加以辩护。于是加拿大就面临这样的两难境地:受制于美国对纸张的需求与美国为其供应报纸、杂志、书籍的双刃之间,使得它在北美的独立地位受到威胁。②

凭借从加拿大进口的纸浆,美国的新闻和广告裹挟着美国的意识形态,长驱直入加拿大的腹地。伊尼斯警告说,这将对加拿大产生致命的威胁。但是,伊尼斯不认为,中心与边缘之间的强弱对比将一成不变。边缘地区只要善于发展和利用传播媒介来壮大力量,终会与中心形成一种抗衡关系。伊尼斯举例说,英国最初在北美殖民地应用印刷技术,本意是方便管理他们的海外财产。然而,这种媒介技术旋即被殖民地的反对派用来煽动抵抗英国的压制措施,如1765年颁布的星法院法令,并取得了重大胜利。

随着美加之间的文化交往越来越多,伊尼斯的注意力从加拿大经济的依附

---

① Harold A. Innis, *The Fur Trade in Canada: An Introduction to Canadian Economic History*, University of Toronto Press, 1956, p.385.
② 〔美〕凯瑞著:《作为文化的传播:"媒介与社会"论文集》,丁未译,华夏出版社2005年版,第124—125页。

性发展转向了加拿大文化的依附状态,他早期对技术作用力的认识也逐渐聚焦于传播的社会作用力。同时,两次世界大战尤其是第二次世界大战,让伊尼斯跳出了对加拿大这一个国家的焦虑,开始思考整个西方文明的命运。站在世界文明的历史之轴和现代欧美文明的发展之维的交叉点上,伊尼斯发现,加拿大的危机不仅有"边缘"的依附性发展危机,还有来自西方文明畸形发展的危机。以美国为代表的西方现代文明正在走向一个严重失衡的时代。商业利益的无限制扩张助长了空间征服。专门化和社会分工大行其道。伊尼斯为这两种危机开出了同一种药方——欧洲文化传统,主要是古希腊的口头文化传统。它不仅可以帮助加拿大有效地抵抗美国文化的影响①,而且可以矫正西方现代文明的偏执与失衡。因为古希腊口头文化传统恰恰与西方现代文明相反。"它创造了公认的标准、持久的道德和社会制度。它确立了社会组织的灵魂,维持其连续性。它形成了维持自身绵延不绝的机制。……在口耳相传中,眼睛、耳朵、大脑以及各感官之间都协同动作,在功能上互相引导、刺激和补充。"② 伊尼斯多次强调,西方社会非常有必要重新把握口头传统的活力,以抵消自身发展的片面与机械化倾向。

为什么伊尼斯会从经济研究转向传播研究?因为他坚信,要"提高我们的灾难意识"③,理解文明发展中的问题和各种文明之间冲突的本质,"传播这个课题能给人很多可能的启示,我一直有这样的印象。在政治的组织和实施中,传播占有关键的一席。在历代各国和西方文明中,传播也占有关键的一席"④。这正是伊尼斯的强烈现实关照。他不断地在古代帝国与现代事件之间来回对比研究,"将过去看作是历史的实验室,用以对现代的难题进行凝思"⑤。

二、伊尼斯的传播理论

(一) 媒介偏向论

伊尼斯的论证从对各种媒介特别是两种类型媒介的分析起步。

> 我准备探讨一下传播对文化特质消长的意义。传播媒介对知识在时间和空间中的传播产生重要影响,因此有必要研究传播的特征,目的是评估传

---

① 〔加〕伊尼斯著:《帝国与传播》,何道宽译,中国人民大学出版社2003年版,第180页。
② 〔加〕伊尼斯著:《传播的偏向》,何道宽译,中国人民大学出版社2003年版,第86页。
③ 同上书,作者前言。
④ 〔加〕伊尼斯著:《帝国与传播》,何道宽译,中国人民大学出版社2003年版,第3页。
⑤ 〔美〕切特罗姆著:《传播媒介与美国人的思想》,曹静生、黄艾禾译,中国广播电视出版社1991年版,第167页。

播在文化背景中的影响。根据传播媒介的特征,某种媒介可能更加适合知识在时间上的纵向传播,而不是适合知识在空间中的横向传播,尤其是该媒介笨重而耐久,不适合运输的时候;它也可能更加适合知识在空间中的横向传播,而不是适合知识在时间上的纵向传播,尤其是该媒介轻巧而便于运输的时候。所谓媒介或倚重时间或倚重空间,其涵义是:对于它所在的文化,它的重要性有这样或那样的偏向。①

按照伊尼斯的划分,口头语言、羊皮纸、黏土、石头等属于时间偏向型媒介;莎草纸、文字、印刷等属于空间偏向型媒介。需要注意的是,一种媒介属于哪种类型,要看这种媒介的性质及其所依附的媒介的性质。拿文字来说,石头上楔刻的文字是时间偏向型的;莎草纸上草书的文字是空间偏向型的。② 简单的拼音文字属于空间偏向型媒介;复杂的象形文字属于时间偏向型媒介。伊尼斯指出:"宗教权力建立的基础是对复杂文字的垄断,它强调的是连续性和时间。"③

在对各种媒介的分析中,伊尼斯格外关注西方历史从口头传播到印刷传播的转换。在口头传播中,"眼睛、耳朵、大脑以及各感官之间都协同动作,在功能上互相引导、刺激和补充"④。因此,口头传播比文字传播能给人留下更为深刻的印象。⑤ 与之相对的原生口语文化自然更容易内化到人的心灵,沉淀为恒久绵长的文化传统。原生口语文化的这种韧性,"在被征服者最终战胜征服者的现象中,表现得淋漓尽致"⑥。机械印刷及其相关发明却严重依赖眼睛,与口头传播的灵活、感性相比,表现出的则是冷酷和理性。⑦

伊尼斯关注机械印刷传播,完全是为了对现代西方文明作出诊断。他研究发现,印刷传播的空间偏向摧毁了社会对连续性的关注,导致地方主义、非集中化和专门化,加快了世界分化和冲突。而口头传统尤其是古希腊的原生口头传统,却滋生了辉煌的古希腊文明。伊尼斯之所以偏爱原生口头传统,实际上是出于拯救西方文明而产生的对时间和连续性的追慕。

马克思和恩格斯早在19世纪中期就注意到了传播的这种时空转换意义。

---

① 〔加〕伊尼斯著:《传播的偏向》,何道宽译,中国人民大学出版社2003年版,第27页。
② 〔加〕伊尼斯著:《帝国与传播》,何道宽译,中国人民大学出版社2003年版,第13页。
③ 同上书,第55页。
④ 〔加〕伊尼斯著:《传播的偏向》,何道宽译,中国人民大学出版社2003年版,第86页。
⑤ 〔加〕伊尼斯著:《帝国与传播》,何道宽译,中国人民大学出版社2003年版,第8页。
⑥ 〔加〕伊尼斯著:《传播的偏向》,何道宽译,中国人民大学出版社2003年版,第13页。
⑦ 同上书,第166页。

"1840年,交往革命刚刚在德国启动之际,年轻的恩格斯已经意识到它的重要作用。1857年以后,马克思和恩格斯论证了交往革命引起的时空调整所带来的一系列社会变动。"① 他们认为,"交往革命之所以能够推动生产的急遽发展与文明的传播,在于现代交往手段具有更大的用时间消灭空间的特殊功能"②。时间和空间是社会历史发展的两个重要维度。伊尼斯效仿马克思和恩格斯,从时空转换这个层面来审视社会历史风云的卷舒,这是一个睿智的选择。不同之处在于,"精神交往"在马克思、恩格斯那里只是"无数个力的平行四边形"中的一个力。就这个"平行四边形"当中的生产力、社会状况和意识(包括精神交往)三大因素而言,"任何一个都可以作为原因来解释社会的变化,但任何一个因素又摆脱不了其他两个因素的制约"③。而伊尼斯却把传播视为社会历史变化的重要动因,把它放在了社会历史运转的轴心地位。

(二) 媒介的市场意义

1946年,伊尼斯发表了《报纸在经济发展中的作用》("The Newspaper in Economic Development")一文。这是他在传播研究方面公开发表的第一个成果。在这篇文章中,伊尼斯考察了报纸与经济变革之间的关系。他提出,商品生产和销售的变化不能只追溯到市场经济和价格体系,以报纸为代表的大众媒介是不容忽视的重要根源之一。

首先,报纸的低价销售策略首开商业领域薄利多销的先河("newspapers had served as pioneers in the field of low prices and rapid turnover…")。④

从19世纪30年代起,美国、英国、法国等相继出现了便士报。美国最早一批便士报是《一分钱报》(Cent)、《纽约晨报》(New York Morning)等。1833年,本杰明·戴(Benjamin H. Day,1810—1889)创办了美国历史上第一家成功的便士报《纽约太阳报》(The Sun),标志着美国大众化报业的开始。之后,又出现了《纽约先驱报》(The Herald)、《纽约每日论坛报》(Daily Tribune)和《纽约每日时报》(Daily Times)。这是美国早期最著名、最成功的四大便士报。法国便士报的

---

① 陈力丹著:《精神交往论》,开明出版社1993年版,第109页。
② 同上书,第108页。
③ 同上书,第14页。
④ Harold Adams Innis, "The Newspaper in Economic Development," *Political Economy in the Modern State*, Toronto: Ryerson Press, 1946, p. 32. 转引自 William J. Buxton, "Harold Innis' Excavation of Modernity: The Newspaper Industry, Communications, and the Decline of Public Life," *Canadian Journal of Communication*, Volume 23, 1998。

代表是1836年创刊的《新闻报》(La Press)和《世纪报》(La Siecle)。英国第一份成功的廉价报纸是1855年创刊的《每日电讯报》(Daily Telegraph)。

便士报的意义不仅体现为在新闻传播领域开启了传播大众化的历史。在伊尼斯看来，以便士报为代表的大众化报业还意味着一种新型商品经济。这种新型商品经济拜工业革命所赐，以低价销售、快速流通和规模经营为特征，代表着工业革命之后商品经济发展的方向和潮流。在便士报之前，党报服务于党派人士，官报仅限于官宦人家。这两种报纸都不存在市场问题，而且作为上流社会的一种消费品，它们也与黎民百姓几无关系。便士报的革命意义在于，它自甘"堕落"为普通消费品，自愿飞入寻常百姓家。当时纽约的大部分报纸定价都是6分钱一份。《纽约太阳报》把零售价降到1分钱一份。这种大落差的价格竞争策略，一方面有利于新办报纸迅速抢占市场，另一方面打开了当时庞大的日均75分钱工资的城市劳工市场。在市场流通方面，便士报大力发展街头零售，给报贩以很大的折扣。比如，100份报纸只收67分钱，报贩可以从中赚取33分钱。这意味着，商品生产者让出了较大的利润空间，以刺激中间商的积极性，扩大市场份额，形成规模化经营，从而坐收聚沙成塔之利。

《纽约太阳报》1833年创刊时仅发行1000份，6个月之后发行8000份，3年后达到5万份。《纽约每日时报》创刊仅2个月，发行量就达到2万份。这些便士报的发行量后来都扩大到了几十万份。在便士报之后的第二个阶段，大众化报纸的发行量和利润都已不再是以几万计，而是几十、数百万了。英国1896年创办的《每日邮报》(Daily Mail)定价半分钱，创刊号发行了近40万份。1903年创办的《每日镜报》(Daily Mirror)到1951年发行量达到了500万份。1883年，约瑟夫·普利策(Joesph Pulitzer, 1847—1911)以34万美元买下当时发行仅1.5万份的《纽约世界报》(The World)，到年底该报就激增到了6万份，第二年发行量突破10万大关，1887年突破25万份，1897年突破百万大关。1887年其员工已经有1300人。1890年落成的纽约世界报大厦是当时美国最高的建筑之一，耗资250万美元。这些成就充分证明了便士报市场策略的成功。这种成功不仅推动了大众化报业的快速发展，其示范效应也带动了商品经济的转型。伊尼斯的研究证明，报纸是大规模生产、分配、销售的开路先锋，是百货商店和现代消费经济的先兆。①

---

① 〔美〕切特罗姆著：《传播媒介与美国人的思想》，曹静生、黄艾禾译，中国广播电视出版社1991年版，第165页。

其次,大众媒体对各种商品价格信息的快速传播,突出了价格的市场调节与配置作用。伊尼斯既不像亚当·斯密那样把价格体系仅视为市场变化的一个因素,也不像凡勃伦那样完全倒向价格体系的社会文化效应。伊尼斯认为,价格体系推动了资本主义工业生产的发展,引发了经济变革和社会变迁。价格体系的这些效用,会因媒体不同而大小、强弱各异。特别是他发现,"在信息能被快速传播的地区——在城市而不是郊区,价格体系会有更强烈的作用"[①]。

历史发展显示,精明的投资家很早就注意到了现代大众传媒这种为商品做嫁衣的功能优势。《泰晤士报》(The Times)的出现完全就是出于这种工具性的考虑。伦敦商人约翰·沃尔特(John Walter,1739—1812)为了给自己手中的商品——一种新式排字机——打开市场,在1785年元旦创办了《每日环球记录报》(Daily Universal Register)专门为其做广告宣传。1788年3月,报纸更名为《泰晤士报》。他的排字机随着报纸每日大范围的传播而迅速占领了市场。世界上第一座广播电台一开始同样是被当作推销商品的工具。1920年9月29日,美国的《匹兹堡太阳报》刊登了一则商店的广告。广告宣传说,只需要花10美元在这家商店购买一部收音机,就可以收听康拉德电台的广播。西屋电气公司从这则广告中获得了灵感:如果公司将组装完好、操作简便的收音机供应给市场,然后开办一家定时播音的正规电台来做市场推销,岂不意味着收音机的销量激增和随之而来的巨额利润? 1920年11月2日,西屋电气公司正式开播世界上第一座广播电台KDKA。西屋电气公司以媒体传播促进市场推广的战略获得了成功。受此启发,马克尼公司联合另外五家电器制造商在1922年11月14日集资组建了BBC(当时名为British Broadcasting Company,1927年元旦起,英王发布"特许状",将民营的英国广播公司改组为公共机构British Broadcasting Corporation,缩写BBC)。他们最直接的目的同样是推销收音机,而且收效显著。哥伦比亚广播公司(CBS)的创办人贝雷(William S. Paley,1901—1990)年轻时替父亲经营雪茄商店,心血来潮拿出50元钱为自家的商店作了一次广播广告宣传。让他万万没有想到的是,顾客纷至沓来。这让他对广播这种新媒体的市场效应信心满怀,义无反顾地投入到了广播行业。正如清华大学李彬教授所言:

---

① Harold Adams Innis,"The Newspaper in Economic Development," *Political Economy and the Modern State*, University of Toronto Press,1946,p. ix. 转引自William J. Buxton,"Harold Innis' Excavation of Modernity: The Newspaper Industry, Communications, and the Decline of Public Life," *Canadian Journal of Communication*, Volume 23,1998。

分析美国广播事业的起源不难发现,促成广播媒介兴起的最初动力,既不在于信息的传播,更不是为了新闻的传播,而是来自商业利润的驱动。用埃默里父子的话说,"促进全国无线电广播发展的最重要因素却是通信和电气制造业中的大公司——美国电话电报公司、威斯汀豪斯公司和通用电气公司(GE)。电台的发展意味着它们的产品和服务有了更加广阔的出路"。这种情形,恰似当代网络的崛起,实际上源于诸如微软公司等电器企业推销其产品的需要。①

现代化的商品生产和流通,深深地依赖市场信息的快速传播。现代大众传媒无疑是市场最快捷的信息传播网络。在市场和传媒之间,传播学研究往往视前者为自变量,来考察市场变动对传媒的影响。伊尼斯的可贵之处在于,他用专业经济学的眼光最早对大众媒介的市场效用作了专门剖析,高度肯定了现代大众传媒在市场流通和经济发展中的重要地位,提出了"报纸是经济变革的发动机"这一理论命题。②

(三) 媒介的权力意义:知识与政权

"在他生命的最后10年里,伊尼斯的讨论不再仅将传播作为推动市场的动力,而是进而将传播作为一切历史运转的轴心来探索。"③ 特别是他把"垄断"、"偏向"等经济学用语应用到传播社会领域,倾力探讨了媒介对于知识的流通、控制,以及附丽其上的权威和权力的影响。在《密涅瓦的猫头鹰④》("Minerva's Owl")一文中,伊尼斯阐明了这一研究主题:"……在每一个时期,我都试图追踪,传播媒介对于知识的性质有何含义,并试图说明,知识的垄断或寡头积累到一定程度时,平衡就扰乱了。"⑤

古埃及的国家命脉尼罗河经常泛滥。王权阶级最早发现了恒星年历法,掌握了尼罗河泛滥的规律,王权由此得以建立。但是,恒星历本身存在的不规律性即一年多出一天,以及这一历法在使用中的诸多困难,最终给宗教以机会重新确立其知识垄断地位和权威身份。公元前2540年之后,僧侣发现了太阳历,克服

---

① 李彬著:《全球新闻传播史》,清华大学出版社2005年版,第350页。
② Harold Adams Innis, "The Newspaper in Economic Development," *Political Economy in the Modern State*, Toronto: Ryerson Press, 1946, p.32.
③ 〔美〕切特罗姆著:《传播媒介与美国人的思想》,曹静生、黄艾禾译,中国广播电视出版社1991年版,第166页。
④ "密涅瓦的猫头鹰只有在夜幕降临的时候才开始飞翔……"(黑格尔)中"密涅瓦的猫头鹰"是指文化的复兴和繁荣。
⑤ 〔加〕伊尼斯著:《传播的偏向》,何道宽译,中国人民大学出版社2003年版,第2页。

了恒星历的缺陷。宗教阶层取代王室权贵成了寡头政治。后来出现的象形文字进一步增强了宗教的知识垄断地位。埃及王权无法协调与宗教之间的矛盾，古埃及帝国最终慢慢走向了衰落。

与口头语言相比，文字显然更有利于知识的垄断和等级制度的形成。在西方漫长的中世纪，教会始终保持对《圣经》和文字传播的高度垄断。印刷机的发明摧毁了宗教的这种知识垄断，俗语《圣经》得以迅速遍布四方。用维克多·雨果(Victor Hugo,1802—1885)的话说，机器印刷的书籍"毁灭了古老的哥特建筑天才，那个光辉的太阳在梅因兹巨大的印刷机背后落山了"①。对于媒介的权力意义，汤因比在其历史研究中的结论同样令人印象深刻。汤因比论证说，文明的解体有可能导致三种结果：大一统的国家、统一的教会、蛮族军队的创立。"在大一统国家为贯彻和维持其统治而创立的一些具体制度中，交通系统名列榜首。这是因为它们是大一统国家赖以生存的主要制度。其他还有语言上的沟通系统、首都以及文官制度等。"②

英国著名哲学家弗朗西斯·培根(Francis Bacon,1561—1626)说：知识就是力量，知识的力量不仅取决于其本身价值的大小，更取决于它是否被传播以及被传播的深度与广度。伊尼斯用大量的历史事实证明，知识这种权力附着于媒介。不同类型的媒介突出不同性质的知识，不同性质的知识适合不同阶层和群体掌握和垄断。"伊尼斯从历史分析中认识到，每当引进新的技术发明，由此而产生的全新的服务环境，就会使社会经验发生大规模的重新组合。"③ 换句话讲，知识这种权力随媒介变革而在不同阶层或群体之间流转。知识的重组意味着权力结构的变化，这必然导致一个帝国内部的治乱沉浮和帝国之间的强弱变化。"亚历山大大帝的东征，欧洲的30年战争，20世纪的战争都说明了文化变迁的代价"，所以，"在一种传播形式主导的文化向另一种传播形式主导的文化迁移的过程中，必然要发生动荡"。④

既然任何一种媒介，无论是时间偏向还是空间偏向，都蕴藏着巨大的无形潜力，各种权力组织必然有意或无意地去加以发展和控制。伊尼斯指出，最突出的是宗教组织和政治组织之间围绕媒介展开的争斗。宗教组织倾向于发展时间偏

---

① 〔加〕伊尼斯著：《传播的偏向》，何道宽译，中国人民大学出版社2003年版，第18页。
② 〔英〕汤因比著：《历史研究》，刘北成、郭小凌译，上海人民出版社2000年版，第258页。
③ 〔加〕伊尼斯著：《帝国与传播》，何道宽译，中国人民大学出版社2003年版，麦克卢汉序言。
④ 〔加〕伊尼斯著：《传播的偏向》，何道宽译，中国人民大学出版社2003年版，第119页。

向型媒介,以强化精神永存和灵魂不灭的宗教观念;政治组织倾向于发展空间偏向型媒介,以促进疆域的拓展和空间的统治。如果两种组织的媒介控制势均力敌,帝国的稳定就可以期待。任何一方有幸取得了对时间和空间的双权在握,就有可能出现政教合一的教廷统治或者绝对强大的世俗政权。

但是,历史在大多数情况下表现为两种类型媒介的不平衡发展和两种权力组织的交错沉浮。伊尼斯分析了历史上很多帝国内部两种组织之间争夺媒介控制权的例子,比如12世纪前后拜占庭帝国的教会对纸张及由此引起的知识世俗化运动的抵制①,中世纪教会与世俗政权之间争夺时间控制权的斗争②。自古以来,教会一直不遗余力地创造、改进历史纪年法,也总喜欢在各种人类大预言中力逞其能。相对而言,国家和军事组织总是殚精竭虑地去研发各种空间征服力量,包括马镫、商船、洲际导弹、航空母舰和阿帕网。中国著名古文字学家钱存训为我们提供了中国古代的相关情况。根据他的研究,中国古代的传播媒介显然有两大类:易损便携带的材料大量用作公文、史册、文章、信件及其他各种日常用途,主要被政府用于空间上的横向传播;坚硬耐久的材料大量用作有纪念性或可流传后世的铭文,主要被宗教用于人与鬼神之间、与来世之间的交流工具。③

由知识垄断的转移变更可以管窥社会权力和社会结构的变化。未来学者、社会预言家丹尼尔·贝尔、阿尔温·托夫勒等人的预言,正是从这种逻辑关系中推演得出的。20世纪50年代初,贝尔发表了一系列探讨劳动力结构变化的文章。劳动力结构的变化在当时主要表现为产业工人人数不断下降,非生产性人员和技术与专业人员数量不断上升。后来,贝尔受到熊彼特(Joseph Alois Schumpeter,1883—1950)和美国物理学家兼科学史家杰拉尔德·霍尔顿(Gerald Holton)的影响④,把劳动力结构的变化追溯到技术和理论知识的变革。他提出的"后工业社会"这一概念,也从最初的劳动力结构、生产决策结构两个方面,发展成为后来的五个方面:经济方面,从产品生产型经济转变为服务型经济;职业方面,专业与技术人员阶级处于主导地位;中轴原理方面,理论知识处于中心地位,它是社会革新与制定政策的源泉;未来发展方面,重点是控制技术发展,对技

---

① 〔加〕伊尼斯著:《传播的偏向》,何道宽译,中国人民大学出版社2003年版,第16页。
② 同上书,第59页。
③ 钱存训著:《印刷发明前的中国书和文字记录》,印刷工业出版社1988年版,第126页。
④ 熊彼特在《资本主义、社会主义和民主》一书中指出,技术是个未被探测的海洋,有广阔灿烂的发展前景。1962年春,杰拉尔德·霍尔顿在一篇论文中论证了理论知识在技术和经济变革中的基础性作用。

术进行鉴定;决策制定方面,更多"智能技术"用于决策。① 就其中的中轴原理来说,前工业社会以传统主义为轴心,受土地和资源方面的限制较多;工业社会以经济增长为轴心,强调国家或私人的投资决策控制;后工业社会以理论知识为轴心。"后工业社会所不同的是知识本身性质的变化。对于组织决策和指导变革具有决定性意义的是理论知识处于中心地位——那就是:理论与经验相比占首位,而且在知识编纂成抽象符号的系统以后,可以同任何规律体系一样用来说明许多不同领域内的经验。"②

托夫勒先后出版了预言未来的三部曲:《未来的冲击》(Future Shock)(1970)考察了变革的过程;《第三次浪潮》(The Third Wave)(1980)探讨了变革的方向;《权力的转移》(Power Shift: Knowledge, Wealth and Violence at the Edge of the 21st Century)(1990)阐述了变革的动力和机制。在序曲《未来的冲击》一书中,托夫勒初步裁定了未来冲击的动力之源——技术和知识。"技术是加速冲击的主要力量","如果把技术看成巨大的火车头、强有力的加速器,那么就必须把知识看成是它的燃料。"③"知识"是第三次浪潮的重要动力,那么前两次浪潮的变革又是如何发生的呢? 托夫勒认为,人类社会三次浪潮的变化,实乃权力实现方式的三次转换——从暴力到财富尔后知识。最简单直接地体现权力的方式是使用暴力。这是一种低质权力,它缺少灵活性,只能用于惩罚,并且风险大。财富不仅可用于惩罚和威胁,还可用于奖赏,比暴力灵活得多。知识则是高质权力。它既能扩充武力和财富,也能减少为达到目的所需的武力和财富的数量。在不同的历史阶段,这三者发挥着不同的作用。在工业革命前的漫长岁月里,暴力起着主导作用。在工业时代,财富成为权力和地位的象征,"金钱万能"成为座右铭。正如工业革命使金钱取代暴力成为控制社会的主要手段一样,第三次浪潮则是知识取代昔日金钱的霸主地位而成为权力的象征。"知识本身不仅仅是高质权力之源,而且是暴力和财富的最重要组成部分。换言之,知识已从金钱力量和肌肉力量的附属物变成了它们的精髓。事实上,知识是终端放大器。它是即将发生的权力转移的关键。"④

---

① 〔美〕丹尼尔·贝尔著:《后工业社会的来临——对社会预测的一项探索》,高铦等译,商务印书馆1986年版,第20页。
② 同上书,第26页。
③ 〔美〕阿尔温·托夫勒著:《未来的冲击》,孟广均译,中国对外翻译出版公司1985年版,第23、28页。
④ 〔美〕阿尔温·托夫勒著:《权力的转移》,刘江等译,中共中央党校出版社1991年版,第25页。

无论是贝尔的后工业社会还是托夫勒的第三次浪潮,都是以知识取代传统的以暴力或者经济为核心的权力。他们一致认为,作为权力的内容或者来源,知识越来越成为当今社会的核心。同样,伊尼斯也认为知识意味着权力。但是,在伊尼斯眼里,知识是所有历史阶段的权力"中轴",而不仅仅是后现代社会的权力"中轴"。既然如此,媒介作为知识的栖身之所、传播中介和流变之源,自然始终处于权力漩涡的中心。

伊尼斯对"媒介—知识—权力"关系的研究,直接沿用了他前期政治经济学研究所发现的"交通—经济—权力"这一关系逻辑。美国学者切特罗姆曾经评价伊尼斯:"即使在他对现代政治经济学的论述绝望之后,他依然离不开经济学的隐喻和思想范畴,比如'垄断'、'平衡'、'偏向'。"① 伊尼斯的研究表明,对媒介的控制意味着对知识的接近权。这种接近权有助于权力、权威的培育和巩固。控制传播媒介的人手握重权,包括决定什么是合法知识的权力。有人据此提出,伊尼斯的这些论述是法国学者米歇尔·福柯(Michel Foucault,1926—1984)的思想暖房,孵化了后者的知识考古学。②

(四)媒介变革的历史意义

在伊尼斯之前,马克思、汤因比、玛格丽特·米德(Margaret Mead,1901—1978)都曾论及传播的历史意义。马克思在其"精神交往论"中关于传播转换时空的高见,汤因比在其《历史研究》中对传播革命与现代西方文明的基本判断和态度,在伊尼斯的论著中都隐约可见。

在《历史研究》一书序言中,汤因比开门见山点出了现代西方社会的变化和趋势。他说,与过去相比,"我们时代的一个特点是由于现代技术的惊人进步,导致'距离消除',致使变化以空前的速度加快进行"③。汤因比论证道,现代技术的惊人进步主要表现为各种交流工具的加速改善。这导致人们之间交往和交流的距离消除,世界将因此更有可能趋于大同社会。但是,这个大同社会中的主要单位将不再是地方性的民族国家,而是超越实在地域而形成的"流散社会"。④ 值得我们警惕的是,"依靠'消除距离'而把世界统一起来的这种前所未有的科

---

① 〔美〕切特罗姆著:《传播媒介与美国人的思想》,曹静生、黄艾禾译,中国广播电视出版社1991年版,第166页。
② Marshall Soules, "Harold Adams Innis: The Bias of Communications & Monopolies of Power," 1996, http://records.viu.ca/-media113/innis.htm.
③ 〔英〕汤因比著:《历史研究》,刘北成、郭小凌译,上海人民出版社2000年版,作者序言。
④ 同上书,第46—48页。

技进步,通过制造原子武器的战争,又将人类推入自我毁灭的境地"①。

有感于技术变革和东西方冷战对人类文明的威胁,汤因比禁不住自问:"历史会重演吗?"他说道,18 和 19 世纪富裕的西方社会使生活在其中的先辈们得出了一个古怪而又肤浅的观念:他们"与众不同",西方社会不会陷入那些导致其他文明毁灭的错误和灾祸之中。但是,"这个古老的问题在我们这一代相当出乎意料地有了新的、非常实际的意义"②。"西方世界突然对其未来担心起来了,这种担心是对我们目前所面临的艰难形势的必然反应。"③ "我们应做些什么来拯救自己呢?"汤因比认为,"在政治方面,应建立起一个符合宪法的合作的世界政府机构;在经济方面,在自由经营与社会主义之间(根据不同时间、不同地点的各种不同的实际要求)寻找可行的折衷方案;在精神方面,把世界的上层建筑放回到宗教的基础上去"④。

西方社会将走向何处?何以为继?汤因比看到,传播的加速度绑架了人类社会。传统的社会关系、社会结构、民族共同体和世界秩序,都将可能因此分崩离析。汤因比以各种文明的历史发展为鉴为西方社会指明了救赎之路。

在这些研究的基础上,伊尼斯以一种更加具体的方式探究传播的历史意义。⑤ 他对西方各历史阶段的媒介环境与文明发展之间的关系,进行了一一检验。在西方古典文明时期,丰富、灵活而强大的口头传统造就了古希腊文明灵动而持久的生命力。可是,这种传播方式却不利于建立严明的法律和高效的组织管理体系;这造成了古希腊各城邦之间的政治分离。⑥ 发达的莎草纸书写系统为古罗马帝国提供了可供长途携带和广泛传播的信息传播工具,以及精确而完整的法律制度。这为古罗马帝国的征战和统治提供了关键支持。现代时期的"印刷机及其相关的发明……都是指向借助眼睛的传播。它引起的后果,是强调地方主义和非集中化……是时间和连续性的摧毁"⑦。西方社会因此正处于一个时间意识淡漠、空间扩张欲望膨胀的历史阶段。西方现代文化"在对时间的执著里,存在着普遍的焦躁",就像社会科学研究越来越急功近利那样。伊尼

---

① 〔英〕汤因比著:《历史研究》,刘北成、郭小凌译,上海人民出版社 2000 年版,第 23 页。
② 〔英〕汤因比著:《文明经受着考验》,沈辉等译,浙江人民出版社 1988 年版,第 26 页。
③ 同上书,第 33 页。
④ 同上书,第 34 页。
⑤ 〔加〕伊尼斯著:《帝国与传播》,何道宽译,中国人民大学出版社 2003 年版,作者前言。
⑥ 〔加〕伊尼斯著:《传播的偏向》,何道宽译,中国人民大学出版社 2003 年版,第 7 页、第 17 页。
⑦ 同上书,第 155 页。

斯说,

也许,西方文化的局限性,可以用社会科学来说明,我对其情况略知一二。浩如烟海的统计数字摆在社会科学家的面前,他被迫去解释并去发现模式和趋势,以便能够预测未来。凭借精细的计算机器和数学技巧,他能够提出对策,供工商业和政府使用。不过,精细计算的预设是短期的预测。社会科学工作日益关注专题研究,社会科学部门成了新闻学校。①

一个历史时期的媒介环境决定了这一时期的知识、权力、文化乃至文明的特质。伊尼斯据此以媒介环境中的主导媒介为尺度来划分西方文明史。

我试图说明,西方文明受到传播的深刻影响,传播的显著变化具有重大的含义。简而言之,我这篇讲话按传播媒介将世界史分为以下几个时期:从两河流域苏美尔文明开始的泥版、硬笔和楔形文字时期;从埃及的莎草纸、软笔、象形文字和僧侣阶级到希腊—罗马时期;从苇管笔和字母表到帝国在西方退却的时期;从羊皮纸和羽毛笔到10世纪或中世纪的时期,在这个时期,羽毛笔和纸的使用相互交叠,随着印刷术的发明,纸的应用更为重要;印刷术发明之前中国使用纸、毛笔和欧洲使用纸、羽毛笔的时期;从手工方法使用纸和印刷术到19世纪这个时期,也就是宗教改革到法国启蒙运动的时期;从19世纪初的机制纸和动力印刷机到19世纪后半叶木浆造纸的时期;电影发展的赛璐珞时期;最后是20世纪三四十年代的现代的电台广播时期。在每一个时期,我都试图追踪,传播媒介对于知识的性质有何含义,并试图说明,知识的垄断或寡头积累到一定程度时,平衡就扰乱了。②

伊尼斯不止于建构媒介发展史与西方文明史之间的关系。他的未竟手稿《传播的历史》显示,他的更大理想是从媒介演进史的角度来还原、书写世界文明史。与他生前出版的两本文集相比,这部手稿对近现代文明给予了更多的关注。其中,有两章分别是19世纪和20世纪中国印刷传播的材料。③ 可以想见,若假以时日,伊尼斯将为我们呈现世界范围内传播与文明激荡共生的华彩篇章。

把传播置于历史的中心,以媒介为准绳对历史进行断代划分,并非始自伊尼

---

① 〔加〕伊尼斯著:《传播的偏向》,何道宽译,中国人民大学出版社2003年版,第69页。
② 同上书,第1—2页。
③ William J. Buxton, "The Bias against Communication: On the Neglect and Non-publication of the 'Incomplete and Unrevised Manuscript' of Harold Adams Innis," *Canadian Journal of Communication*, 2001, Vol. 26, Issue 2.

斯。早在1897年题为《社会变革的进程》("The Process of Social Change")一文中,查尔斯·霍顿·库利已经提出,社会变革的轮廓由社会环境的演化决定,而传播系统决定着社会环境的范围,"所以传播的历史是所有历史的基础"①。在1909年出版的《社会组织》(Social Organization: a Study of the Larger Mind)一书中,

> 库利把人类传播的历史分成前口头传播时代、口头传播时代、手写传播时代和印刷传播时代,并分析了传播史上每一次革命性的进步对社会产生的影响。比如,在口头传播的时代,语言使个人逐渐具有了社会意识,从而使人真正具有了人的特性,使社会向有机体方向发展;而在手写传播时代,文字使一套明确和永恒的法律与风俗体系成为可能,强有力的政府组织因之建立起来;印刷媒体意味着民主,因为它把大量的知识传播给了普通人,知识不再垄断于那些掌握了文字的阶层手中,民主意识在印刷媒体的撒播下遍地开花。②

关于传播与社会发展之间关系的这些观点是库利阐述其社会变革理论的论据,但这些论据本身在库利的研究中却未经论证,也从未铺开。与之不同,伊尼斯结合自己在经济学研究中的发现,运用大量翔实的资料,对媒介发展与文明演进之间的关系进行了专一而恢弘的研究论证。伊尼斯指出,正是媒介变革这一参数诱发了西方文明的严重危机。文明的持久繁荣稳定需要相对均衡的媒介环境格局。古希腊和古罗马文明的长期繁荣,都得益于媒介环境的平衡发展。而现代西方文明专注于当下的执著,已经严重扰乱了时间和空间的平衡,并且给西方文明造成严重的后果。③ 伊尼斯认为,北美殖民地的反叛、南北分割及其向西部的扩张,英联邦内部成员国的自治和独立斗争,欧洲范围内各国语言之间差异的加重,以及两次世界大战,都与印刷传播及其支持的印刷工业在西方社会的过度发展有着非常紧密的关系。④ 为此,伊尼斯反复强调,现代西方社会有必要重新领会古希腊"万事勿过"(nothing in excess)这一"神韵"⑤,"必须要坚定不移

---

① 〔美〕切特罗姆著:《传播媒介与美国人的思想》,曹静生、黄艾禾译,中国广播电视出版社1991年版,第104页。
② 胡翼青著:《再度发言:论社会学芝加哥学派传播思想》,中国大百科全书出版社2007年版,第135页。
③ 〔加〕伊尼斯著:《传播的偏向》,何道宽译,中国人民大学出版社2003年版,第62页。
④ 同上书,第62—66页。
⑤ 同上书,第165页。

地努力去重新把握口头传统的活力"①,发展时间型媒介以抗衡空间型媒介的过度膨胀。

媒介不仅塑造文明,还直接关乎文明圆寂后的记载和传播,并由此直接影响后人的了解和研究。"我们对其他文明的了解,在很大程度上,有赖于这些文明所用的媒介的性质。"② 所以,媒介不仅是历史变迁和文明冲突的参数,它还是历史认知的参数。关于这一点,本书第一章已有阐述。

三、伊尼斯传播研究评价

伊尼斯是对媒介环境进行专一而系统研究的第一人。在他之前,无论是刘易斯·芒福德、雅克·艾吕尔等技术哲学家关于技术与社会的讨论,还是帕克、库利等社会学芝加哥学派在其社会学研究中对传播的关注,媒介和传播都不曾是其话语的核心和理论的基础。受政府和商业需求驱动的经验主义传播学,从一开始就把自己局限在了对具体传播过程和传播内容的分析上,无视具体媒介的性质和作用。伊尼斯从马克思、凡勃伦等前辈的论证特别是自己的经济史研究中,发现了传播技术的革命性意义,余生转向传播研究,以媒介偏向论为基石,论证了媒介变革与社会历史变迁的动态作用关系。

媒介不只是传送(transmission)内容,还具有转化(transformation)功能。媒介的转化功能来自于媒介本身的物理属性、语法特征和传播偏向。伊尼斯的"媒介偏向论"——时间偏向(time bias)和空间偏向(space bias)——指导产生了媒介环境学的一系列研究。麦克卢汉围绕他所关注的核心——社会心理和社会结构的变化,提出了他的感官偏向论(sensory bias③),并由此衍生了冷媒介和热媒介、光透射型媒介和光照射型媒介、视觉空间型媒介和声觉空间型媒介。梅罗维茨聚焦于交往场景中的社会行为和角色扮演,把媒介分为场景隔离型的媒介(比如印刷媒介)和场景融合型的媒介(比如电子媒介)。

在媒介偏向论的基础上,伊尼斯向社会历史的深处射出了媒介之矢,为我们展示了媒介变革在社会历史领域引起的万千变化。他的研究宏大细密而不失章法:先是沿着经济学研究的线索,发现并论证了大众媒介对商品经济的影响;尔

---

① 〔加〕伊尼斯著:《帝国与传播》,何道宽译,中国人民大学出版社2003年版,第180页。
② 〔加〕伊尼斯著:《传播的偏向》,何道宽译,中国人民大学出版社2003年版,第28页。
③ Marshall McLuhan and Bruce R. Powers, *The Global Village: Transformations in World Life and Media in the 21st Century*, New York: Oxford University Press, 1989, p.25.

后转向探讨媒介对知识和权力的意义;在此基础上,为了对加拿大、西方乃至世界文明的发展趋势和危机作出诊断和调理,伊尼斯又进一步深入研究了媒介变革在何种程度上以何种方式关系到社会发展的平衡与稳定、人类文明的存续和冲突。他提出,一个时期的媒介环境决定这一时期的社会文化特质。媒介环境变革是社会历史变迁的重要动因。这些都成了媒介环境学的研究主题。不仅如此,伊尼斯提出的一些具体命题和结论,也为后继研究提供了开掘不尽的问题空间。

第一,伊尼斯研究发现:"在一种传播形式主导的文化向另一种传播形式主导的文化迁移的过程中,必然要发生动荡。"[1] 这个结论启发后来者去关注媒介环境更替时期的社会巨变。麦克卢汉特别注意不同媒介环境交汇碰撞的那一刻。因为,交汇碰撞产生的裂变效应能够把我们从平日对媒介环境的麻木感知中惊醒,此时正是发现媒介环境真相、认识媒介环境意义的最好时机。[2] 麦克卢汉通过分析印刷传播环境向电子传播环境的转变,先声夺人地预言了西方20世纪60年代的社会运动,以及由此开启的后现代潮流。梅罗维茨把这一主题落实在了媒介环境与交往行为之间的关系问题上:随着印刷传播环境向电子传播环境的转变,社会交往场景及其决定的交往行为和从前不一样了。印刷传播环境中界限分明的交往场景在电子传播环境中开始混融,男性与女性、成人和儿童之间的分别趋于模糊;以往的政治英雄也放低姿态,变成了"邻居大叔"。这些研究成果证明了伊尼斯提出的这一观点在社会转型研究方面的思想价值。

第二,伊尼斯在分析媒介对知识和权力的影响时,提出了媒介的"集中化"和"非集中化"问题。"伊尼斯认为,在时间偏向的社会里,原生性口语(沃尔特·翁语)这种传播形式具有强烈的民主倾向"[3],它对所有人都一样,是非集中化的媒介。莎草纸也是民主的,它的出现冲击了以石头和象形文字为核心的知识垄断。[4] "印刷工业有利于非集中化和地方主义,而广播则有利于集中化和官僚化。"[5]

这里有一点让人心生疑窦:印刷媒介固然有利于非集中化,广播不是更有利于非集中化吗?实际上,伊尼斯对印刷传播的这一判断来自于他对印刷媒介与

---

[1] [加]伊尼斯著:《传播的偏向》,何道宽译,中国人民大学出版社2003年版,第119页。
[2] [加]麦克卢汉著:《理解媒介》,何道宽译,商务印书馆2000年版,第82—91页。
[3] 林文刚编:《媒介环境学:思想沿革与多维视野》,何道宽译,北京大学出版社2007年版,第115页。
[4] [加]伊尼斯著:《传播的偏向》,何道宽译,中国人民大学出版社2003年版,第28页。
[5] 同上书,第66页。

手抄书和羊皮书的比较,而不是与广播的比较。他看到,印刷机摧毁了教会对《圣经》和拉丁语的垄断①,引发了地方语言和民族主义的勃兴,并由此导致西方世界的分裂。② 所以,他认定印刷媒介属于非集中化媒介。伊尼斯之所以认定广播属于集中化的媒介,主要是因为他对当时广播所产生的巨大影响有着深刻印象。1933 年,美国新任总统罗斯福(Franklin D. Roosevelt,1882—1945)把他的新政(New Deal),通过广播送进了民众的心房。"炉边谈话"(Fireside Chats)获得了惊人的成功。1936 年 3 月 14 日,希特勒在慕尼黑发表广播演说:"我以梦游者的自信走自己的路。"广播宣传为希特勒建立"纳粹帝国"进而发动世界战争,铺平了道路。伊尼斯曾说,"广播的使用促成了希特勒的上台"③。1938 年 10 月 30 日,万圣节前夜,美国哥伦比亚广播公司播出了根据威尔斯(Herbert George Wells,1866—1946)的科幻小说《星球大战》(*The War of the Worlds*)改编的广播剧,引发纽约全城恐慌。与当时传播学提出的"魔弹论"相比,伊尼斯对广播的这种认识其实不足为怪。麦克卢汉直言,伊尼斯错把广播当作集中化媒介,是"受到了他那个时代普通共识的误导"④。此论切中肯綮,精辟至极。

无论如何,伊尼斯提出了媒介的社会权力这一重要问题。正是基于对媒介"集中化"和"非集中化"效应的关注,麦克卢汉预言了电子媒介革命所引起的非集中化的后现代主义潮流,预见到了黑人、妇女、青少年等社会边缘群体要求分权争取平等的社会革命。梅罗维茨为我们描绘了媒介环境从印刷到电子的转变,对男性权威、父母权威和政治权威的冲击。爱森斯坦则展示了印刷革命在当时的欧洲引起的权力结构变化。

第三,除了确定媒介环境学主要的研究对象、研究主题,提出一些重要的理论命题之外,伊尼斯还为媒介环境学创造了独特的方法论工具。如前所述,伊尼斯的方法论一方面深受凡勃伦的启发,另一方面来自于他对现代西方文明急功近利之弊的批判。在《时间的诉求》("A Plea for Time")⑤一文中,伊尼斯在分析了印刷工业对时间的屠杀之后,有感而发批判了这一流毒在大学教育和社科研究中的斑斑劣迹。伊尼斯指出,大学和技校不同。大学传授的是思想之花,是智能而不是技能。可是,"大学变成一堆贪婪的系科,醉心于搞经费"。社会科学

---

① 〔加〕伊尼斯著:《传播的偏向》,何道宽译,中国人民大学出版社 2003 年版,第 18 页。
② 同上书,第 25 页。
③ 同上书,第 65 页。
④ 同上书,麦克卢汉序言。
⑤ 同上书,第 51—76 页。

家一会儿说政府干预社会科学不利于社会健全发展,一会儿却又为政府资助性质的课题殚精竭虑作论证。西方文化短视的流行病严重扩散到了社会科学领域。面对此情此景,"凯恩斯竟然会说,从长远的观点来看问题,凡人皆死。我们对其他一切均无兴趣,我们唯一感兴趣的是,为了近在眼前的未来而生活"。伊尼斯引用温德汉姆·刘易斯(Wyndham Lewis,1882—1957)的话说:"时髦的头脑是不考虑时间的头脑","生活在此刻,为此刻而生活,其实质是驱逐个体生存的连续性"。这种短视导致社会科学工作日益关注专题研究,社会科学部门变成了新闻学校。文章最后,伊尼斯诉求于《圣经》里"人无远见,必死无疑"这句话,提请人们警惕西方文明包括社会科学领域存在的这一严重隐患。

在研究方法上,伊尼斯选择了不合流。他在西方社会历史发展的大背景中,分析气候变化、技术变革、制度变迁等等变数对加拿大贸易发展的影响;在世界历史文明变迁的宏阔图景中,探寻媒介环境对经济、政治、文化和文明发展的作用机制。美国传播学者詹姆斯·凯瑞(James W. Carey)曾经评价说:"在美国还没有其他人这么做的时候,伊尼斯为传播研究提供了一种学术探讨的模式,这种模式是历史的、经验的、解释的和批判的。"①

伊尼斯的这种研究方法对媒介环境学影响至深,特别是被麦克卢汉视为"芝麻开门"一般的灵奇咒语,思想宝藏的大门会应声开启。麦克卢汉在为伊尼斯的两本传播学文集撰写的两篇序文中,不惜笔墨击节赞誉这种别致的研究方法:

> 他推出的洞见,呈现马赛克结构。这些结构,似乎是由毫不搭界的比例失调的句子和警语组成的。………他能够从枯燥的并列中抽取出令人兴奋的事实。他仿佛在用一个"盖达尔"计数器去探索资料。反过来,他的探索结果,用的是一种洞见的模式,其包装是不适合消费者口味的。
> ……
> 在艺术和诗歌中,这是"象征主义"技巧,就是并置而不用连接成分的意合法。这是聊天或对话的自然形态,而不是书面话语的自然形态。写作往往有一种倾向,就是从题材中分离出一个方面,将注意力死死地指向它。对话还有一种自然的倾向,那就是任何题材的多方面的相互作用。这种相互作用能够产生洞见和发现。与此相对,观点仅仅是看问题的一种方式。

---

① 〔美〕罗杰斯著:《传播学史——一种传记式的方法》,殷晓蓉译,上海译文出版社1997年版,第512页。

相反,洞见却是在相互作用的复杂过程中突然得到的顿悟。①

他特立独行,首先运用模式识别的方法,去研究我们这个信息超载的、电路连接的行星。……在此,伊尼斯并不是要推出一个视角或观点,而是要推出一种复杂机制的诊断分析。……常规的历史著作写到"印刷术的冲击"时,仅仅是告诉我们印刷量有多大,出了多少书,有多少读者。这样纯粹的数量报告是因果的匹配,而不是要去发现模式。

他以动态的态度看待过去,把历史当作一台戏,整个世界就是剧组。他揭示了帝国要务的宏大模式。在这一点上,他就是扭转剧情,揭开演员面具之神灵。②

所有以上这些开创性贡献,让我有充分的理由把伊尼斯放在媒介环境学奠基人的尊位。不过,历史上,伊尼斯在传播学方面的这些贡献在较长一段时期内被忽略了。1950年,《帝国与传播》出版。1951年,《传播的偏向》出版。1952年,伊尼斯去世。之后的十多年时间里,大多数赞辞都推崇他的政治经济学成就③,几乎没有任何关于他的传播研究的评价。1967年,詹姆斯·凯瑞撰文高度评价伊尼斯的开创性研究,认为在承认和理解传播技术的核心地位方面,伊尼斯走在了麦克卢汉前面。④ 此后,凯瑞发表了很多文章对伊尼斯的传播研究进行不遗余力的推介。20世纪70年代,麦克卢汉在为伊尼斯的两本再版文集写的序文中袒露了他对伊尼斯的崇拜和追随。进入20世纪80年代,伊尼斯的传播思想逐渐被发掘出来。尼尔·波斯曼、约书亚·梅罗维茨、丹尼尔·切特罗姆的研究都放大了伊尼斯的学术价值与影响。对于中国传播学界来说,切特罗姆在《传播媒介与美国人的思想》一书中对伊尼斯的述评,最早让我们大致了解了伊尼斯传播思想的特色和地位。

20世纪末,伴随着全球化浪潮以及时空距离在这一浪潮中的急遽变化,伊尼斯的传播思想开始大放异彩。在伊尼斯去世后的三十年(1960—1990)中总共出版了六篇关于他的博士论文,而90年代的十年中就有十篇研究伊尼斯传播理论的博士学位论文出版。1994年11月,伊尼斯诞辰100周年之际,"哈罗德·伊尼斯与新世纪的学术实践:跨学科的、批判的研究(Harold Innis and Intel-

---

① 〔加〕伊尼斯著:《传播的偏向》,何道宽译,中国人民大学出版社2003年版,麦克卢汉序言。
② 〔加〕伊尼斯著:《帝国与传播》,何道宽译,中国人民大学出版社2003年版,麦克卢汉序言。
③ 林文刚编:《媒介环境学:思想沿革与多维视野》,何道宽译,北京大学出版社2007年版,第117页。
④ 同上书,第118页。

lectual Practice for the New Century:Interdisciplinary and Critical Study)"研讨会在加拿大的蒙特利尔召开。伊尼斯关于传播的市场意义和时空意义的思想洞见,不断被人发掘援用。他的未竟手稿《传播的历史》,也被捧到了神乎其神的地步。不过,这部手稿实在粗糙庞杂:多达 2400 页的篇幅,宏阔的视野,细密繁复的材料。为了这部手稿,加拿大广播电视和电讯委员会、多伦多大学出版社、为手稿出版而专门成立的编辑委员会以及伊尼斯的后人,分别提出了多种不同的出版方案。一方认为,为规范出版和适应阅读,应该对手稿进行修订整理,遗憾的是找不到能以伊尼斯的学识水平来修改手稿的专家;一方认为,可以以手稿原貌出版,这也符合伊尼斯尊崇口头传统的偏好。结果,手稿历经 1952 年、1963 年、1970 年和 1993 年四次大的努力,始终未能面世。① 目前,这部手稿唯一的印刷原版在多伦多大学档案馆,加拿大的其他几个图书馆藏有缩微胶卷。

不单这部未竟手稿十分草乱,伊尼斯晚年的传播学著述整体上明显不如他前期的经济学著作那样论证严密,逻辑分明。加拿大学者保罗·海耶尔(Paul Heyer)批评说:

> 伊尼斯的文风刚好是明白晓畅的反面。这样的风格和他早期政治经济学著作的风格形成强烈的反差。早期的著作虽然有细节使人应接不暇之嫌,但他的论述却始终不会离题。在后期的著作里,被牺牲的却是细节,论说的思路很难得是直截了当的,读者会因此而叫苦不迭。在没有过渡的情况下,一个富有启迪意义的观点才刚刚破题,同一个段落里又突然冒出另一个观点,而这两个话题却相差十万八千里;况且,他又匆匆忙忙引进另一个话题。②

晚年的伊尼斯很难再做从容的学术研究。健康状况的恶化迫使他只能先提出问题而无暇严谨论证。学校教务长一职又占用了他生命晚期本就不多的时日。对于美加关系和西方文明日益加重的危机感让他失去了剩余的冷静和稳重。格兰·克拉克(Glenn Clark)为之辩解说:"有批评说他的后期著作贸然草率,但这经不起事实的反驳:他身患重症,很可能知道自己已时日不多。"③ 切特罗姆也认为,"伊尼斯的晚期著作普遍给人一种粗糙、不完整的感觉","伊尼斯

---

① William J. Buxton,"The Bias against Communication:On the Neglect and Non-publication of the 'Incomplete and Unrevised Manuscript' of Harold Adams Innis," *Canadian Journal of Communication*, 2001, Vol. 26, Issue 2.
② 林文刚编:《媒介环境学:思想沿革与多维视野》,何道宽译,北京大学出版社 2007 年版,第 112 页。
③ Glenn Clark, "Harold Innis through the Lens of Educational Technology," April,2000, http://www.usask.ca/education/coursework/802papers/clark/clark.htm.

不曾连贯清楚地为外面论述过他的见解,他要求读者富于探索精神,愿意发挥自己的想象力和坚韧力,来探索他那真知灼见和渊博学识的灿烂星空"。①

第二节 麦克卢汉——感觉、延伸、反叛

1950年《帝国与传播》出版后,伊尼斯送了一本给麦克卢汉。1951年3月14日,麦克卢汉在给伊尼斯的回信中说:"亲爱的伊尼斯:谢谢你重印的讲稿。这给我机会说一说对你的传播研究的兴趣。比如,《帝国与传播》里有些话似乎暗示说,有可能组织起整整一个学派。"② 伊尼斯对麦克卢汉的影响是直接而明显的。麦克卢汉对此直言不讳:"我乐意把自己的《古登堡星汉璀璨》(The Gutenberg Galaxy)看成是伊尼斯的注脚,首先是他关于文字的心理和社会影响的观点,然后是他关于印刷术心理和社会影响的观点。……他的话使我陷入了长期的沉思和探索,那是多么激动人心……"③

不过,伊尼斯并非麦克卢汉思想的唯一上游。他们之间虽多有渊源,却各有千秋。为什么麦克卢汉兼负至高的赞誉和极端的贬辱?为什么他会成为后现代主义的思想大师?为什么会有那样一种离经叛道的形象,比如怪异的文风、歧义迭出的奇思妙想?要回答这些疑问,需要绕进麦克卢汉背后壮阔而多彩的人生和思想天地。

一、麦克卢汉的思想背景

(一)辩才、名利和信仰

1. 口语狂人。麦克卢汉的母亲艾尔西的祖上是英格兰的上流人士,19世纪末移居到加拿大的新斯科舍省。1906年,艾尔西一家西迁到阿尔伯达省埃德蒙顿市。在这个家庭中,艾尔西的父亲有强烈的大男子主义倾向,暴躁易怒,经常动手打人。母亲和弟弟的沉默纵容了父亲的这种粗暴作风。但艾尔西不一样,她性情刚烈,内心倔强。

但是对父亲的反抗使她付出了代价。她终身内心紧张,情绪烦躁,仿佛

---

① 〔美〕切特罗姆著:《传播媒介与美国人的思想》,曹静生、黄艾禾译,中国广播电视出版社1991年版,第167页。
② 〔加〕梅蒂·莫利纳罗、科琳·麦克卢汉、威廉·托伊编:《麦克卢汉书简》,何道宽译,中国人民大学出版社2005年版,第253页。
③ 〔加〕伊尼斯著:《传播的偏向》,何道宽译,中国人民大学出版社2003年版,麦克卢汉序言。

与父亲的冲突在她的神经系统中埋下了燃烧弹,这是永远医治不好的创伤。这也使她对男人的态度比较复杂。她尊敬甚至是忠诚于强有力的男人,尤其是那些有权威和智慧的男人——律师、牧师等等。至少,只要他们保持距离,她就尊敬他们。权威和力量比较小的男人往往遭到她的鄙视。①

麦克卢汉父亲的祖上是北爱尔兰人,1846年移民到加拿大,1907年迁居阿尔伯达省。1909年,父亲赫伯特·麦克卢汉娶艾尔西为妻。艾尔西长得漂亮,人又聪明,争强好胜。父亲本想在阿尔伯达省的农村当一辈子农夫,但母亲坚决不同意。1910年,一家人移居到了省会城市埃德蒙顿,后又辗转到了曼尼托巴省会城市温尼伯。在那里,母亲找到了她的擅长业务——到北美一个著名的朗诵表演学校工作。她的天赋和努力为她换来了事业的成功。到20世纪30年代,艾尔西已经在加拿大所有大城市的教堂里演出过。她的表演包括朗诵、独白、独唱等等。

艾尔西本是上流社会的后裔,自命不凡,梦寻高雅文化,心想功成名就。她瞧不起丈夫一家的爱尔兰传统,也受不了丈夫的随遇而安。她的自强意识和旺盛斗志使她醉心于自己的事业,长期在外奔波忙碌,无暇照顾家庭和孩子。家里的情况也总是不能令她满意。她对丈夫不满,对孩子暴躁,暴力会随着无名之火随时发落在孩子身上。与母亲没有臣服于外祖父的暴力一样,麦克卢汉也从未屈从于母亲的雷霆肝火。麦克卢汉小时候就开始反抗母亲,拒不接受母亲的要求。在这个暴躁的强女人面前,父亲的息事宁人换来的是更糟糕的鄙视,麦克卢汉的对立反抗反倒赢得了尊重和欣赏。

麦克卢汉对抗母亲的得力武器不是暴力,而是口舌之利。这个得力武器完全来自母亲艾尔西的潜移默化。只要在家,艾尔西总是一边做家务一边背诵弥尔顿(John Milton,1608—1674)和勃朗宁(Robert Browning,1812—1889)的作品。就连厨房和餐桌也成了母子舌战的地方。这种化入生活的熏陶,从小练就了麦克卢汉兄弟俩非同寻常的辩才。少年时期的麦克卢汉已经可以凭自己的三寸不烂之舌让到访的客人侧目。他的弟弟毛利斯(Maurice McLuhan)回忆说:"这个该死的中学孩子竟然会向他们挑战,要求他们表述准确,并且快刀斩乱麻似的把

---

① 〔加〕马尔尚著:《麦克卢汉:媒介及信使》,何道宽译,中国人民大学出版社2003年版,第2页。

他们驳得体无完肤——除非他们真正是思维敏捷的人。"①除了辩才冠众,在母亲自然而然的熏陶中,麦克卢汉很早已经熟悉了大量的诗歌及其他文艺作品。

进入曼尼托巴大学,麦克卢汉的话语欲望丝毫没有减弱。除了在课堂上喧宾夺主抢老师的风头,辩论还是他大学生活首选的课外活动。只要有机会,他可以随时开战。50多年后,麦克卢汉还向朋友推荐这样的学校——尽管他自己对曼尼托巴大学很不满意——因为在这种学校里,学生可以和老师自由辩论甚至胡说八道。但是,口舌之能也给他带来了一次又一次的麻烦。他因为和牛津大学奖学金委员会的教授们争辩,失去了留学牛津大学的机会。他到剑桥大学留学而申请的助学金,也差一点因为他与评委们舌战而化为泡影。

麦克卢汉爱谈,健谈。谈话和辩论完全融入了他的生活、工作和研究,成了他最钟爱的交流和表达方式。

> 他曾经对记者说,在他动笔之前必须进行无休止的对话,就一个题目反反复复地谈话。他谈话时总是最高兴的。对他而言,聊天比写作更有活力、更加好玩、更加富有戏剧性。他源源不断的灵感在聊天中喷涌而出。他宣称,他的许多研究工作是在和别人的谈话中进行的。他在谈话中摸索探路,而不是宣示什么结论,大多数人把谈话作为思考的结果,他却把谈话作为思考的过程。②

麦克卢汉的很多思想就这样在茶余饭后的闲聊中,在每周一晚上的研讨会上,在接受媒体的访谈时,喷薄迸发。20世纪60年代,麦克卢汉已经成为北美炙手可热的学术明星。他的时间和财力允许他为自己配备了好几个秘书。他更加不习惯伏案笔耕,而是把自己的思想洞见疾风骤雨般口授给秘书。即使在做过一次脑外科手术和多次中风之后,麦克卢汉的健谈依然出众。莱文森对麦克卢汉的口才甚为震惊,称麦克卢汉是他人生际遇中最会聊天、最发人深省的天才。莱文森这样记述他们夫妻两个人与麦克卢汉的首次会晤:"这一天的经历和发人深省的谈话使我们激动不已。所以我们手拉手走了一个多小时,穿过多伦多的大街小巷,一直走回旅店。那天晚上,那些大街小巷仿佛铺满了魔力。"③麦克卢汉的一位同事说:"他身上有一架机器,永不停息。他似乎永远不会疲

---

① 〔加〕马尔尚著:《麦克卢汉:媒介及信使》,何道宽译,中国人民大学出版社2003年版,第12页。
② 〔加〕马歇尔·麦克卢汉著,斯蒂芬尼·麦克卢汉、戴维·斯坦斯编:《麦克卢汉如是说》,何道宽译,中国人民大学出版社2006年版,译者序。
③ 〔美〕保罗·莱文森著:《数字麦克卢汉》,何道宽译,社会科学文献出版社2001年版,作者谢辞。

倦。一连谈了三四个小时之后,其他人已经筋疲力尽,可他还是精神抖擞。"①

2. 名利欲望。麦克卢汉是一个话语狂人。与其话语表达一样狂热的是他对功名的渴望。这一方面来自他母亲的影响,不甘平庸;一方面来自他现实的生活压力。麦克卢汉在曼尼托巴读本科时,家庭生活窘迫。父亲和蔼但是没有激情和干劲,母亲当时才刚刚出道。"那个时候的麦克卢汉就发誓,将来要没有债务缠身,而且要干一番事业。在以后的人生沧桑之中,他从来没有忘记自己的誓言。"② 等到他在圣迈克学院当上了副教授,母亲在外面的收入丰厚一些的时候,孩子又一个一个出生。"为了节省食品账单上的花销,他有时会在附近农庄的超级市场砍价,像孩子一样死缠硬磨,即使不是非买不可的商品比如一箱橄榄他也要砍价。虽然他不喜欢汽车,但是环境迫使他不得不买了一辆用了21年的破普利茅斯车。"③

为了摆脱贫困,麦克卢汉做了很多努力。他不知疲倦地工作、读书、写作,想尽一切办法扩大自己的社交圈子,不停地尝试各种各样的合作研究、项目申请、市场创业。1943年,麦克卢汉拜访并结识了他崇拜已久的英国画家、小说家和批评家温德汉姆·刘易斯。为了汲取刘易斯的才智,争取与刘易斯合作,麦克卢汉尽一切力量帮助当时生活困顿的刘易斯——推销刘易斯的画作,为刘易斯安排讲演和联系出版著作,撰文捍卫刘易斯的观点。尽管刘易斯时不时地开罪于他,甚至在信中辱骂麦克卢汉"由于未能满足的虚荣而令人作呕"④,麦克卢汉还是一如既往地和刘易斯通信,直到刘易斯1957年逝世。正是得益于刘易斯的推荐,麦克卢汉在1944年夏天改到温莎市的阿桑普星学院当英语系主任。这让他摆脱了在圣路易斯城的征兵威胁,同时又换了一个好一点的工作环境。更重要的是,麦克卢汉从刘易斯那里获得了很多思想启发。刘易斯在其专著《美国和宇宙人》(America and Cosmic Man)(1948)中写道:"地球成了一个大村落,电话线横跨东西南北,飞行又快又安全。""这句话给麦克卢汉的'地球村'提供了灵感。"⑤

1946年,芝加哥大学校长罗伯特·哈钦斯邀请当时小有名气的文学批评家布鲁克斯(Cleanth Brooks,1906—1994)面谈,对自己牵头组织的大型读书计划

---

① 〔加〕马尔尚著:《麦克卢汉:媒介及信使》,何道宽译,中国人民大学出版社2003年版,第98页。
② 同上书,第94页。
③ 同上书,第99页。
④ 同上书,第83页。
⑤ 同上书,第83—84页。

提出意见。布鲁克斯因为欣赏麦克卢汉在博士论文中对芝加哥大学教育的精辟见解,提出要麦克卢汉同往。麦克卢汉为此兴奋异常。这对他来说是一个值得抓住的大好机会。为了得到哈钦斯的赏识,麦克卢汉当面提出了很多批评意见,回来后还上书万余言,直言不讳地敦请哈钦斯聘用他和他的朋友接管芝加哥大学的人文学科。麦克卢汉的一位同事看到过这篇文章。多年后,这位同事提到这件事还不禁莞尔,说那是"一篇奇文,最露骨地寻求招募的文章"①。

强烈的名利欲望和出类拔萃的口才把麦克卢汉变成了一台不知疲倦的机器,一个滔滔不绝的话语狂人。这耗尽了他的大脑生命。40多岁的时候,麦克卢汉就常常面无血色,感觉眼前发黑。1960年,他因为"理解媒介"这个项目而过劳中风。在此之前,他的母亲已经身患中风并因此导致偏瘫。1961年7月10日,母亲去世。麦克卢汉的生命同样因中风而风雨飘摇。1967年秋天,麦克卢汉失去知觉的情况越来越严重。在朋友和家人的极力劝说下,麦克卢汉终于同意接受医疗检查。检查结果显示,麦克卢汉的大脑里面有一个乒乓球一样大小的脑膜瘤。又经过极力的劝说,麦克卢汉终于同意做开颅手术。经历了近18个小时的手术之后,麦克卢汉很快恢复了知觉,并且脑子还很好使,不像一般的脑颅手术病人术后醒来都会胡言乱语。这让医生和他的家人、朋友都惊喜异常。但是,1979年9月26日的严重中风,最终让他患上了失语症。上帝夺走了他最钟爱的表达方式。第二年,1980年的最后一天,麦克卢汉在熟睡中离开人世。

3. 宗教信仰。25岁之前,麦克卢汉随外祖母家的信仰传统,是浸礼会②教徒。1936年,麦克卢汉因为一篇文章无意中结识了一位天主教神父。由这位神父引导,麦克卢汉于1937年3月正式皈依天主教。

麦克卢汉改宗信仰,让母亲一度忧虑万分。母亲原本很看好麦克卢汉的未来,希望他能够成为哈佛大学的教授,一位杰出的学者。改信天主教,母亲觉得,必将让他失去一切出人头地的机会。因为,20世纪初的美国知识界基本上没有天主教徒的地位和机会。很多美国人对天主教徒心怀成见:新移民,没文化,只会生孩子,开酒馆。麦克卢汉了解这种社会现实,日后也处处体验到了天主教徒受到的不公待遇。所以,"他一生在公开场合对自己的宗教信仰都小心谨慎,然

---

① 〔加〕马尔尚著:《麦克卢汉:媒介及信使》,何道宽译,中国人民大学出版社2003年版,第100页。
② 浸礼会(Baptist Churches),基督教新教的一个宗派。主张教徒在成年后方可受洗。受洗时须全身浸入水中(象征重生),称为"浸礼",故名。浸礼会抵制抽烟、酗酒、跳舞等行为,反对国教和政府对地方教会的干涉。

而私下里他却是地地道道的天主教徒。他念《玫瑰经》(Rosary),几乎每天做弥撒,困难时向圣裘德(败局中保护教徒的圣贤)祈祷,对圣母玛利亚尤其虔诚"①。

一些研究论及了麦克卢汉的天主教信仰与他的传播思想之间的关系。特伦斯·戈顿(W. Terrence Gordon)的《马歇尔·麦克卢汉:轻轻松松读懂他》(Marshall McLuhan: Escape into Understanding: A Biography)一书对此作了详细分析。他论证说,麦克卢汉的天主教信仰方式不像新教徒那样通过私下祷告建立与神祇的私人关系,而主要是通过圣灵降临节的教徒集会,在教堂亲近圣灵。这种集体交往理念和卷入其中领悟神意的方式,与他在新批评那里吸收的新教式客观态度之间,形成了一种张力。② 麦克卢汉对记者也说起过,天主教信仰让人的存在多了一些神秘的色彩,让他成了一个感情丰富的高尚的人。③

另有一些观点认为,麦克卢汉的思想体系实际上正是天主教信仰体系的理论翻版。美国作家路易斯·拉潘姆(Lewis H. Lapham)在为《理解媒介》麻省理工学院版写的序言中说,麦克卢汉20多岁时皈依天主教:

> 他的乌托邦式的神秘主义就建立在这个基础上。他相信,是印刷文字的语法把人类分裂为互相孤立的自私自利的派别,分裂为种姓和民族,分裂为感情的派别。同时他相信,电子传播网络那种统一的力量又可能使人类回归到一种无上幸福的境地,这种至福至乐之境和据说曾经有过的伊甸园不无相似之处。

波斯曼在1997年为麦克卢汉传记写的序言里面也说道:

> 麦克卢汉讲述了一个天堂、放逐与回归的故事:昔日全身感官系统平衡参与的口头传统时代,后来过渡到印刷时代——一个实现伟大延伸的时代:象形文字、字母表、机械钟表、印刷术等等。但是,延伸的同时意味着截除。钟表使时间和人事分离,人最后变成了时间的服务器。印刷术赋予我们逻辑、顺序,但是也塑造了我们甲乙丙丁的思维习惯,耳朵的功能被截除。接下来的电子媒介革命使人类再获新生。④

麦克卢汉提出的"部落化(口语社会)→非部落化(印刷社会)→重新部落化

---

① 〔加〕马尔尚著:《麦克卢汉:媒介及信使》,何道宽译,中国人民大学出版社2003年版,第51页。
② Frank McConnell,"Marshall McLuhan," *Commonweal*, Vol. 125, February 27 1998,pp.24—26.
③ 〔加〕马尔尚著:《麦克卢汉:媒介及信使》,何道宽译,中国人民大学出版社2003年版,第51页。
④ 同上书,波斯曼序。

（电子社会，地球村）"，果真是一个"天堂、放逐与回归的故事"吗？麦克卢汉预见的"地球村"到底是一个什么样的模型？

（二）学术经历与转型

伊尼斯是从经济学转向传播研究。麦克卢汉是从文学转向传播研究。

1. 文学修习与素养。麦克卢汉的文学研修明显有两个阶段：在加拿大曼尼托巴大学接受的传统高雅文学；在英国剑桥大学濡染的新批评文学。

1928 年，麦克卢汉进入曼尼托巴大学开始五年制本科学历的学习。一、二年级，麦克卢汉修读了英语、历史、地质学、天文学、工程学、经济学和心理学等等课程，为自己以后的学习研究打下了坚实的知识基础。三年级一开始，麦克卢汉转向了英语文学和哲学。当时是 20 世纪 30 年代，加拿大英语文学的教学和研究仍旧在延续 19 世纪维多利亚时代的高雅趣味，即崇尚文学大师的经典之作，像莎士比亚（William Shakespeare, 1564—1616）、弥尔顿（John Milton, 1608—1674）、斯宾塞（Edmund Spenser, 1552—1599）和一些伟大的浪漫派作家。麦克卢汉艳羡这些伟人的影响，痴迷于他们的美文佳作。1932 年，麦克卢汉与他在曼尼托巴的一位同学和辩友——汤姆·伊斯特布鲁克（Tom Easterbrook）到英国游历的时候，专程去拜谒这些伟大作家的故乡，聆听莎士比亚的云雀和济慈（John Keats, 1795—1821）的夜莺的美声。麦克卢汉还欣赏英国历史学家、散文家托马斯·麦考利（Thomas Babington Macaulay, 1800—1859）和诗人、小说家梅瑞狄斯（George Meredith, 1828—1909）。他的处女作就是《麦考利》（*Macaulay*）。他的学士学位论文是《作为诗人和诗意小说家的梅瑞狄斯》（"George Meredith as a Poet and Dramatic Parodist"）。

1934 年进入英国剑桥大学之后，麦克卢汉发现自己在曼尼托巴所学的英语文学全部都要推倒重来。在剑桥，以理查兹（I. A. Richards, 1893—1979）和利维斯（Frank Raymond Leavis, 1895—1978）为代表的新批评（New Criticism）已经完全夺取了传统高雅文学的地位。当时剑桥大学林立的文学大师和前卫的思想潮流也让麦克卢汉的文学视野相形见绌。

新批评是西方文论史上一个重要流派，20 世纪 30 年代发端于英国，四五十年代流行于英美，70 年代式微，影响至今犹存。新批评的先驱是休姆（Thomas Ernest Hulme, 1883—1917）、庞德（Ezra Pound, 1885—1972），代表人物是艾略特（T. S. Eliot, 1888—1965）、理查兹、布鲁克斯等人。1941 年，美国学者兰塞姆（John Crowe Ransom, 1888—1974）在《新批评》一书中把这批带有形式主义倾向的文学批评家称为新批评,以别于19世纪以来的传统文学批评,该学派随之而得名。

20世纪初,西方文学的批判现实主义已经日暮,浪漫主义更不消说。以象征派诗歌创作为代表的现代派,逐渐成为西方文学的主流。休姆和庞德都是当时著名的象征派理论家。他们主张诗歌应该表现客观的意象而不是发泄主观的情感。艾略特发扬了他们的文学观,提出了文学"有机形式主义"的观点和诗歌"非个人化"的主张。"有机形式主义"文学观把文学作品看做是与作品之外的一切事物——时代背景、作者生平和读者反应——绝缘的、自足的有机体。艾略特认为,诗歌欣赏和批评无须关注诗人,而是要关注诗歌作品本身。后继者兰塞姆进一步提出,诗歌是由"骨架"和"肌理"组合成的一个复杂有机体。作品的思想和逻辑是诗歌的"骨架"。"肌理"是指作品对诗歌的词语、语音、标点、意象等等的艺术处理。"非个人化"的主张则是针对浪漫主义提出的。艾略特认为,诗人主观的感受只是创作的素材。这种个人的主观情绪和经验必须经过一个非个人化的过程,转变为普遍的、艺术的蕴意。他在1920年发表的重要文学批评《哈姆雷特》一文中说:"用艺术形式表现情感的唯一方法是寻找一个'客观对应物';换句话说,是用一系列实物、场景,一连串事件来表现某种特定的情感……"①

紧随艾略特之后,理查兹提出了新批评的另外一个重要理论——语义分析理论。理查兹的语义分析理论既与象征派诗歌的自身特征有关,因为象征派诗歌注重运用语言技巧来创造意象和语境,语言玄奥晦涩,作品的结构性意义突出,这要求读者和批评家必须深入作品内部做仔细的语义分析;又与新批评的先驱们提出的有机形式主义和非个人化的思想一脉相承,因为诗歌的意义在他们看来不在作品之外,全在作品之内;还与他们对诗歌语言的理解有关。理查兹认为,诗歌的前言后语是相互映照的,诗歌语言受上下文语境的影响而具有复杂的意义。文学批评的首要任务是对作品进行语义分析,探究作品各个部分之间和词语之间的相互关系和互生意义。

新批评就文学作品内在的语言结构和意义关系提出了许多"概念"。理查兹的著名学生——燕卜荪(William Empson,1906—1984,20世纪30—50年代曾经在北京大学和西南联大执教),在其成名作《歧义的七种类型》(*Seven Types of*

---

① 王恩衷编译:《艾略特诗学论文集》,国际文化出版公司1989年版,第13页。

Ambiguity)(1930)中首次明确提出了"歧义"(ambiguity)这一特定的文学批评术语。"歧义"是指文学词汇的细微差别为读者对同一语言片断的反应所提供的想象余地。燕卜荪认为,词义越含混,意义就越丰富,诗歌的价值就越高。1942年,布鲁克斯发表《悖论语言》("The Heresy of Paraphrase")一文后,"悖论"(paradox)这个古老的概念在新批评那里重获新生。"悖论"是指似非而是的陈述或命题,比如"失败的胜利"。布鲁克斯同意艾略特的观点,认为把意义相互矛盾的词语并置、结合,是文学创作和文学语言的一个重要特征。"诗歌语言即是悖论语言","只有使用悖论,才能通向诗人要诉说的真实"。新批评还赋予了"反讽"(irony)以新意。"反讽"是古希腊词汇。在柏拉图的《理想国》当中,"反讽"的意思是"圆滑而卑下的欺骗手段",这种手段特别是指后人所谓的"苏格拉底式反讽"——苏格拉底在与人交谈时往往佯装无知,故意提出貌似寻常的问题,使对方入其彀中。在罗马修辞学家那里,"反讽"成了一种修辞格,指含义与语意相反的语言现象。到了新批评这里,"反讽"被提到了诗歌的本质这样一种高度。新批评认为,"反讽"是相反意义特别是字面意义与真实意义的对照、冲突和共进。这是任何诗歌都有的主要的结构原则。与这些"概念"相近的还有艾伦·泰特(Allen Tate,1899—1979)使用的"张力"(tension)一词。泰特用逻辑学术语"extension"(外延)指诗歌的字面意义,用"intension"(内涵)指隐喻意义,再以这两个词共有的后缀"tension"(张力)来指代诗歌字面意义和隐喻意义的并存。他的观点是,两种意义的有机结合即"张力"达到平衡调和,诗歌才算是上乘之作。

要而言之,新批评认为,文学作品总是由词语、比喻和象征等语言材料所组成。作品的意义主要在于作品内部的语言、语境和意象以及这些内部要素之间的关系。文学批评应该就作品论作品,不必追究作者的主观动机,考虑作者生平和作品背景,也不必探索读者的接受反应。为此,理查兹发明并倡导对作品本身的"细读"(close reading),为新批评派提供了实践工具。作为大学教授,他在课堂教学中大力推广这种文学批评方法。1938年,布鲁克斯与沃伦(R. P. Warren)合编出版了《理解诗歌》(Understanding Poetry)一书,遴选古今诗作二百余篇进行一一细解,把"细读法"推向了规范。该书也因此成为新批评运用"细读法"的典范之作,被广泛用作大学教材并多次再版。因为以上这些文学批评的理论和实践,新批评又被称为本体论批评。象征主义为这种批评提供了美学理论基础。文本分析特别是语义分析则是他们的主要批评方法。在对文学成就的具体看法上,新批评推崇象征派和玄学派,贬低弥尔顿、拜伦(George Gordon Byron,1788—1824)和雪莱(Percy Bysshe Shelley,1792—1822)等浪漫主义诗人。

当时,剑桥大学是英国新批评的大本营。在那里,麦克卢汉有机会深入接触了当时几乎所有新批评派的当家花旦。他选修理查兹的逻辑哲学,在课堂上接受理查兹的细读训练,为理查兹的文学批评勇气和诗歌朗诵水平所折服。理查兹的两个弟子——燕卜荪和利维斯——也对他影响至深。麦克卢汉传记作者马尔尚(Philip Marchand)说:"这个学派对他的思想产生的影响,超过了其他的东西,也许只有改信天主教对他的影响才能与之匹敌。"① 这种影响突出表现在四个方面:

其一,形式主义的思想种子。与批判现实主义不同,新批评是形式主义的。新批评把文学作品看做是独立自足的有机体,强调对作品本身的理解。理解的重点应该放在语言、语义、语境等等表达手段或者作品形式方面。作品的意义不是作品语言显而易见的字面意义的集合,主要来自作品语言的互生意义、语境的结构性意义以及字面意义与隐喻意义之间的张力。熟悉麦克卢汉思想的人不难看出,这几乎是"媒介即讯息"的文学批评版,只需转换一下主语即可:传播媒介是独立自足的有机体;传播的意义不在于传播内容的可见效果,而是传播形式潜在的巨大隐喻意义。麦克卢汉从新批评这里接受的"形式主义"熏陶,后来在伊尼斯的正向启发和传播学经验学派的反向刺激下,开始有意识地运用到传播研究领域,收到了石破天惊的效果。

其二,对文艺思维的高度认同。"当时的新批评大师们认为,文学理论和文艺思维是最充分的认识论力量,具有充足的正确性,所以在理解和阐释不同时代人类的思维和行为时,能够比哲学、神学和历史学家提供更优异的阐释力。麦克卢汉对此深信不疑。"② 他在多处声称,艺术家是具有整体意识的人,是社会变革的先知先觉者,只有文艺思维能够把握社会剧变的真相。③ 在这种方法论信仰的指引下,麦克卢汉毫不避嫌,信手引用文学描写来辅佐论证或者补充说明。他的著作中随处可见乔叟(Geoffrey Chaucer,1343—1400)、艾略特、爱伦·坡(Edgar Allan Poe,1809—1849)、莎士比亚等文学大师作品中的语句和段落。不

---

① 〔加〕马尔尚著:《麦克卢汉:媒介及信使》,何道宽译,中国人民大学出版社2003年版,作者前言。
② Richard Abel, "Marshall McLuhan Revisited," *Logos* 12, 2001, No.1.
③ 〔加〕麦克卢汉著:《理解媒介》,何道宽译,商务印书馆2000年版,第102页。又见 Marshall McLuhan and Bruce R. Powers, *The Global Village*, New York: Oxford University Press, 1989, preface;《〈花花公子〉访谈录》,《麦克卢汉精粹》,南京大学出版社2000年版。

仅如此,麦克卢汉还大张旗鼓地运用文艺思维和研究、表达方法展开对传播的探索和表述。这方面的一个集中体现,是他高度认可并付诸实践的"模式识别"方法。在麦克卢汉看来,"模式识别"是艺术家的专长。他们能抢在意识麻木之前去矫正感知的比率,以预计并避免技术创伤所产生的后果。①

其三,另类的表达偏好和修辞运用。在曼尼托巴的时候,麦克卢汉曾折服于英国文学家切斯特顿(G. K. Chesterton,1874—1936)的著述风格。切斯特顿的著作充满警句,表达上更多的是比拟而不是严密的逻辑。在剑桥大学,麦克卢汉又遇到了这样一位老师。他是剑桥大学英语学院的创始人福比斯(Manisfield Forbes)。他告诉学生自己不会从头到尾把课程讲完了事,而是带领学生去领略最有价值的内容。他的典型做法是给学生提供大量似非而是的概括,从跨距很大的领域寻找可以杂交的参照,意义高度浓缩的让人笑破肚皮的双关语。② 导师埃尔文(Lionel Elvin)不记得麦克卢汉的功课怎么样,只记得他受福比斯的影响,喜欢搞一些文字游戏和双关语。

影响还来自新批评的一些关键概念:"歧义"、"悖论"、"反讽"、"张力"。这些概念突出了语言技巧对于作品意义的重要性。很多恼人的麦克卢汉式表达——媒介即讯息、媒介即按摩、冷媒介热媒介、内爆等等——都映现着这些"概念"的影子。比如"媒介即讯息",毫无疑问它首先是一个"悖论"式的命题。麦克卢汉把这两个截然不同的、矛盾的词语并置对照,想要表达的是与表面意义相反的含义,或者由两个矛盾词语的相互冲突所引入的"既是又不是"这样一种复杂含义。这显然又是"反讽"的结构原则和修辞技巧。而命题的表面意义与隐喻意义之间的这种"张力",形成了命题本身耐人寻味的"歧义"效果。

麦克卢汉不仅沿用新批评所推崇的这些能够生成丰富意义的修辞技巧,还把它们作为思维工具,强调并细究媒介的"反讽"效果。这在他对"隐喻"的论述中表现得淋漓尽致。麦克卢汉认为,"隐喻"不仅是一种修辞手法,更是一种极有价值的认知工具。在《地球村》一书中,作者引用亚里士多德(Aristotle,384BC—322BC)和保罗·利科(Paul Ricoeur,1913—2005)有关"隐喻"的论见,对"隐喻"的本质和作用作了多角度的辨析。③ 其中说道,隐喻是用一个情境来

---

① 〔加〕麦克卢汉著:《理解媒介》,何道宽译,商务印书馆2000年版,第102页。
② 〔加〕马尔尚著:《麦克卢汉:媒介及信使》,何道宽译,中国人民大学出版社2003年版,第42页。
③ Marshall McLuhan and Bruce R. Powers, *The Global Village: Transformations in World Life and Media in the 21st Century*, New York: Oxford University Press, 1989, pp. 28—31.

表达另外一个情境。这是洞察(右脑思维)的方法,而不是概念(左脑思维)的方法。隐喻不仅包含两个情境,还有两套"figure(注意到的部分)/ground(更大的未被注意到的部分)"的关系并置在一起。每一个隐喻都可以从这两套"figure/ground"所对应的四个方面来理解。这种四元结构是一切人工制造物(包括口头的和非口头的媒介)所共有的。

媒介不仅有显而易见的效果,还有昧而不彰的潜在意义。媒介在我们用它经验这个世界的过程中,左右着我们对这个世界的认知。与"媒介"一样,"隐喻"是以一种事物作镜子去观察另外一种事物,通过不同概念的并置和范畴的转换,让我们获得新的认识。《地球村》一书写道:技术是"隐喻",它们都同样在使用者与其所处的环境之间建立了新的关系。[①] 麦克卢汉之后,波斯曼把"媒介—隐喻"的关系特别拎出来,强调媒介对人与社会的强大的潜移默化之功。他甚至用"媒介即隐喻"这一命题取代了麦克卢汉的"媒介即讯息"这一警句,并且把它作为《娱乐至死》一书第一章的标题。[②]

而对于媒介的这种"隐喻"效果,麦克卢汉认为,"隐喻"本身是最恰当不过的认知工具。因为,"隐喻"是非线性的右脑思维方法,最适合去观察媒介与社会之间的共振关系。他的"地球村"、"媒介即讯息"、"媒介即按摩"、"无形无象之人"等等诸多思想命题,都让人明显感觉到他对"隐喻"手法的喜爱和运用的娴熟程度。

任何隐喻都有本体和喻体。二者之间是一种比拟关系而非同构关系。可笑的是,一些针对麦克卢汉的批评连这个基本的常识都没有,义正词严地指责说:讯息是讯息,媒介是媒介,二者相互影响但并不互相兼容,怎么能够画等号?有什么证据证明媒介就是讯息?[③] 对于这样的批评,莱文森不无讽刺地反驳道:对"光阴似箭"这个比喻,常识告诉我们,人人都能领会,没有人会去钻牛角尖。只有愚蠢如诘难麦克卢汉的人才会追问:你说的这支箭像什么样子?带羽毛吗?箭头用什么材料?它用什么动力?为什么飞得快?你凭什么说它飞得快,你用了什么钟表?[④]

---

① Marshall McLuhan and Bruce R. Powers, *The Global Village: Transformations in World Life and Media in the 21st Century*, New York: Oxford University Press, 1989, p. 8.
② 〔美〕波兹曼著:《娱乐至死》,章艳译,广西师范大学出版社2004年版。
③ 〔美〕威尔伯·施拉姆、威廉·波特著:《传播学概论》,陈亮、周立方、李启译,新华出版社1984年版,第140页。
④ 〔美〕莱文森著:《数字麦克卢汉》,何道宽译,社会科学文献出版社2001年版,第36页。

其四,文学思想的启发。新批评对文学的重新评价让麦克卢汉转向了艾略特、庞德和霍普金斯(Gerard Manley Hopkins,1844—1889)等众多的象征派作家,特别是从艾略特那里获得了许多灵感。艾略特在《诗歌的作用》(Use of Poetry)一书中曾经阐释了"听觉想象"这种独特的感知模式:"听觉想象是对音节和节奏的感觉。这种感觉深入到有意识的思想感情之下,使每一个词语充满活力:沉入最原始的、最彻底遗忘的底层,回溯到源头,取回一些东西,追求起点和终点。"① 在艾略特眼里,"听觉感知"是一种迥然不同于逻辑、线性的"视觉感知"的思维方式。麦克卢汉后来回忆说,理查兹曾经在课堂上把艾略特的《荒原》(The Waste Land)的结构说成是"思想的音乐",这让当时的学生们一下子意识到这首诗确实没有传统的叙事结构和逻辑顺序,需要用完全不同的方式来理解它。② 麦克卢汉后来提出的"听觉偏向型媒介"与"视觉偏向型媒介"根据的恰恰是媒介所诉诸的不同感知方式。

麦克卢汉的一个著名比喻也来自艾略特。艾略特在分析如何理解诗歌的时候提出,理解诗歌的重点不是诗歌的内容。诗歌通过内容这匹特洛伊木马来麻痹读者,而把潜移默化的影响悄无声息地施加给读者。他说:"一首诗歌的内容是为了满足读者的习惯,使读者高兴和安静,而诗歌本身才真正作用于他:就像一个夜贼总是带着一块鲜美的肉以防看门狗。"③ 麦克卢汉化用艾略特的这个比喻来针砭传播学对媒介本身的忽视,"因为媒介的'内容'好比是一片滋味鲜美的肉,破门而入的窃贼用它来涣散思想看门狗的注意力"④。麦克卢汉不只是借用了艾略特的一个比喻,更重要的是当他有朝一日与伊尼斯擦肩而过的时候,他有蛰伏已久的火种与伊尼斯的传播思想碰撞。这个火种,就是新批评包括艾略特所强调的形式主义思想倾向。

新批评还为麦克卢汉指明了文化批评的新方向。在1933年出版的《文化与环境》(Culture and Environment)一书中,利维斯提出,传统社会是由一个一个的"有机社区"组成的。在这种"有机社区"中,人们通过口头交流和亲身交往接受教育。这种"有机社区"在现代社会的发展中正快速消亡。利维斯的研究让麦克卢汉意识到,批评家的分析能力既可以用于批评文学作品,也可以用来批评社

---

① 〔加〕马尔尚著:《麦克卢汉:媒介及信使》,何道宽译,中国人民大学出版社2003年版,第42页。
② 同上。
③ David Skinner, "McLuhan's World and Ours," The Public Interest, No.138, Wint 2000, pp.52—64.
④ 〔加〕麦克卢汉著:《理解媒介》,何道宽译,商务印书馆2000年版,第46页。

会环境。① 1936年,麦克卢汉离开剑桥大学开始自己的执教生涯。初登讲台,他发觉难以和学生交流,因为他不懂学生欣赏的流行艺术。于是,麦克卢汉开始有意识地模仿利维斯的社会文化批评,尝试在课堂上运用文学批评的方法讨论广告、漫画、报纸头版、媒体娱乐等等各种流行艺术。1951年出版的《机器新娘》是他在这方面实践的结晶。全书共分59篇,辅之以大量的漫画、电影海报、书刊封面。书中的每一幅图片都配有一篇精悍的短文来批评分析这个样本。每一节都加上一个短小的标题和三五个问题作为探索的手段,激发读者的思考。

《机器新娘》是麦克卢汉从文学摆渡到传播学的一个中转码头。在这本书里面,研究的工具依然是文学批评,批评的对象却已经是媒介文化。麦克卢汉的关注点由此开始转向传播领域。而且,面对媒介变革与社会变化,麦克卢汉的态度也开始从一个"卫道士"向"小学生"蜕变。

> 有许多年,直到我写《机器新娘》,我对一切新环境都抱着极端的道德判断的态度。我讨厌机器,厌恶城市,把工业革命与原罪画上等号,把大众传媒与堕落画上等号。简言之,我几乎拒斥现代生活的一切成分,赞成卢梭式的乌托邦。但是我逐渐感觉到这种态度是多么的无益无用。②

> ……气愤和抗议应该出现在一个新过程刚刚开始的阶段。我们目前已经进入了一个非常高级的阶段,这个阶段不仅充满破坏力,而且充满希望,充满了新的发展势头。对了解新的发展势头的人来说,道德义愤是非常蹩脚的向导。③

> 研究证明,我们需要一种全新的方法。既是为了拯救西方遗产中值得拯救的东西,也是为了帮助人们找到一种新的生存策略。我写《机器新娘》时,用这个新方法小试牛刀。我浸泡在媒介之中,努力弄清楚媒介对人的影响。即便如此,我的一些传统文化的"观点"偏向,还是不知不觉地钻了进来。④

《机器新娘》依旧带有明显的批判气质。书中写道:"有史以来第一次,在我

---

① 〔加〕马尔尚著:《麦克卢汉:媒介及信使》,何道宽译,中国人民大学出版社2003年版,第39页。
② 〔加〕埃里克·麦克卢汉、秦格龙编:《麦克卢汉精粹》,何道宽译,南京大学出版社2000年版,第398页。
③ 〔加〕麦克卢汉著:《机器新娘——工业时代的民俗》,何道宽译,中国人民大学出版社2004年版,麦克卢汉自序。
④ 〔加〕埃里克·麦克卢汉、秦格龙编:《麦克卢汉精粹》,何道宽译,南京大学出版社2000年版,第398页。

们这个时代里,成千上万训练有素的人耗尽自己的全部时间来打入集体的公共头脑。打进去的目的是操纵、利用和控制,旨在煽起狂热而不是给人启示。在人们脑子里留下持久的烙印,使大家处于无助的状态,这就是许多广告造成的后果,也是许多娱乐造成的后果。"因此,现代社会的民俗既不是关于民众的,也不是民众创造的。它们是由新媒介创造出来的神话。① 有学者据此称麦克卢汉为"最早注意到广告和娱乐文化对当代生活的影响的学者",并由此认为麦克卢汉靠近批判学派阵营。② 这显然放大了媒介批评在他一生成就当中的分量。因为在《机器新娘》之后,麦克卢汉的全部著述几乎完全洗脱了这种批判气质。

2. 传播学转向

《机器新娘》出版后的几年里,麦克卢汉就像一匹神经绷得紧紧的纯种马,几乎累死于训练之中,却无缘参加正式的马赛。他的思想方向明确,能够调动超人的精力,他强烈希望有人听他说话,希望大家能够感受到他的思想。在 1952 年致庞德的一封信里,他自封为"思想恶棍",渴望用自己的洞见敲打别人。但是,他已经失去兴趣,不想再到文学批评的战场上去拼杀。他对技术产生了浓厚的兴趣。③

麦克卢汉转向传播研究主要有两个原因:其一,他在文学领域的竭心尽力未能如他所愿成就功名,甚至连抚养六个孩子都有困难;其二,伊尼斯在传播方面的探索让他为之心动。

根据传记记载,麦克卢汉最早是在 1949 年 4 月自己组织的学术沙龙上见到了伊尼斯。伊尼斯在沙龙发言中讲道,印刷品和广播除了自身固有的特征,还有其他的一些特征,比如报纸使人关心眼前的东西,牺牲连续性的感觉。广播具有半公共的性质,其结果是有利于政府控制。④ 1950 年,伊尼斯出版了第一本传播研究专著《帝国与传播》,送给了麦克卢汉一本。麦克卢汉回信表达了自己的共鸣,以及与伊尼斯合作的意向。麦克卢汉在信中说道,伊尼斯在传播研究中的发现与象征派的一些观点如出一辙。比如,法国的象征派作家马拉梅(Stéphane Mallarmé,1842—1898)把现代报纸看做是技术产生的一种魔力机制。有了现代

---

① 〔加〕麦克卢汉著:《机器新娘——工业时代的民俗》,何道宽译,中国人民大学出版社 2004 年版,麦克卢汉自序。
② 石义彬著:《单向度、超真实、内爆——批判视野中的当代西方传播思想研究》,武汉大学出版社 2003 年版,第 177 页。
③ 〔加〕马尔尚著:《麦克卢汉:媒介及信使》,何道宽译,中国人民大学出版社 2003 年版,第 124 页。
④ 同上书,第 125 页。

报纸,政治好像有了音乐性,有了魔幻的力量。马拉梅认为,现代报纸的这种魔力来自于报纸本身。报纸本身的效力远远超过它提供信息的功能。麦克卢汉还指出,当前关于传播的社会影响的研究,"几乎完全是用销售曲线的升降来表达的。这是大肆进行专门化的商业教育的结果"。麦克卢汉在信的最后向伊尼斯表白说,自己一直想探索一种方法来研究传播问题,希望能有机会与伊尼斯合作。

伊尼斯对麦克卢汉的提议表示赞同。① 遗憾的是,1952年伊尼斯病逝,两人合作的计划落空。不过,麦克卢汉很快找到了一个机会去探索伊尼斯开辟的研究领域。这是一个很重要的转折点。美国福特基金会向多伦多大学提供了一个为期两年的研究项目资助。项目有一些具体的要求,包括必须有行为科学和其他相关学科的学者参加,要组织长期的研讨会。三个课题组提出了申请。麦克卢汉和他的好朋友、人类学家卡彭特申请的题目是"变化中的语言模式和新兴的传播媒介"。申请书援用了两种理论:伊尼斯的传播理论和萨丕尔、沃尔夫的语言决定论。伊尼斯的研究证明,媒介环境的革命性变化必然会产生巨大的社会、政治和经济变革。语言决定论则提出:人类通过语言感知世界,语言塑造人感知世界的方式。传播媒介本身是一种语言。申请书据此提出,传播里面有重大的感知和思维问题;广播、电视、电影等电子媒介出现之后,社会发生了极大的变化:一种"新的语言"正在形成。"这个观点使他们比其他申报小组略胜一筹,因为其他的小组倾向于把传播看成是信息工程问题。"②

1953年5月19日,福特基金会宣布,他们的课题赢得胜利,得到44,250美元的赞助。该项目的研究对麦克卢汉后半生影响至深。

其一,课题研究实质性地扩大了麦克卢汉的学术交往、思想视野和社会影响。这是一个跨学科的研究项目和研究小组。课题组聚集了人类学、心理学、经济学、建筑学等诸多学科的专家学者。课题组还通过创办学术期刊、组织课题研讨班、开展学术交流,建立了与瑞士心理学家皮亚杰、美国社会学家大卫·里斯曼和人类学家玛格丽特·米德等很多领域著名学者之间的关系,扩大了课题组特别是麦克卢汉的学术影响。课题组的活动和研究也开始受到媒体与社会的关注。有人愿意出钱资助他办刊,有人坦言他的思想深刻,一些重要的机会开始

---

① 〔加〕梅蒂·莫利纳罗、科琳·麦克卢汉、威廉·托伊编:《麦克卢汉书简》,何道宽译,中国人民大学出版社2005年版,第253—255页。

② 〔加〕马尔尚著:《麦克卢汉:媒介及信使》,何道宽译,中国人民大学出版社2003年版,第130页。

光临。

其二,麦克卢汉借课题经费如愿以偿创办了一份学术期刊——《探索》,为自己的学术研究打开了一个宣传窗口。有了这个阵地,麦克卢汉再也不愁发表文章,而且可以任意发挥和随意表达自己的思想。这无疑助长了麦克卢汉式的文风。这种文风在课题组解散之后他第一次到美国讲演的时候,与传统的学术规范发生了一幕戏剧性的冲突。

那是1955年11月,麦克卢汉应一位学术"粉丝"(fan)的邀请到美国哥伦比亚大学师范学院讲他的传播思想。演讲一开始,麦克卢汉就拿弗洛伊德的心理分析与X光透视作类比,然后谈到古罗马的道路并回顾了其影响。接着,他介绍了自己最近的媒介研究新发现,并借用伊尼斯的洞见断言,传播媒介的变化必将带来社会的巨变。

台上,麦克卢汉天马行空;台下,著名社会学家罗伯特·默顿(Robert King Merton,1910—2003)早已气得脸色铁青。麦克卢汉讲演结束,他迫不及待地第一个发问:"麦克卢汉教授,你说的每一句话都要打问号!我不知道从何说起,就拿第一段来说吧……"麦克卢汉没有等他说完,就抛出了他的麦克卢汉式回答:"你不喜欢那些东西吗?我这儿还有其他的观点。"

其三,入道媒介环境研究。如果说伊尼斯为麦克卢汉照亮了媒介环境研究的道路,那么,这个课题可以说是麦克卢汉正式迈上这条道路的开始。课题本身是研究媒介的语言性质及其对感知的影响。围绕课题研究,麦克卢汉展开了对不同历史阶段的媒介环境及思维和认知特征的探索,在此基础上归纳提出了媒介环境的经验重组和社会变革效应。其中,麦克卢汉关于媒介教育的看法引起了一位朋友的兴趣。此人是全美广播电视教育工作者协会的主席。麦克卢汉认为,电视不仅是教育工具,而且还应该是教育的内容,媒介教育应该成为课堂教育的一个重要组成部分。1958年,这位朋友邀请他在全美广播电视教育工作者协会的年会上做主题讲演。第二年,这位朋友邀请他为该协会做一个研究项目,主要是为11年级的学生制订教学计划,目的是让师生熟悉媒介的属性和影响。麦克卢汉接受了这个项目,并且一开始就声明自己的研究重点是媒介的"突变力量",而不是媒介的"内容"。在这项研究中,麦克卢汉的大部分传播思想开始走向成熟:媒介的感知偏向、媒介的冷热属性、光透射型媒介和光照射型媒介、媒介矩阵理论、媒介是人的延伸以及关于电视的理论等等。

1960年6月末,麦克卢汉完成了该项目的研究报告。为了该项目的研究,麦克卢汉殚精竭虑,身患中风。可是,研究报告却让协会不知道该怎么处理。所有看过报告的人都难以相信,这是一个针对11年级的项目研究成果!更没有人认为这个研究成果会有什么用处。研究报告的公开发表几乎没有引起任何轰动。但是,这并没有改变麦克卢汉蒸蒸日上的势头。

麦克卢汉开始出入北美文化圈的高级场合,发言的机会也越来越多。1959年,他应邀参加华盛顿当代艺术研究院主办的第一届"文化领袖代表大会"。这是一次旨在让国外的文化领袖来和美国同行切磋交流的"高峰会"。麦克卢汉显然已经被视为加拿大的"文化领袖"。1960年,美国U-2间谍飞机被苏联击落,媒体请他发表看法。同年,他分析并预见了肯尼迪和尼克松的竞选辩论。通用电气公司的主管们成了他的学生。他在1962年出版的《谷登堡星汉璀璨》,得到了权威刊物的点评。他还荣获1962年加拿大最高文学奖。1963年,他夙愿得偿,获准在多伦多大学成立了"文化与技术研究所"——其宗旨是研究"一切技术的心理影响和社会影响"。这是继《探索》之后,麦克卢汉的第二个学术阵地。

有这些红地毯铺路,麦克卢汉把提交给广播电视工作者协会的研究报告修改后出版的《理解媒介》一书,就再也没有理由像研究报告那样遭受冷遇了。《大西洋月刊》(*Atlantic Monthly*)、《纽约先驱论坛报》(*New York Herald Tribune*)、《国家》(*Nation*)、《新政治家》(*New Statesman*)等各大知名报刊都对该书作了评论。"无论评论是正是反,《理解媒介》这本书最终使麦克卢汉成为北美和英国思想界严肃论争的对象,任何自称有思想的人都必须对他的理论略知一二。结果,这本书卖了10万册。"① 麦克卢汉的时代已经来临。

(三) 时代背景

一代人有一代人的历史舞台。社会学芝加哥学派及刘易斯·芒福德之所以倾心研究城市的社会问题,其背后是19世纪末美国最集中最猛烈的城市化浪潮。伊尼斯之所以对美加关系、西方文明乃至人类文明深怀忧虑,其背景是两次世界大战的乌云阴霾。麦克卢汉所处的时代有两个大的社会变化对他影响非常重大:电视这种新的电子媒介在20世纪50年代勃兴;广泛而激烈的社会冲突在20世纪60年代集中爆发。

1. 从印刷传播环境到电子传播环境。1844年,电报出现。这是电子传播时

---

① 〔加〕马尔尚著:《麦克卢汉:媒介及信使》,何道宽译,中国人民大学出版社2003年版,第183页。

代的开始。电报在今天被称为"维多利亚时代的互联网"。这有些言过其实。因为,从诞生直至今日行将消亡,电报始终都只是应付紧急情况和重要事务的一种传播工具。它不是大众媒介,从未进入大众的日常生活。1920 年,世界上第一座广播电台开播,标志着电子传播大众化时代的到来。在美国,广播走过 20 世纪 20 年代的娱乐化时期,到 30 年代末已经成为首屈一指的新闻媒体。据 1939 年《财富》杂志调查表明,70% 的美国人把广播作为获得新闻的主要途径。1942 年的一项调查则表明,相信广播战争新闻的人占 40%,相信报刊战争新闻的人只占 18%。在 20 世纪三四十年代,广播成了主导性的电子媒介。

电子媒介还有更加波澜壮阔的发展。二战之后的 50 年代,电视在美国迅速普及(见图 3-1①)。1947 年,全美国的电视机数量是 1.5 万台。到 1952 年,这个数字增加了 1000 倍,达到 1500 万台。1960 年,猛增到 4000 万台,当时全美国 88% 的家庭拥有电视机。② 60 年代以后,随着电视传播技术日臻完善,特别是通信卫星的发射成功并投入使用,电视开始由娱乐媒体转变为新闻媒体,成了电子传播环境中的主导媒介。

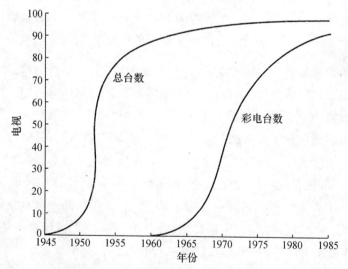

图 3-1 电视累计散布曲线:美国拥有电视机户数百分比(1946—1985)

统计数字表明,1952 年,大约 34% 的家庭有电视。10 年以后,这一数

---

① 〔美〕德弗勒、鲍尔-洛基奇著:《大众传播学诸论》,杜力平译,新华出版社 1990 年版,第 128 页。
② 李彬著:《全球新闻传播史》,清华大学出版社 2005 年版,第 363 页。

字达到了90%。1952年有108家电视台播出。10年以后,已达541家。在同一时期,花在电视广告上的钱是原来的4倍以上。不管用任何一个尺度衡量,电视是繁荣的。①

美国人在1959年12月表示,报纸比电视新闻报道的可信度稍高一些:32%对29%,其他媒介瞠乎其后。在两年之内,情况转而对电视台有利:39%对24%。然而,在被问到如果他们只能保有一种传播媒介他们将选择哪一种时,42%的人说是电视,32%的人说是报纸,19%的人说是广播。②

电子传播媒介的历史发展表明,20世纪60年代前后是媒介环境变革的重要历史时刻。从此,电子媒介取代印刷媒介成为社会的主导性媒介。根据伊尼斯的结论,媒介环境的革命性变化必将引发社会的巨变。麦克卢汉对此深以为然。他多次重申,媒介环境变革之时恰是认识媒介环境的重要意义的最好时机。

2. 社会巨变和冲突。在媒介环境变革的同时,以美国为代表的西方社会也步入了一个新的历史阶段(见图3-2)。

1956年在美国历史上第一次出现从事技术、管理和事务工作的白领工人数字超过了蓝领工人。美国的工业社会要让路给一个新社会,在这个新社会里,有史以来第一次,我们大多数人要处理信息,而不是生产产品。③

丹尼尔·贝尔把这个新阶段称为"后工业社会"。美国政治家、未来学家约翰·奈斯比特把它叫作"信息社会"。未来学家托夫勒则认为,这是人类在经历了第一次浪潮(农业革命)和第二次浪潮(工业革命)之后,迎来的第三次浪潮。这一次浪潮的变化速度将会更快。托夫勒概括说:"也正是在这个世代里……世界上第一个服务性经济呱呱堕地了。……人类在万年务农,一二个世纪勤工之后,现在面临的是:超工业社会。"④

社会转型带来了激烈的社会冲突。20世纪60年代是一个众生癫狂、英雄辈出的时代,一个反抗能量在全球释放的时代。1961年,美国批准使用口服避孕药,性事从此无忧。这一年,美国民权组织发起的"自由乘客运动"取得胜利,

---

① 陈犀和编著:《当代美国电视》,复旦大学出版社1998年版,第14页。
② 〔美〕迈克尔·埃默里、埃德温·埃默里著:《美国新闻史》,展江、殷文译,新华出版社2001年版,第458页。
③ 〔美〕约翰·奈斯比特著:《大趋势:改变我们生活的十个新方向》,梅艳译,中国社会科学出版社1984年版,第11页。
④ 〔美〕托夫勒著:《未来的冲击》,孟广均译,中国对外翻译出版公司1985年版,第14页。

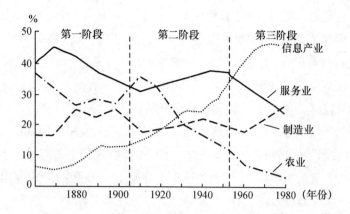

图 3-2　美国产业结构变化图（到 20 世纪 80 年代）①

公共汽车上的种族隔离政策被取消。1962 年,20 万美国人为争取民权在华盛顿举行和平示威。这一年,R. 卡逊(Rachel Louise Carson,1907—1964)的《寂静的春天》(Silent Spring)一书出版,现代环保运动由此启程。1963 年 8 月 23 日,马丁·路德·金(Martin Luther King, Jr. ,1929—1968)在华盛顿林肯纪念堂发表演讲"我有一个梦想"。三个月后,美国总统肯尼迪遇刺身亡。1964 年,宗教机构与同性恋组织开始广泛讨论同性恋问题。1965 年 11 月 2 日,一个美国公民在美国国防部长麦克纳马拉(Robert Strange McNamara,1916—2009)的办公室外自焚,抗议约翰逊政府发动的侵越战争。1967 年,大规模的反战示威游行在华盛顿展开。

　　1968 年,激进的抗议浪潮席卷全球,从华盛顿到伦敦,从巴黎到西贡,从柏林到布拉格,从芝加哥到墨西哥城,受压迫的人们纷纷走上街头,要求解放和自由。1968 年,是反叛的一年:越南民族解放阵线发动的"春节攻势",打垮了美国的军事自信,改变了历史进程。美国黑人青年反抗种族歧视的斗争,催生了全美的黑人权利运动;受压迫者的普遍抗争,鼓舞了西方现代妇女运动向全球的蔓延。1968 年,是革命的一年:学生以街垒路障与警察对峙,工人罢工并占领工厂;在捷克斯洛伐克,"布拉格之春"春潮涌动;在巴基斯坦,由流血事件引发的全国性起义推倒了军人独裁政权。②

---

　①　金吾伦著:《塑造未来——信息高速公路通向新社会》,武汉出版社 1998 年版,第 98 页。
　②　〔美〕塔里克·阿里、苏珊·沃特金斯著:《1968 年——反叛的年代》,范昌龙等译,山东画报出版社 2003 年版,扉页。

除了这些直接的冲突,还有针对整个社会的种种反叛行为。"垮掉的一代"在生活和创作方面进行各种极端体验:主张性自由,支持毒品合法化。"嬉皮士"特立独行:蓄留长发,奇装异服,吸食大麻,自发离家出走,自愿聚群而居,过最原始的部落生活。摇滚乐用恣肆燃烧的激情和各种声光电技术,把感官刺激不断推向高潮。酣畅淋漓的歌词和恣纵狂放的音乐俘获了年轻人的心灵。浸淫其中,所有郁堵心中的块垒和奔腾汹涌的欲望一泻千里,畅快无以言状。不过,年轻人很快发现,他们不仅需要听觉上的幻觉,还需要视觉上的幻觉。于是,摇滚乐演唱会开始大量采用彩灯、眩灯和各种频闪灯光。光与音交融,声与电唱和,音乐盛宴变成了视觉饕餮。但是,仅有演唱会营造的迷幻景象似乎还不够过瘾。最好再有一种东西能把自己完全丢进这种迷幻景象,沉入进去,化入其中。于是,迷幻剂成了演唱会不可或缺的调料。在迷幻剂和大麻的作用下,在摇滚音乐的四面包围中,观众需要的幻觉出现了。眼前不再是无奈、无望的现实,而是一个光怪陆离的美丽新世界。哥伦比亚大学教授莫里斯·迪克斯坦(Morris Dickstein)曾经说道:"摇滚乐是60年代的集团宗教——不仅是音乐和语言,而且也是舞蹈、性和毒品的枢纽,所有这一切集合而成一个单独的自我表现和精神旅行的仪式。"[1]

以沃霍尔(Andy Warhol,1928—1987)为代表的"波普艺术"颠覆了传统艺术的创作原则。他们向世界宣称:生活、工作、商业都可以是艺术!真正的艺术是流行的艺术,是波普艺术(Popular Art)。波普艺术家们从消费文化中采集艺术素材。广告、杂志封面、明星头像、电影海报、卡通漫画、各种招贴商标等等,都可以拼贴成艺术作品。小说、戏剧、诗歌、建筑、服装等其他艺术领域同样涌动着各种探索、试验和创新。

也正是从20世纪60年代开始,西方社会进入了后现代主义时期。英国文学理论家伊格尔顿(Terry Eagleton)在其著作《后现代主义的幻象》(*The Illusions of Postmodernism*)一书中归纳了"后现代性"和"后现代主义"的特征。他写道:

> 后现代性是一种思想风格,它质疑客观真理、理性、同一性和客观性这样的经典概念,质疑普遍进步或人类解放,不信任任何单一的理论框架、大叙事或终极性解释。与这些启蒙时代的规范相左,后现代性认为世界充满偶然性,没有一个坚实的基础,是多样化、不稳定的;在它看来,这个世界没有一个

---

[1] 〔美〕莫里斯·迪克斯坦著:《伊甸园之门——六十年代的美国文化》,方晓光译,上海外语教育出版社1985年版,第186—187页。

预定的蓝图,而是由许许多多彼此不相连的文化系统和解释系统组成……

后现代主义则是反映这种时代变化的文化风格。它无深度,无中心,漂移不定,自我指涉;它是游戏性的,往往从别处借来观念和意象加以折衷调和;它是多元主义的艺术,它无视高雅文化和通俗文化的划分,也模糊了艺术与日常生活的界线。①

进入后现代主义时期,文艺用技术把自己武装到了牙齿,政治也投入了电子媒介的怀抱。1933年3月12日,在就任总统的第七天,罗斯福开始发表与他的"新政"一样著名的"炉边谈话",通过广播向千家万户宣传他的"新政"措施,动员国民团结一致共渡难关。1939年4月30日,纽约世界博览会展出了电视机,NBC对罗斯福在世博会开幕式上的讲话进行了全国电视直播。罗斯福成为电视屏幕上的第一位美国总统。这是电视进入美国政治生活的开端。1960年,时任副总统的尼克松与来自马萨诸塞州的参议员肯尼迪之间的总统竞选完全拉开了电子政治的帷幕。

不能说这些巨变全都是麦克卢汉思想的社会背景,其中有一些实际上滞后于麦克卢汉的洞见,可以说是麦克卢汉思想在社会发展中的应验。例如,1959年3月,麦克卢汉应邀在全美高等教育学会会议上讲话时预言说:"信息的生产和消费已成为我们时代主要的产业","文化将成为全球的主要产业"。② 这与未来学家丹尼尔·贝尔提出后工业社会同步。③ 麦克卢汉在这次会议上还断言,在电子媒介时代,艺术开始与商业联姻,生产和消费的关系开始逆转。这些显然都早于后来出现在公众面前的社会现实。

尼克松与肯尼迪的竞选结果也应验了麦克卢汉的推测,虽然他推测的过程和依据——媒介与形象的冷热之分——始终让人云里雾里。根据他的理论,冷媒介是低清晰度的媒介,给观众留有补充完形的空间。电视属于冷媒介。所以,电视不适合那种鲜明确定的形象。"凡是明白显示自己在生活中的角色和地位的外貌,都不适合电视媒介。任何人,只要他看上去同时像教师、医生、企业家或十来种其他职业的人,就是适合电视媒介的人。""热性的电影媒介所需要的人

---

① 张旭东:《后现代主义与中国现代性》,引自《中国与世界》,http://www.chinabulletin.com,原载 Arif Dirlik and Zhang Xudong ed., *Postmodernism and China*, Durham and London: Duke University Press, 2000。

② 〔加〕马歇尔·麦克卢汉著,斯蒂芬妮·麦克卢汉、戴维·斯坦斯编:《麦克卢汉如是说》,何道宽译,中国人民大学出版社2006年版,第1—8页。

③ 贝尔是在1959年夏季奥地利的一次学术会议上首次使用了"后工业社会"一词。

肯定是看上去属于某一类型的人。冷性的电视媒介却不能容忍典型的形象,因为它使收视者失望,使之不能'关闭'或补足电视上的形象。"①

1960年10月5日,在双方电视辩论临近结束的时候,伦敦《观察家》(The Observer)杂志的菲力普·迪恩在《多伦多环球邮报》(The Global and Mail)上撰文,引述了麦克卢汉的见解:"它将证明完全对肯尼迪有利,肯尼迪将在竞选中获胜;如果不用电视,尼克松就会获胜。"

> 目前,新闻界趋于说,尼克松先生在上两场辩论中占了上风,在第一场辩论中表现不佳。麦克卢汉教授则认为,尼克松先生听上去把话说得越来越明白。他不顾身为副总统的观点和原则的价值,始终以过分华丽的辞藻去捍卫这些观点和原则。这种做法不适合电视媒介。肯尼迪先生相当鲜明的应答是一个错误。不过他仍然表现出接近电视英雄的形象,用麦克卢汉教授的话说,这有点像羞怯的年轻警长的形象。另一方面,尼克松先生的黑色的眼睛趋向于凝视,加上他较为精灵圆滑的闪烁其词,这使他像是一位铁路部门的律师——一位签署了不利于小城市居民租契的律师。

> 事实上,他在电视辩论中反击,并发表与民主党相同的政见时,尼克松先生也许正在使肯尼迪的形象变得模糊不清,正在使肯尼迪想要变革的东西究竟是什么变得模糊不清。他这样做反而给自己的对手帮了忙。

> 于是,肯尼迪先生没有被说得明明白白的问题捆住手脚。从视觉上看,他的清晰度较低,他看上去比较漫不经心。他似乎不像尼克松先生那样急于毛遂自荐。迄今为止,麦克卢汉教授认为,肯尼迪先生略为领先。同时,他又不低估尼克松先生对美国庞大的保守势力所具有的令人生畏的魅力。②

西方20世纪60年代的社会运动和文化艺术的后现代转型,也在活灵活现地演绎着麦克卢汉的思想远见。因为,早在社会运动风生水起之时,麦克卢汉就从媒介环境变革的角度作出了相应的推测:

> 经过三千年专业分工的爆炸性增长之后,经历了由于肢体的技术性延伸而日益加剧的专业化和异化之后,我们这个世界由于戏剧性的逆向变化而收缩变小了。由于电力使地球缩小,我们这个地球只不过是一个小小的

---

① 〔加〕麦克卢汉著:《理解媒介》,何道宽译,商务印书馆2000年版,第407—408页。
② 同上书,第407页。

村落。一切社会功能和政治功能都结合起来,以电的速度产生内爆,这就使人的责任意识提到了很高的程度。正是这一个内爆的因素,改变了黑人、少年和其他一些群体的社会地位。①

麦克卢汉积极回应了那个时代。那个时代也给了他出人头地、熠熠生辉的机会。因为在20世纪60年代的西方社会,各种新异的探索和试验,各式各样的奇谈和怪论,都很容易找到伯乐和市场,更不用说大脑库存这么多奇思妙想的麦克卢汉!一位建筑学教授用表演艺术的形式来展示麦克卢汉的理论。纽约的艺术圈开始奉麦克卢汉为最高祭司。加利福尼亚州的两位富商像星探一般盯上了他。他们主动联系麦克卢汉,登门拜望。三人言谈甚欢,直到餐厅打烊,他们才曲终人散。两人回去后开始策划宣传麦克卢汉。其中一位是新闻界老手,熟识《老爷》(Esquire)、《国家》等等纽约知名杂志的一些编辑。他们在自己家中为麦克卢汉举办鸡尾酒会,向到场的媒体朋友推销麦克卢汉这个怪才。酒会的公关效果显著。《时代》和《新闻周刊》都在总部为麦克卢汉提供了一间办公室,供他随时过去使用。麦克卢汉还在酒会上结识了《纽约先驱论坛报》星期刊的记者汤姆·沃尔夫(Tom Wolfe)。就是这位沃尔夫后来写下了两句功不可没的广告词。一句是对麦克卢汉最高的赞誉:"麦克卢汉是继牛顿、达尔文、弗洛伊德和巴甫洛夫之后的最重要的思想家……";一句是"如果他说的话是对的呢?",这个看似无力却落地生根的反问消除了很多听众的顾虑,给了他们听麦克卢汉讲下去的理由。

1965年8月,这两位富商又在旧金山举办了为期一周的"麦克卢汉文化艺术节",活动的主要内容是让麦克卢汉与旧金山的各界名流会晤,其中大多数在媒体供职。接下来,《哈泼斯》(Harpers)杂志发表文章,推崇麦克卢汉为"加拿大的思想彗星"。在大西洋对岸,麦克卢汉同样引起了媒体和学界的注意。BBC的导演和编辑乔纳森·米勒(Jonathan Miller)致信麦克卢汉,自称是"您热情的信徒"。1966年5月,麦克卢汉参加了当年加拿大最有威望的管理学研讨会。与会的高级主管40多人。麦克卢汉第一个做报告。接着是穆勒-蒂姆(Bernard J. Muller-Thym)和彼德·德鲁克(Peter Ferdinand Drucker,1909—2005)。他们讲演的深奥程度依次递减(一位与会者这样评论:麦克卢汉在99重天,穆勒—蒂姆在9重天,德鲁克在地上)。麦克卢汉妙语连珠。他向大家宣布:我再

---

① 〔加〕麦克卢汉著:《理解媒介》,何道宽译,商务印书馆2000年版,第22页。

也不会说"媒介即讯息"了,我改变主意了。大家屏住呼吸等待他的下文。他掌握停顿的能力炉火纯青:从现在起,我相信,媒介即按摩。他还开玩笑地说,我们不知道谁发现了水,但我们敢肯定,水不是鱼发现的。这是一个一切同步的世界,人人都卷入了一切东西。儿童拍电影,很快他们就会写书了。①

这一年,他还给美国营销协会、美国广告协会、纽约公关协会讲过课。他还到华盛顿给约翰逊总统的 20 来位国务卿作报告。此外,他无数次接受报纸记者采访,参加电视"脱口秀",到大学校园讲演。此时,麦克卢汉已炙手可热。

二、麦克卢汉的思想宝库

(一) 媒介的本质

人生活在自然环境和社会环境之中。面对自然与社会的各种挑战和刺激,人需要不断延伸自己以求自保自足。猛兽来袭,人类赤手空拳无有胜算,于是发明了弓箭和长矛。箭和矛是手的延伸。面对气候变化或者强敌来犯,人类徒步难以长途征战和迁徙,于是发明了车轮和舰船。车和船是脚的延伸。延伸脚的不仅有车船。林·怀特(Lynn White,1907—1987)在《中世纪技术与社会变革》(Medieval Technology and Social Change)(1962)一书中详细论述了马镫对于脚的延伸意义。麦克卢汉曾经多次引用怀特的这一观点。② 麦克卢汉由此归纳说,"一切媒介都是人的延伸……这样的延伸是器官、感官或曰功能的强化和放大"③,这是一切媒介共有的本质。

需要推动交往,同时,"人们的交往也推动着需要的扩大,为更大规模的交往创造条件"④。脚的延伸扩大了人们的交往范围,但也徒增了亲人相思而不能立即相见之苦,于是人类相继发明了鸿雁传书、电报电话。每一种媒介都是人体某一部分肢体或者感官无法应付刺激时的替代物。感官的"延伸"同时意味着这部分感官的"截除"、"弃用"。麦克卢汉说,衣服是皮肤的延伸,衣服发明之后,肌肤抗冷的功能就弱化了很多。电话是嘴巴和耳朵的延伸。电话使用久了,嘴巴和耳朵被用于面谈的机会就少了很多。

---

① 〔加〕马尔尚著:《麦克卢汉:媒介及信使》,何道宽译,中国人民大学出版社 2003 年版,第 199 页。
② 〔加〕马歇尔·麦克卢汉著,斯蒂芬尼·麦克卢汉、戴维·斯坦斯编:《麦克卢汉如是说》,何道宽译,中国人民大学出版社 2006 年版,第 36 页。
③ 〔加〕埃里克·麦克卢汉、秦格龙编:《麦克卢汉精粹》,何道宽译,南京大学出版社 2000 年版,第 360 页。
④ 陈力丹著:《精神交往论》,开明出版社 1993 年版,第 17 页。

"媒介是人的延伸"是否为麦克卢汉原创？胡翼青认为，麦克卢汉的这个思想来自法国社会学家塔尔德（Gabriel Tarde,1843—1904）。① 塔尔德在 1901 年论述"公众"与"群众"之分的时候提出，公众是那些凭借各种现代化的媒介可以无限延伸的群体。② 其实，塔尔德还算是晚的。德国技术哲学家卡普早在 1877 年出版的《技术哲学纲要》一书中就提出了类似观点。他把技术形象地比喻为"器官的投影"（Organ Projection）。他说，手是一切人造物的模式和一切工具的原型，锤子就是紧握拳头的手臂的仿造物。③ 可是，先后关系不等于继承关系。没有证据表明麦克卢汉吸收了这些先见之明。更明显而直接的影响应该是来自林·怀特、刘易斯·芒福德，特别是美国人类学家、文化学家爱德华·霍尔（Edward T. Hall,1914—　　）。刘易斯·芒福德在 1934 年出版的《技术与文明》一书中说过："人类历史的大部分时期中使用的工具和设备，主要是人自身有机体的延伸：它们不是独立存在的。"④ 受霍尔影响的证据更加确凿，因为麦克卢汉曾直接引用霍尔关于"延伸"的分析：

> 今天，人实际上已经完成了他一切身体功能的延伸。武器的演变开始于牙齿和拳头，以原子弹告终。衣服和房屋是人的生物学温度调控机制。家具使人不再以蹲的姿势席地而坐。电动工具、玻璃杯、电视、电话和书籍是实体延伸的例子。书籍使人的声音跨越时空。货币是延伸和储备劳动的方式。运输系统现在做的是过去用腿脚和腰背完成的事情。实际上，一切人造的东西都可以当做是过去用身体或身体的一部分所行使的功能的延伸。(E. T. 霍尔，《无声的语言》，第 79 页)⑤

由上观之，麦克卢汉自言："我以崭新的眼光重新考察人的延伸，几乎没有接受传统智慧中看待它们的任何观点。"⑥ 这样说似乎有些大言不惭。不过，细想起来，也不无道理。麦克卢汉虽然借用了前人的先见，但他从感官革命的角度来研究媒介确实是一种"崭新的眼光"。

---

① 胡翼青著：《再度发言：论社会学芝加哥学派传播思想》，中国大百科全书出版社 2007 年版，第 175 页。
② 〔法〕加布里埃尔·塔尔德著：《传播与社会影响》，何道宽译，中国人民大学出版社 2005 年版，第 216 页。
③ 〔德〕F. 拉普著：《技术哲学导论》，刘武等译，辽宁科学技术出版社 1986 年版，第 4 页。
④ Lewis Mumford, *Technics and Civilization*, Harcout, Brace and Company Inc., 1934, p.321.
⑤ 〔加〕埃里克·麦克卢汉、秦格龙编：《麦克卢汉精粹》，何道宽译，南京大学出版社 2000 年版，第 153 页。
⑥ 〔加〕麦克卢汉著：《理解媒介》，何道宽译，商务印书馆 2000 年版，作者第一版序。

（二）感官偏向论

伊尼斯的传播研究建立在媒介的时空偏向上，麦克卢汉的传播思想建立在媒介的感官偏向上。人有多种感官：听觉、视觉、触觉、味觉等等。一种媒介突出一种感官，同时牺牲其他一些感官。每一种媒介都悄无声息地改变了人在经验这个世界时的感官比例。麦克卢汉提出："根据技术所延伸的是哪一种感觉或官能，其他种类的感觉'关闭'或平衡机制是颇能预计的。……但是，其构造成分的比例可能会变化无穷。如果一个成分得到强化，其他成分就立即受到影响。"[1]

文字发明之前，人生活在感官平衡和同步的世界之中。口头传播调动了人体的全部感官参与其中。原生口语时期的人们生活在一个各种感官相对均衡的声觉空间世界。声觉空间是有机的、共鸣的、不可分割的，是各种感官通过同步互动而感觉到的空间。因此，原生口语时期的生活和文化自然而丰富。

文字的出现打破了共鸣结构的声觉空间。因为，文字突出了视觉的主导地位。视觉使我们与对象趋于分离。合上书，就与书拉开了距离。闭上眼，就与这个世界拉开了距离。麦克卢汉说："印刷术给人馈赠的最重要的礼品，是超脱和不卷入的态度……"[2] 拼音文字的排列方式助长了线性、逻辑的感知与思维模式。希腊神话传说中，卡德摩斯王种下龙的牙齿，牙齿就长成了全副武装的士兵。麦克卢汉借这个神话比喻说，拼音文字不仅具有牙齿一般的线性排列特征，还意味着牙齿一般的权力、权威，意味着运筹帷幄、决胜千里。[3] 象形文字与拼音文字不同。拼音文字粗暴地分开了视觉世界和听觉世界，牺牲了意义和知觉。象形文字却能够把意义和知觉保留下来，一定程度上保存了家族网络和部落式的社会结构，但失去了彻底转入线性世界的机会。[4] 与声觉空间的有机、整体和共鸣不同，文字和印刷术产生的视觉空间是分割的、专门化的。"概而言之，视觉空间结构是希腊拼音文字创造的西方文明的产物。它是当眼睛从其他感官分离出来的时候，为眼睛感知的空间。"[5]

"电力技术到来之后，人延伸出（或者说在体外建立了）一个活生生的中枢

---

[1] 〔加〕麦克卢汉著：《理解媒介》，何道宽译，商务印书馆2000年版，第77页。
[2] 同上书，第220页。
[3] 同上书，第119页。
[4] 同上书，第120页。
[5] Marshall McLuhan and Bruce R. Powers, *The Global Village: Transformations in World Life and Media in the 21st Century*, New York: Oxford University Press, 1989, p.45.

神经系统的模式。"①

凭借分解切割的、机械的技术,西方世界取得了三千年的爆炸性增长,现在它正在经历内向的爆炸。在机械时代,我们完成了身体在空间范围内的延伸。今天,经过了一个世纪的电力技术发展之后,我们的中枢神经系统又得到了延伸,以至于能拥抱全球。就我们这个行星而言,时间差异和空间差异已不复存在。我们正在迅速逼近人类延伸的最后一个阶段——从技术上模拟意识的阶段。②

不同媒介不仅延伸的感官类型不同,而且卷入感官的程度也各不相同。感官卷入程度高的是冷媒介。冷媒介提供的信息往往比较匮乏,内容的清晰度低,留给受众填补的空间相对较多,表现出较强的包容性。感官卷入程度低的是热媒介。热媒介能够比较充分地提供信息,内容的清晰度高,留给受众填补的空间相对较少,表现出较强的排斥性。麦克卢汉认为,纸张、广播、电影、照片、拼音文字等是热媒介,石头、电话、电视、卡通画、口头语言、象形文字或会意文字等是冷媒介。

媒介的冷与热实际上是传播与受众之间关系的反映。这是传播学的一个老问题。经验学派大量研究的是传播内容如何作用于受众。卡茨(E. Katz)20世纪70年代提出的"使用与满足理论"证明,受众受个人需求驱使对媒介的积极使用制约着传播的过程和传播的效果。麦克卢汉的冷热媒介说凸显的则是媒介对受众的积极作用。媒介冷热差别的背后是受众参与度的大小,或者用今天流行的词语来说即是"互动"空间的大小。然而,"冷媒介"、"热媒介"的多义性又远非"互动"一词所能代替或者涵盖。

首先,麦克卢汉使用的"cool","hot",特别是"cool"这个词,有着无比丰富而微妙的含义。他在《理解媒介》第二版自序中谈到了这一点。他说,"cool"这个词现在常被用来表示一向用"hot"来表达的意思:深深的卷入。比如,"热烈的争论"就是大家深入参与充分交流的争论。除此之外,"cool"在今天还有许多其他的意思:承担义务、亲身参与等等。吴伯凡在解释这两个词语时说道:

在当今的英语口语中,"cool"是一个含义微妙的词。它的含义与汉语口语中的"来劲"一词有些相近。在英语世界,人们(主要是年轻人)常常用

---

① 〔加〕麦克卢汉著:《理解媒介》,何道宽译,商务印书馆2000年版,第76页。
② 同上书,作者第一版序。

"hot"(热、火爆)来表示"来劲"的意思,但近三四十年来,人们逐渐用"hot"的反义词"cool"(凉、冷静)来表示这个意思。当美国人对一个东西说"cool"时,他是在说这个东西真吸引人而不是相反。香港人将"cool"一词音意两全地译成"酷",实在是一个很巧妙的译法。在汉语中,"酷"既可用来指"热"(如"酷热"、"酷暑"),又可用来指"冷"("酷寒"、"冷酷"),与"cool"的含义很相近。①

其次,这两个词既被用来理解和形容媒介,又可以透视和形容社会万象,这也非"互动"所能胜任。麦克卢汉用它们来分析政治形象,预言总统竞选,把脉流行文化。中国《互联网周刊》名誉主编、中国社会科学院信息化研究中心秘书长姜奇平评论说,经济学家乔治·巴塔耶(George Bataille,1897—1962)关于技术革命对经济理论逆转意义的分析,"实质是分析'冷'的经济含义,即到底什么是酷(cool),酷的本质是什么,如何让酷达到'毙'这一质量控制标准"②。姜奇平本人还在同一篇文章中分析了冷文化与热文化的不同:

1. 热文化是熵减过程,冷文化是熵增过程:(1)热文化趋向价值一致化,冷文化趋向价值多元化;(2)热文化消费是生产性消费,冷文化消费是非生产性消费。

2. 热文化强调权威,冷文化强调人本。文化事业优势在热文化,文化产业优势在冷文化。热文化具有现代性,冷文化具有后现代性。

3. 热文化增加产值,冷文化增加幸福:(1)热文化追求交换价值,冷文化追求回忆价值;(2)热文化增加GDP(国民生产总值),冷文化增加GNG(国民幸福指数)。

4. 热文化是单向的,冷文化是双向的。

(三) 媒介环境的社会影响

媒介是人的延伸。每一种媒介因为各不相同的物理特性、内容表现与传播特征,而突出不同类型的感官,形成不同特征的文化类型和社会结构。麦克卢汉以媒介延伸论和感官偏向论为基础和工具,为我们展现了包括政治、商业、教育、出版等社会各领域的突出特征及其变化,提出了"内爆"、"地球村"、"重新部落化"、"媒介即讯息"、"无形无象之人"等等诸多深刻的思想和观点。

---

① 吴伯凡著:《孤独的狂欢——数字时代的交往》,中国人民大学出版社1998年版,第23页。
② 姜奇平:《冷文化与热文化的区别》,《互联网周刊》2003年11月17日。

其中，较不为人注意的是他对商品经济和文化教育的分析。麦克卢汉指出，在电子传播环境中，商品生产和服务将走出大批量生产包装的时代，进入个性化服务的时代。① 商品本身越来越具有信息的性质，对商品能指的消费将成为潮流。② 换句话说，商品消费领域将出现越来越多的买椟还珠的现象。这显然已经触及后现代主义消费的本质。麦克卢汉多次论及图书出版，认为图书出版业将进入信息服务业领域，互动性和个人化更强。图书出版将变成由读者提出自己的阅读需求，出版商按需生产，提供个性化服务。③ 图书文化也将发生逆转，从一种抽象的书籍文化进入一种高度感性、造型和画像似的文化。④ 只需稍微留意近些年国内出现的"图文书"的潮流，只要你承认"读图时代"的到来，你就不得不佩服麦克卢汉的敏锐远见。

麦克卢汉非常重视媒介环境与学校教育的问题。他指出，电子传播媒介让校园之外的信息开天辟地第一次并将永远超过校园教育的信息，学校教育因此需要作出三项重要改革：其一，媒介教育应纳入学校教学。媒介教育最重要的是让学生正确认识他们身处的媒介环境；其二，学校教学的任务不再是传授知识，而是培养学生感知环境和自我学习的能力；其三，学校教育要增强互动性，注重教学相长。"新型的教育必须要让学生担任与老师合作的角色。实际上，由于学生在课外吸收了大量的信息，他已经获得了这种潜在的地位。"⑤

最广为人熟知的是他预言的"地球村"。1959年，他在给一位编辑的信中写道："在电子条件下，地球宛如一个小小的村落。"⑥ 在1960年的《理解媒介项目报告书》和1962年出版的《谷登堡星汉璀璨》一书中，麦克卢汉重申了这个预言。在他去世之后的第9个年头，他与布鲁斯·鲍尔(Bruce R. Powers)合著的《地球村》一书出版。

老实说，"地球村"这个比喻及其所指并不新鲜。温德汉姆·刘易斯早在

---

① 〔加〕马歇尔·麦克卢汉著，斯蒂芬尼·麦克卢汉、戴维·斯坦斯编：《麦克卢汉如是说》，何道宽译，中国人民大学出版社2006年版，第94页。
② 〔加〕麦克卢汉著：《理解媒介》，何道宽译，商务印书馆2000年版，第69页。
③ 〔加〕马歇尔·麦克卢汉著，斯蒂芬尼·麦克卢汉、戴维·斯坦斯编：《麦克卢汉如是说》，何道宽译，中国人民大学出版社2006年版，第58页。
④ 〔加〕埃里克·麦克卢汉、秦格龙编：《麦克卢汉精粹》，何道宽译，南京大学出版社2000年版，第459页。
⑤ 〔加〕马歇尔·麦克卢汉著，斯蒂芬尼·麦克卢汉、戴维·斯坦斯编：《麦克卢汉如是说》，何道宽译，中国人民大学出版社2006年版，第61—62页，第7页。
⑥ 〔加〕梅蒂·莫利纳罗、科琳·麦克卢汉、威廉·托伊编：《麦克卢汉书简》，何道宽译，中国人民大学出版社2005年版，第293页。

1948年的专著《美国和宇宙人》中就曾把地球比喻为一个用电话线可以瞬即联络的大村落。再往前推100年,莫尔斯在发明电报的过程中已经展望过未来的"地球村"。① 当时美国小说家霍桑(Nathaniel Hawthorne,1804—1864,代表作《红字》)也曾写道:"借助电力,整个世界已成为一个巨大的神经,瞬息之间遥及数千里。更准确地说,圆形地球就是一个硕大的头颅,一个大脑,充满智慧!"麦克卢汉引古为今,把这句话放在《地球村》一书的扉页,可见"地球村"这一思想并非出自他本人。

然而,"地球村"在麦克卢汉这里不仅仅是一个"比喻",也不再是一个模糊的电子村落形象。它意味着一场由感官革命引发的社会关系、社会结构、社会文化以及人的存在的巨变。首先,麦克卢汉的"地球村"思想建立在他的"媒介延伸论"、"感官革命论"及其对媒介发展历史的宏观考察上。原生口语带动的是全部感官即时反应型的互动沟通,塑造了有机的声觉空间世界和深度卷入、亲密无间的部落关系。拼音文字和机械印刷突出了眼睛的官能,打破了声觉空间的平衡,这种专门化的技术产生了线性、分裂等非部落化的社会后果。电子媒介延伸了人的中枢神经系统,消灭了时空距离,"使万物恢复到一个无所不包的此在(an inclusive present)"②。人类社会在电子传播环境中重新部落化,"环球同在一村"。所以,麦克卢汉的"地球村"思想出自他一整套的话语和理论系统,包含着技术之外更多的社会内涵。

其次,麦克卢汉描绘了未来"地球村"的具体情状。在那里,电子媒介引起的非集中化趋势"将突出多样性和碎片化"③,各自为战的专业主义将让位于大范围的合作。城市和超大型的国家将不复存在。任何一个地方,只要有大众化的电子传播媒介,都可以像纽约、巴黎一样具有天下在此的国际性。文化也将变得高度感性,强调造型。"地球村"里的居民借助即时传播通达全球的电子媒介可以出现在世界的各个角落,与村子里的任何人进行沟通。人不再只是肉身的此在,而是幻化成了信息的形象和符号的尘埃,变成了"无形无象之

---

① 〔美〕切特罗姆著:《传播媒介与美国人的思想》,曹静生、黄艾禾译,中国广播电视出版社1991年版,第10页。

② 〔加〕埃里克·麦克卢汉、秦格龙编:《麦克卢汉精粹》,何道宽译,南京大学出版社2000年版,第133页。

③ Marshall McLuhan and Bruce R. Powers, *The Global Village: Transformations in World Life and Media in the 21st Century*, New York: Oxford University Press, 1989, p.119.

人"(discarnate man)①,无处不在,无所不及。

有观点认为麦克卢汉是典型的技术乐观主义,"地球村"就是这种乐观主义的"乌托邦"狂想。事实远非这么简单分明。如前所述,麦克卢汉从《机器新娘》开始一直在刻意避免是非好坏的道德判断。他多次声明,自己无意也不想说变化的结果包括未来的"地球村"是好还是不好。

> 但是如果你一定要对我的观点刨根问底,要我说说,我在观察我们文化的重新原始化时有什么主观反应,那么我即不得不说,我看这些动荡时,一点也不喜欢,一点也不满意。不错,我确实看见即将出现一个丰富多彩的、充满创造力的、重新部落化的社会——摆脱机械社会的分割和异化的社会。但是对于变化过程,我只能说不喜欢。
>
> 我个人非常信赖人类的弹性和适应力。我展望未来时心潮激荡,充满信心。我觉得,我们站在一个使人解放和振奋的世界的门槛上。在这个世界里,人类部落实实在在会成为一个大家庭,人的意识会从机械世界的枷锁中解放出来,到宇宙中去遨游。我深信人成长和学习的潜力,深信他深入开发自己的潜力和学习宇宙奥妙旋律的潜力。我的信念经久不衰。我们生活的这个时代充满巨痛和悲惨的身份渴求,但是这个痛苦是新生的阵痛。②

麦克卢汉仅对过程厌恶,而对结果充满乐观吗?实际上,结果让他同样忧虑深重。一方面,"地球村"里的无形无象之人个个身在一处而灵魂却像出窍一般可以四处漫游,这可能导致"很危险的内在紧张和精神分裂症"③。另一方面,

> 麦克卢汉看到,"无形无象之人"现象还有一个出乎意料的后果。当人们都转换成了形象和信息时,主要的人类活动就成了跟踪和侦查,从间谍卫星、尼尔森的收视率调查到市场调查和信誉调查——全都是这个搜集情报、追踪人的综合征。这个综合征无孔不入,使"无形无象之人"担心,他的存

---

① Marshall McLuhan and Bruce R. Powers, *The Global Village: Transformations in World Life and Media in the 21st Century*, New York: Oxford University Press, 1989, p.97.
② 〔加〕埃里克·麦克卢汉、秦格龙编:《麦克卢汉精粹》,何道宽译,南京大学出版社2000年版,第403页。
③ Marshall McLuhan and Bruce R. Powers, *The Global Village: Transformations in World Life and Media in the 21st Century*, New York: Oxford University Press, 1989, p.97.

在是否仅仅是某地某数据库的一个条目而已。除此之外什么也不是。……一位同事记得,1977年有一天,麦克卢汉几乎放声痛哭,因为他在考虑,如果人类陷入了一个卫星和电脑跟踪的网络,人类的前途该怎么办?①

关于"地球村"的前景和人类未来,麦克卢汉的态度模棱两可,殊难猜度。也许麦克卢汉选择"理解"而不作"裁决",本来就是要逃避这个难以回答的问题。

(四)媒介环境的认识论意义

在原生口语时代,口头传播调动了人的全部感官参与其中。人对外界的感知是全方位的、包容的。这种感官参与模式决定了原生口语时代的思维模式必然是整体的、同步的和直觉把握的。文字和印刷成就了视觉的霸权。人类文明经过文字的编码变成了线性的序列符号,思维也跟着走向了甲乙丙丁的逻辑分析。从印刷传播环境到电子传播环境:

> 我们走出一个非常倚重视觉的时代,突然遭遇到瞬即同步的世界,没有我们熟悉的边界的世界;在原来那个视觉世界里,我们熟悉的是有组织的观点、立场、专门分割的工作和态度。……我们从那个旧世界走出来,进入一个瞬即信息、设计和模式的世界。……对这个同步和瞬即的时代而言,序列是不存在的,逻辑是没有的。②

这一次转变比口头传播转向印刷传播的速度更快。像拉洋片一样,当速度快到一定程度,呈现在眼前的将是社会整体的动态变化。麦克卢汉说道:"我们首次生活在这样一个世纪:在这个世纪里,变化速度之快足以使社会范围的模式识别成为可能。"③ "信息时代的格言是:信息超载等于模式识别。"④ 这种模式识别的思维方式,从脑科学的角度来说,属于右脑思维模式。麦克卢汉用心理学学者特罗特(R. H. Trotter)的图表(见下图)加以说明。

---

① 〔加〕马尔尚著:《麦克卢汉:媒介及信使》,何道宽译,中国人民大学出版社2003年版,第257页。
② 〔加〕马歇尔·麦克卢汉著,斯蒂芬尼·麦克卢汉、戴维·斯坦斯编:《麦克卢汉如是说》,何道宽译,中国人民大学出版社2006年版,第191页。
③ 〔加〕埃里克·麦克卢汉、秦格龙编:《麦克卢汉精粹》,何道宽译,南京大学出版社2000年版,第361页。
④ Marshall McLuhan and Bruce R. Powers, *The Global Village: Transformations in World Life and Media in the 21st Century*, New York: Oxford University Press, 1989, p. 19.

左脑（右身）	右脑（左身）
语言/言语	空间/音乐
逻辑的/数学的	整体的
线性的/详细的	艺术的/象征的
序列的	同步的
控制的	情感的
心智的	直觉的/创造性的
支配的	次要的/安静的
世俗的	空间的
积极的	接受的
分析的	综合的/格式塔的
读、写、命名的	辨识面孔的
序列安排	同步理解
有意义秩序的感知	抽象模式的感知
复杂的运动序列	复杂形体的感知

根据特罗特图表复制①

所以，媒介环境影响人们的思维认知。原生口头传播调动人的右脑思维。文字印刷传播激活了人的左脑思维。到了电子社会，右脑思维又将是最般配的思维模式。不过，具体到一个国家一种文化，情况会有所不同。麦克卢汉指出，西方世界特别是美国和欧洲偏重于左脑思维，中国则习惯于右脑思维，而文化适宜于在右脑思维占优势的环境中生存发展。②

麦克卢汉始终在向人们传达一个核心观点：媒介不仅是社会历史变化的报道者、传播者，还是社会历史变化的主要肇事者。正是在这个意义上，麦克卢汉说："媒介即讯息。"但是，媒介的传播效果绝不等同于讯息的传播效果。无论是政治、商业、教育、出版，还是更为潜隐的思维和认知模式，麦克卢汉为我们展现的都是长远历史时期内的变化，而不是经验学派所研究的短期效应。早在1959年3月全美高等教育学会会议上，麦克卢汉就已经说得很明确：从长远的观点来看，媒介即是讯息。③ 理解"媒介即讯息"，一定不能忽视这个结论的前提——"从长远的观点来看"。

---

① 〔加〕埃里克·麦克卢汉、秦格龙编：《麦克卢汉精粹》，何道宽译，南京大学出版社2000年版，第416页。

② Marshall McLuhan and Bruce R. Powers, *The Global Village: Transformations in World Life and Media in the 21st Century*, New York: Oxford University Press, 1989, pp. 48, 62.

③ 〔加〕马歇尔·麦克卢汉著，斯蒂芬妮·麦克卢汉、戴维·斯坦斯编：《麦克卢汉如是说》，何道宽译，中国人民大学出版社2006年版，第2页。

三、麦克卢汉的影响及评价

迄今为止，传播学历史上思想贡献最大的是麦克卢汉。他在一个特殊的时代用一种怪异的声音梦呓般发出了一个又一个惊人之论，让传播学为之一新，让全世界为之一震。当代著名文学批评家陈晓明说道：

> 这个人使传媒业与现代文化变迁联系在一起，他使传媒业成为当代学术取之不尽的思想资源，他提升了传媒业的理论含量。简言之，因为这个人的惊人之论，人们开始意识到：传媒业不再只是谣言绯闻的发源地，不再只是强词夺理的场所，不再只是牟取暴利的超级工厂；而是当代社会最具有创造活力的文化形态，是改变我们生活的最直接的动力。①

（一）媒介环境学的旗手

伊尼斯转向传播研究更多是出自其经济学研究中的心得发现和国际局势的影响，较少出于对传播学的自觉批判，这让他缺少像麦克卢汉那样对经验学派的枪炮攻击。麦克卢汉从传播学囿于内容分析的偏误中锁定了学术的突破口，又有伊尼斯的先行探索作指引，再加上强烈的功名欲望作驱力，他选择以"破"求"立"、既"立"且"破"的突进策略，以特立独行的方式高扬起了媒介环境学的帅旗。

在研究对象上，麦克卢汉抓住一切机会向内容研究叫板。他嬉笑怒骂，言辞刻薄地指责内容研究就像乌龟看不到背上的花纹，看门狗因馋涎鲜肉而置窃贼于不顾那样，完全漠视媒介环境的意义。他用一个悖论式的命题"媒介即讯息"警告世人，媒介不仅传递世界变化的讯息，媒介更重要的意义在于它本身恰恰是世界变化的原因。

媒介环境的意义不同于传播内容的效果。就作用的方式而言，媒介环境是滴水穿石一般地潜移默化，不为人察觉却影响至深；传播内容犹如皮下注射一样立竿见影，立即引起可见的行为反应。就作用的范围而言，媒介环境犹如水银泻地无孔不入，全面且长期作用于生存其中的人与社会；传播内容限于具体情况只能在有限的时空产生影响。麦克卢汉特别说明，从长远的观点来看，媒介即是讯息。媒介环境学研究的是媒介环境的深远意义而非传播内容的短期效果。

---

① 陈晓明：《麦克卢汉：传媒时代的预言家和祭司》，《中文自学指导》2003年第1期。转引自陈晓明的博客：http://meetrain.spaces.live.com/Blog/cns!1p1ATzziLkd7n4kkRd9rulPQ!413.entry。

在研究方法上，麦克卢汉选择剑走偏锋，颠覆了传统的学术规范。他的研究涉及传播、文学、教育、摄影、绘画、大众文化等等诸多方面。这些不同领域不同性质的问题，被他用传播这根指挥棒组成了一个盛大的交响乐团。琴瑟齐奏，鼓乐和鸣。思想在共振中泉涌而出。他探索问题和组织思想的方式更是不守常规，不仅决然反对经验学派的实证研究，而且也不遵守思辨研究的基本规范。他坚信，印刷时代的研究和表达方法已经不适合用来解读新的电子社会，必须代之以右脑思维方式、"模式识别"方法和"马赛克"的语言形式。

不走寻常路，花开奇异果。麦克卢汉以偏激之辞强调媒介环境的深远意义，以截然对立之姿态、分庭抗礼之气势，为媒介环境学正名、立言、呐喊、造势。这个独特的研究范式，经麦克卢汉之手而一朝名震天下。旗手之名，舍他其谁？！

（二）传播学的普罗米修斯

美国传播学者罗杰斯评价说："麦克卢汉一生在使一般公众对传播学产生兴趣方面所做的工作，是无人可以比拟的。"① 实如其论。放眼传播学，除了麦克卢汉，没有哪位学者把研究"传播"的传播学"传播"到全球各地，没有哪位传播学大师在如此众多的领域享有盛名。传播学界自然有他的地位，文学、哲学、教育学等等学科也不敢轻视他。学术界固然尽人皆知，艺术界、实业界、政界也都奉他为神明。不仅欧美世界风行，英语和法语词典都收录有麦克卢汉的词条，而且在东亚也炙手可热。《媒介即按摩》一书仅1967年的销量就超过了100万。"地球村"、"媒介即讯息"、"冷媒介、热媒介"等等概念虽然仁智各见，却流遍全球，成为大众化的日常用语。

（三）新世界的先知

麦克卢汉既对过去和当时作出了别开生面的解释，也提出了关于未来的许多深刻预见。麦克卢汉指出，从印刷传播环境到电子传播环境的急遽变革，将撕裂印刷社会的传统，唤醒个人的权利意识，改变边缘群体的社会地位。在电子社会，商品越来越具有符号能指的属性，财富积累越来越依赖商品的虚拟品质。他向世人广告，电子传播的速度和方式将把人的所有感官卷入与整个世界的即时沟通之中。世界将缩小为一个"地球村"。村民将变成"无形无象"的电子人，身处一地却神游全球。这些预言在今天已经成为现实。假面舞会一般的赛博空间里，到处都是熙熙攘攘的信息幽灵在游荡。"全球化"的浪潮也在无声而有力地

---

① 〔美〕罗杰斯著：《传播学史——一种传记式的方法》，殷晓蓉译，上海译文出版社1997年版，第514页。

演绎着"地球村"的剧情。

应该说,故事才刚刚开始。麦克卢汉从感官偏向这个角度对媒介环境的探索研究,照亮了传播学与认知心理学、神经心理学和脑科学等学科进行跨学科研究的广阔空间。他提出的"内爆"这个概念,为鲍德里亚(Jean Baudrillard,1929—2007)的后现代分析提供了思想的引线,也为后人进一步研究媒介环境变革与社会转型预留了思考空间。他对无形无象之人的分析,也还远未完结,我们仍需追问人在电子传播环境以及未来媒介环境中的存在、意义这些终极问题。在这个由媒体主宰、变化越来越快的时代,麦克卢汉仍然值得我们常去拜询讨教。

>……谁能准确地描述这个刺激兴奋而又眼花缭乱的新时代?如果说卡尔·马克思与马克斯·韦伯是资本主义最经典的描述者,那么没人比麦克卢汉更适合于充当这个由互联网、24小时电视新闻网构成的新世界的先知。①

第三节 梅罗维茨——场景、前/后台、角色、行为

一、梅罗维茨的研究起点

梅罗维茨在攻读博士学位时,开始对人际互动产生兴趣。之后十多年间,他把几乎全部精力集中在这一课题上。指导他研究这一问题的理论主要有两个:伊尼斯与麦克卢汉开创的媒介环境理论和戈夫曼的拟剧交往理论。

(一)麦克卢汉的未尽事宜

媒介环境变革意味着社会转型。20世纪60年代前后,西方的媒介环境正在从以印刷媒介为主转型到以电子媒介为主。这是一次迅猛程度前所未有的变革。麦克卢汉由此推断,西方社会必将发生激烈的冲突与对抗。神乎其神的是:

>在麦克卢汉1961年和1963年的著作中,他所描绘的情景出现在1967年至1972年的纽约、三藩市、华盛顿以及美国和欧洲的一些城市的街头,这种描绘的准确性令人吃惊。麦克卢汉描述了普遍范围的社会变化:如"重新部落化",传统的民族主义感情的减少,青年、少数民族和其他群体对"进

---

① 许知远:《不置可否的先知》,中国《新闻周刊》2003年12月22日。

一步"参与的要求以及对远方权威的不信任。长发、胡须、裸体、部落音乐以及反对"当权派"的歌声似乎都应验了麦克卢汉的预言。麦克卢汉将这些变化归因于电子媒介的广泛应用。①

但是,梅罗维茨指出,麦克卢汉"在他的著作中并没有说明电子媒介能够引起广泛社会变化的原理"。"麦克卢汉将媒介描绘成感官的延伸,并且宣称新媒介进入某种文化后就会改变这种文化下的人们的'感官平衡',并改变他们的意识。但是麦克卢汉没有给出具体的理由来解释为什么不同感官平衡的人会有不同的行为。"②

梅罗维茨点到了麦克卢汉的软肋。在"媒介—感官—行为"这三个变量的因果链条上,麦克卢汉对媒介与感官之间的关系作了较多阐述,确实未就感官变化如何引起行为改变作出充分的解释。梅罗维茨想要重新建构这一链条,详细论证媒介环境的变革如何改变人们的行为方式。他相中了社会学家欧文·戈夫曼的拟剧交往理论。梅罗维茨认为,戈夫曼的"交往场景"这个因素可以作为一个中介变量,在媒介环境和行为方式之间架起桥梁。"我认为电子媒介影响社会行为的原理并不是什么神秘的感官平衡,而是我们表演的社会舞台的重新组合,以及所带来的我们对'恰当行为'认识的变化。"③

(二)戈夫曼的拟剧交往理论

欧文·戈夫曼是加拿大裔美国社会学家,著名的拟剧交往理论创立者。1981年至1982年间任美国社会学会主席。1956年出版《日常生活中的自我呈现》一书,提出了拟剧交往理论。这本书在社会学界产生了重大影响。美国的《社会学杂志》称此书是"对这一代社会心理学最有力的贡献之一"。在这本书中,戈夫曼把戏剧理论引进社会学研究,详细分析了人们为管理自己给别人留下的印象,所进行的行为调节和角色扮演活动。

每个人每时每刻都在扮演一种角色,并且力求影响别人对自己角色扮演的反应和看法。戈夫曼把这叫作"印象管理":

> 这种控制(控制别人对自己的反应和看法)的实现,主要靠对由其他人逐步形成的情境定义施加的影响;而要对情境定义加以影响,他就必然在其

---

① 〔美〕约书亚·梅罗维茨著:《消失的地域:电子媒介对社会行为的影响》,肖志军译,清华大学出版社2002年版,引言。
② 同上。
③ 同上。

言行举止中流露出某种印象,使其他人能自觉自愿地把他们的行为与他本人的计划协调起来。因此,当一个人在其他人面前出现时,他总有某种理由对自己的行为进行调节,以便使这种行为对其他人传递一种对他有利的印象。①

戈夫曼进而化用戏剧中的"前台"和"后台"两个概念来描述印象管理的具体内容和过程。日常生活中,大部分角色扮演都在基本固定的场所有规则地发生。在家是父亲或者母亲,到了单位是职员,朋友聚会是知己。一种社会场景是一类社会角色表演的地方。每一种交往场景都有比较明确的场景定义:场景的地理位置、物理空间、观众的构成和规模等等。场景定义决定了何种行为才是场景中的"恰当行为"。一个人在与他人交往之前,首先要了解这个特定交往场景的"定义"。例如,"生日晚会"的场景定义包括:参与者都是非常熟悉的亲人朋友,地点多是家中的客厅或者酒店的包房,道具一般有蛋糕、礼物、美酒、欢笑和祝福,气氛应该是快乐温馨。受邀参加生日晚会的人被期待熟悉这种交往场景的定义,并表现出与该场景般配的"恰当行为":得体的欢笑、祝酒、鼓掌,而不是一本正经地谈工作,或者坐在角落里谈私事。再比如"课堂学习",它的场景定义包括:参与者有老师和学生,地点当然是教室或者实验室,道具有课桌、黑板、书本等等。这些场景要素要求老师穿着得体而不是蓬头垢面,行为要持中而不能张狂或者猥琐,声音要视学生多少和教室大小而高低适宜。学生的角色扮演也要符合这种场景定义,大声喧哗或者追逐打闹显然有失妥当。

交往场景就像戏剧舞台一样包括前台和后台。前台是进行角色表演的地方,后台是角色为了前台表演进行训练和休整的地方。"当一个人的活动发生在他人面前时,他会表现性地强调活动中的一些方面,而对这些活动中的另一些方面,即可能会使其所促成的印象成为不可信的方面,则竭力加以抑制。显然,那些受到强调的事实常常出现在我称为台前区域的地方;而那些受到抑制的事实则出现在另一个区域——'台后区域'或'台后'。"②

一般来说,后台的时空越充裕,封闭性越好,前台的表演越容易维护,角色的印象管理越容易成功。戈夫曼说:"由于表演中最重要的秘密可在台后区域一览无遗,而且由于在这里,表演者可以表现出角色外的行为,所以,封闭从台前到

---

① 〔美〕欧文·戈夫曼著:《日常生活中的自我呈现》,徐江敏译,云南人民出版社1988年版,第10页。
② 〔美〕戈夫曼著:《日常生活中的自我呈现》,徐江敏译,云南人民出版社1988年版,第92页。

台后的通道,或把整个台后区域隐藏起来,不让观众闯入,就是自然而然的事情了。这是印象管理中一个普遍运用的技巧……"①

反之,如果一个人的后台行为过多暴露,往往会破坏他在前台表演的神秘感和在观众心目中的完美印象,角色扮演就会遇到困难。一个老板往往会因为自己的家庭生活被下属过多了解,而感到在公司的角色扮演难以进行,至少不再那么容易进行角色润饰。饭店的厨房一般不让顾客进入,因为把侍者在这里的活动暴露给顾客,将有损他们在前厅的表演。即使最富有同情心的观众,也会因为发现呈现在他们面前的表演与自己的印象之间存在着某种微小的不一致,而暂时感到不安与震惊。造成这种不安或者说影响印象管理的因素倒不在于所暴露的后台行为不适当或者明显错误,而主要在于同一个人的前台表演和后台行为前后不一甚至相互冲突。中国著名哲学家艾思奇讲过法国大文豪伏尔泰的一个趣闻:在一次宴会上,当朋友谈起无神论的问题时,伏尔泰马上把仆人叫到了外面,然后私下对朋友说:"在仆人面前切不可主张无神论,否则他就要反叛了!"②用拟剧交往理论来解释,伏尔泰不愿意让朋友对仆人讲起无神论,无非是担心自己在公众面前的无神论主张,与自己在仆人面前的权威角色的扮演和权威地位的维护不一致,从而影响他们之间的主仆关系。

日常生活中,人们为了顺利、完美地演绎不同场景中的角色,自觉或不自觉地学习各种社会场景中的行为规范。同时,谨慎对待前后台之间和不同社会场景之间的界限,以防损害自己在他人心目中的印象。

二、梅罗维茨的理论体系

(一) 媒介环境—交往场景—社会行为

戈夫曼的拟剧交往理论说明,交往场景决定人的社会行为和角色扮演。戈夫曼在 20 世纪 50 年代提出这个理论之后不久,西方社会便出现了暴力、酗酒、原始体验、吸食迷幻剂、大规模游行示威等等各式各样的反社会行为。梅罗维茨感兴趣的是,为什么戈夫曼没有像麦克卢汉那样预见到西方 20 世纪 60 年代的社会运动呢?拟剧交往理论能有效解释这些反社会行为吗?梅罗维茨认为,拟剧交往理论无法就突变的社会行为提供有效的解释。原因在于,拟剧交往理论错把社会交往场景视为一成不变的物理空间。

---

① 〔美〕戈夫曼著:《日常生活中的自我呈现》,徐江敏译,云南人民出版社 1988 年版,第 94 页。
② 艾思奇著:《大众哲学》,中国社会出版社 2000 年版,第 9 页。

在拟剧交往理论的视野中,每一种交往场景都稳定不变。角色扮演就是去熟悉和适应各种既定的交往场景。办公室是同事交往的地方。歌舞厅是成人交往的场所。父母在办公室面对的是熟悉的同事,到歌舞厅面对的是陌生的成年男女。这些场景中的交往行为和角色扮演不同于父母与孩子之间的交往,这是由孩子的不在场和同事或者陌生成人的在场决定的。偶尔,会有场景被打破的情况。孩子夜里醒来走进父母正在客厅举办的成人派对,这会让他们尴尬无措。一位老师的同事来教室听他讲课,会让这位老师觉得不如以往自在。偶尔的意外和暂时的打破不会真正改变场景的定义和其中的交往。一旦孩子回到自己的卧室,同事听课后离开,场景依旧,表演依旧。所以,"对于戈夫曼和其他场景主义者而言,场及其相匹配的角色是相对稳定的"①。他们不考虑场景本身的变化,而是集中研究每一种类型的交往场景如何定义其中的恰当行为和角色扮演,人们在社会交往和角色扮演中如何进行印象管理。

假如短暂的场景打破一直持续下去呢?或者说,"当场景的变化相对持久时,行为会是怎样的?"② 梅罗维茨批评说,现实社会中的交往场景并非拟剧交往理论所设想的那样是静态的,而是动态的、变化的。"大部分社会场景的变化是缓慢的、无意识的(例如,求爱方式的变化)。……社会场景的演变常常是技术革新的额外产物。"③ 其中,传播媒介往往通过改变交往场景的边界——接纳谁为参与者,排除谁为局外人——而改变交往场景的定义,进而引起"恰当行为"发生变化。

梅罗维茨以黑人权力倡导者斯托克利·卡迈克尔(Stokely Carmichael, 1941—1998)的宣传活动为例,论证了传播媒介对交往场景及其中的交往行为和角色扮演的影响。20世纪60年代后期,卡迈克尔的宣传活动开始受到大众媒体的注意。他的演讲从有限的实地场所开始转向广播电视所提供的电子讲坛。这让他有机会向更多的人宣讲不同肤色的人权平等,但也让他的演讲变得左右为难。因为在电子讲坛中,卡迈克尔必须同时面对两个受众群体——黑人(目标受众)和白人(随机受众)。

在个人(无中介)表现上,他能够分别对黑人和白人进行两种完全不同

---

① 〔美〕梅罗维茨著:《消失的地域:电子媒介对社会行为的影响》,肖志军译,清华大学出版社2002年版,第38页。
② 同上。
③ 同上书,第23页。

的黑人人权演说,但是在电子媒介的混合论坛上,他必须决定是使用黑人或是白人的修辞风格和内容。如果他使用白人风格,他会疏远最初的黑人观众,并且使其达到给黑人以新的自豪和自尊观念的目标失败。但是如果他采用了黑人的修辞风格,他会与白人疏远,其中包括许多支持给少数民族充分权利的自由人士。①

以往分属于不同交往场景中的两类观众,现在混融在了一起。卡迈克尔必须为此调整自己的行为表现。由于没能找到合适的解决方法,又设计不出一种混合型的演讲风格,卡迈克尔最终选择了适合于黑人受众的表达方式。这样,他虽然激发了黑人受众的激情,却也引起了白人受众的恐惧和敌视。

梅罗维茨分析说,卡迈克尔的电视演讲的效果这一事例向人们显示:

- 媒介的运用可能混淆不同情境的分界线,如混淆卡迈克尔向黑人演讲的情境和他向白人演讲的情境的分界线。

- 不同情境的分界线的混淆,会导致新的情境的产生。如在卡迈克尔的宣传活动的例子中,在电子传媒播送的演讲中,卡迈克尔是处于同时向黑人受众群和白人受众群讲话的混合情境,他并不是仅仅在向前者或向后者讲话。

- 新的情境的产生要求人们采取新的行为,因为行为得适合具体的情境。②

所以,梅罗维茨指出,交往场景既会因偶尔的外力侵入而暂时被打破,也会遭遇强力的冲击而发生质的改变。"场景暂时的打破仅会导致迷惑和混乱,而永久或长期的打破会导致新行为模式的诞生。"③ 在电子传播方式的持久介入下,印刷传播环境中的交往场景的定义发生了变化:特定的交往场景不再只有特定的观众在场,前台和后台的界限变得模糊不清。在电子传播环境中,女性看见了男人之间的私下交往;民众目睹了政客之间的相互厮打和谩骂;孩子们可以收看父母讨论如何管教他们的电视节目,还经常通过电子屏幕旁观父母在上司面前的可怜相。场景定义之外的不速之客不期而至,而且长此以往,这必将修改这

---

① 〔美〕梅罗维茨著:《消失的地域:电子媒介对社会行为的影响》,肖志军译,清华大学出版社2002年版,第40页。
② 张咏华著:《媒介分析:传播技术神话的解读》,复旦大学出版社2002年版,第130页。
③ 〔美〕梅罗维茨著:《消失的地域:电子媒介对社会行为的影响》,肖志军译,清华大学出版社2002年版,第41页。

些交往场景的定义,之前适应这种定义的交往行为不再恰如其分。鉴于此,梅罗维茨提出,只有把戈夫曼的静态场景改变为动态场景,才符合社会现实,也才可以解释社会行为和社会关系的广泛变化。

梅罗维茨对拟剧交往理论的第二点修正,是把有形场景转换成无形场景。在拟剧交往理论中,交往场景是以地域为界限的物理空间,比如教室、餐厅、广场。在饭店营业期间,餐厅是侍者的前台,厨房是他们的后台;在两代人的家庭交往场景中,客厅是父母的前台,卧室是他们的后台。但是,梅罗维茨提出了一个问题:实际地点是交往行为最大的决定因素吗?一个常见的现象是,侍者往往会在饭店打烊期间把他们做准备和放松的后台区域从厨房扩大到餐厅。即使在正常的营业时间,侍者在餐厅这样的前台仍然可以进行后台模式的交往行为,比如两个侍者在餐厅服务的时候暗中会意一位顾客的可笑举止。因此,梅罗维茨说:"对人们交往的性质起决定作用的并不是物质场地本身,而是信息流动模式。"① 换句话讲,侍者的行为表现是前台模式还是后台模式不是取决于行为发生地,而是取决于他们的交往行为是否为顾客所见所知。所以,讨论互动交往中的社会行为不能仅限于实在的物理场景,还需格外重视信息流动的无形场景。

通过修正嫁接媒介环境理论和拟剧交往理论,梅罗维茨建构了自己的研究框架:分析媒介环境的变化如何改变交往场景内的信息流动,信息流动的变化如何解构交往场景的定义,进而导致角色和行为的连锁反应。

(二)三个维度,三个变量

梅罗维茨分析了三种角色类型:群体身份角色,即隶属或者作为;社会化的角色,即转变或者成为;权力角色,即表现或者展示。每一类角色都讨论了三个变量:信息共享关系,后台信息的显隐,与物质地点的关联。

1. 一个群体由群体成员共同拥有但不与其他群体的成员分享的共同经历、共同价值观等信息形成群体自有的内部认同。交往场景的变化会改变群体内部的信息分享格局。在一个学校内部,"教师"与"后勤人员"是两个不同的群体,两个群体的成员对此都有清楚的认识。但是,当后勤人员与学校外部的人员交往时,交往双方通常很自然地视"后勤人员"为老师。因为,当与学校外部的人员相比时,后勤人员显然更多地分享了"教师"这个群体内部的信息。所以说,谁与谁共享信息直接影响个人的群体归属。梅罗维茨认为,不同的媒介环境支

---

① 〔美〕梅罗维茨著:《消失的地域:电子媒介对社会行为的影响》,肖志军译,清华大学出版社2002年版,第33页。

持不同的信息共享格局。

从表演的前后台来说,群体成员共享但不与其他群体的成员分享的关键内容是这个群体的后台信息。群体外观众只能看到这个群体的前台表演。群体内成员则对相互的前台表演和后台整饬都很熟悉,他们"倾向于关照相互的表演,并且团结一致保护所表现的场景界定"①。不同群体防护各自后台区域的措施和设备不尽相同,有的是深宅高墙,有的是栅栏门窗。官宦商贾的府邸豪宅总免不了"庭院深深深几许",或是游廊曲径通幽处,或是千层台阶万进门。现代平常人家则多用门禁制度、许可约定和客厅屏风来隔绝自己的后台空间。后台区域保护的严密程度不同,意味着局外人分享群体后台信息的难易程度分别。不同的媒介为群体提供隐藏后台空间的方法各异,同时意味着为局外人提供接近群体后台区域的手段和机会不同,从而影响群体的内部关系和交往行为。

2. 社会化的目的是获得目标群体"共享而特殊"的信息,成为目标群体的成员。所有社会化的过程包括儿童社会化、单身汉成为丈夫、移民融入当地,实质都是社会化的客体进入一个新的群体交往场景。进入场景各部分的次序、进入的速度以及进入的难易程度,直接影响社会化客体与目标群体共享群体内部信息的步骤、快慢和程度,这就必然影响社会化主客体双方的互动交往和行为表现。不同媒介的信息编码方式不同,媒介接触的难易程度不同,势必影响社会化客体对目标群体信息的分享。

"社会化也可以按照它与一个群体后台行为不断增多的接触关系进行探讨。"② 社会化客体了解目标群体的后台信息越多,进入后台区域越快,意味着融入目标群体的程度越深,社会化的进程越快。(如果成人群体的后台信息过早大量暴露给儿童,势必导致儿童社会化的过程缩短,结果可能是性早熟、儿童成人化。)而社会化客体要了解目标群体的后台信息,必须借助一定的渠道或媒介。有的媒介有利于加固后台的隐蔽性,有的媒介会损伤后台的保密性。对社会化客体而言,不同性质的媒介意味着接近目标群体后台区域的难易快慢。

3. 等级秩序与交往场景有关。一个汽车修理师去医院看病,显然要服从医生的权威诊疗。当医生的汽车发生故障时,他不得不对汽车修理师言听计从。等级地位的维持需要排他性的知识或者说信息。如果教师在课堂上的信息垄断

---

① 〔美〕梅罗维茨著:《消失的地域:电子媒介对社会行为的影响》,肖志军译,清华大学出版社2002年版,第52页。
② 同上书,第56页。

地位被打破，他在学生面前的权威形象就会受损。梅罗维茨分析道，媒介越是倾向于将知识细分，越是容易产生更多的权威等级；媒介越是倾向于融合不同的信息世界，就越会鼓励平等的交往模式。另外，"等级角色比其他类别的角色更加依赖后台演练、练习和放松的保密。……一个人越是能掩饰维持高地位角色所需的时间和努力，他就越显得有权力和无所不能"①。日常生活经验也告诉我们，领导的后台空间总是比常人神秘，印象中也总是"内幕"的发酵池。而且，这个后台区域的墙壁厚度和安保程度都非同寻常。从这个角度来说，那些倾向于保护权威的后台区域，有利于权威与其他社会群体之间隔离的媒介，通常会支持等级制度和领域壁垒；反之，则可能会打破权威的形象。

梅罗维茨以书籍和电视为例，从物理特征、信息表现形式、接触难易程度和受众反应模式等几个方面，论证了印刷传播和电子传播对交往场景的三个变量的不同影响：

- 媒介如何形成和改变人们的信息共享关系，在多大程度上将不同类型的人们分成或合并到不同或相同的信息世界中。
- 媒介如何遮蔽或开放交往场景中的后台空间。
- 媒介如何支持或削弱交往场景中的信息屏障。

在文化主要由文字记载和印刷媒介传播的时代，欲学文化，必先学字。文字文化复杂难学，"这种复杂性以及阅读所需的努力使得只有某些人能够读某些书。书籍将特定的读者'聚集'到特定的信息系统"②。学校教育因此变成了阶梯式教育，儿童被分进难易不同的年级分阶段学习。结果，人们对不同年级学生的行为有了不同的期待和要求。从横断面来看，书籍对知识和信息的分配也产生了直接而重大的影响。任何一本书都只能描述一个特定的领域或故事，这意味着书籍对知识整体的切割，形成了许多专业、专家和专业读者群。每一个领域的群体成员都无法轻易进入其他领域，出现了隔行如隔山的文化分离效应。

以电视为代表的电子传播不同。电视是基于自然经验的一种传播媒介，它呈现的是现实中的图像和声音。看电视几乎不需要任何文化水平，几个月大的婴儿都能够对电视饶有兴致。而且，与一本书指向一个专业领域不同，电视（而

---

① 〔美〕梅罗维茨著：《消失的地域：电子媒介对社会行为的影响》，肖志军译，清华大学出版社 2002 年版，第 61—62 页。
② 同上书，第 71 页。

不是电视频道)是一个万花筒。一个人看一本书只能进入一个领域,一个人包括儿童只要能够接触电视,他就可以直接接触其所播出的所有东西。梅罗维茨指出,"虽然电视和收音机可能不会明显提高人们对许多问题的真正理解,但是它们至少使人口中的大部分人从表面上熟悉了许多问题以及生活在不同场景中的人群"①。因此,印刷传播倾向于把众多分散的个体分进不同的交往场景,形成不同的社会群体;电子传播倾向于融合不同的交往场景,打破不同群体之间的信息壁垒。

"所有的文字讯息都将行为和行为的报道分离开来。但是电子媒介更加直接地展示了行为和经历。"② 换句话说,印刷传播给传播主体留下了足够多的整饬空间。一本书可以反复修饰,甚至对每个字都细加推敲。如唐朝诗人卢延让在《苦吟》一诗中所云:"吟安一个字,拈断数茎须。"这是以一种语不惊人死不休的精神追求,磨砺成一篇精彩完美的佳作。这样的佳作读者拿到手可以百读而不厌,为作者的才华所折服。即使视时效为生命的报纸新闻报道,也允许记者在现场采访之后有一个构思立意、行诸文字的过程。因此,印刷传播方便传播主体在不暴露任何后台行为的情况下,刻意修饰所有的行为表现,呈现一个相对完美的前台表演。相反,电子传播允许整饬的空间大大缩小了。虽然上镜之前可以化妆修饰,熟悉脚本,反复彩排,但是电视传播绝对无法保证没有任何下意识的动作和表情。实际上,传播主体现身传播现场已经决定了电子传播中的后台保护无法与印刷传播相提并论。而且,电子传播所要求的时效性让本就不宽裕的整饬空间更显紧张。所以,与印刷媒介倾向于前后台的截然分离不同,电子媒介先天性地具有后区传播风格。

印刷传播相对封闭。写和读都需要一个安静的地方。而且,写(传)和读(受)是分离的。电子传播以电信号、光信号的形式让我们轻而易举地进入任何场景,使有形的物质地点变得几乎毫无意义。因此,印刷传播更容易形成不同交往场景的物质边界,电子传播却让这种物质边界形同虚设。

由上可知,传播媒介影响交往场景的定义。相比较而言,印刷媒介倾向于隔离不同的社会场景,电子媒介倾向于融合不同的社会场景。印刷媒介有利于保护前台的表演,电子媒介有利于暴露后台的表现。为进一步证明这个观点,梅罗

---

① 〔美〕梅罗维茨著:《消失的地域:电子媒介对社会行为的影响》,肖志军译,清华大学出版社2002年版,第79页。
② 同上书,第107页。

维茨研究了男女交往、成人与儿童的交往、政治英雄与社会民众的交往这三种社会交往关系。他通过分析大量的社会生活实例和现象，证明电子媒介带来了新的信息流动模式。这种信息流动绕过了有形屏障的限制，让人足不出户就能遍览世间万象，而且很大程度上也超越了无形的地位、等级、身份和群体的界限，让老百姓看到了领袖的另一面，让儿童窥见了成人的很多秘密，让女性对男性世界有了更多了解。场景定义的打破和前后台区域的融合，导致场景所定义的"恰当行为"发生变化。在截然分明的"前区行为"和"后区行为"之外，出现了很多不前不后的"中区行为"。具体表现是：男性气质与女性气质杂交融合，男人女性化，女人男性化，这可从"野蛮女友"系列电影略窥一斑；成人与儿童之间的界限模糊，成人娱乐卡通化，儿童言行成人化；政治英雄也不再像印刷传播环境中那样高高在上，威严神秘，领袖政客们都力图抓住一切机会塑造亲民形象，元首领袖忽然变得有几分像"邻居大叔"……

媒介的场景偏向属性并非绝对。梅罗维茨论证道："有了书写，象征性的共同体开始挑战实在性的共同体。书写使同一实在环境中比邻而居的人们可以知道和经历不同的事情，也可以使不同实在环境中的人们因为阅读同样的材料而建立联系。因此，书写以新的方式既分裂又组合了人们。"[1] 拿"我们"这个意识来讲，口语社会是面对面以口语团结在一起的"我们"；印刷社会是分享同样文本的"我们"；电子社会则变成了跨民族、跨语言、跨文化的"我们"。无论是印刷媒介还是电子媒介，它们的出现都既分离又融合了社会场景。

不过，梅罗维茨强调了两点：其一，相对于印刷媒介而言，电子媒介是在更大的范围内融合了不同场景；其二，印刷媒介的分离和融合制造了立体的等级秩序，电子媒介则是在一个平面上进行分离和融合。梅罗维茨说道："不同年龄、性别的人们和不同层次的权威正在行为上越来越趋同；同时，同一年龄、性别的人和同样层次的权威在行为上的差别越来越大"，"从某种意义上说，世界正在变成一个我称谓的 glocalities（globle + local）——由他们当地的独特性、全球趋势和全球意识形成的地方。"[2]

---

[1] Joshua Meyrowitz, "Medium Theory," *Communication Theory Today*, edited by David Crowley and David Mitchell, Polity Press, 1994, pp. 54—55.

[2] Joshua Meyrowitz, "Shifting Worlds of Strangers: Medium Theory and Changes in 'Them' Versus 'Us'," *Sociological Inquiry*, Vol. 67, No. 1, February 1997.

三、梅罗维茨的学术评价

显然,梅罗维茨在沿着伊尼斯和麦克卢汉的道路往前进。在传播与社会之间关系的问题上,梅罗维茨与前辈一样认为,传播媒介并非价值零负荷的信息通道。它们所提供的信息流动模式直接影响社会场景的定义,进而影响其中的交往行为和角色扮演。在媒介环境学派当中,梅罗维茨的独到之处和突出贡献表现在以下三个方面。

第一,梅罗维茨把媒介环境学推进到了社会变化的微观层面。与前辈所研究的宏大多主题变奏不同,梅罗维茨全神贯注于社会行为和角色扮演这样更微观的层面。

伊尼斯通过考察各文明古国和传播媒介这两个变化螺旋之间的关系,发现了媒介的时空偏向对于知识、权力、社会秩序和国际关系等等方面的显著影响。他研究的是宏阔历史中的宏大主题变奏。麦克卢汉接过伊尼斯的魔棒,换手转向了对人与社会的研究,从媒介的感官偏向这个角度审视了媒介对心理认知和社会结构的影响,把研究内容下移到了中观层次。

不能说在梅罗维茨之前,伊尼斯和麦克卢汉丝毫未论及社会微观层面的变化。伊尼斯在论述书写传播对口头传播的改变时说道:"会议记录的发表,迫使议员们讲话时心中要有会场外面的公众。"① 这正是梅罗维茨所探讨的媒介变化对交往场景及其定义的行为模式的改变。麦克卢汉曾经指出,电子媒介对物质空间和有形地点的打破让人既失去了肉身的意义,也失去了社会身份。② 他梦呓般预言了电子传播时代一些领域的融合:工作和生活的融合③;古典与流行、"阳春白雪"与"下里巴人"的融合④;儿童在被无情地暴露在"成人世界"之后,将与成人相互融合⑤。但是,这些只言片论不过是他们对微观层面的惊鸿一瞥。梅罗维茨不同,他为之心动、全力求索的待解之谜是:社会行为如何因媒介环境的变革而改变?梅罗维茨从拟剧交往理论所研究的交往场景切入,探讨不

---

① 〔加〕伊尼斯著:《帝国与传播》,何道宽译,中国人民大学出版社2003年版,第101页。
② 〔加〕埃里克·麦克卢汉、秦格龙编:《麦克卢汉精粹》,何道宽译,南京大学出版社2000年版,第555页。
③ 〔加〕麦克卢汉著:《理解媒介》,何道宽译,商务印书馆2000年版,第179页。
④ 同上书,第347页。
⑤ 〔加〕埃里克·麦克卢汉、秦格龙编:《麦克卢汉精粹》,何道宽译,南京大学出版社2000年版,第351页、第378页。

同媒介环境对日常生活中的社会交往和角色扮演的影响。

第二,梅罗维茨构建了媒介环境学最系统最扎实的理论体系。伊尼斯在晚年的传播研究虽然还有其严谨的经济史学的遗风,奈何时已暮年,身心俱瘁。他论及了很多问题,也尽力摆出了很多史料,但在材料与材料之间,材料与问题之间,显然缺乏有组织的安排和有逻辑的论证。麦克卢汉的学术野心和方法论信仰让他的思想高居九重天。在人与社会的主题之下,他什么都想谈,也几乎什么都谈及了,却都未及深谈,所谈不过蜻蜓点水。他的思想总是天马行空,高屋建瓴;分析总是变动不居。梅罗维茨批评说:"对媒介影响的这种富有诗意的描述,能触动我们的灵魂,但却使我们的头脑痛苦。"①

梅罗维茨从麦克卢汉言犹未尽之处起步,通过改造和嫁接媒介环境研究与拟剧交往理论,论证了媒介环境改变交往场景进而确立新的恰当行为标准这样一个关系链条。梅罗维茨认为:社会当中的交往场景一方面会发生变化,尽管这种变化往往难以察觉;另一方面,交往场景并非总与物质地点有关。要想了解交往场景中的行为和角色变化,必须承认交往场景是一种动态的信息传播系统。不同的媒介环境或支持交往场景之间的相互分离,或支持它们之间的相互融合。无论是分离还是融合,都将改变交往场景的定义,因此势必导致交往场景所定义的"恰当行为"发生变化。电子媒介模糊了前后台的界限,把场景内的表演暴露给了场景定义之外的观众,惯常的恰当行为在已经变化了的交往场景中不再"恰当",这就迫使角色必须调整自己的行为方式。梅罗维茨的结论是:电视让我们失去了以往的"方向感",人们的社会行为变得不"前"不"后",出现了"老顽童,小大人","男不男,女不女","既是热又是冷"(cool,"酷")等等大量具有"中区"风格的行为。

第三,梅罗维茨不仅把媒介环境学导向了对日常人际交往的研究,为媒介环境学贡献了最有体系的传播理论,而且他对日常生活的观察之细腻和理论表述之清晰晓畅,都是前所未有。如果说伊尼斯的结论来自历史深处,麦克卢汉的洞见来自玄思冥想,梅罗维茨的论点则是来自众所周知的常识和日常生活的现实。上海大学张咏华教授说:"梅罗维兹善于考察日常生活中的传媒现象和人际传播现象,用理论加以分析,这使他的理论成功地将一些很有见地的观点与人们的

---

① 〔美〕梅罗维茨著:《消失的地域:电子媒介对社会行为的影响》,肖志军译,清华大学出版社2002年版,第18页。

常识糅合在一起。"① 在表达方式和风格上,梅罗维茨也与伊尼斯和麦克卢汉的艰涩迥然不同。梅罗维茨的著述逻辑性、系统性和连贯性都很强。如张咏华所言,"不论措词还是句子结构都相对浅显,虽然书中不乏新颖观点,但却不是靠别出心裁的词汇和结构来引人注目,而是靠较为细致的论证。他的书中佐证材料丰富,注意以实例说明观点"。"不论是对总主题的阐述还是对总主题之下的各问题的阐述,梅罗维兹的著作可谓都按一层紧扣一层的方式展开,结构颇为缜密,比起麦克卢汉理论的表达方式来,梅罗维兹理论的表述方式显然较为传统,较为符合印刷传播中人们对表述方式的期待。"②

不像麦克卢汉的著作那样备受争议,梅罗维茨1985年出版的专著《消失的地域》受到了广泛好评,很快在德国、英国、意大利、澳大利亚等国翻译出版。1995年美国出版的《大众传播学理论:基础、骚动与未来》一书,将该书的出版列入"大众传播(学)大事年表"。2000年,该书在国际传播学年会上又获"传播学科经典文本"提名。

国内最早引入梅罗维茨的研究是在社会学领域。黄育馥在1986年出版的《人与社会——社会化问题在美国》一书中写道:

> 近年来,美国学术界还有人把电视作为一个重要的社会信息源来进一步分析电视对人的社会化的影响。……美国《仪达罗斯》杂志在一九八四年夏季号上曾发表过一篇J.迈耶罗维茨的文章,文章的标题是《小大人与大小人:电子时代的社会化》。它指出……在过去的三十年内,儿童的形象和角色却发生了引人注目的变化,童年已不再是一个在保险箱里度过的时代了。今天的美国儿童似乎已不再那么孩子气十足,他们的言谈举止、穿着打扮比以前更接近于成年人。……文章认为,出现以上问题的重要原因之一是大众传播工具使成人和儿童接受的信息日趋"同质化",尤其是在美国社会文化从"书本文化"转向"电子文化"的情况下,不同年龄的人接受不同信息的界线更加模糊不清。③

国内传播学直到20世纪末才开始关注梅罗维茨的理论。2002年,清华大学熊澄宇组织翻译出版了《消失的地域》一书。2003年,国内出版的两套丛

---

① 张咏华著:《媒介分析:传播技术神话的解读》,复旦大学出版社2002年版,第138页。
② 同上书,第140页、第141页。
③ 黄育馥著:《人与社会——社会化问题在美国》,辽宁人民出版社1986年版,第139—140页。

书——黄旦主编的"传播·文化·社会"译丛和张国良主编的"新世纪传播学研究丛书"——都给予梅罗维茨以高度的重视。相信梅罗维茨的研究会带动媒介环境学在社会微观层面的进一步探索。

第四节 莱文森——数字时代的"麦克卢汉"

一、莱文森的研究背景

人类在经历了口语社会和文字印刷社会之后,以1844年电报的发明为开端开始步入电子社会。之后,广播、电视先后加盟,每一次都把电子社会推向新的阶段。就研究的历史时期来说,沃尔特·翁更多分析了口语社会;伊尼斯更多分析了文字印刷社会;麦克卢汉更积极地回应了广播、电视掀起的社会变革,还遥感了未来的数字社会。梅罗维茨的《消失的地域》"写得太早,不可能完全抓住数字时代飘然降临的势头。他评价的主要是电视,而不是电脑"[①]。莱文森则有幸亲历了数字时代从起步至今的整个过程,他主要考察的正是当今的媒体之星——数字传播。

不仅研究数字传播,莱文森还亲身参与数字技术的开发应用。1985年,莱文森在自己的事业蒸蒸日上的时候,与妻子一起跳进了数字技术的洪流,创办了"联合教育公司"——一个主要从事远程教育的机构。这在当时还是一个新生事物。作为网络教育的先锋,莱文森在20多年的网络教学中充分体会到了网络传播的神奇。"联合教育公司"的学生分布在40多个国家,聘用的老师既有美国各地的,也有南非和俄罗斯的。莱文森自己在家里办公。在网络学习社区中,教师可以很灵活地安排讲授、讨论和作业。物理场所失去了意义。网络传播的这些特征具体而形象地演绎了麦克卢汉的洞见——"处处皆中心,无处是边缘"、"非集中化"趋势、"地球村"、"无形无象之人"。所以,于莱文森而言,麦克卢汉的传播思想和日新月异的"数字时代"一点都不玄奥,而是尽在生活之中,可触可感。

与麦克卢汉的亲密来往是影响莱文森学术研究的另外一个重要方面。1964年在读本科时,莱文森与当时多数大学生一样被指定阅读麦克卢汉的著作,但并未接触过麦克卢汉本人。硕士期间,莱文森专修了一门关于麦克卢汉的课程。

---

① 〔美〕莱文森著:《数字麦克卢汉》,何道宽译,社会科学文献出版社2001年版,第25页。

1976至1979年在纽约大学攻读博士学位期间,经导师波斯曼介绍,莱文森结识了麦克卢汉。这之后,他们往来互访,散步聊天,成了亲密朋友。莱文森曾经感叹道,与麦克卢汉结成朋友是他生平大事,否则,他就不可能像现在这样是一位学者和媒介理论家。[①] 莱文森与麦克卢汉的亲密关系不仅体现为两人之间的直接交往,更重要的是前者对后者传播思想的学习、研究和传授。莱文森几十年不辍开设"麦克卢汉研究班",在传授、发扬麦克卢汉思想的过程中不断加深自己的理解。从第一篇学术论文一直到他今天的研究专著和科幻小说,无不映照着麦克卢汉的影子。

二、莱文森的学术拓展

(一) 解读、捍卫麦克卢汉

莱文森解读、辩护最多的是麦克卢汉的独特表达方式和一些重要的思想命题。关于"媒介即讯息",莱文森说道,很多人误解为它是对传播内容的完全否定,这是完全错误的。麦克卢汉有一句广为征引的话:"媒介的'内容'好比是滋味鲜美的一块肉,破门而入的窃贼用它来分散思想看门狗的注意力。"传播的内容能够如此深刻地吸引我们的注意力,致使我们对媒介本身浑然不知,这个比喻不正恰恰说明传播内容的巨大影响力吗?莱文森用一个更通俗的比喻解释说,传播内容就像阳光,使人目眩,看不见太阳本身。所以,"媒介即讯息"这个命题用讯息来比喻媒介,既是对被遮蔽物——媒介本身——的强调,又是对遮蔽物——传播内容——的无声肯定。这表面上是一种"悖论",存在"歧义",内里却充满内容与形式之间的"张力",且能收"反讽"之效果,达到强调形式的表达目的。

莱文森是个音乐人,自己创作音乐,出过唱片。根据这位音乐人的说法,麦克卢汉的"冷"、"热"一说派生于爵士乐。他还特别指出,麦克卢汉所言的"冷"与"热"不仅仅是媒介的问题,更重要的是社会文化的表征:

> 大型、喧嚣的铜管乐荡气回肠、使人陶醉,是热的。轻柔、悦耳的速写乐拨动心弦、勾引心灵,是冷的。热乐队的喧嚣猛冲猛打,把我们击倒,我们既不拥抱它,也不泡进去。与此相对,冷乐调像清风拂面、流遍身上,嘱咐我们跟着感觉,就像魔笛手一样"诱拐我们的灵魂"。

[①] 〔美〕莱文森著:《数字麦克卢汉》,何道宽译,社会科学文献出版社2001年版,作者谢辞。

更重要的是,麦克卢汉认为,这样的热碳和冷风(hot coal and cool wind)调节着文化环境的温度;它们给文化环境提供信息,又反过来从环境中吸取能量!依靠广播和电影运转的30年代,是热的时代,亮色、美发、连珠妙语、字正腔圆,时髦走红。到了60年代,电视使文化大大降温。磨损的牛仔服、蓬松的发型、初露端倪的贴近自我感觉的潮流——所有这一切,按照时尚礼节,都成了领先的风格。①

正像麦克卢汉极力推崇伊尼斯的研究方法那样,莱文森大力捍卫麦克卢汉的研究和表达方式。这种研究和表达方式使读者遭罪,让很多社会科学家包括著名社会学家罗伯特·默顿大为光火。尼尔·波斯曼也对之印象颇深。他回忆说,麦克卢汉在回答别人的提问时往往不是作直接解释,而是更进一步地比附。麦克卢汉常说的一句话是,"如果你不懂这一点,我这里还有一点",说完这句话,他会连珠炮似地再列举三四种联系。②

不光是回答,麦克卢汉的几乎所有表达包括口头和书面无不是腾挪跳荡,豆点碎片,东一榔头西一棒槌。他把"message"改为"massage",并以其命名一本新书《媒介即是按摩》(与Quentin Fiore合著,1967)。在1969年出版的《逆风》(与Harley Parker合著)一书中,麦克卢汉又幽默地把"媒介"(message)说成是"混乱时代"(mess age)。在1972年出版的《把握今天:自动出局的行政主管》(与Barrington Nevitt合著)一书中,他又把"混乱时代"(mess age)转换成了"大众时代"(mass age)。

对于这种表达风格,莱文森作为网络实践的先行者是再熟悉不过了。莱文森指出,这是一种典型的"在线"风格,即电子文本的风格。麦克卢汉使用这种风格是为了匹配他的研究主题,更好地突出电子社会的特征。遗憾的是,"迫于当时的媒介环境,他的风格被囚禁在纸上"③。莱文森有一句评论非常精当,他说麦克卢汉是"在书页的紧身衣中奋力用电子模式传播信息"④。如果寿命再长一些,麦克卢汉就可以挣脱这套"紧身衣"的束缚,畅游在网络的空间中用在线的风格发表他关于电子社会的洞见。

莱文森还借用唐纳德·坎培尔(Donald Thomas Campbell,1916—1996)的

---

① 〔美〕莱文森著:《数字麦克卢汉》,何道宽译,社会科学文献出版社2001年版,第154—155页。
② 〔加〕马尔尚著:《麦克卢汉:媒介及信使》,何道宽译,中国人民大学出版社2003年版,波斯曼序。
③ 〔美〕莱文森著:《数字麦克卢汉》,何道宽译,社会科学文献出版社2001年版,第27—28页。
④ 同上书,第5页。

"进化认识论"为麦克卢汉辩护。坎培尔在生物进化论的基础上提出了"知识进化论"(evolutionary epistemology):学术研究的第一个阶段是提出新思想("生成"阶段);第二个阶段是接受批评、检验和讨论("选择"阶段);第三个阶段是把第二个阶段幸存下来的知识理论广为传播(遗传和传播阶段)。传统的学术规范要求学者不仅要探索,还要接受批评和检验。但是,麦克卢汉只对第一个阶段感兴趣。莱文森打了一个比方说,传统的学者寻找终极结果——面包和美酒,麦克卢汉只提供谷物和烤酒机。①

(二)网络传播的社会效应

对于20世纪末以来的网络社会,伊尼斯无缘得见。梅罗维茨没有研究。麦克卢汉只能透过70年代的门缝远望管窥。他关于网络社会的思想"仅仅是导航的线索、环境的轮廓"②,远非网络社会的细节和全部。在媒介环境学的阵营中,莱文森对网络社会的研究最多。不过,莱文森的研究总体而言是围绕网络传播的非集中化效应,是对麦克卢汉的观点作出的散点式思考和幅度不大的修正。

莱文森认为,因特网意味着信息传播更加民主。在手写传播阶段,传播的守门人是教会。印刷机卸掉了教会那道门,却装上了政府这扇门。进入20世纪,广播电视虽然使信息接收更加容易,但政府和企业把关的势头丝毫不减,甚至还愈发严重。到了数字时代,"媒介中传统的守门人都被席卷而去,都被压倒了","网络是一个普世的发行系统,凡是有浏览器的人都可以看到。"③麦克卢汉曾说,电子媒介把人变成了"无形无象之人""发送"到世界各地。莱文森指出,这句话显然表明麦克卢汉认为人在电子传播环境中是被动的、次要的。网络传播改变了人在电子传播过程中的消极角色:人不是在媒介中被发送出去,而是积极地驾驭媒介,发号施令,创造内容。④

在《数字麦克卢汉》一书第七章,莱文森为我们描绘了网络传播在教育、政治、商务、城市等领域引起的非集中化效应。可惜,这些描绘无论是轮廓的勾勒还是其思想的穿透力,都没有超越麦克卢汉。值得一提的是,莱文森因为推崇网络的非集中化效应而修正了麦克卢汉的"地球村"思想。莱文森认为,真正把全世界变成一个"地球村"的,是网络而不是麦克卢汉所说的电视。在网络传播

---

① 〔美〕莱文森著:《数字麦克卢汉》,何道宽译,社会科学文献出版社2001年版,第35页。
② 同上书,第2页。
③ 同上书,第14—15页。
④ 同上书,第56页。

中,任何人只要有一台个人电脑、一根电话线和一个浏览器,就可以在全球范围内交换信息,更像小村庄里的村民可以很方便地进行互动交往。① 而电视观众却是一个个孤立的家庭和一个个慵懒的沙发"土豆"。他们之间无法像同住一村的村民那样进行自由而亲密的交往。莱文森建议,应该把麦克卢汉的"地球村"分为传统的地球村和赛博空间地球村。传统的地球村包括广播地球村和电视地球村。广播地球村是儿童的村落,因为广播只允许听不允许说;电视是窥视者的村落,因为它只允许看不允许说;只有赛博空间才真正是参与者的村落,身处其中的所有参与者都可以既听且看且说。所以,是"因特网把地球村变成了货真价实的比喻。换言之,它把地球村从比喻变成了接近于现实的白描"②。

鉴于网络传播的这种非集中化效应,莱文森曾对1998年美国政府诉微软垄断案评价说,美国政府的起诉大可不必,因为微软生产的正是反垄断的东西。网络的反垄断力量远远要比微软公司的垄断力量大。③

(三) 玩具、镜子和艺术

我个人认为,能够代表莱文森学术成就与特点的专著是《数字麦克卢汉》和《软边缘》。前者是对麦克卢汉思想的解读与批评,以及在此基础上对网络传播和网络社会的研究。正如作者本人自言,《数字麦克卢汉》是要将麦克卢汉的思想带入数字时代,同时又拓展他的思想。④ 后者代表了莱文森在媒介发展史方面的努力和贡献。贡献主要有两点:其一,对媒介发展历史做出了最为通俗有趣的述评;其二,归纳提出了媒介发展的一些规律,比如"玩具、镜子、艺术"。

"玩具、镜子、艺术"之论脱胎于麦克卢汉的洞见。最早,麦克卢汉在给曾经是论敌后来是朋友的费斯维科(Fishwick)的信中说道:"我们生活在一个怀旧的时代,所有过去的时尚都将不断被召回。"⑤ 晚年,麦克卢汉提出了媒介发展四元律——强化、替代、再现和逆转,概括了媒介从出现到没落再到涅槃的发展过程,以及新媒介的多重变革效应。综合麦克卢汉的这些观点和自己在媒介发展史研究中的发现,莱文森提出了"玩具、镜子、艺术"之说:一种媒介初入社会时往往只是一种娱乐玩意儿(玩具),然后会发展成为一种写实的工具(镜子),最后将随着新媒介的崛起而蜕变成一种稀有的艺术品(艺术)。

---

① 〔美〕莱文森著:《数字麦克卢汉》,何道宽译,社会科学文献出版社2001年版,第9页。
② 同上书,第97页。
③ 同上书,第10页。
④ 同上书,作者中文版序。
⑤ Marshall Fishwick, "Marshall McLuhan," *Journal of Popular Culture*, 31, No.4, Spring,1998.

莱文森举例说,这一演进过程在电影的历史中表现得最为清楚。① 电影开局的作品是《弗雷德·奥特打喷嚏》和《宝宝的第一餐饭》。在这些初期的电影作品中,内容不是很重要,重要的是银幕上的人物竟然会动。在人类文明史上,现实世界的生命第一次因电影而复原了。这是一种多么新奇而令人着迷的玩意儿!不久,电影被用来记录社会现实。从20世纪初直到20世纪70年代,纪录片甚至成了电影的代名词。电影被用来记录土著居民的生活、城市社会的问题,还被用来写实宇宙奇观,表现地理和人文景致。电影纪录片还一度作为宣传工具,直接服务于政治和军事斗争。例如,美国电影大师弗兰克·卡普拉(Frank Russell Capra,1897—1991)受马歇尔将军所托为激励美国青年参军而拍摄的七集大型纪录片《我们为何而战》(1942—1945)、雷尼·里芬斯塔尔(Leni Riefenstahl,1902—2003)和弗里茨·希普勒(Fritz Hippler,1909—2002)领纳粹党旨意拍摄的《意志的胜利》(1935)和《死不绝的犹太人》(1940),以及拉丁美洲在20世纪六七十年代为抵抗新殖民主义和资本主义而拍摄的大量纪录片。随着电影蒙太奇成为一种常态特别是二战后电视在美国的迅速普及,电影开始越来越多地被用来表现超现实的东西,成了继建筑、音乐、绘画、雕塑、诗歌和舞蹈之后的"第七种艺术"②。

电话经历了类似的发展历程。1881年,西部协和电报公司的董事长劝他的朋友不要花一万美元买进贝尔电话公司的股票。因为在他看来,电话这种东西不过"是一种玩具",没有任何"商业开发的可能性"。实践证明,这是一个给他带来灭顶之灾的错误判断。到19世纪末,美国的电话拥有量已经大大超过电报的拥有量,二者之间的比例达到50∶1。西部协和电报公司最终被贝尔电话公司收购。今天,移动电话、可视电话、多功能电话成了新宠,旧式电话已悄然退居收藏品市场。

广播的发展也大体符合这一规律。20世纪头十年,无线电广播技术已经取得了实质性进展。可是,直到第二次世界大战爆发,广播仍不过是一种有趣的玩意儿,没有人认为它有什么实用价值。从1906年费森登进行首次广播到1918年第一次世界大战结束这十余年间,鼓捣广播、摆弄接收机的只是极少数无线电业余爱好者。他们戴着耳机调试信号,欣赏自编自播的节目。1920年11月2日,世界上第一家广播电台KDKA正式开播。KDKA广播的内容包括艺人表演、

---

① 〔美〕莱文森著:《数字麦克卢汉》,何道宽译,社会科学文献出版社2001年版,第204页。
② 闵大洪著:《传播科技纵横》,警官教育出版社1998年版,第56页。

故事朗读、新闻播报,以及对体育赛事和舞台演出的实况报道。其中,舞台表演等娱乐节目是它广播的主要也是最受欢迎的内容。到20世纪30年代,美国的广播依然以娱乐为主。《阿莫斯和安迪》(Amos'n'Andy)、《第一夜》(First Night)等等广播肥皂剧让成百上千万的美国人如痴如醉。甚至"为了适应《阿莫斯和安迪》的播出,全国改变了作息时间。工厂早早收工,在东部时间晚上7时到7时15分之间出租汽车司机拒载乘客"①。1942年,一个名叫亨利的26岁女人因谋杀罪被判处死刑。临刑前,《纽约时报》的记者问她有何挂念,她说:"我很担心《阿尔比的爱尔兰玫瑰》,我每天都在广播里听这个连续剧,可最近停播了,到9月份才会继续播。那时我已经不在了。"这个广播肥皂剧的制片人立即向她提供了一份当年9月至第二年6月的故事梗概。②

正如联合国教科文组织的一份研究报告所言:"最初,收音机主要是一种娱乐交流工具;特别是,它造就了大批新的音乐和戏剧爱好者。不过,到了30年代,使用无线电进行新闻报道开始变得重要起来,于是新闻业中出现了一个新的部门。"③ 20世纪30年代末开始,广播开始了从娱乐玩意儿到权威新闻媒体的蜕变过程。著名美国记者爱德华·默罗(Edward R. Murrow,1908—1965)在二战中开创的战地现场广播、连续广播等新闻广播形式,真正发挥了广播的优势,使广播开始跻身新闻媒体的行列。④ 1942年美国进行了一项调查,看看有多少人相信广播中的战事新闻,有多少人相信新闻报刊上的战事新闻。结果表明,相信广播的占40%,相信报刊的占18%。这说明,广播一跃成为大众首选的新闻媒体。在中国,广播于20世纪70年代开始普及。当时,广播的主打内容和听众最常收听的是戏曲、广播剧和小说连续广播节目。广播在很多地方被叫作"戏匣子"。80年代开始,更多的人选择广播来收听新闻。当时最著名的栏目之一是"中央人民广播电台新闻与报纸摘要节目"。广播成了反映社会现实的一面镜子。今天,随着网络、手机等新媒体的崛起,广播是否会像莱文森所说变成一种"艺术品",我们拭目以待。

---

① 〔美〕迈克尔·埃默里、埃德温·埃默里著:《美国新闻史》,展江、殷文译,新华出版社2001年版,第321页。
② 席巧娟著:《电视传媒与传播文化大趋势》,中国书籍出版社2003年版,第151页。
③ 〔爱〕肖恩·麦克布赖德等编著:《多种声音,一个世界》,中国对外翻译出版公司1981年版,第15页。
④ 〔美〕Bob Edwards著:《爱德华·R.默罗和美国广播电视新闻业的诞生》,周培勤译,复旦大学出版社2005年版。

并非所有的媒介都会经历"玩具、镜子、艺术"这样一个演进模式。因特网的面世出于美国军方的实用考虑,最初被用于军事领域的信息沟通和控制。语言从一开始就是人际沟通的实用工具。文字的发明和早期使用似乎也和"玩具"没有什么关系。

> 文明古国不同于它们的邻人(北方的游牧人以及欧洲的温带森林或中印半岛的热带林莽中的农业人群)之处就在于经济的集中。在这些早期的城市社会中,货物是在一种实施再分配的制度之下集散的。要保持这些货流运转的轨道,就需要有某种永久性的记载,于是,发达的文字体系就成了这种社会的一个重要特征。最早的文字记载,通常不过是些仓库储货的清单而已;可是一旦人们发明了一种适用的文字体系,这种文字就会被用来记录神话、传说和诗歌,还用于行政管理。①

著名当代史学家斯塔夫里阿诺斯(Leften Stavros Stavrianos,1913—2004)的研究同样表明,文字的发明是出于经济发展的需要:

> 经营地产时需要记账,如:从佣耕的农人那里收到的地租、牧群的头数、牲畜所需的饲料的量、下次播种所需的种子的量,以及关于灌溉设施和灌溉计划的一切复杂的细节,都得上账或记录。管理事项和账目,是用削成三角尖头的芦苇秆当笔,刻写在泥板上;然后将泥板烘干,以便于保存。这种最早的文字形式被称为楔形文字,它显然是经营管理的一种工具,而不是为了智力游戏或文学活动才发明的。正如一位著名学者所说的,"文字不是一种深思熟虑后的发明物,而是伴随着对私有财产的强烈意识而产生的一种副产品……"②

即便如此,莱文森的概括还是有助于我们了解一些媒介从一个新奇的玩意儿,到一种实用的工具,最后被边缘化的发展过程。

(四)媒介进化论

"玩具、镜子、艺术"是莱文森对媒介个体发展规律的概括;"媒介进化论"则是他关于媒介整体发展趋势和前景的一个基本态度。

---

① 〔英〕杰弗里·巴勒克拉夫著:《泰晤士世界历史地图集》,毛昭晰等译,三联书店1985年版,第53页。
② 〔美〕斯塔夫里阿诺斯著:《全球通史:从史前史到21世纪》(上册),吴象婴等译,北京大学出版社2006年版,第59—60页。

莱文森认为,媒介的发展演变与有机体的进化一样,是一个不断迈向更高阶段的前进过程。他把人类传播媒介的发展历史分为依次递进的三个阶段。第一步,人类的一切交流都依赖生物学的感知和认知方式。在这个阶段,交流只能在感官允许的范围内进行和完成,时空局限性最大,但交流(无论是人与人还是人与自然)的直接性和丰富性却无可匹敌。第二步,人类发明了文字和印刷术,传播得以超越时空距离和生物体的极限。话语会不胫而走万水千山,思想会穿越时空传诸后代众生。但是,这些进步的代价是巨大的。交流失去了语音、形象和三维的真实世界。想要更好地交流——在超越生物学极限的同时又不失去自然的真切——的愿望,带领人类进入了第三个阶段。电话让话语以语音而不再是文字的形式不胫而走。收音机为我们提供的是口播的新闻而不是文字书写的新闻。电视呈现给我们的则是逼真的现实影像。

　　媒介的每一次变革都是进步与缺憾的共生。对缺憾的弥补产生进步,每一次进步又会产生新的缺憾。莱文森多次以"窗户"为例说明媒介在不断"补救"中向前发展的过程。为了在猛兽环伺、风雨无常的环境中安然生存,人类祖先发明了墙。墙在防御威胁的同时,阻断了阳光和视线。于是,窗户作为一种改进装置被嵌进了墙壁。窗户在让屋里的人看见外面、让外面的光线进入屋里的同时,也轻而易举地泄露了屋里的隐私。于是,窗户遮上了窗帘。莱文森很形象地论证道:"……窗帘(无论是字面意义上,还是比喻意义上)为补救性媒介的进化这个最有教育意义的演出拉上了帷幕。因为当窗帘与窗户结合在一起时,最终遂了所有居民的心愿——能够看到外面,同时又不被窥视者骚扰。"①

　　莱文森指出,媒介进化不取决于任何别的因素——复杂程度、技术含量、轻重美丑,而是完全由人的需要主宰。"人决定媒介的演化——哪些存活,哪些落到路边,哪些命悬一线,哪些如日中天。""可以说,媒介的进化不是自然选择,而是我们人的选择——也可以说是人类的自然选择。适者生存的媒介就是适合人类需要的媒介。从长远来看,发明家的意图、政治家和商界领袖的决策与这个过程没有很大的关系。"② 更深一步追溯,在需要和选择的背后是人的理性。莱文森认为,人类理性能够指导媒介进化的过程③,推动媒介"以达尔文进化论的方

---

① 〔美〕利文森著:《软边缘:信息革命的历史与未来》,熊澄宇等译,清华大学出版社2002年版,第113页。
② 〔美〕莱文森著:《手机》,何道宽译,中国人民大学出版社2004年版,第12页。
③ 〔美〕利文森著:《软边缘:信息革命的历史与未来》,熊澄宇等译,清华大学出版社2002年版,第113页。

式演进"①。既然人类凭借理性驾驭着媒介演进的马车,沿着人类需求的道路前行,莱文森因此坚信,媒介发展的趋势必然是越来越人性化。

莱文森最早在1979年的博士学位论文中提出了"媒介进化论"和"人性化趋势"的观点。后来,在《思想无羁》(1986)一书中,莱文森从哲学层面论证了技术与理性、认知和人类进化之间的关系。在这些理论的基础上,莱文森最后形成了自己的"人类沙文主义"信仰,并由此发布了"一篇理直气壮的'征服'宇宙的'宣言'"②:"我在这里所说的是智能的帝国主义。人类智能的产品要把宇宙变成殖民地。星系要建造得更加适合人居住。星星要尽量为我们提供服务。我是一个彻头彻尾的人类沙文主义者,一点也不感到羞愧,因为就我所知,我们是唯一有意义的存在。"③ 1999年出版的《数字麦克卢汉》一书,充满了对网络传播的人性化表现的礼赞。莱文森乐观地认为,"因特网是传播的民主化"④。在网络传播的"地球村"里,垄断将难以为继,人人可以出书,普选制不久将成为现实。时至今日,莱文森越来越为他的理性进化论和"人类沙文主义"思想所蛊惑。之前他曾认为是最人性化的赛博空间,现在他认为已不能够满足人类交流的全部需要。因为,"我们有一个强烈的生物学需求,渴望我们的肉体在真实空间中运动,而不是在赛伯空间中运动"⑤。新的技术让我们有条件全面推进对浩瀚太空的探索和征服。莱文森甚至为此提出了自己设想的太空征服计划,想要把自己的理论乌托邦变为真切的现实。

三、莱文森传播研究评价

1975到1978年,在纽约大学攻读博士的研讨班上,梅罗维兹(茨)与我临座。这个博士点叫"媒介生态学",由波斯曼主持。我们逐渐建立了深厚的情谊,从细节问题的激烈争论发展到终生的友谊。我们认识到,我们对媒介世界的看法基本上相似。我们核心的视野是从麦克卢汉学来的。以后的岁月里,我把这样的视野与卡尔·波普尔哲学和唐纳德·坎培(贝)尔的进化认识论糅合起来,甚至与阿西莫夫科幻小说中技术可能性的逻辑分析结合起来。而梅罗维兹却把麦克卢汉与社会学的观点糅合起来,尤其把高夫

---

① 〔美〕莱文森著:《数字麦克卢汉》,何道宽译,社会科学文献出版社2001年版,第73页。
② 〔美〕莱文森著:《真实空间:飞天梦解析》,何道宽译,中国人民大学出版社2006年版,译者序。
③ 〔美〕莱文森著:《思想无羁》,何道宽译,南京大学出版社2003年版,第292页。
④ 〔美〕莱文森著:《数字麦克卢汉》,何道宽译,社会科学文献出版社2001年版,第21页。
⑤ 〔美〕莱文森著:《真实空间:飞天梦解析》,何道宽译,中国人民大学出版社2006年版,作者前言。

曼的公共面具和私人面具联系起来。

——莱文森[①]

莱文森在这番话中的自我描述和评价应该说非常准确。如其所言,他首先是麦克卢汉思想的淘金者和阐释者。莱文森长年漫步在麦克卢汉的思想沙滩上,淘沙见金,萃取其精华;探幽烛微,阐发其精义。仅在《数字麦克卢汉》一书中,莱文森就提取解读了麦克卢汉的十多个思想命题。如此全面而通俗的解释,实不多见。不过,他还可以做得更好——如果他能够在发现和解读这些思想碎片的基础上,再去思考一下这些碎片之间的关系。

更重要的是,莱文森与梅罗维茨一样没有在麦克卢汉这位巨人面前止步。梅罗维茨转向社会学,用拟剧交往理论细化丰富了麦克卢汉学说。莱文森则仿效达尔文的生物进化论和坎贝尔的认识进化论,提出了媒介在人类理性推动下朝着人性化方向发展的媒介进化论观点。这种观点认为,媒介发展就像生物界适者生存一样是一个优胜劣汰的过程。优胜劣汰的标准是看哪种媒介更适合人的需要。人的需要会把媒介的发展导向或积极或消极的方向。但是,理性决定了人的需要必然会将媒介导向越来越人性化的未来。莱文森针对麦克卢汉提出的人在媒介面前的麻木自恋批评说:"媒介不会压倒我们选择的能力。也许媒介会使我们麻木,会使我们着迷,但是麻木和痴迷状态总是短暂的。"[②] 就这一点来说,莱文森自认为不同于麦克卢汉:在媒介环境面前,人并非消极无为,而是完全掌控着媒介的发展。

不能不说,莱文森做了一个错位而且错误的比较。莱文森的媒介进化论重点说的是媒介的发展过程和动力问题。他认为,人掌控着媒介发展的过程和方向。麦克卢汉强调的则是媒介环境的社会效应。他认为,媒介环境有着势不可当的巨大社会影响,人为内容所惑总是意识不到。这是两个虽有关系却明显不同的问题。再者,麦克卢汉并非莱文森所言认为人在媒介面前无以作为。麦克卢汉说:"人在正常使用技术的情况下,总是永远不断受到技术的修改。反过来,人又不断寻找新的方式去修改自己的技术。"[③] 这前一句是麦克卢汉的思想主题——媒介对人与社会的巨大影响;这后一句则补充说明,人受技术的刺激会去改造媒介,控制媒介的发展。

---

① 〔美〕莱文森著:《数字麦克卢汉》,何道宽译,社会科学文献出版社2001年版,第25页。
② 同上书,第262页。
③ 〔加〕麦克卢汉著:《理解媒介》,何道宽译,商务印书馆2000年版,第79页。

即使在媒介发展的动力问题上，莱文森也并不比麦克卢汉高明。莱文森提出，媒介发展的直接动力是人的需要，就像窗户的一路演变始终在不断满足人的这些需要——"有了遮蔽的地方就想要接触，有了接触又想要隐私"①。这本是一个容易理解又让人信服的论断，而且莱文森也为之作了比较充分的论证。遗憾的是，莱文森有失明智地"深刻"了一把，进一步提出"理性"才是媒介发展的终极动力。这一步他迈得既大且空。说他这一步迈得空，是因为他一直没有说明这种抽象的"理性"所指为何；说他步子迈得过大，是因为他始终没有对这个观点作出基本的、合理的论证。相比较而言，"媒介是人的延伸"这个命题，明确了媒介发展源自人对外部环境刺激的反应，是人不断适应环境的结果。而且，麦克卢汉在人、社会和环境的三维立体关系中，对这一命题作出了合理的论证与解释。

再者，"补救性媒介"和"人性化趋势"的媒介发展观也不如媒介发展四元律全面和辩证。媒介四元律本来蕴含着技术发展的利弊两面性和难以定夺的未来发展可能。莱文森却只津津乐道新媒介对旧媒介的"补救"和"完善"，轻视新媒介的弊端和未来危机，从而认定媒介发展将趋于更加人性化。莱文森曾有言：波斯曼"对电视和电脑持尖锐的批判态度，我的意见与他相左"②。对媒介发展的这种乐观自信，既让他与麦克卢汉不作价值判断的"小学生"姿态截然相反，又与导师波斯曼关于媒介发展的悲观论调背道而驰。

总之，人类理性推动下的"媒介进化论"是莱文森的一个坚定信仰。这让他始终保持一种"向前看"的乐观态度。无论是阐释麦克卢汉的思想、勘察媒介发展的历史，还是评点数字社会的现状和未来，莱文森都浓墨重彩地描绘新媒介和新时代的胜情美景。尽管他在这些方面的拓展没有提出多少深刻的思想，但是他把媒介环境学推向数字社会的努力，已经足以让他无愧于"数字时代的麦克卢汉"之美誉。

本 章 小 结

凡勃伦对传统经济学的批驳及其创立的制度经济学，深刻影响了伊尼斯的传播学研究。制度经济学在大历史背景中探索经济行为的演化及其社会意义的

---

① 〔美〕利文森著：《软边缘：信息革命的历史与未来》，熊澄宇等译，清华大学出版社2002年版，第113页。
② 〔美〕莱文森著：《数字麦克卢汉》，何道宽译，社会科学文献出版社2001年版，第26页。

制度分析方法,坚定了伊尼斯的社会科学信仰:社会科学的任务是去发现和解释模式和趋势,以便能够预测未来,而不是靠精细计算为政府和工商业提供短期的预测。他的经济史学和传播学研究都以这种方法论信仰为原则。凡勃伦对技术推动制度与社会变迁的肯定,加深了伊尼斯对技术的社会意义的认识。这种认识在其经济史研究中愈发巩固,以至于成了他晚年研究传播的主题。

伊尼斯的传播研究还与其深切的民族情怀和危机意识有着极为密切的关系。一方面,传播对于加拿大这样一个多元混杂、民族意识缺失的国家有着不同寻常的意义。伊尼斯深切感受到,传播是加拿大在国际政治经济体系中处于边缘和依附地位的一个重要原因。另一方面,第二次世界大战让伊尼斯发现了整个西方文明的发展危机。为了给加拿大和现代西方文明疗伤治病,伊尼斯选择了以传播为切入点,从历史中寻找解决现代难题的灵药。

伊尼斯的传播研究与其经济史学和政治经济学研究一脉相承。他用专业的经济学眼光最早对大众媒介的经济效用作了专门剖析,高度肯定了它们引领商品经济发展、强化价格体系的市场调节功能的重要作用,提出了"报纸是经济变革的发动机"这一理论命题。后来,伊尼斯把媒介从市场的推动力提升到了社会历史运转的轴心地位,延用他前期经济学研究所发现的"交通—经济—权力"这一关系逻辑,论证了"媒介—知识—权力"三者之间的关系,特别是把"垄断"、"偏向"等经济学范畴应用到传播社会领域,倾力探讨了媒介对于知识的流通、控制,以及附丽其上的权威和权力的影响。伊尼斯的研究表明,对媒介的控制意味着对知识的接近和垄断,知识这种权力随媒介变革在不同阶层或群体之间流转,从而导致权力结构的分裂重组。依循"媒介—知识—权力"这根因果链条,伊尼斯又追溯了媒介演进史与西方文明史之间的关系。借此,他为西方社会作出了诊断并开出了药方。但他的更大目标——从媒介演进史的角度来书写世界文明史,进而思考人类社会整体的发展——却永远停留在了其未竟手稿《传播的历史》当中。

伊尼斯是对媒介环境进行专一而系统研究的第一人。他提出,一个时期的媒介环境决定这一时期的社会文化特质。媒介环境变革是社会历史变迁的重要动因。这成了媒介环境学总的研究主题。伊尼斯还为媒介环境学创造了独特的方法论工具,一种在大社会历史背景中的宏观思辨研究。这对媒介环境学特别是麦克卢汉影响至深。他的一些理论命题和关键概念例如媒介偏向论、集中化和非集中化、媒介与知识和权力的分配,都引领了其后媒介环境学的发展。

麦克卢汉受家庭环境影响,从小健谈善辩,钟爱口头交流而不喜欢有板有眼的文字写作。对功名的渴望让他永不安分,不停地寻找机会,尝试创新,特立独行。1934—1936年间在剑桥大学攻读硕士学位期间,麦克卢汉受到了当时风头正盛的文学新批评派的重大影响。这一文学流派为他植入了形式主义的思想种子,培植了他对文艺思维的高度认同,让他学会了一些风格比较另类的修辞手法,也为他提供了很多思想的灵感和学术的启发。

但是,此后十多年的文学研究未能如他所愿成就功名。恰在此时,他结识了伊尼斯并且深为伊尼斯的传播研究心动。遗憾的是,两人的合作因为伊尼斯不久后去世而化为泡影。之后,福特基金会的一个资助项目把他真正带入了媒介环境研究。该项目研究实质性地扩大了麦克卢汉的学术交往、思想视野和社会影响。他的观点开始受到越来越多的关注。麦克卢汉如愿以偿,成了那个时代最耀眼的学术明星。

伊尼斯首创了媒介的时空偏向论,麦克卢汉提出了媒介的感官偏向论。一种媒介突出一种感官,同时牺牲其他一些感官,因此它们都悄无声息地改变了人在经验这个世界时的感官比例,塑造了人经验世界的不同方式,形成了不同特征的文化和社会。麦克卢汉以媒介延伸论和感官偏向论为基础和工具,分析了包括心理认知、大众文化、社会结构以及政治、商业、教育、出版等社会各领域的突出变化,提出了"内爆"、"地球村"、"重新部落化"、"媒介即讯息"、"无形无象之人"等等诸多深刻的思想命题和理论观点。

麦克卢汉是迄今为止传播学历史上思想贡献最大的研究者。他在一个特殊的时代用一种怪异的声音梦呓般发出了一个又一个惊人之论,让传播学为之一新,让全世界为之一震。麦克卢汉是媒介环境学的旗手。他以偏激之辞强调媒介环境的深远意义,以截然对立之姿态、分庭抗礼之气势、特立独行的方式,高扬起了媒介环境学的帅旗。麦克卢汉是传播学的普罗米修斯。他把传播学这个后进学科送进了普罗大众的视野。麦克卢汉是新世界的先知。他对未来的预言远未完结,而是刚刚拉开序幕。在这个由媒体主宰、变化越来越快的时代,麦克卢汉的思想殿堂仍然值得我们常去光顾。

梅罗维茨的研究从麦克卢汉言犹未尽之处起步,通过改造、嫁接社会学的拟剧交往理论,深入分析了媒介改变行为的内在机制。梅罗维茨指出,交往场景是动态的而不是拟剧交往论者认为的静态。而且,交往场景所定义的"恰当行为"也不总是与物质地点有关,更重要的是交往双方之间的信息流动模式,或者说谁参与了他们之间的交往,谁被排除在他们的交往之外。因此,要想了解交往场景中的行为和角色变化，必须承认交往场景是一种动态的信息传播系统。不同的媒介或支持交往场景之间的相互分离，或支持它们之间的相互融合。无论是分离还是融合，都将改变交往场景的定义，由此导致交往场景所定义的"恰当行为"发生变化。

梅罗维茨从媒介的物理特征、信息表现形式、接触难易程度和受众反应模式等几个方面，分析了印刷传播和电子传播对交往场景的三个重要变量的不同影响：媒介如何形成和改变人们的信息共享关系，在多大程度上将不同类型的人们分成或合并到不同或相同的信息世界中；媒介如何遮蔽或开放交往场景中的后台空间；媒介如何支持或削弱交往场景中的信息屏障。分析结果表明，传播媒介能够改变交往场景的定义。相比较而言，印刷媒介倾向于隔离不同的社会场景，电子媒介倾向于融合不同的社会场景。印刷媒介有利于保护前台的表演，电子媒介有利于暴露后台的行为。

为进一步证明这个观点，梅罗维茨研究了男女交往、成人与儿童的交往、政治英雄与社会民众的交往这三种社会交往关系。他通过分析大量的社会生活实例和现象，证明电子媒介带来了新的信息流动模式。这种信息流动模式模糊了前后台的界限，把场景内的表演暴露给了场景定义之外的观众。老百姓更多地看到了领袖的后区行为，儿童更多地窥见了成人的秘密信息，女性更多地了解了男性的另一面。场景定义的打破和前后台区域的融合，导致惯常的恰当行为不再"恰当"。角色为适应交往场景的融合，必须调整自己的行为方式。在截然分明的"前区行为"和"后区行为"之外，出现了很多不前不后的"中区行为"和不伦不类的社会角色："大小人，小大人"，"男不男，女不女"，"既是热又是冷"。梅罗维茨的结论是：在以电视为代表的电子传播环境中，以往明确的社会关系、行为和角色将变得模糊不清，我们像雾里看花一般将无法清楚地感知和确定一个人的社会位置和社会身份。

与前辈所研究的宏大多主题变奏不同，梅罗维茨全神贯注于社会行为与角色扮演这些更具体的社会问题，把媒介环境学推进到了社会变化的微观层面。他以男女之间、成人与儿童之间、政治英雄与社会民众之间的交往，分别代表群体身份角色扮演、社会化角色扮演和权力角色扮演，逐一分析了这三种互动交往模式的三个变量——交往双方之间的信息共享关系；交往场景的后台信息的显隐；交往场景与物质地点之间的关联程度——如何因不同媒介而表现各异，由此证明媒介环境影响交往场景进而改变交往行为和角色扮演。这是截至今天媒介环境学最系统最扎实的理论体系。它不仅弥补了媒介环境学在媒介与行为之间关系上的论证薄弱之弊,而且一改媒介环境学大而无当、胡言乱语的学术形象,还为媒介环境学推进跨学科及形而下层面的研究,树立了榜样。

莱文森的代表学术专著是《数字麦克卢汉》和《软边缘》。他在媒介环境学方面的研究重点和贡献主要有三个方面:对麦克卢汉思想的解读与批评;对网络传播和网络社会的研究;对媒介发展历史及规律的探索。

莱文森与麦克卢汉交往密切,并且连续几十年开设"麦克卢汉研究班",这让他能够更全面更深刻地理解麦克卢汉。他对"媒介即讯息"、"冷媒介、热媒介"及麦克卢汉式的表达所作的阐释,既通俗有趣又令人信服。如果仅仅是解读,莱文森自然难符"数字时代的麦克卢汉"之名。他把麦克卢汉的很多命题延伸到了数字社会,特别是关注了网络传播的非集中化效应。莱文森认为网络传播使社会更加民主,把全世界真正变成了一个"地球村"。

但是,莱文森指出,网络传播已经无法满足当今人类新的交流需要。根据他的"媒介进化论"和"人性化趋势"理论,人类凭借理性驾驭着媒介演进的马车朝向越来越人性化、越来越适合人的全面需求的方向发展。网络传播虽然空前扩大了人经验世界的范围,但这种经验主要是在一个虚拟空间中的运动。而人类最终还是强烈渴望肉体在真实空间中的自由运动。莱文森转而极力鼓噪人类征服太空,对整个宇宙进行人类殖民,把所有的星系都开拓成人类生活的乐园。

四位学者代表了媒介环境学在不同历史时期的奇情异彩:

从学科角度来讲,伊尼斯更多采取的是经济史学的视角。麦克卢汉主要是文学和心理学。梅罗维茨是社会学的角度。莱文森可以说是技术和人文的综合。

从理论重心来讲,伊尼斯关注的是政治、经济、知识和权力的历史变化,及其引发的民族危机和社会危机。麦克卢汉考察的是感官卷入的程度、方式、数量及其导致的心理认知和社会结构的变化。梅罗维茨研究的是交往场景的变化及其决定的行为和角色的改变。莱文森更侧重于传播技术的发展和网络传播的社会意义。

从学术风格来讲,伊尼斯虽然很重视资料的充分佐证,奈何时已暮年且身心俱瘁,逻辑和语言的草乱粗疏比较明显。麦克卢汉有一颗精明的学术经营头脑。他刻意运用悖逆传统学术规范的研究和表达方法,既与其研究对象相得益彰,又让他坐收"叛逆"之骂名和"先师圣人"之美称,造成了轰动效应。莱文森可以说是麦克卢汉的通俗版和数字社会版。梅罗维茨的理论著述不但体系完备,思路分明,逻辑清晰,而且所举事例平常却不失深刻,风趣而论证有力。

从媒介环境学的发展史来讲,伊尼斯无疑是奠基人。麦克卢汉是旗手。梅罗维茨是宕开一枝,自创体系。莱文森是数字时代的"麦克卢汉"。

领略过几位代表学者的别致风采和媒介环境学的思想演进,接下来将转向他们的共同点,探究媒介环境学的理论框架和方法论信仰。

第四章　媒介环境学的理论框架

媒介环境学包括麦克卢汉的研究并非表面看起来那么乱无头绪。整体来看,它们有一个内在比较一致、层次比较分明的理论框架。这个理论框架包括三个大的层面:对媒介本身的静态分析;对媒介环境演化的动态分析;对媒介环境之社会影响的研究。

第一节　媒介的静态分析

一、媒介的具体分析

传播的效果特别是长远效果来自媒介本身而不是传播内容,这是媒介环境学的立论之本。"媒介本身"是所有变化的自变量,这决定了"媒介本身"在媒介环境学研究中的基础地位,决定了媒介环境学的研究起点必须是对各种具体媒介作麻雀解剖式的细察研判。

媒介环境学讨论了人类历史上出现过的几乎所有主要媒介。伊尼斯具体分析了石头、莎草纸、羊皮纸、象形文字、楔形文字、报纸、广播等等媒介。麦克卢汉用《理解媒介》一书的大半篇幅讨论了服装、道路、住宅、汽车、报纸等等共 26 种媒介。沃尔特·翁、埃里克·哈弗洛克、杰克·古迪论述更多的是原生口语和手写文字。莱文森在其《软边缘》一书中,从最古老的文字到今天的万维网、虚拟空间,道尽了人类文明史上的所有主要传播媒介。

翁对原生口头传播做了最为全面而卓有成就的研究。翁所谓的"原生口头传播"是相对文字后社会的口头传播而言,指无文字社会包括古今原始人类社会的口头交流。发明这个术语,翁解释说,是因为"我们这些读书人深深沉浸在书面文化里,难以想象一个只有口头交流和思考的世界,我们往往把这样一个口语世界当作书面文化世界的变异体"①。现代英语有一个单词"literature"专门指称"书面文献"。相反,"口头传播"却没有一个相应的、令人满意的术语。"把口语传统和口语的运用、样式及风格构想为'oral literature'(口语文献),是一种本末倒置,很像是把马想象为没有轮子的汽车",这是文字社会对口头传播的荒诞的理解和表述。不仅如此,文字社会中的人们常常习惯性地认为,口头传播和书面文本基本上是一样的东西,只不过没有写下来而已。"于是,一种印象就逐渐膨大起来:除了受书面修辞规则约束的雄辩术之外,口语形式本质上是缺乏技巧的,不值得认真研究。"②

翁历数了古典学者帕里父子(Milman Parry, Adam Parry)、埃里克·哈弗洛克、戴维·拜努姆(David E. Bynum)和约翰·弗利(John Miles Foley),以及苏联心理学家 A. R. 卢利亚(A. R. Luria)、英国人类学家杰克·古迪关于原生口语交流和原生口语文化的一些重要发现。其中的一个重要发现是,荷马史诗之类的古典口头作品并非后人礼赞的那样富于灵动和具有原创性,也非后人所惊叹的那样需要艰苦卓绝的死记硬背。它们当中的很多内容是反复使用的固定的"套语"、"主题"和"箴言",传唱者只需要把这些预制部件灵活地嵌入固定的音节、音步和韵律当中,就可以"组装"成一部鸿篇巨制。帕里父子的研究证明,荷马史诗的这些特点在今天存活的史诗中有同样的表现。

事实为什么会是这样?翁研究指出,这是原生口头传播的必然结果。原生口头传播完全依赖人体和空气。传播的内容从言者之口到听者之耳,生命长度等于声波的时长,别无他依。为了能够重复说出来的话和保存听进去的话,当然包括来之不易且屡试不爽的经验性知识,原生口语社会的人们必须发明和采用有助于记忆的模式来思考问题、表达意思和再现内容。

> 在思想形成的过程中,你的语言必然有很强的节奏感和平衡的模式,必然有重复和对仗的形式,必然有头韵和准押韵的特征;你必然用许多别称或其他的套语,必然用标准的主题环境(议事会、餐饮、决斗、有神助的英雄等等);你必然用大量的箴言,这些箴言必然是人人经常听见的,因而能够立刻唤起记忆,它们以重复的模式引人注意、便于回忆;你还必须用其他辅助

---

① 〔美〕沃尔特·翁著:《口语文化与书面文化:语词的技术化》,何道宽译,北京大学出版社2008年版,作者自序。
② 同上书,第6—7页。

记忆的形式。①

原生口语社会的文艺作品之所以充满英雄形象,正是为了满足记忆和回忆的需要:用一种便于记忆的形式去组织经验、思想和话语,而非为了今天所谓的"浪漫"或者"崇高"。在原生口语社会,没有特色、平庸无奇的形象难以在口头传播中保存下来。原生口语社会的作品不仅要把人物尽量描绘成各类英雄,而且还得是类别分明的英雄:贤明的内斯特(Nestor,荷马史诗《伊利亚特》中记载的古希腊一位越老越聪明善谈的智者,他把阿喀琉斯和阿伽门农说和,在特洛伊战争中对年轻士兵多有建议)、暴怒的阿喀琉斯(Achilles,希腊联军大将,《伊利亚特》的头一句就是"阿喀琉斯的愤怒是我的主题")、多谋的奥德修斯(Odysseus,希腊神话中希腊西部伊塔卡岛之王,特洛伊战争中木马计的始作俑者,史诗《奥德赛》的主角)、无所不能的姆温多(Mwindo,刚果民主共和国的尼扬加史诗《姆温多》中的主角,传说此人一出生即如成人,上天入地,无所不能)。修饰语的使用也充分考虑了记忆的需要。之所以要用"polimetis"(多谋的)来描绘奥德修斯,不仅因为他具有这种品质,而且还因为如果不用这个绰号,作品前后就无法保持恰当的韵律和节奏。

原生口头传播的另外一个特征是以人为中心。这是由它的核心——听觉——所决定的。听觉有聚合效应。声音同时从四面八方传来,把听者包裹起来使之成为感知和存在的核心。听者处在这个声觉世界的中心。相反,视觉起分离的作用,形象一次只能够从一个方向映入人的眼帘。换句话讲,即使视力正常的人也经常无法一次看到事物的全部,与瞎子摸象孰无分别。视觉使人处在观察对象之外,与对象保持一定的距离;声音却汹涌进入听者的身体。你可以沉浸在听觉里、声音里,却无法沉浸到视觉里。翁认为,听觉造成的这种以人为中心的效果深刻影响了人对宇宙的感觉。对原生口语文化而言,宇宙是进行之中的事件,"我"则是宇宙的中心。② 有了对印刷地图的视觉经验以后,人们才把宇宙想象为一种平摊在眼前的东西,才会把宇宙看成是随时等待人去"探索"的对象。

翁对文字的分析也多有深见。他提出,与原生口头传播相比,文字是对客观世界和传播主体的双重疏离。客观世界在字里行间变成了一种抽象的符号。而

---

① 〔美〕沃尔特·翁著:《口语文化与书面文化:语词的技术化》,何道宽译,北京大学出版社2008年版,第25—26页。
② 同上书,第55页。

且,这种固化下来的符号可以让话语脱离主体无翼而飞。这形成了一个悖论:文字是死的,它脱离了鲜活的作者个人,只留下僵死的视觉形象;但正是这样的僵死确保了它的永恒,保留了它复活的潜力——在无数读者的呼唤之下,它可以复活成无限活生生的语境。① 此所谓"置之死地而后生"!

在双重疏离的同时,文字也给了我们所需要的与客观世界之间的距离,增强了人在宇宙中的自我意识。人不再身处环境之中而毫无自觉,而是在与世界的相对距离中自省、阅世。而且,作为一种精妙的符号,文字生成结构和意义的潜力大大超过了口语。这意味着,人类从此可以构筑一个结构无限精巧意义不尽精妙的文字文化。②

媒介环境学不仅高度关注历史长卷上递次崛起的主导媒介——原生口语、文字、印刷书籍、电视、网络,也对羊皮书、照片、电话等非主流媒介作了不无新意的分析。莱文森对电话的分析就让人耳目一新。他说,电话传播中贴近耳朵的声音及其个体间单线对话的特征,使我们获得了情人之间耳畔呢喃般的私密性和亲近性。这决定了电话所独有的声讯台、电话召妓这种淫秽传播现象。③ 再比如,照片在麦克卢汉的眼里成了"没有围墙的妓院"。因为照片把人的形象固定下来并通过大批量复制,使各类明星进入普罗大众,成为比娼妓更容易买到、拥抱和抚弄的欲望对象。④

二、媒介的类型分析

在具体分析各种媒介的基础上,媒介环境学对不同类型的媒介进行了归纳概括。

伊尼斯把传播媒介分为两种类型:时间偏向型(time bias)媒介和空间偏向型(space bias)媒介。时间偏向型媒介是更适合时间上纵向流传的媒介,其属性多笨重、耐久,像石头、金字塔、甲骨文、羊皮书;空间偏向型媒介是更适合空间上横向扩散的媒介,其属性是轻巧易运输,比如莎草纸、报纸、广播。一般来说,宗教组织更注重发展和控制时间偏向型媒介,以建立恒久不灭的观念;政治组织更

---

① 〔美〕沃尔特·翁著:《口语文化与书面文化:语词的技术化》,何道宽译,北京大学出版社 2008 年版,第 61 页。
② 同上书,第 62 页、第 64 页。
③ 〔美〕利文森著:《软边缘:信息革命的历史与未来》,熊澄宇等译,清华大学出版社 2002 年版,第 66—67 页。
④ 〔加〕麦克卢汉著:《理解媒介》,何道宽译,商务印书馆 2000 年版,第 239 页。

注重发展和控制空间偏向型媒介,以开疆辟土建立庞大帝国。伊尼斯认为,一个稳定的社会需要时间观念和空间观念之间、宗教组织和政治组织之间的平衡发展与和谐相处。因此,不同类型的媒介发生碰撞或者更替,必然攸关权力的稳定,甚至可能影响一个帝国或者一种文明的兴衰。

麦克卢汉沿用了伊尼斯的媒介偏向论,提出了感官偏向论(sensory bias),并以此为据把媒介分为冷媒介和热媒介、视觉空间型媒介和声觉空间型媒介、光透射型媒介和光照射型媒介。这几组媒介类型的划分由于逸出常理,一直是曲解丛生。实际上,它们之间是连通耦合的,联系起来可能更容易理解。

视觉空间型媒介和声觉空间型媒介的划分,根据的是媒介卷入或者说延伸的主要感官的类型。麦克卢汉指出,口语社会是听觉支配的口语文化社会,耳朵的官能强烈而深刻,无所不包。这决定了原生口语文化的部落式特点:各种感官同步互动,世界是有机的、整体的、共鸣的。拼音文字的线性序列延伸和强化了人的视觉,由此打破了原生口语文化的声觉空间平衡。电视作用于人的整个感知系统,带头埋葬了视觉的独霸地位,一定程度上恢复了口语社会的声觉空间世界。所以,不同媒介对感官的调动程度不同。一种媒介的偏向性由其调动程度最高或卷入程度最高的感官决定。

需要说明的是,媒介环境学对媒介类型的划分是相比较而言而非绝对意义的归类。例如电视,按常理它显然是视觉型的媒介。但是,麦克卢汉拿它与书籍和口头传播相比,强调了电视的触觉偏向性。在《花花公子》杂志1969年对他的访谈中,记者质问他:"难道电视本身首先不是视觉媒介吗?"麦克卢汉回答:"不是的,情况刚好相反,它首先是触觉的延伸,而不是视觉的延伸。"[①] 因为,电视不像书籍那样只调动人的视觉感官,而是调动了人的全部感官参与其中,一定程度上再现了口头交往的声觉空间。况且,电视卷入其中的视觉也根本不同于书籍所调动的视觉活动的特征——左右或上下的线性视觉逻辑。一种媒介的哪种属性最突出,要看它与另外哪种媒介相比。

"冷""热"媒介的划分,根据的是不同媒介呈现信息的清晰度的高低。热媒介呈现出来的信息清晰度高,留给受众参与的空间少,因此具有排斥性。收音机、电影、卡通画等等都是热媒介。冷媒介呈现出来的信息清晰度低,处于未完成状态,受众补充的空间大,因此具有包容性。电视声音的清晰度不如广播和唱

---

① 〔加〕埃里克·麦克卢汉、秦格龙编:《麦克卢汉精粹》,何道宽译,南京大学出版社2000年版,第372页。

盘，图像效果则不如电影，这都需要观众去填补。因此，电视属于冷媒介。为解释不同媒介卷入感官的不同程度，麦克卢汉又进一步以媒介光源与受众之间的关系为依据，把媒介分为以电影为代表的"光照射"(light on)型媒介和以电视为代表的"光透射"(light through)型媒介。电影放映时，媒介的光线从观众身后发出，打在银幕上然后反射到观众身上。这属于"光照射"模式，观众与媒介之间的距离感强。电视的光线则穿过屏幕把图像直接打入观众的眼球。与电影相比，电视机成了放映机，人成了银幕，被来自电视的光线包容。这属于"光透射"模式，媒介的包容性强。

"光照射"和"光透射"不仅是麦克卢汉概括的两种媒介类型，而且还是他指导自己研究的一种方法论思想。他说："我自始至终使用马赛克研究方法，这种方法等待光线透射(through)环境。它主要不是用光线去照射(on)环境。"[①] 麦克卢汉意在表明他不追求介绍明确的知识，而是向读者抛出很多能够透进并刺激大脑的问题。他也不试图阐明这些问题，而是留给读者足够多的参与和回应空间。

麦克卢汉概括提出的这三组媒介类型，核心是媒介对人类感官的调动情况。就像伊尼斯借分析媒介本身的时空偏向性来考察媒介之于权力的影响一样，麦克卢汉通过分析媒介的感官偏向性，来探究媒介之于心理认知和社会结构的影响。在他们之后，梅罗维茨辟出了另一条通道——通过分析媒介的场景偏向性，来考察交往行为与社会角色的变化。"媒介的场景偏向性"是指一种媒介是倾向于隔离还是融合不同的交往场景或者交往场景的前台与后台。一种媒介支持抬高传授双方之间的交往门槛，有助于传者一方严密守护自己的后台行为，这种媒介就是场景隔离型的媒介；一种媒介方便传授双方之间的交往特别是受众对信息的接触，不支持传者一方的后台保护，这种媒介就是场景融合型的媒介。梅罗维茨从媒介的物理特征、接触的难易程度以及受众的反应方式等多个方面比较了印刷媒介和电子媒介的场景偏向。他的结论是：以书籍为代表的印刷媒介倾向于隔离社会场景，有利于信息优势一方维护他们的前台表演；以电视为代表的电子媒介倾向于融合社会场景，因此容易打破表演者神秘完美的形象。

三、媒介的本质分析

"本质"是事物自身所固有的不同于任何其他事物的属性，因此它有"客观

[①] 〔美〕莱文森著：《数字麦克卢汉》，何道宽译，社会科学文献出版社2001年版，第139页。

性";"本质"又是事物诸多属性中最根本最重要的性质,所以它又有"主观性"。媒介环境学从不同的领域和视角揭示了媒介的本质。

麦克卢汉提出,所有媒介本质上都是人的延伸。人始终面临外部环境的不断刺激和挑战。面对挑战,人必须能够应付才可以生存发展。可是,人的肉身应付环境刺激的能力实在不比其他动物高强。御寒,人的皮毛远不能和貂皮、熊皮相提并论;格斗,人的拳脚更无法与狮子、老虎抗衡;搜索猎物,人没有鹰的眼睛;长途迁徙,人没有鸟的翅膀。"为了对付各种环境,需要放大人体的力量,于是就产生了身体的延伸……"[①] 身体的哪一部分器官、感官不够用,人类就发明相应的技术来代为发挥它的功能,代其执行人的命令。衣服是皮肤的延伸。马镫、车船是脚的延伸。语言是一切感官的同步延伸。文字印刷是视觉的延伸。电子媒介是中枢神经系统的延伸。今天和未来的数字媒介是人的意识的延伸。所有的技术都是人体器官或感官的代理,都是人的延伸。

麦克卢汉提醒我们注意媒介本质的另外两层含义。其一,媒介在"延伸"的同时意味着"截除"。"延伸"是代理并强化人体某一部分器官或感官的功能。"截除"是指被代理被延伸的那部分器官或感官不再像之前那样参与和外部环境之间的互动,不再像以前那样直接发挥作用。衣服延伸了皮肤的功能。有了衣服,肌肤抗冷的功能被弱化了。电话延伸了人的嘴巴和耳朵的功能。有了电话,人可以听传千里之音,但是嘴巴和耳朵被用于面谈的机会会减少很多。照片延伸了人的视觉体验。自从有了照相机特别是傻瓜相机,人对实物实景的视觉体验反而弱化了。其二,每一种媒介都会强化人的某一部分器官或感官,导致感官之间的失衡,从而提出进一步延伸的要求。默片强化了人的视觉,让人看到了活动的图像,但是耳朵却没了用武之地。于是,既能看又能听的需求产生了,有声电影很快面世。电话强化了人的听觉,却让视觉变得可有可无。于是,产生了在声音之外附加图像的愿望,可视电话出现了。

综合以上三点,麦克卢汉概括指出:"任何发明或技术都是人体的延伸或自我截除。这样一种延伸还要求其他的器官和其他的延伸产生新的比率、谋求新的平衡。"[②] 这是他对媒介本质的完整表述。应该说,麦克卢汉对媒介本质的概括揭示了媒介在人与外部世界之间矛盾关系中的重要地位。不过,这里有两个

[①] 〔加〕马歇尔·麦克卢汉著,斯蒂芬尼·麦克卢汉、戴维·斯坦斯编:《麦克卢汉如是说》,何道宽译,中国人民大学出版社 2006 年版,第 39 页。

[②] 〔加〕麦克卢汉著:《理解媒介》,何道宽译,商务印书馆 2000 年版,第 78 页。

问题值得我们思考。

第一，麦克卢汉显然认为技术是人在环境刺激下的被动选择。换句话说，人是在自身无法应付外界超强刺激的情况下才求助于技术。对所有媒介包括电子媒介的问世，麦克卢汉的描述都同样地耸人听闻："自从印刷术发明以来，人体器官功能相继实现机械化。这样的社会经验太猛烈、刺激性太强，人的中枢神经系统无法承受这样的经验。很可能正是这样的原因才延伸出一个神经系统的模式。""这一发展意味着一种拼死的、自杀性的自我截除，仿佛中枢神经系统再也不能依靠人体器官作为保护性的缓冲装置，去抗衡横暴的机械装置万箭齐发的攻击了。"[①] 麦克卢汉的语气暗示，每一次媒介变革似乎都是人类对外部环境刺激的绝地大反击。

詹姆斯·贝尼格的"控制革命论"似乎也支持麦克卢汉的这一观点。贝尼格通过追溯现代西方经济发展史发现，现代信息革命的出现源自工业革命带来的经济运转速率大幅提高所导致的社会控制危机。[②] 工业革命完成之后，资本主义社会的商品生产力猛然蹿升，生产流水线突然提速，交通运量骤然增加。贝尼格用很多资料证明，经济运转的突然加速对旧有的控制系统提出了极限挑战，导致了社会控制的连锁危机——铁路交通事故频发、产业链的协调运转脱节以及消费市场严重不足。19世纪四五十年代，美国铁路交通飞速发展，铁路线条数和里程都有大幅增加。火车班次增多，行驶速度也提升很快。可是，铁路交通的控制系统却未能与时俱进，结果导致严重的铁路交通事故。交通运输系统的控制危机很快蔓延到了销售和生产领域。随着商品数量骤然增多和运输分流突然加速，代理商和零售商在协调商品流转和资金流动方面的麻烦越来越大。在生产领域，商品生产的节奏骤然加快，无论是对生产过程中的程序控制还是对原材料供应商的生产效率，都提出了严峻的挑战。消费领域紧接着也出现了严重问题。汹涌而来的商品需要广阔的市场。开拓市场和刺激消费成了当务之急。"按照贝尼格的分析，正是19世纪40年代至80年代美国物质经济中的控制危机，激发了信息加工、行政管理和传播中的一连串创新。"[③] 罗杰·菲德勒对贝尼格的这一观点表示赞同，认为社会控制危机是数字革命爆发的重要原因。[④]

[①] 〔加〕麦克卢汉著：《理解媒介》，何道宽译，商务印书馆2000年版，第76—77页。
[②] James R. Beniger, *The Control Revolution*, Harvard University Press, 1986.
[③] 张咏华著：《媒介分析：传播技术神话的解读》，复旦大学出版社2002年版，第163页。
[④] 〔美〕菲德勒著：《媒介形态变化：认识新媒介》，明安香译，华夏出版社2000年版，第67—69页。

问题是,技术果然如他们所言仅仅源自人对刺激的被动反应吗?难道所有的媒介都是危机情状下非如此不可的选择?难道媒介的发展竟丝毫没有人对完美的一种积极追求在驱动?

　　第二,"人的延伸"是技术的本质还是媒介的本质?"本质"是一种事物不同于其他任何事物的特有属性。如果技术不全是媒介或者说二者并不等同,那么媒介真正自有的特性是什么?麦克卢汉没有也根本没想要回答这个问题。他说,"人的延伸"是所有技术的本质,也是所有媒介的本质。麦克卢汉从不认为媒介与技术有什么不同。莱文森同样如此。他在《思想无羁》一书中从进化论的哲学高度论证了技术、进化与思想之间的关系。莱文森认为,进化产生了思想,思想通过技术表现为具体的物质,反过来影响进化。他提出,"一切技术都是思想的外化和物化"①。

　　翁拒绝回答"媒介"的本质是什么。他表示,自己一点也不喜欢"媒介"这个词,无论是"media"还是"medium"。翁直截了当地说,"媒介"这个词扭曲了人类交流的本质。在它名下,"交流"似乎成了这样一个过程:从一个人的脑子里取出一些信息,输入一根管子,然后传给另一个人。② 翁强调,人类交流的本质绝不是单行道,任何交流都必须以一个人或若干人为对象。而且,无论对象在场与否,双方都必须事先相互进入对方。说的人需要了解对方并预想其反应;听的人也试图钻进对方探查其可能的表达。因此,人类交流不仅需要回应,而且它的形态和内容都要受到预期回应的塑造。翁指出,人类交流的本质恰恰在于主体间的这种互动。"主体间的互动是人类得天独厚的交流模式,它显示人类有能力构建真正的人类社群。在这样的社群里,人们共享内在的心灵,共享主体间的互动。"③

　　媒介环境学提炼的媒介(或者技术、交流)本质,未必扣住了媒介最独特最重要的属性。但是,他们的研究表明,"媒介"绝非价值中空的传播渠道而已,我们需要从自然、社会与人的关系中去领悟媒介的独有特质和重要意义。

---

① 〔美〕莱文森著:《思想无羁》,何道宽译,南京大学出版社2003年版,第116页。
② 〔美〕沃尔特·翁著:《口语文化与书面文化:语词的技术化》,何道宽译,北京大学出版社2008年版,第136页。
③ 同上书,第137页。

第二节 媒介环境的演化分析

媒介环境学把媒介环境的演化视为人类社会发展中的一根主线。他们重点分析了媒介环境演化过程中的结构平衡问题、媒介演变的规律以及媒介发展的趋势。

一、媒介环境的平衡发展

伊尼斯最关心媒介环境的平衡问题。他对帝国与传播的研究证明,媒介环境的时空结构攸关帝国的稳定。一种媒介要么偏向于时间上的纵向流传,要么偏向于空间上的横向扩散。媒介的时空属性不仅塑造社会的时间观念和空间观念,而且左右着一个社会的权力结构和在时空两个维度上的发展。时间偏向型媒介支持宗教组织的权力控制,及其对社会秩序的维持和巩固。空间偏向型媒介支持政治组织的权力统治,及其在疆域上的空间拓展。一个社会的稳定发展需要时空两方面的相对平衡。所以,两种类型媒介的发展是否能够保持恰当的均衡,显得尤为重要。

但是在媒介发展的历史长河中,媒介环境的失衡是多数情况,平衡反倒是异数。两河流域先后出现的苏美尔文明、古巴比伦和亚述帝国、古埃及文明,都曾因主次悬殊、偏于一极的媒介环境结构而政局多乱。只在极少数历史时期,媒介环境才达到了相对的衡稳。伊尼斯指出,西方社会的媒介环境自印刷术面世以来越来越扭曲畸形,正在重蹈历史主流的覆辙。报纸、广播等空间偏向型媒介发展强劲,时间偏向型媒介落入低谷。结果,人们的历史意识淡漠,心态和行为浮躁,空间征服欲望膨胀。在伊尼斯看来,北美殖民地的反叛、南北分裂及其向西部的扩张,英联邦内部成员国的自治和独立斗争,欧洲各国语言之间差异的加重,以及两次世界大战,都与印刷传播在西方社会的过度发展有着非常密切的关系。① 西方社会要想临危自救,必须好好领会古希腊"万事勿过"(nothing in excess)这一"神韵"②,发展时间偏向型媒介以抗衡空间偏向型媒介的过度膨胀。

伊尼斯希望媒介环境在时间偏向和空间偏向两方面均衡发展。麦克卢汉则提出,媒介环境应当朝向各种感官的平衡参与方向发展。过于突出一种感官而

---

① 〔加〕伊尼斯著:《传播的偏向》,何道宽译,中国人民大学出版社 2003 年版,第 62—66 页。
② 同上书,第 165 页。

压抑其他感官,会导致人的内在精神紧张,以及与外部世界之间的冲突。按照麦克卢汉的说法,原生口头传播调动了人的眼、耳、口、鼻、舌等所有感官的参与,电子传播延伸了人的中枢神经系统,这些都是比较理想的媒介。莱文森也认同媒介环境发展的"平衡"原则。不过,莱文森不赞成麦克卢汉把电视看做是延伸中枢神经系统的代表,认为赛博空间才真正实现了感官的平衡参与。梅罗维茨的场景偏向论同样在暗示,媒介环境的发展需要考虑维持恰当的社会关系与社会行为。如果场景隔离型的媒介一元独尊,势必会滋生等级分明的权力结构,形成隔行如隔山的离散社会。如果场景融合型的媒介极度扩张,则会导致身份的模糊、行为的无序和社会关系的混乱。

二、媒介的演变常规

在媒介环境学派里面,对媒介发展规律研究最多的是麦克卢汉和莱文森。

麦克卢汉早先提出了"媒介杂交"(media hybrid)这一概念。"媒介杂交"一方面是指不同媒介环境的交汇碰撞,比如印刷传播环境与电子传播环境的更替转换。麦克卢汉借此说明媒介环境变革的巨大冲击。另一方面是说不同媒介相互之间的杂交融合,用他的话说,一种媒介往往是另一种媒介的内容。例如,电影的内容是小说、剧本或歌剧,印刷的内容是文字,文字的内容是言语。后来麦克卢汉把"媒介杂交"扩充改写成了"媒介四元律":

- 这个人工制造物使什么得到提升或强化?或者使什么成为可能?或者使什么得以加速?(Enhancement)
- 如果情景中的某个方面增大或提升,原有的条件或未被提升的情景就会被取代,新的"器官"使什么东西靠边或过时呢?(Obsolescence)
- 新的形式使过去的什么行动或服务再现或再用?什么曾经过时的、老的基础得到恢复,而且成为新形式固有的东西?(Retrieval)
- 新形式被推向潜能(另一个互补的行动)的极限之后,它原有的特征会发生逆转。新形式的逆转潜能是什么?(Reversal)①

麦克卢汉最早在两篇文章中明确提出了这个媒介四元律。一篇是《麦克卢汉的媒介定律》("McLuhan's Laws of the Media," *Technology and Culture*,1975,

---

① 〔美〕埃里克·麦克卢汉、秦格龙编:《麦克卢汉精粹》,何道宽译,南京大学出版社2000年版,第567—568页。

January,74—78);一篇是《媒介定律》("The Laws of the Media," *Etcetera*,1977,34(2),173—179)。1974年,麦克卢汉与双日书局签订协议准备出版关于这一思想的专著。不料1980年他中风去世,双日书局随即拒绝履行出版合同。直到1988年,多伦多大学才圆了麦克卢汉的未了之愿,出版《媒介定律》(*Laws of Media*)一书。1989年出版的《地球村》一书结合古往今来的各种媒介,对这一思想进行了非常详细的阐述。作为合著者,布鲁斯在这本书中还用一个矩阵图形①来形象地示意这个四元律:

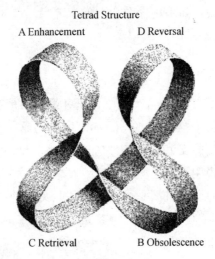

Tetrad Structure
A Enhancement   D Reversal
C Retrieval   B Obsolescence

媒介四元律提出了所有媒介的历史发展都存在的四个重要问题。麦克卢汉引用中国《老子》一书中"明道若昧,进道若退"一语说明旧媒介往往是新媒介的"内容",这即是"四元律"之一的"再现"(Retrieval)。然而,"再现"不等于故地重游。汽车再现了马车的影子,可绝不等同于马车。麦克卢汉接着老子的话说:"昧而不彰的变化之力是新的速度,新的速度改变一切力量的形态。"② 这意思是说,新媒介还意味着变革。例如,电视提升(Enhancement)了口头传播全身感官参与的特点。同时,电视使印刷媒介的线性机械传播过时(Obsolescence)。电视的进一步发展有可能逆转(Reversal)出现互动电视、网络电视等等新的媒介形式。

---

① Marshall McLuhan and Bruce R. Powers, *The Global Village: Transformations in World Life and Media in the 21st Century*, New York: Oxford University Press, 1989, p. 10.

② 〔美〕埃里克·麦克卢汉、秦格龙编:《麦克卢汉精粹》,何道宽译,南京大学出版社2000年版,第129页。

"媒介四元律"说明,媒介发展是一个多螺旋无终点的变化过程。研判任何一种媒介的发展都需要重视这四个问题:它突出了什么?削弱了什么?再现了什么?未来又会变成什么?所以,"媒介四元律"不仅是对媒介发展规律的一个概括,它还是一个颇有价值的媒介分析工具。

有批评说,麦克卢汉是电子媒介的狂热宣教者。"媒介四元律"让这种批评不攻自破。它让我们看到,麦克卢汉对所有的媒介都表现出罕有的冷静、务实和周全考虑的态度。这也是麦克卢汉后期努力坚守的一个基本立场:理解媒介,而不是哗然或愕然。

莱文森高度评价"媒介四元律",把它誉为"麦克卢汉的天鹅绝唱"[①]。但他并没有全盘接受麦克卢汉的这一思想。莱文森批评说,对于新媒介为什么会"再现"和"提升",以及媒介演进的方向,麦克卢汉既没有提供有深度的理论,也没有说明其中的动因。[②] 为此,莱文森提出了"补救性媒介"(Remedial Media)和"人性化趋势"(Anthropotropic)理论。

莱文森认为,媒介发展的全部历史是一个持续不断的完善过程。每一次媒介变革都是对旧媒介的修正和补救。在完善旧媒介的同时,新媒介又会出现新的缺憾。人类凭借理性推动这个补救的进程,使之朝向更加人性化的方向前进。莱文森试图为麦克卢汉的"媒介四元律"安装一个方向盘——人类理性,划定一条发展路线——人性化道路。这种努力值得肯定,方向也鼓舞人心。但是,"媒介四元律"本来蕴含着技术发展的利弊两面性和难以定夺的多元未来,莱文森仅强调"再现"和"提升"而不及其余,并用抽象的"理性"来统领媒介发展的大局和方向,不能不说是一个失败的修正。

此外,观点的自相矛盾也损害了莱文森的理论修正。莱文森一方面坚信媒介的发展尽在人类理性的掌握之中,同时又承认媒介的发展多有"意料之外的进化"。莱文森所谓"意料之外的进化"是指媒介的产生与发展不总是遵循发明人的意志,往往会偏离最初的设想,出现许多意料之外的发展。[③] 爱迪生发明留声机的最初想法是用来记录电话交谈的内容;贝尔发明电话的初衷仅仅是为了帮助提高妻子的听力;"互联网建立的最初目的是方便教育者和研究者之间进

---

① 〔美〕莱文森著:《数字麦克卢汉》,何道宽译,社会科学文献出版社2001年版,第268页。
② 同上书,第72页。
③ 〔美〕利文森著:《软边缘:信息革命的历史与未来》,熊澄宇等译,清华大学出版社2002年版,第7—10页。

行研究成果、程序、邮件及其他信息的电子交换,但是到了20世纪80年代初期,一旦军队把互联网的发展和提供资金的责任转移到了民间组织,它就走上了谁也没有设想到或预料到的发展道路。"① 莱文森特别喜欢用敞篷汽车的历史命运来说明这个问题。敞篷汽车刚出现时,人们图的不过是它的凉快。后来,空调汽车差点把它完全淘汰掉。到了20世纪80年代,敞篷汽车又杀了个回马枪。"玩车人图的是'凉'(cool),但这个'凉'不再是物理意义上的'凉',而是派头上的'酷'(cool)。"② 在莱文森之前,英国学者雷蒙德·威廉姆斯也注意到了媒介发展中的这种多发现象。③ 罗杰·菲德勒甚至认为这是一种普遍的规律:"大多数新兴技术将不会恰如它们的开发者所设想的那样被使用。这已经是贯穿了整个二十世纪的模式,也无疑将是二十一世纪及其之后的模式。"④

如果莱文森承认意料之外的进化是比较普遍的情况,人类意志不总能完全控制媒介的发展,那么理性引导下的媒介进化论又何以立足?如果媒介发展确如莱文森所言尽在人的掌握之中,又何以解释这种意料之外的情况?

第三节 媒介环境的影响研究

媒介研究也罢,媒介环境的演化分析也罢,都不是媒介环境学的研究重心和目的。媒介环境学派的所有研究最终指向的都是媒介环境的社会历史意义。伊尼斯研究媒介是为了考察媒介在国家、社会和文明发展中的作用,增强西方人的灾难意识。⑤ 麦克卢汉研究媒介是为了揭示媒介的延伸所产生的心理影响和社会后果,增强人在变革面前作为的自由与能力。⑥ 梅罗维茨自言其"目的是提供一种研究媒介影响和社会变革的新方法,不仅能研究现在,而且能研究未来"⑦。

媒介环境学在这方面的研究如同他们所分析的媒介那样,无所不包。在他们看来,政治、经济、社会、文化、心理、教育、建筑、音乐、体育、绘画、文学等等人

---

① 〔美〕菲德勒著:《媒介形态变化:认识新媒介》,明安香译,华夏出版社2000年版,第84—85页。
② 〔美〕莱文森著:《数字麦克卢汉》,何道宽译,社会科学文献出版社2001年版,第17页。
③ 〔英〕雷蒙德·威廉姆斯著:《电视:科技与文化形式》,冯建三译,台北远流出版事业股份有限公司1992年版,第162页。
④ 〔美〕菲德勒著:《媒介形态变化:认识新媒介》,明安香译,华夏出版社2000年版,第148页。
⑤ 〔加〕伊尼斯著:《传播的偏向》,何道宽译,中国人民大学出版社2003年版,作者前言。
⑥ 〔加〕麦克卢汉著:《理解媒介》,何道宽译,商务印书馆2000年版,作者第一版序,第85页。
⑦ 〔美〕梅罗维茨著:《消失的地域:电子媒介对社会行为的影响》,肖志军译,清华大学出版社2002年版,原著前言。

类文明的所有方面,始终都是在媒介环境中存在、发展和变化,无不受到媒介环境积极而强烈的影响。

沃尔特·翁在其代表作《口语文化与书面文化》一书中深入探讨了思维与表达在口语文化和书面文化中的不同,特别是高度原创性地概括了原生口头传播所决定的思维与表达的特征。

翁指出,声音属性是原生口头传播最重要的特征。声音既出,转瞬即逝。传播的内容随之灰飞烟灭,无迹可寻。这意味着原生口语社会的一切思想和话语都由人体而发,依人体而存。人体之外,思想无所停驻。所以,原生口语社会要保存、传承任何思想遗产,说的人要想让听的人尽可能多地记住自己说的话,都不能不充分考虑记忆的容量和规律。另外,原生口语社会的说话及其声音完全以人为中心,发乎体内,环绕周身。翁写道:"声音同时从四面八方向我传来:我处在这个声觉世界的中心,它把我包裹起来,使我成为感知和存在的核心。声音有一个构建中心的效应……"① 原生口头传播的这种声音属性决定了基于这种传播方式的思维和表达的特征。翁概括了九个方面②:

一、累积的而非附属的

在原生口语社会,人的思维和表达与刚学会说话不久的幼儿相似,基本上不考虑信息之间的相互关系而是习惯简单地依次陈述。这个发生了,那个发生了,又一个发生了;然后……然后……然后……。这种情况在文字社会通常会被视为表达能力欠缺。按照文字社会的常识和惯例,准确的表达毫无疑问应该是思考并表述清楚它们之间的关系:因为这个发生了,那个也发生了,所以它就发生了。

二、聚合的而非分析的

为方便记忆,原生口语社会往往用大量的套语来组合信息。他们喜欢说"美丽的公主"而不是一般的公主,也不会把"美丽"置换成"美丽"的细节来具体形容某一位特定的公主。文学作品通篇会用"贤明"来修饰内斯特,用"暴怒"来形容阿喀琉斯,用"多谋"来概括奥德修斯。分析性的思维和表达虽然语义更

---

① 〔美〕沃尔特·翁著:《口语文化与书面文化:语词的技术化》,何道宽译,北京大学出版社2008年版,第54页。
② Walter J. Ong, *Orality and Literacy: The Technologizing of the Word*, Methuen, 1982, pp.36—49.

丰富,修辞更具体,但是在没有文字的情况下,它挑战人的记忆,被遗忘的风险太高,一般不被原生口语社会所采纳。

三、冗余的或者说丰裕的

话一出口就无影无踪。既无暇细品,更无法回顾。为方便听记和理解,让双方都紧紧跟随话语的主题和思路,原生口头传播不得不放慢速度,不断重复。翁研究多个原始部落的鼓语后发现,鼓语的冗余程度超乎想象,其用词数量大概是口语交谈的八倍。[①] 今天再简单不过的一句话"别害怕",用鼓语表达就变成了:把你的心从嘴里缩回去,从嘴里缩回去,让它从上边的地方回去。""回来"转化成鼓语是:让你的脚从它们来的路上回去,让你的腿从它们来的路上回去,把你的脚和腿放低,停留在属于我们的村庄里。中国古典诗文里面的"一咏三叹"、"重章复沓",是典型的原生口头传播的"冗余或丰裕"。今天的次生口头传播形式比如广播中的语言,也仍然要遵循"必需的冗余"这个重要原则。

四、保守的或传统的

在原生口语社会,任何知识如果不反复讲述就会很快消失。所以,原生口语社会必然也必须花费很大的精力反复吟诵世世代代辛苦学到的东西。再者,原生口头传播对记忆的高度依赖,抑制所有新异的思想和信息,不轻易支持任何创新试验。这赋予了传统在原生口语社会的至高地位。先祖遗训就是真理。反常思维必是异端。

五、贴近人生世界的

口语对现实世界的抽象程度显然比文字低很多,不像文字那样支持复杂的思维和深刻的思辨。自然,基于原生口头传播的思维和表达也就更接近现实世界。同时,记忆的需要也要求原生口头传播不能超出日常生活经验,必须把一切信息融合到日常活动当中。原生口头传统的人常常用身边的例子来讲明一个道理。《伊利亚特》第二卷后半部用400多行的篇幅罗列了各种船舶,每种船舶的名称都来自希腊各地的领袖和地区的名字。

---

① Walter J. Ong, "African Talking Drums and Oral Noetics," *New Literary History*, Vol. 8, No. 3(Sping, 1977), pp. 411—429.

六、带有对抗色彩的

原生口语社会的绝大部分决策和交流都是面对面进行。交流过程中人与人之间的分歧或共鸣、对抗或爱慕直接反映在语言中。所以,原生口语文化有很多暴力情节和紧张的冲突,也有直言不讳的夸赞与颂扬。除了传播这一因素,翁补充说,这也跟原生口语社会的生存实践有很大的关系。在原生口语社会,人们时刻面临不期而遇且难以解释的灾难。这种紧张感,这种对所有外人外力的戒备和敌意,都表现在了原生口语文化里。

七、移情的、参与式的而不是疏离的、客观的

文字把人和认知对象分离,奠定了"客观认知"的基础。但是,在原生口语社会,认知就是贴近对象,与其共鸣。所以,原生口语文化的召唤性很强。即使花花草草,人们也会移情入境。如杜甫《春望》一诗所言,"感时花溅泪,恨别鸟惊心"。

八、衡稳状态的

原生口头传播深深地植根于现实环境。只要现实环境不变,原生口语就稳定不变。这种稳定的传播机制反过来又巩固了既有的社会秩序。而且如前所述,植根于现实环境的原生口头传播会把所有的信息包括偶尔闯入的新异事物,转化为眼前熟悉的生活经验。这些都使原生口语社会的思维和表达维持在一个稳定和安全的状态。

九、情景式的而不是抽象的

原生口头传播不支持深刻的内省和思辨,不支持高度抽象的思维和表达。所以,原生口语社会大量使用具体的操作性的词汇,而极少用抽象概念。他们不用"圆形"、"方形"这种抽象的词汇来表示形状,而是用具体的物体比如"盘子"、"门"来表示相应的形状。他们拒绝对事物下定义。"什么是一棵树?"这样的问题在他们看来,既无聊且无用。因为这样的问题完全不需要解释,站在一棵树面前就可以立即知道什么是一棵树。翁说:"口语文化根本就不能对付几何图形、抽象分类、形式逻辑推理、下定义之类的东西,更不用说详细描绘、自我分析之类的东西,因为这些东西并不仅仅是思维本身的产物,而是文本形成的思维

的产物。"①

翁的导师麦克卢汉也发表过关于媒介影响思维的见解。他们的主要观点是一致的。不同之处在于,翁在这方面的结论来自很多前人的研究以及自己的大量田野考察和试验。麦克卢汉的结论则更像是天外陨星,怦然坠地。再者,翁的重点和精彩之处是原生口头传播与原生口语社会的思维和表达,麦克卢汉更关注电子传播环境所催生的新思维。麦克卢汉特别强调,电子传播环境将催生"模式识别"这种新的思维和认知模式。"信息时代的格言是,信息超载等于模式识别。"②

在此有必要插入针对媒介环境学的一种批评的反批评。这种批评指出,媒介环境学一再声称传播的长远效果来自媒介本身,与传播内容无关,但他们在分析媒介本身的社会影响时却并未撇开传播内容。传播的效果来自形式和内容的共同作用,媒介环境学不必为标新立异强要把传播效果归于形式一身。

确如批评所言,媒介环境学并未像他们声称的那样在分析中把形式和内容完全剥离。在他们所论述的媒介环境与社会历史变化之间的因果关系中,多能见到传播内容这个要素。麦克卢汉提出,电子媒介将增加师生之间的互动,因为学生凭借电子媒介将掌握比老师多的信息,老师在学生面前将不再拥有信息优势。麦克卢汉还预言,电子社会中的文化将变得高度感性,强调造型。因为电子媒介属于声觉空间型媒介,调动的是右脑思维,这决定了电子媒介适合以及必然以传播感性内容为主,自然将带动文化的感性潮流。梅罗维茨的研究证明,媒介环境影响人们的交往行为。此论背后的逻辑是:不同媒介倾向于展示不同区域的信息。印刷媒介支持后台信息的保护和前台区域的表演,所以印刷传播环境中的交往行为具有明显的前台风格;电子媒介倾向于暴露后台信息,迫使前台风格的表演行为变得不前不后,形成中区风格的行为。所有这些推论都显示,即使讨论传播的深远社会意义,也离不开传播内容这个因素。但是,这丝毫不意味着媒介环境学内在的自相矛盾或者理论的纰漏。一个再明显不过的道理是,形式和内容共同发挥作用不等于它们在所有时间和场合等同发挥作用。媒介环境学力图证明的是,就传播的深远意义来讲,媒介本身是第一位的,主要的。传播内

---

① 〔美〕沃尔特·翁著:《口语文化与书面文化:语词的技术化》,何道宽译,北京大学出版社 2008 年版,第 54 页。

② Marshall McLuhan and Bruce R. Powers, *The Global Village: Transformations in World Life and Media in the 21st Century*, New York: Oxford University Press, 1989, p. 19.

容虽然也在其中发挥作用,但实际的因果链条是:媒介本身决定着传播什么类型的内容,进而决定传播的长远效果。

埃里克·哈弗洛克、沃尔特·翁和杰克·古迪是媒介环境学中的古典派。他们深入研究了口头传播与口语文化和文字印刷传播与书面文化,以及两种传播环境的转换所引起的社会文化的变化。麦克卢汉、梅罗维茨和莱文森可算是媒介环境学中的现代派。他们着墨更多的是从印刷传播环境到电子传播环境的革命所引发的社会变革。

媒介环境学认为,古登堡发明的现代印刷术是复杂手工艺的第一次机械化,为接踵而至的一切机械化提供了蓝图。不仅如此,印刷传播所强化的线性序列和可重复性影响了社会很多领域:社会分化为众多彼此疏离的群体;民族意识萌发和民族国家崛起;强化了认知和思维方式的线性逻辑……与印刷传播不同,电子媒介用更短的时间把人延伸到更广的空间,而且延伸的不只是人的眼睛、耳朵或者别的某些感官,而是人的所有感官,人的中枢神经系统。电子媒介让信息的组合、呈现和传播的方式焕然一新。它是文字以降所有媒介当中对现实复原程度最高的媒介,进出的门槛最低,内容的感性程度最高。梅罗维茨的研究还证明,印刷媒介倾向于保护前台表演,电子媒介倾向于暴露后台行为。

这一切孕育了一场非集中化的社会革命。"秘密终结了,知识垄断也随之终结了。"① 人成了"无形无象"的信息幽灵,可以倏忽来去世界各地,进出社会各个领域。成人与儿童的角色模糊。男人和女人的表现趋同。工作与游戏的界限消融。领袖与民众的距离缩短。凡在高处的,要被挫矮;凡在低处的,将被抬高。社会的等级结构将转向扁平结构。专业主义将让位于相互合作。整个世界将重新部落化,变成一个"地球村"。在这个电子"地球村"里,昔日的权力垄断将被消解。每一个电脑终端都是一个信息中心。每一位媒介使用者都可以坐拥天下。非集中化将导致"处处皆中心,无处是边缘"的社会局面。

电子媒介不仅改变了社会,把线性序列、区隔分明、一元独尊的社会形态送进了历史,迎来了多元共存、纷杂并陈、同步互动的新型社会,而且调动人的所有

---

① 〔加〕马歇尔·麦克卢汉著,斯蒂芬尼·麦克卢汉、戴维·斯坦斯编:《麦克卢汉如是说》,何道宽译,中国人民大学出版社2006年版,第161页。

感官去全方位感知周围世界,促生一种系统的、直觉把握的认知方式。

人的思维要变。人的存在也将随之改变。电子媒介可以把人变成电子信号瞬间发送到任何角落。人的性别、身份、情绪,一切的一切,都成了数字符号。肉身已经没有意义,实在已经变成虚幻。一个人眼中的所有他者都不过是闪烁在屏幕上的电子信号。人类的主要活动包括人与人之间的相互关系将变成追踪、定位和处理信息。在变得"无形无象"的同时,人是否会变得对他人"无情无义"?

显然,大多数的轰炸机飞行员既不比其他人坏,也不比其他人好。如果给他们一桶汽油,叫他们把汽油泼在一个孩子身上,然后把汽油点燃,他们多半是会违抗命令的。但是,如果把一个正派人放进机舱里,叫他到离一个村庄几百米的上空投弹,他可能不会感觉到愧疚,他可能会投下高爆弹或凝固汽油弹,从而给男人、女人和儿童造成惨重的痛苦和伤亡。他与被炸的人之间的距离把受害者变成了非人的目标,他们再也不是像他一样的、他可以与之画等号的人。[①]

归纳起来,媒介环境学关于电子媒介的社会影响主要有四点结论。第一,电子媒介引发的非集中化革命,将产生一个"众生狂欢"的时代。第二,电子媒介促生的社会融合,将产生越来越多的"我是谁"这种问题。第三,中枢神经系统的延伸和声觉空间的再现,使专门化和线性方式过时,系统论和模式识别将成为组织和认识社会的最好方法。第四,这些变化不是孤立的,而是同时发生,相互作用,整体上形成社会的后现代转型。

本 章 小 结

"媒介环境学"不是简单的"媒介研究"所能概括,也非表面看起来那么乱无头绪。总体而言,媒介环境学的主要研究内容、研究思路和理论框架,可用如下图示说明:

---

① 〔加〕马歇尔·麦克卢汉著,斯蒂芬尼·麦克卢汉、戴维·斯坦斯编:《麦克卢汉如是说》,何道宽译,中国人民大学出版社2006年版,第193—194页。

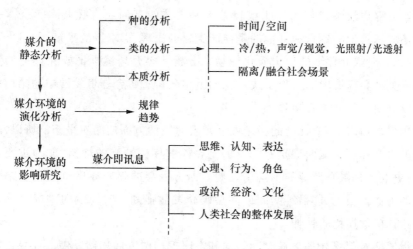

从大的方面来讲,媒介环境学有三个依次递进的研究主题。

第一,对媒介本身的属性特征和功能偏向做静态分析。媒介环境学的一个核心论点是,传播的长远效果来自媒介本身而不是传播内容。他们把"媒介本身"作为所有变化的自变量。这决定了"媒介本身"在媒介环境学研究中的基础地位,决定了媒介环境学的研究起点必须是对各种形态的媒介作麻雀解剖式的细察研判。

媒介环境学所做的媒介静态分析明显包括三个层次:其一,对各种媒介作具体分析;其二,对媒介进行归类分析。伊尼斯概括分析了两种类型的媒介——时间偏向型(time bias)和空间偏向型(space bias)。麦克卢汉沿用了伊尼斯的媒介偏向论,提出了感官偏向论(sensory bias),并以此为据把媒介分为冷媒介和热媒介、视觉空间型媒介和声觉空间型媒介、光透射型媒介和光照射型媒介。在他们之后,梅罗维茨辟出了另一条通道——通过分析媒介的场景偏向性,来考察交往行为与社会角色的变化。"媒介的场景偏向性"是指一种媒介是倾向于隔离还是融合不同的交往场景或者交往场景的前台与后台。一种媒介支持抬高传授双方之间的交往门槛,有助于传者一方严密守护自己的后台行为,这种媒介就是场景隔离型的媒介;一种媒介方便传授双方之间的交往特别是受众对信息的接触,不支持传者一方的后台保护,这种媒介就是场景融合型的媒介。其三,归纳概括媒介的本质。这以麦克卢汉的著名论断——"媒介是人的延伸"为代表。麦克卢汉认为,所有技术都是人在无法应付外界刺激时自我延伸的结果。媒介在"延伸"人体某一部分器官或感官的功能的同时,意味着被延伸的那部分器官或感官不再像之前那样参与和外部环境之间的互动,不再像以前那样直接发挥作用。麦克卢汉说:"任何发明或技术都是人体的延伸或自我截除。这样一种延伸还要求其他的器官和其他的延伸产生新的比率、谋求新的平衡。"

第二,对媒介环境的历史演化做动态分析。媒介环境学把媒介环境的演化视为人类社会发展中的一根主线。他们重点分析了媒介环境发展中的结构问题以及媒介演变的规律和趋势。

伊尼斯指出,一个社会的稳定发展需要时空两方面的相对平衡。所以,时间偏向型媒介和空间偏向型媒介的发展是否能够保持恰当的均衡,尤为重要。但是,历史上多是媒介环境的不均衡发展。西方社会的媒介环境也正在重蹈历史主流的覆辙。报纸、广播等空间偏向型媒介发展强劲。时间偏向型媒介落入低谷。这让伊尼斯忧心忡忡。

伊尼斯希望媒介环境在时间偏向和空间偏向两方面均衡发展。麦克卢汉则提出,媒介环境应当朝向各种感官的平衡参与方向发展。过于突出一种感官而压抑其他感官,会导致人的内在精神紧张,以及与外部世界之间的冲突。

麦克卢汉和莱文森对媒介发展规律的探索最多。麦克卢汉的媒介四元律提出了所有媒介的历史发展都存在的四个重要问题:它突出了什么?削弱了什么?再现了什么?未来又会变成什么?"媒介四元律"说明,媒介发展是一个多螺旋无终点的变化过程。有批评说,麦克卢汉是电子媒介的狂热宣教者。"媒介四元律"让这种批评不攻自破。它让我们看到,麦克卢汉对所有的媒介都表现出罕有的冷静、务实和周全考虑的态度。

莱文森把"媒介四元律"誉为"麦克卢汉的天鹅绝唱"。但他认为,麦克卢汉未就新媒介为什么会"再现"和"提升"说明原因,也没有对媒介演进的方向作出表态。为此,莱文森提出了"补救性媒介"和"人性化趋势"理论。莱文森认为,媒介发展的全部历史是一个持续不断的完善过程。每一次媒介变革都是对旧媒介的修正和补救。在完善旧媒介的同时,新媒介又会出现新的缺憾。人类凭借理性推动这个补救的进程,使之朝向更加人性化的方向前进。莱文森试图为麦克卢汉的"媒介四元律"安装一个方向盘——人类理性,划定一条发展路线——人性化道路。这种努力值得肯定,方向也鼓舞人心。但是,"媒介四元律"本来蕴含着技术发展的利弊两面性和难以定夺的多元未来,莱文森仅强调"再现"和"提升"而不及其余,并用抽象的"理性"来统领媒介发展的大局和方向,不能不说是一个失败的修正。

第三,对媒介环境的社会意义进行深入剖析。这是媒介环境学研究的重点和落脚点。他们的研究所涉及的媒介环境的社会效应如同他们所分析的媒介那样,无所不包。因为在他们看来,政治、经济、社会、文化、心理、教育、建筑、音乐、体育、绘画等等人类文明的所有方面,始终都是在媒介环境中存在、发展和变化,无不受到媒介环境积极而强烈的影响。

埃里克·哈弗洛克、沃尔特·翁和杰克·古迪是媒介环境学中的古典派。他们重点研究的是口头传播与口语文化和文字印刷传播与书面文化,以及两种传播环境的转换所引起的社会文化的变化。麦克卢汉、梅罗维茨和莱文森是媒介环境学中的现代派。他们讨论更多的是从印刷传播环境到电子传播环境的革命所引发的社会变革。

根据他们的分析,电子传播环境孕育了一场非集中化的社会革命。秘密难再维持,知识垄断随之终结。凡在高处的,要被挫矮;凡在低处的,将被抬高。社会的等级结构将转向扁平结构。专业主义将让位于相互合作。整个世界将重新部落化,变成一个"地球村"。在这个电子"地球村"里,昔日的权力垄断将被消解。每一个电脑终端都是一个信息中心。每一位媒介使用者都可以坐拥天下。非集中化将导致"处处皆中心,无处是边缘"的社会局面。

电子媒介不仅改变了社会,把线性序列、区隔分明、一元独尊的社会形态送进了历史,迎来了多元共存、纷杂并陈、同步互动的新型社会,而且调动人的所有感官去全方位感知周围世界,促生一种系统的、直觉把握的认知方式。在电子传播环境中,肉身已经没有意义,实在已经变成虚幻。人类的主要活动包括人与人之间的相互关系将变成追踪、定位和处理信息。

归纳起来,媒介环境学关于电子媒介的社会影响主要有四点结论:电子媒介引发的非集中化革命,将产生一个"众生狂欢"的时代;电子媒介促生的社会融合,将产生越来越多的"我是谁"这种问题;中枢神经系统的延伸和声觉空间的再现使专门化和线性方式过时,系统论和模式识别将成为组织和认识社会的最好方法;这些变化不是孤立的而是同时发生、相互作用,整体上形成社会的后现代转型。

第五章 媒介环境学的范式革命

第一节 范式与科学革命

1965年7月13日,在伦敦召开的国际科学哲学论坛会议上,科学哲学家托马斯·库恩和波普(Karl Raimund Popper,1902—1994)学派之间围绕库恩提出的范式革命论展开了激烈争辩。对方阵营强大,来势汹汹,他们群起叱责库恩是否定科学合理性与客观性的相对主义者、非理性主义者。会上唯一力挺库恩的英国学者玛格丽特·马斯达曼(Margaret Masterman)在声援之余,对库恩"范式"(Paradigm)概念的暧昧性提出了尖锐的批评。根据她的粗略统计,库恩所用的"范式"一词至少有21种不同的意思,大致可分为三类:"形而上学的范式"、"社会学的范式"和"人造物的范式"或者"构成范式"。关键概念的含义模糊不清或者前后不一,乃学术之大忌。"大概对库恩来说,最有影响的并不是波普和沃金斯的破口漫骂,而是马斯达曼善意的批评。"①

批评的声浪淹没了库恩的辩解,却终不能阻挡他的新科学观在自然科学领域乃至人文社会科学领域流行。库恩的新科学观提出,科学的发展是"常规科学"(normal science)的不断完善与"科学革命"(scientific revolutions)的范式转换交替进行的过程。具体来说,一种科学研究得以在所属的专业领域确立自己的位置,是由其"范式"即从事这一科学研究的共同体成员共同信奉的科学信仰、研究模式以及由此获得的研究业绩所决定的。"常规科学是一种旨在修饰、

---

① 〔日〕野家启一著:《库恩:范式》,毕小辉译,河北教育出版社2002年版,第188页。

扩散和精练早已存在的范式的事业。"① 或者说,它是在范式所规定的框架内和目标下进行的"解谜"活动。当常规科学的发展遭遇到反复研究却持续失败的问题时,即到了"范式"危机的时刻,就开始了非常规的研究。各种替代范式相互竞争,最终一种新的研究范式获得胜利。这就是"科学革命"。新范式确立了新的科学信仰和研究蓝图,新一轮的常规科学开始新的"解谜"活动。

以亚里士多德和托勒密（Claudius Ptolemaeus, 83—168）为代表的古代宇宙观认为,地球占据宇宙的中心,七大行星和恒星围绕地球循环运行。这在古希腊人来说,既是"认识的秩序",也是"生存的秩序"。16世纪中期到17世纪,大写的"科学革命"（the Scientific Revolution）彻底颠覆了古希腊的宇宙观,形成了"近代科学"。这次"科学革命"由哥白尼的日心说（地动说）取代地心说（天动说）而发,中间经过伽利略（Galileo Galilei, 1564—1642）导入的几何学和开普勒（Johannes Kepler, 1571—1630）的拓展性贡献,最后以牛顿（Isaac Newton, 1643—1727）提出经典物理科学而告结束。对于这次科学革命,常人多认为应归功于更准确的观测数据和更精细的实验推算。事实上,哥白尼当时所掌握的数据与托勒密所掌握的没有什么大的不同。哥白尼主要通过转变思维角度,就用同样的数据构建了"太阳中心说"这一"新体系"。哥白尼的后来者第谷·布拉赫（Tycho Brahe, 1546—1601）尽管在观测上获得了很多新数据和新发现,但他因循旧有的科学思维,始终停留在天动说和地动说的折中方案上而裹足不前。对此,英国历史学家哈巴特·巴特菲尔德（Herbert Butterfield）在《近代科学的起源》（The Origins of Modern Science: 1300—1800）（1957）一书中写道:

> 无论是在天体物理学或地上的物理学——这二者通过整个科学革命成了战略上的据点——导致其改革的并不是什么新观测或新事实的发现,而是由于科学家们的意识和精神内部发生了变化。……一切精神活动中最为困难的事情,即使对仍未丧失灵活性的年轻头脑来说也极为困难的事情,可以说就是利用与从前相同的一系列资料数据,且把它们嵌入别的体系中而将相互间的关系重新组成新的体系。也就是说,换戴上其他种类的思维的帽子,而试着提出与从前完全不同的观点。②

---

① 〔美〕托马斯·库恩著:《科学革命的结构》,金吾伦、胡新和译,北京大学出版社2003年版,第111页。
② 〔日〕野家启一著:《库恩:范式》,毕小辉译,河北教育出版社2002年版,第44—46页。

经典物理学的研究范式经过二百多年添砖加瓦、精雕细琢的修缮,到19世纪末已是成绩斐然。英国物理学家开尔文(Lord Kelvin,1824—1907)在1900年的一次讲话中宣布,物理学的大厦已经落成。但他又不失明智地提醒说,物理科学的天空中出现了令人忧虑的"两朵乌云"。一朵"乌云"是与迈克耳逊(A. A. Michalson,1852—1931)—莫雷(E. W. Morley,1838—1923)实验有关的"以太漂移"问题[1],另一朵"乌云"是与能量均分定理有关的"紫外灾难"问题[2]。这两个问题向经典物理学范式提出了实实在在的严峻挑战。此外,1895年德国物理学家伦琴(Wilhelm Conrad Röntgen,1845—1923)发现X射线,1896年法国物理学家贝克勒尔(Antoine Henri Becquerel,1852—1908)发现天然放射性现象,1897年英国物理学家汤姆生(Joseph John Thomson,1856—1940)发现电子,1898年居里夫妇(Pierre Curie,1859—1906;Marie Curie,1867—1934)发现镭等等,这一系列实验事实都让经典物理学无法圆说。经典物理学范式遇到了自身难以解决的危机。

何以拨云见日?洛伦兹(Hendrik Antoon Lorentz,1853—1928)、迈克耳逊、开尔文等人费尽周折想要破解"以太漂移",都因没有摆脱牛顿绝对时空观的羁绊,而注定只是常规科学内部的解谜活动。唯有爱因斯坦(Albert Einstein,

---

[1] 水波的传播介质是水,声波的传播介质是空气。离开这些介质,水波和声波都无法传播开去。太阳光穿过真空到达地球,几十亿光年以外的星系发出的光穿过苍茫宇宙投射到地球。光波在真空中传播的介质是什么?"以太"就是物理学家给光波的传播介质起的名字。既然存在"以太",那么在地球以每秒30公里的速度绕太阳运动的过程中,必然会遇到每秒30公里的"以太风"迎面吹来,同时地球也会对光的传播产生影响。为了观测"以太风"是否存在,迈克耳逊与莫雷合作在克利夫兰做了一个著名的"迈克耳逊—莫雷实验"。实验结果证明,不论地球运动的方向同光的射向一致还是相反,测出的光速都相同,在地球与设想的"以太"之间没有相对运动。换句话说,根本找不到"以太"或"绝对静止的空间"。而实验本身在理论上简单易懂,方法又精确可靠,不存在任何问题。这意味着,他们或者必须放弃曾经说明电磁及光的许多现象的以太理论;否则必须放弃比"以太学"更古老的哥白尼的地动说。这个著名的实验提出了一个经典物理学无法解释的悖论。

[2] 要了解"紫外灾难"先要知道什么是"黑体"。日常生活中我们知道,颜色深的物体吸收辐射的能力比较强,比如煤炭对电磁波的吸收率可达到80%左右。所谓"黑体"是指能够全部吸收外来的辐射而毫无任何反射和透射,吸收率是100%的理想物体。真正的黑体并不存在。但是,一个表面开有一个小孔的空腔,可以看作是一个近似的黑体。因为通过小孔进入空腔的辐射在腔里经过多次反射和吸收以后,不会再从小孔透出。19世纪末,卢梅尔(Lummer,1860—1925)等人的黑体辐射实验发现,黑体辐射的能量按波长的分布仅与黑体的温度有关。黑体的温度低,发射的电磁辐射主要是频率较低即波长较长的电磁辐射;反之,则主要是频率较高即波长较短的电磁辐射。此后,很多科学家从经典物理学出发试图进一步寻找黑体辐射强度和辐射频率之间的函数关系。其中,英国物理学家瑞利(Third Baron Rayleigh,1842—1919)和金斯(James Hopwood Jeans,1877—1946)建立了一个辐射能量对频率的分布公式。该公式在推导小辐射频率时与实验数据吻合得很好,但在推导大辐射频率时却与实验数据严重不吻合。由于频率很大的辐射处在紫外线波段,这个难题因而被称为"紫外灾难"。它的存在无可怀疑地表明经典物理学理论在黑体辐射问题上的失败,所以这也是整个经典物理学的"灾难"。

1879—1955)以其天才的洞察力识破了"以太"假说的错误。他于1905年创立的狭义相对论和1915年创立的广义相对论,揭示了空间、时间、物质、运动之间本质上的统一性,否定了牛顿的绝对时空观。绝对时空——"以太"存在的基础——没有了,"以太"乌云自然消散。在爱因斯坦扫除"以太"乌云的同时,量子力学也一路升级,先后提出了测不准原理、互补原理、不相容原理,推导出量子力学的"泊松括号",建立起相对论形式的薛定谔方程。最终,量子力学体系的完成化解了科学面临的"紫外灾难"。[①]

库恩所说的"科学革命"不仅仅是从古代宇宙观到以经典物理学为代表的近代科学,再到以量子力学为代表的现代科学的两次范式转换,它包括一切常规科学在遭遇范式危机之后的革命性转换。如果说,常规科学意味着科学在一条道上往前推进,科学革命就是科学的变道发展。库恩特别提出,新旧两条道路不存在优劣之分,因为它们之间具有根本上的"不可通约性"(incommensurability)。这种不可通约性突出表现在三个方面:首先,在研究对象或者说研究内容方面,不同范式的信仰者关于应该研究的问题单的看法各异。其次,在理论话语和研究方法上,新范式虽然通常会延用旧范式的一些概念和术语,但是新范式很少以传统的方式去应用这些借过来的要素。在新范式中,老的词汇、概念和实验彼此之间有一种新的关系。再次,也是最基本的方面,它们的世界观、价值观不同。不同范式的研究者是在不同的世界中从事他们的事业。[②] 不过,这种"不可通约性"并不意味着新旧范式之间不可比较、不可理解。就像不同文化、不同语言之间的理解和比较需要"翻译"那样,两种范式之间也需要一种善意的换位转译。库恩解释说,应在承认世界观、方法论等科学信仰根本不同的基础上,站在对方的立场来理解对方,才能更好地相互理解。[③]

库恩之前的传统科学观认为,一种理论是否科学在于它能否被证实或者证伪,科学发展是通过证实或者证伪来推动知识不断增长、理论不断进步、科学不断接近真理的过程。库恩的范式革命论却宣告,理论的科学与否在于它解决问题的有效性,而不在于是否被证实或者被证伪。一种新范式能够确立是因为它比其他范式能更成功地解决本领域当前面临的一些重要问题。说它更成功既不是说它能完全成功地解决某一个单一的问题,也不是说它能明显成功地解决任

---

① 以上内容见郝侠君等主编:《中西500年比较》,中国工人出版社1996年版,第445—446页。
② 〔美〕库恩著:《科学革命的结构》,金吾伦、胡新和译,北京大学出版社2003年版,第133—135页。
③ 〔日〕野家启一著:《库恩:范式》,毕小辉译,河北教育出版社2002年版,第205页。

何数目的问题。① 范式的新旧与对错无关。按照库恩的观点,科学发展是一种范式的内部修缮和范式之间的革命转换分阶段交替进行的过程,永无止境,且无终极目标,包括绝对真理。这就否定了科学发展是一个持续进步不断接近真理的过程。

如果说尼采(Friedrich Wilhelm Nietzsche,1844—1900)谋杀了凡人心中的上帝,库恩无疑谋杀了常人眼中的科学。不过,让库恩难以释怀的是,他始终未能对自己谋杀科学的工具之一"范式"这一概念向世人作出清楚的描述。库恩后来主动接受马斯达曼等人的批评,收回了"范式"这个术语,提议用"专业母体"(disciplinary matrix)来替代。颇耐玩味的是,库恩新造的"专业母体"这个词根本没有流行起来,甚至很多学者完全不知道。而含义暧昧、遭人诟病的"范式"一词却像涨潮一样在自然科学和人文社会科学领域扩散弥漫。本书无意纠缠"范式"概念的具体含义,谨参照传播学者张锦华的观点②,认为"范式"概念包含以下三个层面的观念架构:

(1) 本体论的观点,即研究什么,这其中包含对人和社会的本质、人类历史的变迁等等基本问题的看法;

(2) 认识论的观点,即如何研究,包括对知识及其标准的看法;

(3) 目的论的观点,即为什么要这样研究,这样研究对社会现状和人类未来有何意义。

本章从本体论、目的论和认识论这三个方面,考察媒介环境学的研究立场和方法规范,以检验媒介环境学作为一个研究范式的合法性。

第二节 媒介环境学的本体论

传播活动早已有之,传播研究却出现很晚。之前我们多以为传播研究始自20世纪30年代。现在我们知道,"传播"在19世纪末已经进入了学术研究的视野。以杜威、库利、帕克为代表的社会学芝加哥学派最早开始思考现代传播的社会作用。他们在传播研究尚无学科陈规和理论窠臼的萌芽时期,提出了关于传播的几乎所有重大研究问题:传播与思维意识、知识教育、社区建设、城市发展、社会关系、民主政治以及社会变迁、人类发展等等之间的关系。

---

① 〔美〕库恩著:《科学革命的结构》,金吾伦、胡新和译,北京大学出版社2003年版,第21页。
② 参见张锦华著:《传播批判理论》,台北黎明文化事业股份有限公司1995年版,第32页。

遗憾的是,后来的传播研究走上了单兵突进的发展道路。第一次世界大战的爆发和广播这种新媒介的应用,滋生了传播强效果论并使之蔓延疯长。政治、军事领域开始有意识地开展传播效果的实证研究和实践应用。第二次世界大战期间特别是美国参战以后,"许多学者立即主动加入战时传播方面的研究,服务于政府机构如战时信息办公室、战略服务办公室、国会图书馆等,乃至投入反对极权主义的宣传战"①。以后来被威尔伯·施拉姆(Wilbur Lang Schramm, 1907—1987)钦定的四大奠基人为代表,经验主义研究迅速成为传播学的主流范式。他们以行政和市场为导向,分析研究传播内容对受众的态度和行为的改变。

所谓行政导向是指研究者从委托机关的观点来看问题,其基本目标是如何增进其社会控制,理性化其作为。而研究者通常都希望与委托机构维持和谐的关系,共同遵守一个相同的意识形态架构——"商业文化工业的合法性"。行政导向的心态总是不断地"协调、居间媒引、设法稳定、追求和谐、避免批评"。

而市场导向则是指应商业机构的委托,只研究如何扩大媒介对消费的影响力,对媒介是否作为社会公器的责任完全不考虑,更遑论对媒介所有权可能造成的文化及结构上的问题加以探讨了。②

这种对具体内容及其特定效果的研究,在战争宣传、商业开发和政治活动中屡建奇功,受到政府和商业组织的特别青睐。但是,他们把传播学压缩成为现行制度框架内一种可测量的、短期效果的实证研究,裁掉了社会学芝加哥学派早先提出的许多重要的传播问题,也把原本开放而长远的研究视野回缩锚定在了当下的现实。这个研究范式因此遭到了两股力量的质疑和驳斥。在素有思辨传统和批判精神的欧洲,法兰克福学派首先发难,猛烈攻击它的市场取向和政府背景。1938年,经验主义研究的开山祖师拉扎斯菲尔德(Paul Lazarsfeld, 1900—1976)邀请批判学派阵营的阿多诺(Theodor Adorno, 1903—1969)加入他的"普林斯顿广播研究计划"。这个研究项目主要是通过市场调查来分析广播听众的满意度,以供商业广播网经营之用。显然,研究者在这样的项目中被期待扮演谋

---

① 周葆华:《大众传播效果研究的历史考察》,复旦大学博士学位论文,2005年。转引自胡翼青著:《再度发言》,中国大百科全书出版社2007年版,第57页。
② 张锦华著:《传播批判理论》,台北黎明文化事业股份有限公司1995年版,第62页。

士角色,在既定目标下为委托机构执行市场调查和研究。阿多诺很难受用这样一个市场取向的研究,遂引身而退,回头专注于批判大众传播形成的"文化工业"。事后阿多诺指出,在普林斯顿广播研究的架构下,自然没有多少空间可以从事"批判性质"的研究。项目资助方洛克菲勒基金会也明白地表示,它需要的调查是在美国现行的商业广播制度的范围之内。这也就是说,有关这个制度本身、它的文化事业状况以及它的社会经济基本前提都不需要再加以分析。①

"如果说法兰克福学派最早尝试在主流传播学之外寻求新的研究方法的话,那么马歇尔·麦克卢汉的工作也同样体现出这样的尝试,只不过前者是从大众媒介的内容及其控制对于整个社会的影响着手,而后者则是从大众媒介工具本身,尤其是广播电视等电子传播工具对人的认识及人类的社会作用着手。"② 就革命路线而言,批判学派选择在意识形态立场上与经验学派分道扬镳,媒介环境学选择在研究对象上与经验学派决然对立。

伊尼斯最先向经验学派提出挑战,批评他们对传播技术的漠视。伊尼斯指出,一种媒介在长期使用的过程中,会把它自身的属性和逻辑强加于社会结构和人类心智。他建立的"媒介偏向论"开启了对媒介本身及其深远社会意义的研究。这一开拓性研究在当时基本没有引起什么学术回应,在加拿大也只是引起了一个人的共鸣。这个人正是与伊尼斯同在多伦多大学执教的麦克卢汉。恰如库恩所说:"获得新范式、做出这些基本发明的人,几乎总是非常年轻的人,或者是新进入一个其范式将由他们所改变的领域的人。"③ 麦克卢汉正是这样一位历史人物。对于当时正努力寻求学术转向的麦克卢汉来说,伊尼斯的传播研究像指路明灯,为他这个初入该领域的新人指明了方向。毕竟,对媒介本身的研究到那时为止仅有伊尼斯一个人。无论是这个新领域的理论建设还是其面向社会的推广,都有足够大的驰骋空间。麦克卢汉沿着伊尼斯的研究路子,进行了更无情的"破"和更大胆的"立"。

所谓"破",就是击破主流研究范式所建构的传播效果等同于传播内容的效果这个最大的假象。麦克卢汉先是用"乌龟"来警醒人们对媒介本身的无知:

> 工业人的觉悟与乌龟不无相似之处,就像乌龟对自己背甲上美丽的花

---

① 张锦华著:《传播批判理论》,台北黎明文化事业股份有限公司1995年版,第63页。
② 殷晓蓉著:《战后美国传播学的理论发展——经验主义和批判学派的视域及其比较》,复旦大学出版社2000年版,第79页。
③ 〔美〕库恩著:《科学革命的结构》,金吾伦、胡新和译,北京大学出版社2003年版,第83页。

纹是一无所知的。……这种身在庐山看庐山的观点,与只知道吃乌龟肉的实用观点是一致的:这种人宁可吃乌龟肉,也不会欣赏龟甲上美丽的花纹;他们宁可沉溺于报纸中,也不愿从审美或思想的角度去把握报纸的性质和意义。①

为了更准确有力地说明传播内容的迷惑性,麦克卢汉后来改用艾略特的一个比喻:"一个诗歌的内容是为了满足读者的习惯,使读者高兴和安静,而诗歌本身才真正作用于他:就像一个夜贼总是带着一块鲜美的肉以防看门狗。"此外,他还用鱼和水之间的关系来作比,批评人们对身处其中的媒介环境没有觉察,就像鱼对水的存在浑然不觉一样。只有环境发生了激烈变化,比如水源枯竭,环境的意义才会凸显。所以,麦克卢汉才强调,主导媒介的更替会突出媒介环境的重大意义。媒介环境激烈变化之时,正是我们认识媒介环境之重大意义的最佳时机。

所谓"立",就是确立媒介本身及媒介环境的重大社会历史意义。麦克卢汉把各种媒介组成的媒介矩阵,看做是社会、文化在其中生存演化的大环境。一种媒介环境塑造一种类型的社会文化。以原生口语为主导的媒介环境,塑造的是村落式的原始农业社会。以文字为主导的媒介环境,启动了民族国家的成长。以电子媒介为主导的媒介环境,推动了全球化的滚滚浪潮。生态学强调,一种新事物的引入不是附加到旧环境上,而是改变整个旧环境。媒介环境学认为,媒介环境变革产生的正是这种生态学式的效应。主导媒介的更替绝不单单是媒介环境增加或者减少一种媒介,而是意味着媒介环境的质变。环境里的各种因素都将因此受到强烈的影响,就像地壳的剧烈运动引发生态结构大洗牌一样,有些遭到淘汰,有些益然兴起。媒介本身的重要性,正体现在它作为环境的功能上。麦克卢汉说:"环境不仅是容器,而且是使内容完全改变的过程。新媒介是新环境。为什么要说媒介即是讯息,就是这个道理。"②

媒介的环境意义来自于媒介自身潜存的力量。麦克卢汉说,人类的任何交

---

① 〔加〕麦克卢汉著:《机器新娘——工业时代的民俗》,何道宽译,中国人民大学出版社2004年版,第4—5页。
② 〔加〕埃里克·麦克卢汉、秦格龙编:《麦克卢汉精粹》,何道宽译,南京大学出版社2000年版,第343页。

往模式都存在着无声的或潜意识的预设。① 媒介与"语言"和"神话"一样,潜存有巨大的力量。《地球村》一书开门见山摆明:"在这本书中,我们提供了一个研究技术对社会产生的结构性影响的模型。这个模型来自于一个发现,即所有媒介和技术都有一个基本的语言结构。不仅它们像语言,而且在它们的基本形式中它们就是语言。"② 麦克卢汉还套用斯特劳斯(Claude Lévi-Strauss)的"神话"来解释媒介,建议把媒介当作"神话"来研究,当作群体经验和社会现实的大规模语码编程来研究。③ "语言"也罢,"神话"也罢,总之媒介环境学认为,媒介并非意义中空的信息传输管道。媒介这种"环境不是消极的包装,而是一个积极的过程,它全面而彻底地作用于我们,改变感官的比例,强加它们的沉默的逻辑"④。

所以,媒介不只是告诉我们世界发生的变化,实际上,它们自己就是导致这些变化的重要原因。用麦克卢汉的话说,"媒介是一种'使事情所以然'的动因,而不是'使人知其然'的动因"⑤。这是他对"媒介即讯息"所作的最准确最精炼的解释。美国作家路易斯·H.拉潘姆在为《理解媒介》一书所写的序言中提到,直到有一次给电视台写一个长6小时的20世纪历史片,他才真正发现"媒介即讯息"的要义。"片中一段文字要说明二战的起源,还要说清从1938年9月慕尼黑会议到1939年9月德国入侵波兰的历史,但是只让我用43个词,而且只给我78秒钟。此时我才恍然大悟,原来电视并不像叙事体,更像是印象派诗歌和修拉的点画法。它不像小说家、史学家、散文家构思的东西,也不像新闻记者所写的社论。"⑥

传播不只是信息的传输,更重要的是意义的转换。经验学派把传播效果等同于传播内容的短期效果,显然遮蔽了传播转换意义的潜力。前苏联语言学家雅柯布森(Roman Osipovich Jakobson,1896—1982)曾就传播的意义说道,"信息"不提供也不可能提供传播活动的全部意义,传播所得来的东西有相当一部

---

① 〔加〕马歇尔·麦克卢汉著,斯蒂芬尼·麦克卢汉、戴维·斯坦斯编:《麦克卢汉如是说》,何道宽译,中国人民大学出版社2006年版,第13页。

② Marshall McLuhan and Bruce R. Powers, *The Global Village: Transformations in World Life and Media in the 21st Century*, New York: Oxford University Press, 1989, Preface.

③ 〔加〕马歇尔·麦克卢汉著,斯蒂芬尼·麦克卢汉、戴维·斯坦斯编:《麦克卢汉如是说》,何道宽译,中国人民大学出版社2006年版,第4页。

④ 转引自Arthur Kroker, *Technology and the Canadian Mind, Innis/McLuhan/Grant*, St. Martin's Press, 1984, p.62。

⑤ 〔加〕麦克卢汉著:《理解媒介》,何道宽译,商务印书馆2000年版,第82页。

⑥ 同上书,路易斯·H.拉潘姆麻省理工学院版序。

分来自背景、符码和接触手段。① 张锦华在《传播批判理论》一书中也指出,经验主义研究把传播的力量仅限于可测量的效果,恐怕是过于狭隘了。因为,"力量"一词如爱尔兰学者摩里斯(Peter Morriss)在其著作《力量》(Power)一书中所言,指涉的是某种预存的属性和能力。② 传播的效果既来自显而易见的传播内容,还有蓄势待发的传播媒介。经验学派汲汲于测量具体内容的可见效果,媒介环境学派着力发掘媒介本身的潜隐意义。媒介环境学在研究本体论上的这种革命性转向让他们发现了传播效果的另一个力源。

第三节　媒介环境学的目的论

传播既有可测量的短期效果,又有不寻常的深远意义。造就经验学派神话的威尔伯·施拉姆也承认:"大众传播的效果,除了已经看到的加强业已被遵循的现存观点外,许多潜在的效果是隐藏着的,或是在一些不被知道的领域中,抑或在一些并不被强烈遵循的观念中才起着作用。"③ 当代美国传播学者梅尔文·德弗勒(Melvin L. DeFleur)和桑德拉·鲍尔—洛基奇(Sandra Ball-Rokeach)更是强调:"大众传播对社会的真正意义并不在于它对具体受众的即时效果,而在于它对人类文化和社会生活组织所产生的间接的、微妙的和长期的影响。"④

短期效果可以实证,深远意义何以来解? 从早期的魔弹论到二级传播,再从议程设置、涵化理论发展到知沟理论,经验学派的效果研究不断向社会的纵深推进,希望不仅可以计算即刻的态度和行为改变,更可探查广延的社会结构变化。但是,局限于具体内容的研究从根本上限制了研究的视野和范围。研究人员无法处理几十年、上百年甚至更长时期内的传播内容。即使增加再多的变量如家庭、收入、同辈影响,经验研究的显微镜都无法显现传播的长远效果。所以,效果研究的一路修正注定是尘里振衣,泥中濯足。对此,张锦华的分析颇有见地:

事实上,如果权力(power,又译力量)这个概念包含的意思并不仅只有

---

① 陈卫星著:《传播的观念》,人民出版社 2004 年版,第 131 页。
② 张锦华著:《传播批判理论》,台北黎明文化事业股份有限公司 1995 年版,第 6 页、第 43—44 页。
③ 〔美〕施拉姆、波特著:《传播学概论》,陈亮等译,新华出版社 1984 年版,第 228 页。
④ 〔美〕德弗勒、鲍尔—洛基奇著:《大众传播学诸论》,杜力平译,新华出版社 1990 年版,第 227 页。

其外显的力量发挥及结果的话,其本质的内涵恐怕正如社会学者艾萨克所言,是无法以行为典范的观点所能了解的。这或许就说明为什么行为主义走向的传播研究虽发掘了众多的假设与模式,却始终无法掌握媒介力量的本质的原因。①

这从根本上否定了经验主义研究在应付宏观社会问题上的有效性。麦克卢汉在评价《电视对儿童生活的影响》一书时批评说,作者施拉姆不研究电视媒介的具体性质,只偏重电视的"内容"、收看时间和词汇频率,这种方法无论是研究电视还是印刷书籍的影响,都不可能发现这些媒介给个人和社会带来的结构性变化:印刷术在16世纪造就了个人主义和民族主义;电子媒介在20世纪末孕育了"地球村"和反叛意识。麦克卢汉说道:"程序分析和'内容'分析在弄清这些媒介的魔力或潜在威力方面,都不可能提供任何线索。"② 梅罗维茨也指出:"传播内容固然很重要,特别是短期来看。……但是,仅仅内容问题,无法就社会结构方面发生的变化提供足够的解释。"③

媒介环境学认为,传播的长远效果和深远意义主要来自于传播媒介,而非传播内容。各种媒介构成的媒介矩阵是人与社会生存发展的重要环境。媒介环境默默但积极地作用于人与社会。与内容的传播效果相比,媒介的环境意义不在于即刻的石破天惊之效,而是"不知不觉催万物沧桑,不喧不嚷要绿暗红飞"的潜移默化之功。所以,研究媒介环境有助于理解缓慢的、宏观的社会历史变化。本书前已论证,媒介环境学的所有研究最终都指向了媒介环境的深远社会意义。

伊尼斯通过时间偏向型媒介和空间偏向型媒介的不均衡发展,洞见了知识、权力在宗教组织和政治组织之间的流动,展现了帝国内部的权力角逐、帝国之间的权力冲突以及社会结构的变化。麦克卢汉着重分析了媒介在对人与社会"按摩"的过程中,如何把它们的感官偏向植入到人的认知逻辑之中,如何塑造每个时代的文化特质和社会结构。梅罗维茨集中描绘了电子传播所产生的新型社会行为和社会关系。翁、古迪、爱森斯坦等古典派学者则着力追溯了口语、文字和印刷传播所对应的社会文化特征。

---

① 张锦华著:《传播批判理论》,台北黎明文化事业股份有限公司1995年版,第61页。
② 〔加〕麦克卢汉著:《理解媒介》,何道宽译,商务印书馆2000年版,第47—48页。
③ Joshua Meyrowitz, "Shifting Worlds of Strangers: Medium Theory and Changes in 'Them' Versus 'Us'," *Sociological Inquiry*, Vol. 67, No. 1, February 1997.

从时间上来说,他们每个人研究的都至少是一种传播媒介的生命周期,特别是历史上几种主导媒介对应的大历史阶段。这样的历史阶段少则几十年,多则数百年甚至长达千年。这是经验主义研究在时间轴上抻得相对较长的涵化理论和知沟理论,也无法企及的。就因变量来说,经验主义研究只能应付可测量的传播效果,媒介环境学却有无与匹敌的阐释范围。媒介环境学既有的研究涵盖了人类社会的几乎所有方面:政治、经济、文化、社会、知识、教育、思维、社会行为、社会关系以及社会结构等等。人类所有文明都始终是在媒介环境中生存演化,深受媒介环境之浸染。所以,理论上讲,媒介环境学可以透过媒介环境这面镜子来审视全部人类文明。在这方面,经验学派只能望尘莫及。

　　如果说,媒介环境学选择以媒介本身为研究对象,强调了传播效果的另一个力源;那么,他们此行的目的,全然是为了管窥媒介这个力源不同于内容的传播效果。可以毫不夸张地说,缺失媒介环境研究既会让传播学残缺不全,也会失去品鉴人类历史长卷和社会图景的一个重要维度。

　　有批评指出,传播确有深远的社会意义,但是传播媒介与传播内容就像一张纸的两面,根本不可能作实际的切割。因此,媒介环境学把形式和内容分离所展开的一切论述,都站不住脚。老实说,这是一个貌似一针见血实则无聊透顶的伪论。

　　从学术实践上来说,类似把形式与内容分别来论的做法实乃再正常不过的事情。先例也古来有之。语言学把复杂的语言现象分为语言(langue)、言语(parole)和言语行为(langage)三个层面。"语言"是由构造单位和构造规则组成的全社会统一的表达系统。"言语"是个人具体运用这一表达系统的结果。"言语行为"是指具体应用这一表达系统的活动和过程。"今天天气很好",这里面的语素、语素构成的词及构词规则、词与词组合成词组及句子的规则等等是"语言"部分。一个人在具体的语境中把这句话说出来或者写下来,就是"言语"。说或写这种活动和过程则是"言语行为"。"语言"和"言语"紧密相连,互为前提。一个人的具体"言语"必须使用"语言",才能为他人所理解。同时,"语言"的存在必须体现在具体的"言语"当中,不存在没有"言语"的"语言"。但是,这并不妨碍语言学家把"语言"和"言语"分开来研究、表述。不仅如此,语言学进而把所有语言符号分为"能指"和"所指"两个成分。"能指"是符号的形式部分,"所指"是符号指向的概念或意义。玫瑰花的形状、颜色是它的能指,玫瑰花所代表的"爱意"是它的所指。能指和所指在现实中也是不可分的。然而,语言学和符号学这种看似"不切实际"的做法却开辟了对包括语言在内的一切符号的结构性意义的研究。同样：

> 社会存在与社会意识的划分，完全是一种人为抽象的结果。它们两者只能在思维中被分开，而在现实中是根本不可能分开的。社会存在必然是渗透着社会意识的存在，没有社会意识的社会存在是不存在的，也是不可想象的，没有社会意识的存在只能是自然的存在，如石头、星球之类。同样，社会意识也必定是对社会存在的意识，或者必定是建立在社会存在基础之上的意识。①

哲学对社会存在和社会意识的划分以及展开的相应研究，其学术意义岂不是有目共睹？

再者，理论研究中的话语表述与现实之间不完全一致，往往是理论研究的一种无奈，有的时候也是一种必需。英国语言哲学家约翰·奥斯汀(John Langshaw Austin,1911—1960)称此为话语行为(discursive acts)的一种"述行"(performative)特征②，即理论语言有时为了取得某种特定效果而不得不作出必要的变通，虽然与现实不完全对应，却能够更好地说明现实。

媒介环境学把传播一分为二，提醒人们在沉迷于传播内容之外，重视媒介本身的社会影响。这既是理论话语的"述行"行为，也是完善传播研究的必要之举，而实际效果更毋庸多言。

第四节 媒介环境学的方法论

一本书的内容能够立刻对人产生影响。读一次书绝不可能染上书本的属性特征，更难想象社会会因为一本书的功能偏向而发生什么变化。一种媒介只有经过大规模长期的社会应用，才会把它自有的特性沉淀到人与社会内部。换句话说，媒介的环境意义必须放在长时期和大范围内才能得见。这从根本上决定了媒介环境学不可能靠样本实验和 SPSS 的统计推算来求解媒介环境的社会意义。

> 心理学的实验方法和社会学的统计学方法主要适用于从短期的角度研究人们的行为。一项实验可以揭示人们在实验的设计所施加的具体条件下

---

① 严春友著：《西方哲学新论(上下卷)》，中国社会科学出版社 2001 年版，第 748 页。
② 〔美〕马克·波斯特著：《第二媒介时代》，范静晔译，南京大学出版社 2000 年版，第 26 页。

会做什么。同样,一次调查提供的是在采访当时的条件下人们行为的一次性描述。这两种方法都很难用来研究长期的行为变化。①

要真正认识长期的社会变化,英国社会学家斯宾塞(Herbert Spencer,1820—1903)指出:只有通过细致考虑这些变化在几个世纪里缓慢形成的过程;根据短期结果进行推论如同通过观察我们是在向山上或山下走来判断地球的曲度那样,是不可靠的。②

再者,媒介环境学的研究主旨是不同历史时期的媒介环境所塑造的社会文化的特征。这要求研究者来往穿梭于不同历史发展阶段,对不同的媒介环境进行比较,对不同时期的社会文化进行比较。而历史无法再现,时光不会倒流。媒介环境学因此必须假道他途。梅罗维茨分析说:

> 不像内容研究,媒介环境学考察的效果一般很难通过社会科学方法加以证实。比如,再现印刷文化以备观测或实验操作,事实上是不可能的。调查也不很有用,因为媒介环境学往往是考察结构变化的类型和影响因素,而这些是不为大多数人知晓的。曾经有人试图通过实验和描述来测试媒介环境理论的各个方面。然而,大部分媒介环境理论,特别是宏观层次的,深深地依赖思辨、历史分析和宏大模式的识别。③

恰如梅罗维茨所言,媒介环境学首先强烈地依赖思辨研究。中国社会科学院新闻与传播研究所研究员卜卫甚至认为:"就其理论的完整性和宏观性而言,麦克卢汉的'媒介即讯息'的理论可作为思辨研究的经典实例。"④ 媒介环境学确是思辨研究。是否称得上思辨研究的经典,倒值得商榷。至少,伊尼斯和麦克卢汉的研究就与规范的思辨研究有些格格不入。他们的研究方法,用他们自己的话说叫作宏观层次上的"模式识别"。

最早,伊尼斯在批评西方社会科学的自然科学倾向时提出了这种所谓的研究方法。他说,社会科学的任务是去发现和解释模式与趋势,以便能够预测未来,而不是靠精细计算为政府和工商业提供短期的预测。⑤ 麦克卢汉在为伊尼

---

① 〔美〕德弗勒、鲍尔—洛基奇著:《大众传播学诸论》,杜力平译,新华出版社1990年版,第232页。
② 〔美〕斯宾塞著:《社会学研究》,张红晖、胡红波译,华夏出版社2001年版,第92页。
③ Joshua Meyrowitz, "Medium Theory," *Communication Theory Today*, edited by David Crowley and David Mitchell, Polity Press, 1994, p.70.
④ 卜卫:《传播学思辨研究论》,《国际新闻界》1996年第5期。
⑤ 〔加〕伊尼斯著:《传播的偏向》,何道宽译,中国人民大学出版社2003年版,第69页。

斯的两本传播学著作写的序言中对这种方法大加赞赏,并作了如下发挥:

> 在艺术和诗歌中,这是"象征主义"技巧,就是并置而不用连接成分的意合法。这是聊天或对话的自然形态,而不是书面话语的自然形态。写作往往有一种倾向,就是从题材中分离出一个方面,将注意力死死地指向它。对话还有一种自然的倾向,那就是任何题材的多方面的相互作用。这种相互作用能够产生洞见和发现。与此相对,观点仅仅是看问题的一种方式。相反,洞见却是在相互作用的复杂过程中突然得到的顿悟。①

综合他们在"模式识别"方面的"言"与"行",可以认为"模式识别"大体就是深入观察复杂交错的动态关系,以发现其中隐藏的关联机制。这种方法虽以思辨为主,却非中规中矩的思辨研究——关键概念清晰,概念定义严格,逻辑推理严密,论证剖断严谨。

首先,他们始终没有明确他们提出或使用的一些重要概念的内涵和外延。在他们的话语体系中,"传播"、"媒介"、"口头传统"、"地球村"、"冷媒介"、"热媒介"等等这些重要的概念,都有令人难以忍受的模糊性。还有一些概念例如麦克卢汉提出的"内爆"(inplosion)一词,以及《地球村》一书中贯穿始终的两个词"figure"和"ground",笔者至今仍然一知半解。

其次,他们提出的理论命题多是意义含混的比喻,而非明确的判断。理论命题是学术研究的思想结晶,是研究者提出的观点或者推演得出的结论。学术研究提出的理论命题不仅要符合形式逻辑的基本要求,不能违背形式逻辑的三大基本规律:同一律、矛盾律和排中律,而且它必须是对事物情况作出的一个明确判断,一个严谨的学理的判断。媒介环境学提出的一些理论命题例如"报纸是经济变革的发动机"、"媒介即讯息"、"媒介是人的延伸",形式上多是比喻修辞,意义又颇为费解。

再次,他们发现的"模式"主要不是靠严密的逻辑推演而是靠对宏观结构的观察得来。他们把诸多社会现象和历史材料并置在一起,从中发现它们之间的关系和相互作用的方式。相比较而言,伊尼斯尚还注重以史料为证。麦克卢汉则倚重文艺的思维和表达方式,没头没脑地直接抛出观点,充满帕斯卡尔所说的敏感性精神。著名的法国数学家、物理学家和思想家帕斯卡尔(Blaise Pascal,1623—1662)曾说,学术研究明显有两种风格迥异的精神——几何学精神和敏

---

① 〔加〕伊尼斯著:《传播的偏向》,何道宽译,中国人民大学出版社2003年版,麦克卢汉序言。

感性精神。几何学精神在于精确分析，习惯于从某些公理出发，并依据这些公理推演出真理。它的优点是原理的明晰性和演绎的必然性。与之不同，敏感性精神类似于艺术家所拥有的那种微妙而敏锐的洞察力。它习惯依据感觉来判断，往往能一眼洞穿事物的底蕴。①

任何一个新范式总不免有两个软肋——理论的应用范围和研究的精确程度。新范式的软肋正是后续的常规科学需要攻克的重点。正如库恩所言，常规科学的任务是努力扩展新范式所提供的那些特别有启发性的理论命题，增进事实与范式预测之间的吻合程度，使之不断完善、更加精确乃至精致。② 在伊尼斯和麦克卢汉之后，沃尔特·翁、梅罗维茨和爱森斯坦等人都在这个范式内开展了卓有成效的常规科学研究。媒介环境学早期的那种粗放癫狂开始褪去，代之而出的是经典的思辨研究之象——精巧的理论结构、细密的逻辑推演和严谨的命题论证。

历时性的比较研究和矛盾的对立统一观，是媒介环境学在研究方法上的另外两个突出特征。媒介环境学的主要内容是考察不同媒介环境所塑造的社会文化的特征，以及媒介环境的变革所带来的宏观社会变化。以社会化问题为例，在传统社会里面，老年人以言传身教生产生活的丰富经验而位高权重。到了经验和知识以书籍传承为主的印刷时代，读书人阶层和学校教育剥夺了老年人的大部分权威。而今，电子传播媒介大大降低了社会文化的进入门槛，年轻人凭借与新生事物并驾齐驱的优势挺立社会潮头，老年人的地位几乎被年青一代完全压倒了。社会化主客体关系的这种历史变化，不仅意味着不同性质的社会化过程，显然它还意味着社会群体之间的利益冲突和权力重组，意味着社会关系、社会结构甚至是社会形态的深刻变化。媒介环境学的这种研究取向要求他们必须在媒介环境和人类社会两根轴线上展开历时性的比较研究。翁是原生口头传播与口语文化研究专家。他说，研究原生口语文化和书面文化，可以采用共时法对同一时期共存的口语文化和书面文化进行比较。但是，共时研究所需要的这种口语文化必须是书面文化尚未染指的类原生口语文化。两种文化表面上共处一时，实际上仍是前后相继的两种文化类型。所以说到底，媒介环境学终究必须使用

---

① 高亮华著：《人文主义视野中的技术》，中国社会科学出版社1996年版，第33页。
② 〔美〕库恩著：《科学革命的结构》，金吾伦、胡新和译，北京大学出版社2003年版，第21—22页、第135页。

历时的即历史的方法进行研究。①

媒介环境学通过比较不同性质的媒介环境和不同历史时期的社会文化,探查并论证媒介环境与社会历史文化的同构关系。伊尼斯在考察西方诸多文明古国的媒介与社会之后发现,凡时间偏向型媒介和空间偏向型媒介严重失衡的帝国,社会文化大都命运多舛。西方社会20世纪前后的媒介环境和社会发展面临同样的问题。时间偏向型媒介偏居一隅。空间偏向型媒介过度发展。这让西方世界陷入了战争、内乱和民族冲突频仍的混乱状态。麦克卢汉把媒介历史和人类历史划分为三个大的阶段:口语社会、印刷社会和电子社会。通过对这三种媒介环境的感官偏向性的比较分析,以及三种社会形态的比较分析,麦克卢汉概括提出了人类社会从"部落化"到"非部落化"再到"重新部落化"三个梯级螺旋式发展的过程。翁从古典学者对荷马史诗的研究中受到启发,凝神思考原生口头传播及其塑造的原生口语文化。通过与印刷传播和印刷文化相比,翁提炼了基于原生口语的思维和表达的九个特征。梅罗维茨则全力周旋于印刷传播和电子传播、印刷社会和电子社会之间,通过比较两种信息传播系统在场景偏向性上的不同,他发现印刷传播倾向于隔离交往场景,电子传播倾向于融合交往场景。相应地,与印刷社会相比,电子社会中的社会行为和社会角色将因此变得不前不后,界限模糊。

很少有人注意到媒介环境学对传播与社会中一些基本矛盾所持的对立统一的分析方法。伊尼斯从媒介本身的时空偏向性这对矛盾出发,探讨政治组织与宗教组织、中心与边缘之间的利益冲突。麦克卢汉从媒介本身是偏重于视觉还是偏重于听觉,是卷入局部感官还是卷入整个中枢神经系统,是支持左脑活动还是支持右脑活动这几个角度,预测社会结构是封闭还是开放,心理认知是整体的、系统的、直觉的,还是局部的、分裂的、机械的。莱文森关心媒介发展是更人性化还是更机械化。梅罗维茨则聚焦于媒介是倾向于融合还是倾向于分离社会场景。在这些矛盾关系中,时间与空间、中心与边缘、集中化(向心)与非集中化(离心)是媒介环境学几代学人一直高度关注的三对矛盾。

伊尼斯在看待美国与加拿大之间的矛盾关系时,既强调了美国对加拿大民

---

① 〔美〕沃尔特·翁著:《口语文化与书面文化:语词的技术化》,何道宽译,北京大学出版社2008年版,作者自序。

族文化的威胁,同时也实事求是地指出加拿大从美加关系中收益甚多。① 莱文森虽然对网上教育津津乐道,但他同时也承认,网络教育失去了传统教育的一些优势:手捧书本的感觉、面对面感受信息流动等等。梅罗维茨强调,任何一种媒介都不是绝对地融合场景或者绝对地分离场景。例如,文字使同一环境里的人们可以知道和经历不同的事情,也可以使不同地区的人们因为阅读同样的书面材料而建立联系。电子媒介同样"存在着一个双重的过程——一个是在场景之间的融合,一个是在场景内部的分离"。在电子社会中,"尽管世界在宏观的、社会的层面上变得更一致,微观的个人经历却是相反的:就像不同年龄、性别、地位、家庭、邻区和国家的人们之间的传统区别正在变模糊一样,同样年龄、性别、地位、家庭、邻区和国家的人们正在变得彼此越来越不像"②。"从某种意义上说,世界正在变成一个我称谓的 glocalities——由他们当地的独特性、全球趋势和全球意识形成的地方。"③

本 章 小 结

无论在本体论、认识论还是目的论上,媒介环境学的立场与信仰都迥异于经验学派和批判学派。

在本体论上,经验学派认为:人与社会就像自然科学的研究对象一样可以量化;经验事实是客观存在的,研究者可以而且应该对之作出纯客观的描述。经验学派研究的主要是传播内容对受众产生的影响以及产生影响的条件。

批判学派认为:人具有社会性和历史性,不可以也不应该被当作物来抽样测量;传播不是价值中立的过程,而是渗透着利益集团的意识形态;研究者有价值立场是必然的。批判学派研究的是传播如何被利益集团用来进行意识形态灌输和社会控制,受众在这种环境中如何被异化和摆弄。

媒介环境学认为,媒介环境是人与社会生存发展的一个重要环境。传播的意义不仅包括传播内容所产生的效果,更重要的是媒介在长期大规模的社会应用中所产生的结构性意义和深远社会影响。媒介环境学研究的是媒介环境的宏

---

① Arthur Kroker, *Technology and the Canadian Mind*, *Innis/McLuhan/Grant*, St. Martin's Press, New York,1984, pp.117—118.
② Joshua Meyrowitz, "Medium Theory," *Communication Theory Today*,edited by David Crowley and David Mitchell,Polity Press,1994, p.68.
③ Joshua Meyrowitz, "Shifting Worlds of Strangers: Medium Theory and Changes in 'Them' Versus 'Us' ", *Sociological Inquiry*, Vol.67, No.1, February 1997.

观社会效果。

在认识论上,经验学派主要采用调查、统计、实验等实证主义的方法。正如社会学创始人孔德(Auguste Comte,1798—1857)所说:"要保证社会学获得有关社会秩序和社会发展的真实规律,就必须使用那些在自然科学中使用过的实证方法:观察、实验和比较。"①

批判学派以哲学思辨为主。霍克海默(Max Horkheimer,1895—1973)在1931年成为法兰克福学派的掌门人时,就明确了该学派的使命,即通过哲学的思辨对现存事物进行批判。②

媒介环境学以直觉观察和思辨研究为主。伊尼斯在批评西方社会科学的自然科学倾向时说,社会科学的任务是去发现和解释模式和趋势,以便能够预测未来,而不是靠精细计算为政府和工商业提供短期的预测。他们与批判学派一样反对社会科学在研究方法上东施效颦自然科学。

在目的论上,经验学派相信,传播学可以像自然科学那样,客观地展现传播活动的全部过程和环节,揭示传播产生影响的条件和机制,从而可以利用这种机制、通过改变条件获得想要的传播效果。

批判学派希望通过质疑和批判来提醒人们警觉传播背后的政治经济利益和意识形态,通过否定现世秩序来构建理想社会。霍克海默明确指出,"这种批判的主要目的在于,防止人类在现在的社会组织慢慢灌输给它的成员的观点和行为中迷失方向"③。

媒介环境学强调媒介环境的长远传播效果,主张从媒介环境的角度审视社会历史的变迁。

媒介环境学尊奉的这种学术信仰和这些研究原则、秉承这种信仰原则而展开的出色研究,以及由此获得的卓越成就,足以让它成为与经验学派和批判学派比肩而立的一个传播研究范式。1995年,英国学者史蒂文森在其《认识媒介文化》(*Understanding Media Culture:Social Theory and Mass Communication*)一书中提出,传播研究大致有三种范式:批判研究;受众研究;第三类研究是考察媒介本身对我们共同视野的影响。④ 1998年,陈卫星教授确认传播学的三大基础学派:

---

① 周晓虹著:《西方社会学:历史与体系(第一卷)》,上海人民出版社2002年版,第42页。
② 〔德〕马克斯·霍克海默著:《批判理论》,李小兵等译,重庆出版社1989年版,第250页。
③ 同上。
④ 〔英〕史蒂文森著:《认识媒介文化——社会理论与大众传播》,王文斌译,商务印书馆2001年版。

经验—功能主义学派、控制论和结构主义方法论。① 稍近,青年学者胡翼青把伊尼斯、麦克卢汉、梅罗维茨等人的研究称为技术主义范式,认为它是传播学发展史上已经成型的三大范式之一。② 陈力丹教授提出应该分为"经验—功能"、"技术控制论"和"结构主义符号—权力"三个学派。③ 其中的"技术控制论"就包括麦克卢汉、梅罗维茨等人的研究。

---

① 陈卫星:《当代西方传播学学术思想的回顾和展望》,《新华文摘》1998年第9期。
② 胡翼青著:《传播学:学科危机与范式革命》,首都师范大学出版社2004年版,第39页。
③ 陈力丹:《试论传播学方法论的三个流派》,《新闻与传播研究》2005年第2期。

第六章 媒介环境学的深刻与片面

第一节 媒介环境学批判

讨论一种研究是否科学,无异于自找麻烦。这种恼人的问题本身且理还乱。何况,讨论本身会很容易陷入同样的问题怪圈。但是,对媒介环境学的科学性的诸多质疑,本书不能视而不见;对传播学各范式在这个问题上的口水战,我们也不能装聋作哑。

在科学性问题上,自然科学有相对优势,但并无绝对霸权。社会学家赫伯特·斯宾塞曾经深入论证过社会科学必然不完全精确的事实,也批判了自然科学的科学神话。斯宾塞举例说,最精确的自然科学比如力学也只是给我们提供仅仅是部分具体的预测。引爆一个矿山,飞射而出的碎石会如何运动?力学可以提供很多准确的预测,比如碎石下落的速度、范围。但是,力学永远无法准确预测特定碎片的具体运行情况,飞射出来的碎石哪些会撞击到一起。"就一个比较复杂的具体现象,最精确的科学能使我们作出的预测大部分是笼统的,或者仅仅部分是具体的。甚至在因与果不是非常复杂及对两者的科学研究已很发达的情况下,也是如此。"① 科学包括自然科学和社会科学都只能预见一般规律,而无法解决所有的个别情况。从自然科学史来看,自然科学的"科学"本质上也不过是一个历史范畴。每一个自然科学的理论和结论都声称自己是科学的。然而,其中有太多已经被新的"科学"结论所推翻。

社会科学与自然科学是两种不同性质的研究。自然科学的研究对象主要是

---

① 〔美〕斯宾塞著:《社会学研究》,张红晖、胡红波译,华夏出版社2001年版,第46页。

无生命的存在和运动。社会科学的研究对象是活生生的人以及各种有机体和自然因素参与其中的社会。研究对象的这一根本区别决定了自然科学的"科学"殿堂绝非社会科学的圣地麦加。一些社会科学研究借用了自然科学的一些研究方法，就以为黄袍加身，完成了向"科学"身份的华丽转型。殊不知，海水不可以斗量。社会科学的研究对象不是自然科学的研究工具所能完全应付。例如社会科学研究常用的控制实验，它实际上只能控制一些共时性的要素，却无法控制很多历时性的要素，更无法抹平这些要素在每一个研究对象身上的差别。一项控制实验选择60个年龄都是5岁，都是小学一年级，都是双亲中产阶级家庭的男孩，把他们分成三个小组。第一组在没有成人陪同的情况下天天看同一个电视节目，持续两周。第二组也持续看了两周同一个电视节目，但是始终有大人陪同观看并为孩子们解释节目中富有想象成分的内容。第三组根本不看电视。实验结果表明，第二组和第三组孩子的游戏能力和想象能力有所增加，第一组孩子在想象力和游戏能力方面则获益甚少。这项控制实验对年龄、性别、学习阶段、观看内容还有家庭出身进行了控制，也就是说，让所有的实验对象在这些要素上都整齐划一，无有分别。问题是，把两周时间从人生的历史长河中孤立出来做分析，本身是不成立的。今天都是双亲中产阶级家庭，并不意味着以前也是同样的起步，所有方面都是同样的起步。这些孩子们的爷爷奶奶、姥姥姥爷、邻居好友也都一样吗？除了都是双亲中产阶级家庭，家庭环境的其他所有方面都一样吗？显然不可能全都一样。还有，年龄、学习阶段一样也完全不代表他们有同样水准的想象力。同样是小学一年级的5岁男孩，智力水平、想象能力和游戏能力肯定是参差不齐。人是社会中的人。每一个实验对象所受到的外界影响，既不可穷尽，也不尽相同；每一个参与实验者的精神和心灵因素，同样既不可穷尽，也不尽相同。这意味着，控制实验根本无法"控制"所有应该控制的变量。

　　社会学家认为(越来越多的心理学家也认为)，实验室实验没有什么价值，因为这种实验把人的行为与社会环境分离开了。我们是否能够肯定，实验的结果不是由于受试者在做他们认为实验者想要他们做的事？大量的证据表明，这样的影响常常会损害实验结果。对于可能促成最后结果的所有相关因素，我们有足够的、可"参照"的信息吗？最主要的，实验结果是在"卫生的"实验室条件下取得的，它们能够告诉我们多少人们在现实而"肮脏的"世界上可能做的事情？这样的结果具有引人注目的简洁和雅致，呈现出"科学尊严"的魅力，但是，取得这种魅力别是以非常狭隘的人类行为观为代价的。①

自然科学与社会科学的"科学"标准不同。在自然科学领域,"科学"意味着研究结论可验证,实验过程可重复。在社会科学领域,可重复与可验证既非科学的充分条件,亦非科学的必要条件。社会科学是要对人与社会发展中的问题和现象作出合理的解释,探索发现人与社会发展的规律。自然规律可以丝毫不差地原般再现。社会历史规律是事物在本质上的必然因果关系,用列宁的话说,是本质的关系或者本质之间的关系。② 社会科学研究的这种规律是否科学,不在于传统科学观所坚持的能否被证实或者证伪。

通过检测并归纳一个判断的所有外延的正确性来证实一种理论,是不可能的。因为,社会科学研究的对象的外延是极其庞大甚至不可穷尽的,学术研究不可能对之作出周延的归纳。以卡尔·波普为代表的逻辑经验主义者提出的通过反例来证伪一种理论这种方法,也同样不可行。托马斯·库恩对证伪法有很精辟的反驳。他质问说,大量反常的积累最终导致科学家们放弃一个理论,这个解释有诸多问题:为什么科学家对第 $n-1$ 次反常无动于衷,当且仅当第 n 次反常出现时就突然完全放弃一种理论?为什么有的时候科学家在面临很少几次反常后就放弃一个理论,另外一些科学家在面临很多次的否定时仍保留一个理论?正如库恩等人所强调的那样,迄今为止的每一个理论包括那些现在被科学家们接受的理论都有或多或少反常的例子。所以,发现一个反例就自然导致放弃这种理论,这种说法根本站不住脚。

库恩提出,理论的科学与否在于它解决问题的有效性。美国当代最负盛名的科学哲学家拉里·劳丹(Larry Laudan)进一步指出,在科学的合理的发展中存在着许多已经——并且应该——起作用的非经验的,甚至是在通常意义下"非科学的"因素。在评价理论的价值时,问理论是否对重大的问题做出了适当的解答,比问理论在当代认识论的框架内是否是"真的"、"确证了的"、"充分证实的"或是"可辩护的"更为重要。另外,传统认为一个问题只有一个理论能够正确解答,其他理论都不能够或者没有权利对这个问题进行解答,这是荒谬的。历史上更自然的是,两个或多个理论都对同一个问题做出了解答,只不过其中一个

---

① 〔英〕戴维·巴特勒著:《媒介社会学》,赵伯英、孟春译,社会科学文献出版社1989年版,第22页。
② 《列宁全集》第38卷,人民出版社1986年版,第161页。

比其他更准确,或者各有千秋。①

在传播学领域,经验学派、批判学派、媒介环境学派特别是前二者之间长期分庭抗礼,互相攻讦。批判学派指责经验学派不过是政府的幕僚和商业的掮客,囿于微观的测量分析而完全无法把握传播的本质。经验学派贬斥批判学派在玩弄毫无新意的华丽辞藻,空发未经严格检验的意识形态之论而难匹科学之实。

1983年,美国著名的大众传播学刊物之一《传播学杂志》(Journal of Communication),组织出版了一期名为"传播学的骚动"的讨论专辑。专辑以批判研究对经验主义研究的冲击为题,广邀各国知名学者撰文发表意见。来自10个国家的41位传播学者撰写的35篇论文中,有些倾向经验学派,有些支持批判学派。值得注意的是,制造传播学"四大奠基人"神话、把经验学派扶上传播学主流之位的施拉姆,明确肯定了批判学派在传播学当中的重要地位,认为把美国作为传播学这一新领域的全部是不公平的。②

1985年,"国际传播协会"(International Communication Association)在夏威夷召开的年度大会以"范式对话"为主题,特别邀请著名文化研究学者斯图亚特·霍尔(Stuart Hall)作专题演讲。

> 在挤满数千人的大厅中,贺(霍)尔对以量化研究为主的美国主流传播研究,提出强烈的攻击;令人惊讶的是,演讲完毕只有轰然的掌声,却无人公开提出质疑。
>
> 当然,大会结束,热闹过后,各学者回到自己的研究室,可能还是继续以往的研究。但无可否认的,批判研究确已在美国注入酵母,开始发酵。对原已赞成其理论者,固然倍增信心;至于反对者,也不得不承认,批判研究自成领域,其基本假设固然无法实证,但其确具有主流传播研究所未能置喙的解释力。③

1993年,《传播学杂志》以"传播学的未来——在分裂与结合之间"为题,用两期特辑再度组织了一次关于学科身份与研究范式的讨论。相对于1983年的喜忧参半,1993年的讨论表现出更多的忧心忡忡:摇摆不定的学术身份和范式

---

① 〔美〕拉里·劳丹著:《进步及其问题——科学增长理论刍议》,方在庆译,上海译文出版社1991年版,第6页、第19页。
② 张卓:《传播学学术身份与研究范式的论战与反思》,《中国传媒报告》2007年第3期。
③ 张锦华著:《传播批判理论》,台北黎明文化事业股份有限公司1995年版,第131页。

之间的争斗仍旧在严重困扰着传播学的发展。①

学术争论特别是新旧范式初始的交锋有很大的意义。著名英国科学家赫胥黎(Thomas Henry Huxley,1825—1895)总结说,一种崭新的真理的惯常命运是:始于异端,终于迷信。历史上有几个新范式不是通过撕裂旧范式的帷幕登台亮相?倘若没有批判学派与经验学派的对垒叫阵、舌战笔伐,经验学派在现实体制下兢兢业业的良民形象,批判学派在理想召唤下独战风车的斗士神采,怎能如此鲜明挺立?如果没有媒介环境学派对经验学派的迎头一击,媒介本身的深远意义又怎会引起人们的重视?

但是,争论应尽量避免三种情况。第一,在范式之间的楚河汉界划定、鼎立之势既成之后,各范式没有必要继续以争论为重。库恩告诉我们,新范式在完成"革命"任务以后,接下来的工作重心应该是漫长但同样令人迷醉的常规科学研究——细化完善新范式提出的理论命题,化解新范式遗留的问题谜团。第二,学术争论不是抢位子,也无法争出高下。每种范式都各有自己的学术信仰和基本假设。它们之间根本上不可通约,自然也就没有优劣之分。诚如库恩所言,它们之间的比较和争论需要一种善意的换位转译,在承认世界观、方法论等科学信仰根本不同的基础上,站在对方的立场来理解对方,才能更好地相互理解。② 第三,在社会科学领域,特别不适宜拿科学与否来衡量一个理论的价值。自然科学的那一套所谓"科学"方法在社会科学领域不完全有效。对同一个社会问题的实证研究经常会得出不一致甚至完全相反的结论。例如,就互联网使用对青少年与家庭成员之间交流的影响而言,1998年克劳特(Kraut)等人发现互联网减少了个体与家庭成员间的交流。③ 2000年,克勒(Cole)的研究也发现,大量使用互联网的人与家人交流的时间更少。④ 但是另外一些研究显示,互联网的使用使家庭成员之间的关系更为紧密;⑤相对于很少使用互联网的人,大量使用互联网的人拥有更高水平的社会支持和与家人朋友更多的会面。⑥

---

① 张卓:《传播学学术身份与研究范式的论战与反思》,《中国传媒报告》2007年第3期。
② 〔日〕野家启一著:《库恩:范式》,毕小辉译,河北教育出版社2002年版,第205页。
③ R. Kraut, M. Patterson, V. Lundmark, et al, "Internet Paradox:A Social Technology That Reduce Social Involvement and Psychological Well-being?" *American Psychologist*,1998,53: pp. 1017—1103.
④ J. Cole, "Surveying the Digital Future, the UCLA Internet Report," http://www.CCP.UCLA.EDU/page/internet-report.asp.2000.
⑤ E. Mitchell, "The Dynamics of Family Interaction around Home Video Games. Special Issue:Personal Computer and the Family," *Marriage and Family Review*,1985,8: pp. 121—135.
⑥ The Pew Internet & American Life Project, "Tracking Online Life:How Women Use the Internet to Cultivate Relationships with Family and Friends," http://www.pewinternet.org/reports/2000.

一些人试图通过实证研究的方法,来检验媒介环境学的一些概念和命题。这种做法既不可取,也了无意义。早在1959年,卡彭特(Ted Carpenter)就曾做过媒介偏向性的测试。后有学者检验电影和电视对观众感知模式的影响。实验结果证明,年青一代即电视一代更加适应"马赛克思维"而不是"线性思维"。另有人通过瞳孔测试来检验电影和电视所调动的人的参与程度。实验结果证明,看电影的"参与度"超过看电视的"参与度"。① 甚至还有人试图检验麦克卢汉关于媒介的全球化效果这个结论。② 这些研究的失败之处在于,实验分析的是相当短期的效果,而麦克卢汉所谈的效果显然必须花很长一段时间才显现得出来。③

面对一种活动或一种现象,研究可以选择不同的侧面、立场、视角和方法。没有必要也不可能要求所有的研究都从同一个地方下手,关注问题的同一个方面。传播整体是一个极其复杂而庞大的问题,要获得关于它的任何认识都需要先作切割、选择,从某个角度着手,研究它的某一个环节或方面,然后尽我们所能将所有这些方面的研究综合起来,丰富完善我们对它的了解。所以,一个范式或者一项研究赋予传播的某些方面以特别的重要性是合理的。正因为如此,任何一种理论都无法解释全部的传播现象;任何一个研究范式都忽略了某些方面。不同范式之间没必要为分出不可能分出的高低胜负而掐个你死我活。

英国学者史蒂文森说得很好:"媒介文化具有无可改变的多元性。这使坚持这三种研究范式成为必要,因为这些范式均突出了媒介文化的各个不同方面。企图创立一种宏大的理论已没有多少意义,因为这极有可能无法解释媒介实践的每一个方面。"④

第二节 技术决定论的前世今生

除了质疑媒介环境学的科学性,更多更严厉的批评斥其为"技术决定论"。

---

① 〔加〕马尔尚著:《麦克卢汉:媒介及信使》,何道宽译,中国人民大学出版社2003年版,第253页注释。

② Leo Driedger and Paul Redekop, "Testing the Innis and McLuhan Theses: Mennonite Media Access and TV Use," *The Canadian Review of Sociology and Anthropology*, 35, No.1, Fall, 1998, pp.43—64.

③ 〔美〕沃纳·赛佛林、小詹姆斯·坦卡德著:《传播理论:起源、方法与应用》,郭镇之译,华夏出版社2000年版,第297页。

④ 〔英〕史蒂文森著:《认识媒介文化——社会理论与大众传播》,王文斌译,商务印书馆2001年版,作者中译本前言。

一些学者干脆用"技术决定论"来直接称呼他们的研究。

威尔伯·施拉姆说,"麦克卢汉,正如他的老师哈罗德·伊尼斯一样,是个技术决定论者。他同伊尼斯一样,把西方近代史解释为'建基于印刷文字的传播上的偏颇与知识上的垄断的历史'"①。

法国学者鲍德里亚批评麦克卢汉:"由于无知于媒体的生产模式和作用在媒体上的权力组织结构(也就是缺乏历史和政治分析),他的分析落入了唯名论式的唯心主义中,由于回避了任何团体经由媒体所建立的具体关系(缺乏了社会分析),他的'地球村'预言成为一种技术决定论。"②

丹尼尔·杰·切特罗姆也认为,"伊尼斯和麦克卢汉都信奉各种技术决定论","虽然他是想通过传播媒介追踪人类文化的发展,他的历史学却难以置信地缺乏真正的人民"。③

大卫·斯金纳(David Skinner)说:"麦克卢汉把技术归结为历史变化的最重要和唯一原因。……他彻底低估了人类的利用能力。对麦克卢汉来说,人类只不过是技术神秘力量的对象物。"④

张国良教授也指出:"麦氏过分地强调和夸大了媒介的作用,忽略了人的主导性、能动性,也忽略了媒介内容即信息的重要性。这就走向了'技术决定论'的极端。"⑤

仅从以上几位学者的评价便可看出,对媒介环境学所谓"技术决定论"的批评,具体所指并不完全相同。多数人认为,技术决定论是只考虑技术的影响而忽视人对技术的使用;有的指出,社会历史变化是由诸多因素共同促成的,媒介环境学把技术作为唯一决定因素,这就是一种技术决定论;个别人认定其技术决定论倾向在于把人类历史改写为传播媒介史;还有人认为,撇开传播内容只谈媒介本身就是"技术决定论"的取向。帽子虽然一样,各人的理解却不尽相同。

如果不先弄清楚"技术决定论"是什么,就这样稀里糊涂地把它扣到媒介环境学的头上,不免有些草率,也失之公允。以下先简要阐述"决定论"的由来发展,明确"技术决定论"的主要含义,然后再细细甄别媒介环境学与技术决定论

---

① 〔美〕施拉姆、波特著:《传播学概论》,陈亮等译,新华出版社1984年版,第137页。
② 〔法〕让·鲍德里亚著:《物体系》,林志明译,上海人民出版社2001年版,译序。
③ 〔美〕切特罗姆著:《传播媒介与美国人的思想》,曹静生、黄艾禾译,中国广播电视出版社1991年版,第195页。
④ David Skinner, "McLuhan's World and Ours," *The Public Interest*, No.138, Winter, 2000.
⑤ 张国良著:《传播学原理》,复旦大学出版社1995年版,第130页。

之间的关系。

一、决定论的三个发展阶段[①]

"技术决定论"是"决定论"的一个分支。"决定论"是关于事物因果性、必然性和规律性的一种哲学理论。决定论认为,自然界和人类社会中普遍存在着客观规律和因果关系。一切运动包括人的认识和行为,都是有原因的。决定论的一个重要观点是,有其因必有其果。根据中共中央党校庞元正教授的研究,"决定论"在历史上经历了三个发展阶段:自发决定论、机械决定论和辩证决定论。

"自发决定论"是决定论的原始阶段。它宣称事物普遍具有必然性和因果性。这一时期的科学尚未从哲学和神学中分离出来,更谈不上科学的研究方法。因此,自发决定论的观点主要来自于直观的猜测和感性的认识,无法用自然科学的事实加以说明。而且,当时人类对客观规律还知之甚少,自发决定论没有也不可能提出"规律性"这一范畴。

"机械决定论"不仅承认事物具有普遍的因果性和必然性,还揭示了自然现象中广泛存在的规律性,并以近代科学很多研究发现论证了因果性、必然性和规律性。法国天文学家、数学家拉普拉斯(Pierre Simon Laplace,1749—1827)对机械决定论的观点作了最具代表性的表述。他在1812年撰写的《概率解析理论》(*Théorie analytique des probabilités*)一书序言中写道:

> 我们必须把目前的宇宙状态看作是它以前状态的结果以及以后发展的原因。如果有一种智慧能了解在某一瞬间支配着自然界的所有的力,了解组成自然的所有存在状况,以及具有解析这些所给条件的巨大能力的话,那么它就能用一个数学公式概括出宇宙万物的运动,从最大的天体到最小的原子,都毫无例外,而且对于未来就像对于过去那样,都能一目了然。从人类精神在天文学所达到的完美形式中,已经可以窥视到这一智慧的朦胧面目。[②]

因为对机械决定论的这一经典表述,拉普拉斯获得了两项"殊荣"——机械

[①] 庞元正著:《决定论的历史命运:现代科学与辩证决定论的建构》,中共中央党校出版社1996年版。本部分内容参考该书。
[②] 同上书,第28页。

决定论被称为"拉普拉斯决定论",而那种能洞悉一切事物初始条件的超级智慧则被称为"拉普拉斯妖"。

机械决定论肯定了以往被视为根本不同的领域都服从同样的力学规律。这是对神学自然观的有力打击。但是,机械决定论有它的致命缺陷。机械决定论用当时发展最为完善的机械力学的观点来说明所有事物的因果联系,用机械力学的规律来解释一切合规律性的现象。他们认为,事物之间的因果联系是绝对必然的。这种必然性与偶然性不相容,不共生。规律性则是这种因果必然关系的体现,它表现为机械力学规律这样一种唯一的形式。这显然是一种形而上的机械论自然观。

17、18世纪是机械决定论的巅峰时期。以牛顿为代表的经典力学臻于完善。他们运用精确的数学手段近乎完美地解释并证实了若干天文现象:地球和木星由于它们的自转而中部突出;太阳和地球的互相作用产生潮汐;太阳和月球的引力转矩导致地球在自转轴方向的缓慢变化……

到19世纪中期,机械决定论开始瓦解。首先是热力学否定了经典动力学的一个基本前提:一旦规定系统的初始条件,就规定了系统以后的一切。热力学证明,所有非平衡的情形最终都会趋于平衡状态。换句话说,系统的后期变化不再必然地与初始条件有关。稍后,量子力学给机械决定论以致命的一击。德国物理学家海森堡(Werner Heisenberg,1901—1976)在1927年提出的测不准原理(不确定性原理)说明,人们无论如何都不能同时准确地测定粒子的位置和速度,测定的粒子位置越准确,测定的粒子在这个方向上的运动速度越不准确,因而也就无法像经典力学所要求的那样充分地知道粒子的"运动状态"。量子力学之后兴起的三论(系统论、信息论和控制论),向机械决定论发起了全面的攻击。另外,分子生物学的研究证明,DNA的成分核苷酸包含物种密码。生物遗传就是物种密码的复制过程。它保证了物种发展的稳定性和不变性。另一方面,核苷酸具有无限变异的潜在能力。生物变异就是物种密码的重新编组。正是由于这种变换几率的无限性,生物演变的偶然性和随机性成为必然。

20世纪下半叶兴起的复杂科学,进一步清理了机械决定论的废墟。其中最引人注目的是耗散结构理论、协同理论和混沌理论。混沌理论表明,混沌现象对初始条件具有高度的敏感性,初始条件极其微小的差别在短期内的结果还可以测定,但长时间演化后的结果根本就无法确定。这就否定了拉普拉斯决定论关于精确掌握初始条件便可预知结果的假定。混沌理论的创立者、美国气象学家洛伦兹(Edward Norton Lorenz,1917—2008)十分形象地把这种现象比喻为"蝴蝶效应"。他说,仅仅由于蝴蝶翅膀的一次小小的扇动,就使得气象学家无法预测一个月以后的天气情况。可谓差之毫厘,失之千里。

在批判机械决定论过程中产生的辩证决定论,是决定论发展史上的一场深刻革命。辩证决定论肯定事物具有因果性、必然性和规律性,但反对以机械论的观点解释一切因果性、必然性和规律性。辩证决定论认为,因果联系是多种多样的。从内容上看,它可以是机械的,也可以是物理的、化学的、生物的和社会的。从形式上看,它可以是单值的、线性的、非目的性的,也可以是多值的、非线性的和目的性的。必然性的表现形式也是多样的,它可以是直接的、单一的,也可以是间接的、统计的。必然性不仅不排斥偶然性,而且以偶然性为表现形式和补充。任何事物都是必然性和偶然性、确定性与随机性的统一。而事物的规律性不仅表现为不同物质运动形式的规律具有质上的统一性,而且表现为这些规律质上的差异性和形式上的多样性。

二、何为技术决定论？

作为"决定论"的一个分支,技术决定论主要是关于技术与人和社会之间关系的一种技术哲学理论。

法国技术哲学家雅克·艾吕尔指出,认为技术与技术的使用之间不存在差别,个体在技术面前只有唯一的选择,或者按照技术规则所要求的去使用技术,或者根本就不使用技术,此种论调即为技术决定论。[1]

研究技术哲学思想史的挪威学者托马斯·克洛(Thomas Krogh)说:技术决定论认为,技术本身的发展独立于所有其他因素,技术的发展决定着所有其他社会关系。[2]

技术建构论者、荷兰马斯特里赫特大学教授拜柯(Wiebe E. Bijker)认为,技术决定论包括两层思想:技术发展是自主的;社会的发展是由技术决定的。[3]

中国的《自然辩证法百科全书》这样定义:"'技术决定论'通常指强调技术的自主性和独立性,认为技术能直接主宰社会命运的一种思想。技术决定论把技术看成是人类无法控制的力量,技术的状况和作用不会因其他社会因素而变

---

[1] 高亮华著:《人文主义视野中的技术》,中国社会科学出版社1996年版,第16页。
[2] Thomas Krogh, *Technology and Rationality*, Ashgate, 1998, p.58.
[3] Sheila Jasanoff, et al., *Handbook of Science and Technology Studies*, Sage Publications, 1995, p.238.

更;相反,社会制度的性质、社会活动的秩序和人类生活的质量,都单向地、唯一地决定于技术的发展,受技术的控制。"①

刘文海在《技术的政治价值》一书中说:

> 在西方,技术决定论实际上并不是一个严谨的术语,它在不同的场合有不尽相同的意思:在技术的发展问题上,有一种被称为"技术决定论"的观点认为技术是内在地自我发展的,以此对应于"价值决定论"(亦有称"社会决定论"的)观点——在这种场合,技术决定论即近似为技术自主论;在技术对社会的影响问题上,"技术决定论"认为技术是社会变迁的占支配地位和统治的力量,决定着社会生活的其他方面,这时它和"技术统治论"的意思差不多,但概念的内涵和外延要大些。"技术统治论"则重在强调技术作为类似于政治的统治力量而对人和社会的影响。②

中国人民大学梁树发教授认为,科学技术决定论是一种在理解和评价科学技术的社会作用问题上把其发挥作用的形式简单化和把作用本身绝对化的观点体系。一方面,它认为科学技术可以不通过其他社会因素特别是生产关系而直接影响社会的发展;另一方面,它又把科学技术看做是推动历史发展的唯一的决定因素。③

不难看出,"技术决定论"在技术哲学那里也不是一个明确的概念。毕竟,技术与社会的关系太过复杂,要给"技术决定论"下一个通约性的定义,的确不易。为方便起见,本书综合各种定义,把"技术决定论"拆分为以下四个要点来讨论:

(1)技术的产生与发展:技术决定论认为,技术发展不以人的意志和其他所有因素为转移,即技术发展具有自主性。

(2)技术与社会的关系:技术决定论认为,技术是自变量,社会是因变量,技术决定社会的各个方面。极端的技术决定论认为,技术与社会历史变化之间是唯一、单向的决定关系。

(3)技术作用于社会的方式:技术决定论认为,技术不受其他因素的左右独立发挥作用。

---

① 于光远等编:《自然辩证法百科全书》,中国大百科全书出版社 1995 年版,第 225 页。
② 刘文海著:《技术的政治价值》,人民出版社 1996 年版,第 51 页。
③ 梁树发:《"科学技术是第一生产力"与科技决定论辨析》,《思想理论教育导刊》2003 年第 3 期。

（4）技术的社会效用：技术决定论认为，人类无法左右技术产生的社会结果，只有被动接受。极端决定论还强调，技术规定的社会结果是必然的、具体的。

第三节 媒介环境学与技术决定论

一、技术的产生与发展

技术的产生和发展问题不是媒介环境学讨论的重点。从他们仅有的论述来看，媒介环境学认为，技术的发明演进源自人类生产生活的需要。不过，技术的后期发展时常会逸出人类的最初构想和控制能力。

伊尼斯的传播偏向论说明，政治组织注重疆域的拓殖，所以偏好发展空间型媒介，像邮驿、运河、莎草纸。宗教组织注重权威的延续，所以偏好开发时间型媒介，像经久不衰的建筑与雕刻。在古埃及，王权最先发明了恒星年这种历法，得以比较准确地预测尼罗河的泛滥周期，极大地方便了埃及生产生活的安排调度。王权因此显赫一时。在空间上成功控制埃及以后，君主制度进一步通过建立金字塔和木乃伊，来强化帝国的长盛不衰。后来，僧侣阶级发明了比恒星年更为有效的太阳历，王权开始减弱。伊尼斯还在多处谈到，日渐发达的商业活动促使产生了快速流通的传播媒介。很明显，在伊尼斯看来，传播媒介的发明和发展受政治、经济、宗教等因素的左右。

麦克卢汉在这方面的观点，集中体现在他的一个重要命题——"媒介是人的延伸"上。麦克卢汉指出，人类不断发明的各种传播媒介乃是在身体受到超出自身应付能力的强烈刺激时，保护自己的措施和手段。媒介在延伸人体功能的同时，往往会在大规模的社会应用中对人类肌体形成新的压力，迫使人类发明更新的技术来满足自我保护和维持感知平衡的需要。……需求（刺激）……发明……发明带来新的需求（刺激）……新的发明……这就是媒介发展的历史。麦克卢汉举例说，文字与货币这两种媒介加速了交换过程，扩大了人们之间的交往，这对人体产生了巨大的压力。脚的功能不敷使用，于是产生了轮子。轮子在延伸脚的同时，又"引起了行动中新的强度"，迫使人们作出更进一步的回应。[①]

莱文森则认为，传播技术的发展主要是人类为满足自身的全面需求，在理性指引下不断完善各种媒介以使其更加人性化的过程。莱文森所举的窗户一例表

---

① 〔加〕麦克卢汉著：《理解媒介》，何道宽译，商务印书馆2000年版，第75页。

明，人们对安全、温暖、空气、阳光、外界信息还有隐私保护的需要，是促使窗户不断发展演变的关键原因。即使像莱文森所说的那些"不经意的发明"，如留声机、电话，其初衷也是为了满足人类这样那样的需要。

传播媒介的发明创造和应用发展，既有伊尼斯所说的权力和利益的谋求，也有麦克卢汉所言的外界强力刺激的驱动，当然还有莱文森所说的人类对技术更加人性化的需要。罗杰·菲德勒长期研究媒介发展的动力机制，他的解释更为全面一些。菲德勒提出："传播媒介的形态变化，通常是由可感知的需要、竞争和政治压力，以及社会和技术革新的复杂相互作用所引起的。"①

新技术因应各种需要而产生，但这丝毫不意味着，它们会完全按照人类的意志和需求发展，完全臣服于人类的控制。诚如雷蒙德·威廉姆斯所说："我们不但要拒绝所有形式的科技决定论，我们同时也得自我警惕，不要以为科技完全是被外在力量所决定。"② 技术一旦被发明出来，它自身的逻辑和结构也会影响它的发展。有时，这种发展甚至会逸出人类最初的构想，出现莱文森所谓的"意料之外的进化"。麦克卢汉的"延伸论"也说明，人类不断发明传播技术，恰恰是因为技术本身的发展不期然地给人类造成了新的压力。

二、技术与社会之间的关系

媒介环境学很少论及社会对技术的使用和改变，但他们并不否认这一点，也从未忽视人在技术面前的自由意志和主观能动性。

伊尼斯认为：时间偏向型媒介有利于宗教力量的巩固发展；空间偏向型媒介有助于政治势力的控制扩张。这由媒介本身的性质决定。但是，媒介本身的这种性质和功能偏向必须通过相应的宗教或者政治组织，才能显现发挥出来。以教会与媒介之间的相互关系为例，伊尼斯说，教会利用羊皮纸发展了知识垄断，加强了自身力量。但是，便携纸张的发明和普及削弱了这种垄断。面对这种挑战，教会想尽各种办法比如建立宗教裁判所，来化解危机，延迟自己的权力崩溃。③ 毫无疑问，伊尼斯讨论的正是媒介与社会之间的相互作用。

麦克卢汉明确说过："人在正常使用技术的情况下，总是永远不断受到技术

---

① 〔美〕菲德勒著：《媒介形态变化：认识新媒介》，明安香译，华夏出版社2000年版，第19页。
② 〔英〕威廉姆斯著：《电视：科技与文化形式》，冯建三译，台北远流出版事业股份有限公司1992年版，第162页。
③ 〔加〕伊尼斯著：《帝国与传播》，何道宽译，中国人民大学出版社2003年版，第141页。

的修改。反过来,人又不断寻找新的方式去修改自己的技术。"①人与技术的关系是一种"固有的共生关系"②。在技术与人和社会之间关系的问题上,麦克卢汉最早在《古登堡星汉璀璨》一书中就曾表明:"本书绝对不抱决定主义的立场,笔者希望阐明社会变革的一个主要因素,它可能会真正地增加人的自主性。"③到1964年出版《理解媒介》一书,他仍然强调:"本书追求弄懂许多媒介,弄懂产生媒介的冲突和媒介所产生的更大的冲突。并且通过增加人的独立自由,以提出削弱这些冲突的希望。"④ 而且,麦克卢汉对人类控制和使用技术的能力抱有足够的信心。他说:"我个人非常信赖人类的弹性和适应力。……我深信人成长和学习的潜力,深信他深入开发自己的潜力和学习宇宙奥妙旋律的潜力。"⑤莱文森更是坚定地相信,人类在理性指引下可以驾驭媒介使之朝着积极的方向前进。

这些足以表明,媒介环境学并不像技术决定论那样,认为技术与社会之间是一种单向的因果决定关系。

三、技术作用于社会的方式

英国文化学派的雷蒙德·威廉姆斯也认为麦克卢汉理论属于技术决定论,理由是:

> 麦克卢汉虽然自认为观察到了社会状态或趋向,但他的说法实在太过荒唐,令人不得不加以质疑。弹指之间讯息可以传输是物理上的事实,但是这种技术上的可能性,却被毫无批判性地接受,说成是社会的事实。麦克卢汉一丁点也没有驻足停思,没有注意到这些讯息的传输,既是现有的社会权力当局所筛选,也是为他们所控制。⑥

这个批评的论据是完全错误的。媒介环境学包括麦克卢汉的推论方式根本不是威廉姆斯批评的"技术—结果"这样直接的因果推导。媒介环境学从未把

---

① 〔加〕麦克卢汉著:《理解媒介》,何道宽译,商务印书馆2000年版,第79页。
② 〔加〕埃里克·麦克卢汉、秦格龙编:《麦克卢汉精粹》,何道宽译,南京大学出版社2000年版,第398页。
③ 同上书,第151页。
④ 〔加〕麦克卢汉著:《理解媒介》,何道宽译,商务印书馆2000年版,第85页。
⑤ 〔加〕埃里克·麦克卢汉、秦格龙编:《麦克卢汉精粹》,何道宽译,南京大学出版社2000年版,第403页。
⑥ 〔英〕威廉姆斯著:《电视:科技与文化形式》,冯建三译,台北远流出版事业股份有限公司1992年版,第160页。

技术看作社会历史变化的直接、唯一动因。在他们的论述中,至少可以看到传播内容和特定环境在效果产生过程中的作用。

首先需要说明,媒介环境学研究的不是当下也不是三五年间的传播效果,而是长达几百年甚至更长时期内的社会效果。这决定了传播内容在他们这里不是也不可能是一个电视成人节目或者一本武打小说之类具体的信息,而是相对宏观的信息。比如,梅罗维茨在其《消失的地域》一书中提出,印刷媒介有利于形成权威和等级,电子媒介容易打破这些权威和等级。原因在于,印刷媒介有利于表现人的前台行为,也就是美好的一面;电子媒介有利于暴露人的后台行为,即未经整饬或者说难以整饬的一面。正是它们呈现出来的这些不同内容导致了殊异的结果。

所以,媒介环境学所言的传播效果并不像有些人指责的那样仅仅是媒介本身所为,而是媒介本身与传播内容的综合作用。只不过,就他们所研究的长远时空范围而言,媒介本身的社会意义更突出更重大。麦克卢汉曾解释说:"我强调媒介是讯息,而不说内容是讯息,这不是说,内容没有扮演角色——那只是说,它扮演的是配角。"[①]

媒介环境学也不认为,技术无论何时何地都能产生普遍相同的(universal)社会结果。社会制度、历史发展、民族心理、习俗风尚等等因素,都会影响技术在社会当中的效用发挥。这方面的论述当数伊尼斯最多。他的研究更多的是对各个帝国的具体分析,包括每个帝国内部政治势力与宗教势力的斗争情况,经济、历史、地理状况,帝国外部的环境,等等。在其未竟手稿《传播的历史》中,伊尼斯试图进一步论证,"印刷媒介如何与权力和公共舆论相互作用,从而在不同历史环境中产生不一样的结果","这也表明称呼他是技术决定论者是不符合实际的"。[②]

麦克卢汉的很多结论,例如"地球村"、"处处是中心,无处是边缘",最容易让人误解他是在演绎一个普适的未来。但是,有两点需要我们特别注意:

其一,麦克卢汉的理论推演有预设的前提,即"在人们正常使用技术的情况

[①] 〔加〕埃里克·麦克卢汉、秦格龙编:《麦克卢汉精粹》,何道宽译,南京大学出版社2000年版,第373页。

[②] William J. Buxton, "The Bias against Communication: On the Neglect and Non-publication of the 'Incomplete and Unrevised Manuscript' of Harold Adams Innis," *Canadian Journal of Communication*, 2001, Vol. 26, Issue 2.

下"①。梅罗维茨说的则是"在我们国家中","每一户美国家庭几乎都至少拥有一部电话和一台电视","每个家庭每周开电视的时间是50个小时"。② 也就是说,媒介环境学的理论演绎和预测是以媒介的大规模社会应用为前提的,而非新媒介一出现,就会随即导致某种必然的社会结果。

其二,麦克卢汉偶尔也对不同环境中的具体情况做出说明。电视是一种听觉空间型媒介。"但是,电视形象进入生活所产生的效果,却因文化的不同而不同,其差别随每一文化现存的感觉比率而定。在偏重听觉和触觉的欧洲,电视强化了视觉,驱使听觉和触觉走向美国式重外观、重装潢的风格。在高度倚重视觉文化的美国,电视打开了听觉和触觉的大门,使感觉通向有声语言、膳食和造型艺术的非视觉世界。"③ 无线电广播在德国、俄国的影响和它在法国、英国的影响,也很不一样。④ 西方线性思维模式的形成既与谷登堡印刷术有关,同时在很大程度上也受环境因素的制约,比如道路和运输等复杂的服务设施、法治中的逻辑和理性活动。⑤

麦克卢汉还分析了印刷术在英美两国如何因历史传统的差异而各有不同的社会效果:

> 托克维尔在略早一些时候有关法国革命的著作中曾经说明,18世纪达到饱和的出版物,如何使法国实现了民族的同一性。法国人从北到南成了相同的人。印刷术的同一性、连续性和线条性原则,压倒了封建的、口耳相传文化的社会的纷繁复杂性。法国革命是由新兴的文人学士和法律人士完成的。

> 然而,英国古老的习惯法的口头文化传统却是非常强大的,而且中世纪的议会制还为习惯法撑腰打气,所以新兴的视觉印刷文化的同一性也好,连续性也好,都不能完全扎根。结果,英国历史上最重要的事情就没有发生。换言之,根据法国革命的路线方针而组织的那种英国革命就没有发生。⑥

---

① 〔加〕麦克卢汉著:《理解媒介》,何道宽译,商务印书馆2000年版,第79页。
② 〔美〕梅罗维茨著:《消失的地域:电子媒介对社会行为的影响》,肖志军译,清华大学出版社2002年版,原著前言。
③ 〔加〕麦克卢汉著:《理解媒介》,何道宽译,商务印书馆2000年版,第78页。
④ 〔加〕梅蒂·莫利纳罗、科琳·麦克卢汉、威廉·托伊编:《麦克卢汉书简》,何道宽译,中国人民大学出版社2005年版,第322页。
⑤ Marshall McLuhan and Bruce R. Powers, *The Global Village: Transformations in World Life and Media in the 21st Century*, New York: Oxford University Press, 1989, pp.55—56.
⑥ 〔加〕麦克卢汉著:《理解媒介》,何道宽译,商务印书馆2000年版,第41页。

为避免误解,梅罗维茨特意声明,他研究的是单一变量的影响,即"当其他因素保持不变时,电子媒介的广泛使用所引起的社会行为的变化趋势"。换句话说,梅罗维茨研究的主题是"电子媒介及其潜在的普遍影响",而不是"社会行为及所有产生这些社会行为的原因",所以自然不需要去关注电子媒介之外其他引起社会行为变化的因素。但这丝毫不意味着,其他所有因素不会或者没有影响到社会行为的变化。①

以上这些表明,媒介环境学并不否认传播媒介是与其他诸多因素协同发挥作用的。只不过,他们把传播媒介作为一个首要因素加以强调,以提醒人们除了注意内容在传播中的重要作用,还要重视媒介本身的深远影响。

四、开放性的结论和多样化的未来

象形文字的框形结构和图画特征造就了中国的直觉把握和整体思维。拼音文字的线性结构和抽象形式孕育了西方的逻格斯中心主义。这种效果无法抗拒也难以避免。媒介环境学认为,社会主导媒介在长期使用过程中会塑造这个社会的特征。至于这个社会的内部,效果却是多样化的。一个地区、一个人或者一件事物,并不都体现这种特征。麦克卢汉说,电子媒介将引起非集中化。紧接着他又说,未来是一个多样的非集中化。②

莱文森一度认为麦克卢汉是"技术决定论"。后来,他觉得自己的这种看法"未必妥当"。毕竟,麦克卢汉始终没有把人类社会绑定在一条命定的道路上,也从来没有提出未来世界万事已定之类的观点。莱文森在评价麦克卢汉的媒介四元律时说:

> 这个工具的工具嵌入了一种预测未来的机制。但是,未来不是单一、宏大、统一的未来——根本不是决定论说的那种东西。决定论看到的未来,是世界必须走怎么样的一条既定的道路。相反,这里的未来是多样的未来,甚至是无数的未来,无数的技术可能性产生出来的无数个未来,万花筒式的众多的未来,我们当前面对的媒介的众多潜在因素所产生出来的许多个

---

① Joshua Meyrowitz, *No Sense of Place: The Impact of Electronic Media on Social Behavior*, New York: Oxford University Press, 1985, p. 128.

② 〔加〕埃里克·麦克卢汉、秦格龙编:《麦克卢汉精粹》,何道宽译,南京大学出版社2000年版,第387—389页。

未来。①

事实证明,媒介环境学在以上四个核心要点上与技术决定论有着很大不同。他们认为主导媒介决定社会的特征,但不否认多元因素对社会历史变化的影响,也不否认人与社会在媒介面前的主观能动性。而且,他们也不认为,社会将在技术的规定下朝着一个既定的方向演进,更没有为我们描绘一个万事详备的未来。

麦克卢汉曾经因为莱文森的误解,特意登门留言:"我喜欢你的论文,但是你的表达有误。你把伊尼斯和我说成是'媒介决定论者',是不妥当的……"② 梅罗维茨也善意地提醒说,看待媒介环境学最有用的方法是,不要认为它是决定论而是把它看作解决一般趋势的一个模式。③

本章小结

社会科学与自然科学是两种性质不同的研究。用自然科学的标准评判一种社会科学研究的"科学"程度,既不可能且易生祸端。对于一种社会科学研究,考量它对重大社会问题的阐释能力和阐释效果比追究它是否有科学的依据,更可取。循前者,你会发现传播学的三大学派分别照亮了传播活动的不同环节和侧面,综合它们的研究可以大致了解传播活动的各方面情况及意义;依后者,你会不恰当地贬低甚至抹杀批判学派和媒介环境学的理论价值,从而错失接近传播活动全部真相的机会。

传播学三大学派各有独特的学术信仰、基本假设、研究方法。每一个学派都赋予了传播的某些方面以特别的重要性,并且在各自所强调的那些方面获得了研究的正当性,具有其他学派难以置喙的解释效力。这同时意味着,每一个学派都忽略了传播的某些方面,都有自己哑言失音的问题领域。各学派之间应该在承认世界观、方法论等科学信仰根本不同的基础上,站在对方的立场来善意地理解和肯定对方,相互常借鉴多吸收。但是,三大学派很难完全融合,更不可能相互替代。例如传播效果研究,从早期的魔弹论到二级传播,再从议程设置、涵化理论发展到知沟理论,经验主义研究不断向社会的纵深推进,希望能够探查更广泛更宏观的社会变化。但是,局限于具体内容的研究从根本上限制了研究的视

---

① [美]莱文森著:《数字麦克卢汉》,何道宽译,社会科学文献出版社2001年版,第263页。
② 同上书,第259页。
③ Joshua Meyrowitz,"Medium Theory,"*Communication Theory Today*,edited by David Crowley and David Mitchell,Polity Press,1994,p.71.

野和范围。研究人员无法处理几十年、上百年甚至更长时期内的传播内容。反过来,媒介环境学即使转向微观领域,也无法用自己的那一套方法来测定具体传播内容的效果,当然也不可能挪用经验学派那一套方法来探索媒介环境的深远影响。

本章对媒介环境学与技术决定论之间关系的剖析起码说明,把前者等同于后者或者以后者直接称呼前者,不是一件简单的事情。无论是在技术的产生与发展、技术与社会之间的关系、技术作用于社会的方式还是技术的社会效果方面,媒介环境学都与技术决定论的观点有很大不同。媒介环境学认为,主导媒介决定社会的特征,但他们不否认多元因素对社会历史变化的影响,也不否认人与社会在媒介面前的主观能动性。而且,他们也不认为,社会将在技术的规定下朝着一个既定的方向演进,更没有为我们描绘一个万事详备的未来。

技术与社会处于有限的互动作用之中。一方面,技术深刻地影响政治、经济、文化、心理等社会各个领域,并促使其发生变化。但是,技术绝不可能取代政治、经济、文化等其他因素而成为社会发展的唯一决定力量,而且技术不是在真空中发挥作用,它同时受社会制度、历史传统、民族心理等诸多因素的牵制。另一方面,社会各方面因素深刻地影响技术的发展和应用,但这些社会因素不可能取代技术发展的内在逻辑而完全主宰技术的发展。技术绝非人类可以高枕无忧的掌中玩物。

在技术与社会的关系问题上,不能只说明技术与社会相互作用相互影响就算了事。进一步廓清它们相互作用的范围、程度和条件,才更有可能接近问题的实质。

第一,人类文明的发展史是技术在其中不断膨胀壮大的历史。人类社会已经越来越不由神话、仪式或各种强制力量支撑,而是越来越由技术及其相关实践支撑。这意味着,与其他因素相比,技术对社会的影响和意义越来越突出。媒介环境学之所以历久弥新,麦克卢汉理论之所以在电视时代兴盛一时,又在网络时代再度复兴,一个重要原因即在于此。

第二,就传播效果而言,传播学关注的多是具体传播内容的可实证测量的效果,媒介本身的深远意义却少人问津。确如一些批评所指,无论是对媒介本身的强调还是对传播内容的贬低,媒介环境学的言辞和论断都有些极端。但是,在人们对媒介本身及其社会影响麻木无知的情况下,难道不需要有人站出来大喝一声吗?莱文森说得很直白:蓄意渲染是他们的看家本领。他们自己也知道只说出了事情的一部分情况。"我们宣传的是我们认为最吸引人的那一部分东西。"另一面当然是存在的。蓄意渲染的目的是唤醒那些浑然不觉的人,希望人们在觉醒之后,能够按照自己喜欢的路子去维持媒介的影响,按照自己不喜欢的路子去终止或减少这种影响。① 这是媒介环境学出现和正当存在的学科研究背景。

第三,如当代著名技术哲学家拉普(Friedrich Rapp)所言:"技术进步在细节上是精心选择、出色谋划的,而在总体上却又是决定人类命运的、难以驾驭的历史力量。"② 拉普称之为"技术活动悖论"(paradox of technical actions)。就传播来讲,传播的短期效果的确因人因地因时而异。个人可以选择开机还是关机,看这个节目还是看那个节目。但是,媒介的长远整体效果确有很大的强制性。这是媒介环境学具有解释效力的直接原因。

第四,理论与现实之间存在无可避免的悖论式困境。技术是人制造出来的社会工具。这种工具既非意义空洞的物体,亦非凌驾于人和社会之上的主宰。准确地说,技术是社会的。它与制度、礼仪、习俗类似,同处于社会之中,彼此影响相互作用。它们构成一个无限循环互为因果的动力场。恩格斯把这种情形称为"无数个力的平行四边形",它们形成"一个总的合力",推动社会发展。③

面对如此纷繁复杂的社会现实和研究对象,任何理论想要无所不有面面俱到,结果大抵只能是一无所成。一套理论就是一种选择。哲学有哲学的阐释角度,传播学有传播学的阐释角度。在传播学内部,经验主义研究是一种选择,媒介环境学是一种选择。这种选择,不是研究者的主观臆想。它包含着研究者对人和社会的本质、人类历史的变迁等等基本问题的判断。多个维度多种理论形成合力,才能接近或完成对事物的整体认识。斯蒂文·小约翰(S. W. Littlejohn)在《传播理论》一书中说道:

> 传播这一领域是许多学科用各种方法在进行调查研究的一个题目。它吸引了持不同哲学观点的学者的注意,其结果是,传播研究得到了丰富和深化。这就像一颗宝石在七彩灯光的照耀下慢慢转动时更显得光彩夺目一样。多重视角的研究方法向我们提供了一个机会,使我们看到了传播所具

---

① 〔美〕莱文森著:《数字麦克卢汉》,何道宽译,社会科学文献出版社2001年版,第286—287页。
② 〔德〕拉普著:《技术哲学导论》,刘武等译,辽宁科学技术出版社1986年版,第117页。
③ 《马克思恩格斯全集》第37卷,人民出版社1971年版,第462页。

有的复杂多变的过程。①

经验主义研究认为，传播内容是传播效果的重要原因。他们通过分析、控制特定的传播内容以确定和得到相应的传播效果。这种研究能够展示具体传播内容的特征，提供改进传播效果的策略。不过，这种研究的有效性的范围有限。它根本上无法解释宏观的、长期的、结构性的社会历史变化。

媒介环境学认为，传播媒介是社会历史变化的重要动因。他们所言的传播效果是传播在大时空范围内的社会历史影响。他们希望通过分析媒介环境的性质、结构及其演变，从一个新的角度理解人类社会，预见其未来的变化趋势。他们不关注具体传播活动和短期传播效果。所以，媒介环境学在理解传播的过程或者解决具体的传播内容及其效果方面，没有多大用处。

媒介环境学聚焦于媒介环境的宏观传播效果，肯定了媒介的价值，凸显了传播无时不有的弥漫效应，这种弥漫效应是缓慢却可能深刻而长远的社会变化。在传播学领域，这是一个自足的研究范式，开创了一个全新的研究领域。在传播学之外，媒介环境学贡献了一个观历史风云、看社会变迁的新视角。我们可以从人类经验世界的各种媒介切入来品鉴历史，洞察人与社会。这在各种媒介已经深深地嵌入社会、一切社会运转越来越多地经由传播和为传播所包容的今天，意义尤为重大。

表过功，再言过。"过"不一定是错误，有可能是疏忽和缺陷，甚至是无可避免的缺陷。

首先，媒介环境学的最大缺陷是对媒介本身的过分强调。如前所言，世界是复杂的，有难以尽数的重要因素在影响着个人、群体和社会。社会变化不单单是媒介本身所促成。而且很多影响社会变化的因素之间又是交错影响、相互作用的。可是，媒介环境学在强调媒介本身的社会意义的同时，既没有对其他作用因素给以适当的分析，更没有充分考虑这些因素之间的相互作用。乍看起来，他们所指明或预言的那些社会变化似乎全是媒介环境所为。这显然违背社会事实。梅罗维茨也承认："从许多方面看，排除其他因素，仅讨论单一变量所引起的普遍的社会影响是荒谬的。"②

---

① 〔美〕斯蒂文·小约翰著：《传播理论》，陈德民、叶晓辉译，中国社会科学出版社1999年版，第1—3页、第37页。
② 〔美〕梅罗维茨著：《消失的地域：电子媒介对社会行为的影响》，肖志军译，清华大学出版社2002年版，第122页。

但是,面对传播与社会之间的复杂关系,任何一种理论想要无所不包是绝对不可能的。经验学派可以选择研究传播内容的传播效果,媒介环境学可以选择研究媒介本身的传播效果。这都是完全正当的。经验学派在研究具体内容的传播效果时必须控制其他因素,媒介环境学为了研究媒介本身的社会影响同样需要假定其他所有因素保持不变。这正是前面所提的理论研究与社会事实之间的悖论式困境。再说,作为一种传播研究,媒介环境学讨论的是"媒介环境引起的社会变化"而不是"导致这些社会变化的所有原因",这样的研究主题似乎也允许忽视其他因素。

不过,正如经验主义研究在不断努力增加变量那样,媒介环境学也可以考虑在分析媒介环境这个单一因素之外,更多地论及其他一些重要因素。这可以增加理论的有效性,避免不适当地夸大媒介本身的社会作用。

其次,媒介环境学失之空泛,缺乏对具体一个国家或地区、具体一种社会关系或社会现象的深入研究。像伊尼斯、麦克卢汉和莱文森,他们无论是研究古典文明还是现代社会,都在人们眼前铺开了一个漫无涯际的变化景象,笔触所及范围极广——政治、经济、知识、认知、教育、出版、社会关系和社会结构等等,但是每一点都未作充分展开,未加详细论述。他们的研究总是在走马观花,令人眼花缭乱,时常还触动灵魂,但始终缺乏完整的故事、丰富的情节和明晰的人物。

梅罗维茨改进了媒介环境学的这一缺陷。他把几乎全部的精力放在了社会角色上面,为我们讲述了电子媒介这个恶魔如何侵入印刷传播环境中,如何改变了传统的社会场景,进而导致社会角色和社会行为依次发生变化的故事。而且,梅罗维茨不是泛泛地研究社会角色和社会行为。他把社会角色具体到了三种类型:群体身份角色,即隶属或者作为;社会化的角色,即转变或者成为;权力(等级)角色,即表现或者展示。在论证了电子媒介对这三种类型角色的改变以后,梅罗维茨又递进一层仔细研究了三种类型角色的具体实例:女性气质和男性气质(群体身份角色)观念的变化;成人和儿童(社会化角色)观念的变化;全国性政治领袖(等级角色)的表演的变化。所以,本书认为,梅罗维茨不仅为媒介环境学贡献了最有体系的理论,而且其扎实、具体的研究也改变了媒介环境学之前大而空的理论形象。

最后,理论研究不规范,论证表述不严谨。这极易误导本土传播学的思辨研究。思辨研究和实证研究一样都需要遵循学术研究的一些规范:明确研究问题,提出基本假设,厘定基本概念,展开层层分析和推理,提出研究结论。遵循这些外部规范是任何一项研究不至于前后矛盾、有创新和价值、结论具有一定信度和效度的基本前提。在传播学里面,媒介环境学的思想贡献最为突出。但是,这绝不意味着媒介环境学特别是伊尼斯和麦克卢汉的研究在方法规范上值得所有后来人效仿。他们提出或使用的很多重要概念没有严格而明确的界定。他们提出的理论命题多不是形式逻辑层面的事实判断。他们的论证缺乏严密周全的逻辑推理,结论往往是从一大堆来源极广且支离破碎的材料中直接得出。

研究不规范,是中国本土传播学最遭人诟病的问题。大量研究图解政策,兜售点子,出版的论著要么像政府总结报告,要么像市场咨询报告;许多研究牵强附会,无病呻吟,发表的论文理论和问题两张皮,观点与论据之间的距离相隔十万里。特别是一些拍脑袋式的文章,严重损毁了思辨研究的形象,好像思辨研究就不讲究方法规范,就可以天马行空。作为一个贡献卓著影响广泛的思辨研究范式,媒介环境学很容易为这种随感杂谈式的"思辨研究"提供口实,枉直而纵曲。

第七章　媒介环境的变革与社会化的历史变化

社会化是个人学习并适应他所在社会的行为模式和行为规范的过程。随着人类活动的范围不断扩大,社会变化越来越快,社会化的对象、范围、方向以及它在社会发展中的地位,也在不断发生变化。特别是在今天这个信息社会,社会化出现了令人眼花缭乱的变化。成年人为适应社会发展不断"充电";国家在倡导建设"学习型城市"。别看年纪不大,已是国家栋梁和社会精英;虽然乳臭未干,却拉帮结派俨然一方首领。父母和教师的谆谆教导被当作耳旁风,偶像的只言片语却烙在心中……

不少人认为,这是大众传媒惹的祸。很多研究在认认真真地探讨它们之间的关系。从传播的角度来说,社会化是社会化的主体向社会化的客体传播社会文化的过程。传播什么样的文化,可能直接影响社会化客体的行为。所以,通过分析具体传播内容和个人行为的即时变化,可以求证它们之间的因果关系。传播学中以电视暴力研究为代表的实证分析,提出了一些结论和对策。另一方面,使用什么样的媒介传播,可能也对社会化有很大的影响。所以,考察不同历史阶段传播媒介与社会化之间的关系,可能有助于我们认识社会化的历史变化和发展趋势。如果正像德弗勒和鲍尔·洛基奇所说:"有一个总的概念为研究大众传播的长期和间接影响提供了组织框架,这就是社会化概念"[①],那么,一个相应的理论范式为研究社会化当中的传播问题提供了阐释工具,这就是媒介环境学。

本章在应用媒介环境学的同时,注意从两个方面完善对这个问题的讨论。其一,在分析媒介环境这个因素的同时,考虑其他因素的协同作用;其二,借用社

---

① 〔美〕德弗勒、鲍尔—洛基奇著:《大众传播学诸论》,杜力平译,新华出版社1990年版,第232页。

会学、社会心理学、人类学等学科的相关研究成果,来辅助论证,补充说明。本章的研究思路是,先摆出并修正相关的理论,然后综合运用这些理论分析社会化在不同历史阶段的特征,考察并检验媒介环境对社会化的影响。

第一节 社会化及社会化理论

一、社会化的核心要素

(一) 社会化的对象和方向

"社会化"概念的外延经历了一个由窄到宽的变化过程。20世纪50年代以前,"社会化"被认为是规范儿童的行为、态度和价值观的过程。成年人不属于社会化的对象。50年代以后,一些社会学和社会心理学的研究逐渐证实,社会化不仅仅是儿童的任务。美国社会学家帕森斯(T. Parsons,1902—1979)指出,成年人为了顺利扮演自己的角色,仍然需要不断进行角色认知和规范学习的社会化过程。瑞士心理学家皮亚杰的研究则表明,社会化不会因为身体发育成熟而停止,它贯穿人的一生;处于社会化过程中的儿童也并非完全被动的驯化对象,他们在一定程度上是社会规范的积极加工者。

现在,学者们已经普遍承认,所有人都有社会化的问题。社会化既有正向的社会化——老一代向新一代实施教化,也有反向的社会化——新一代向老一代进行文化补给。中国社会学家周晓虹把后面这种现象叫作"文化反哺"[①]。"社会化"的外延由此不再局限于"儿童"这个生命阶段,而是扩大到了人的一生。费孝通主持编写的《社会学概论》一书,把"社会化"定义为"个人学习知识、技能和规范,取得社会生活的资格,发展自己的社会性的过程"[②]。黄育馥则认为:"一个人从小到大,学习社会或群体的行为模式或行为规范,并在某种程度上被诱导着去适应他所在的社会或群体的规范的过程,就是社会化的过程。"[③]

"社会化"概念的这种前后变化,实质上是在社会化的对象和方向问题上取得的认识突破。这提醒我们,考察社会化的历史变化需要注意社会化的对象和方向在不同历史时期的具体情况。

[①] 周晓虹:《试论当代中国青年文化的反哺意义》,《青年界》1988年创刊号。转引自刘豪兴、朱少华著:《人的社会化》,上海人民出版社1993年版,第277页。

[②] 费孝通主编:《社会学概论》,天津人民出版社1980年版,第54页。

[③] 黄育馥著:《人与社会——社会化问题在美国》,辽宁人民出版社1986年版,第5页。

（二）社会化的内容

随着人类活动的范围越来越广阔，组织结构越来越复杂，社会文化越来越多元，社会化的内容也变得越来越多，越来越多样化。法律法规、行业行规、行为规范、礼仪礼节、各类标志标准以及日新月异的新技术新知识等等，都成了个体适应社会所必须掌握的内容。

在相对封闭、发展缓慢的原始社会，社会化的内容主要是生产生活的经验。文字的出现，开启了人类文明持续而稳定的记录和积累过程。社会化的内容由经验扩展到了更为浩瀚无边的文字文化。在传授生产生活的经验之外，父母开始重视对孩子们的文化教育。培根的名言"知识就是力量"，说明了文字文化相对于经验的压倒性优势。今天，"知识"面临着昔日"经验"的命运。社会不仅要求其成员学习掌握一定的文化知识，而且还要求他们具备获取和处理各类信息的基本能力。很多自命不凡的文化人在新的信息技术面前感觉到了明显的压力。社会化过渡到了以更广泛的信息为社会化内容的阶段。

不一样的社会化内容把不同的群体变成社会化主体。"经验"抬高了老年人的地位；"知识"成就了读书人阶层；"信息"让青年人屹立潮头。社会化的内容从"经验"、"知识"到"信息"的前后变化，是社会化变化的另外一个重要方面。

（三）社会化过程中的基本矛盾

社会化主体的存在前提，是对社会化内容的有效掌握和控制。控制到什么程度，如何释放这些内容，是社会化的关键问题。社会化主体希望对社会化内容进行有效控制和有序释放，以保证社会化的平稳进行，同时还不危及他们的社会地位。社会化客体则渴望尽早获取这些内容，以确立自己在社会中的自主独立地位。主体想要有效控制与客体想要尽早获取之间的矛盾，是社会化过程中的一个基本矛盾。历史上，某些时期的社会化较少有意识的控制，某些时期则存在较严格的控制。不同媒介如何作用于社会化过程中的这一基本矛盾，是本章要分析的又一个方面。

社会化的变化是内因和外因综合作用的结果。社会化的内容、主体、客体、主客体之间的矛盾张力，都是社会化的内部因素。这些方面的变化，是引起社会化本身变化的直接原因。社会化又是在特定的历史环境中进行的。生产力水平、社会制度、历史传统等外部因素，也会影响社会化。只不过，这些外部因素是通过影响内部因素，间接地对社会化产生影响。本章将在重点分析内部因素变化的同时,适当考虑不同历史时期的外部环境特征。

二、社会化理论

社会化是许多学科共同探讨的问题。教育学、社会学、社会心理学以及人类学、政治学等学科都有对社会化问题的阐述和论证。本书是从媒介环境的角度考察社会化的历史变化,是一个历史的动态的研究。在这方面,美国人类学家玛格丽特·米德、美国社会学家大卫·里斯曼和媒介批评家尼尔·波斯曼的系统阐述,对本书的探讨极有参考价值。

(一)玛格丽特·米德

米德是人类学领域卓有建树的一位女性学者。早年她深入太平洋地区的多个原始社会群体做田野考察。后半生,她把这些人类学知识运用于阐释当代各类社会问题——家庭解体、种族矛盾、学生运动、性解放、代沟等等。《文化与承诺》(*Culture and Commitment*)[①]一书是她的最后一本学术专著。书的副标题"一项有关代沟问题的研究",表明了作者探讨的主题。

在这本书中,米德通过考察人类文化史提出,当今社会代际之间的矛盾和冲突("代沟"),既不能归咎于社会和政治方面的差异,更不能归咎于生物学方面的差异,而应该首先归咎于文化传递的差异。以文化传递的方式为标准,米德将整个人类文化分为三种基本类型:前喻文化、并喻文化和后喻文化。"前喻文化"的特点是,晚辈主要向长辈学习;"并喻文化"是指文化的学习发生在同辈人之间;"后喻文化"则是长辈反过来向晚辈学习。

前喻文化是数千年以前原始社会的基本特征,也是一切传统社会的基本特征。在这样的文化中,长辈掌握着生存的秘诀和几乎全部文化。无论老人还是小孩,世世代代都把他们的文化视为理所当然。为了维系整个族群的生存发展,每一代长辈都把将族群文化和自己的生活经验原封不动地传喻给下一代看成是自己理所当然的神圣职责。每一代年轻人则不加怀疑地牢记长辈的谆谆教导,沿袭族群的习俗文化和延续长辈的生活道路。缺乏疑问和自我意识把孩子们的前途纳入了常规。"他们只能是长辈的肉体和精神的延续","他们的父辈在无拘

[①] 〔美〕玛格丽特·米德著:《文化与承诺:一项有关代沟问题的研究》,周晓虹、周怡译,河北人民出版社1987年版。

的童年飘逝之后所经历的一切,也将是他们成人之后将要经历的一切"。① 前喻文化的传递方式从根本上排除了变革的可能,当然也就排除了年青一代反叛老一代的可能,排除了代沟产生的可能。前喻文化因此具有极大的稳定性。

并喻文化本质上是一种过渡性质的文化。米德说道,战争、移民或科学发展都有可能使前喻文化崩溃。此时,前辈无法再向年青一代提供符合时代和社会要求的生活模式。在全新的社会环境中,年轻人只能自己去探索,只能以在新环境中捷足先登的同伴为仿效对象。这就产生了文化传递的并喻方式。并喻文化酿就了最初的代际冲突。米德以移民家庭为例做出了充分而令人信服的论证。米德研究发现,移民家庭要想尽快融入迁居国这个新环境,一个最为基本的途径是接受迁居国的教育。在学习新知识接受新文化方面,孩子显然比老年人有优势。孩子们先行一步掌握了迁居国的语言,往往反过来帮助父母学习,向他们介绍当地的文化。在这种反向社会化的过程中,父母不知不觉地接受了子女们提供的关于社会规范和标准行为的解释框架。与年轻人轻装上阵可以相对轻易地接受新文化相比,老年人首先不得不搁置甚至抛弃先前的行为方式和生活经验,在否定自我的同时屈尊向年轻人学习。米德由此证实了代表新旧两种生活方式的两代人之间发生矛盾与冲突的必然性。

后喻文化是一种和前喻文化相反的文化传递过程,即由年青一代将知识文化传递给前辈的过程。它本质上是着眼于未来的文化。米德的后喻文化理论建立在对二战以来社会变迁研究的基础之上。第二次世界大战以后,以信息的采集、计算和传输为核心的电子技术、通讯技术、海洋工程、空间开发,以及生物工程、各种新材料和新能源的利用,使整个社会发生了翻天覆地的变化。熟悉的已经远逝,迎来的是一个几乎完全陌生的世界。这一情形堪比当年开拓新大陆的移民们的经历。所不同的是,二战之前成长起来的一代人是时间上的移民,经历的是前后两个不同的历史阶段。而他们的祖先则是空间上的移民,经历的是从欧洲大陆到北美大陆的环境变化。无论是时间移民还是空间移民,经历的都是生存环境的巨大变化。这种经历决定了当代世界中的长辈就像他们的移民祖先一样,缺乏应付新的生活环境所必需的一切知识。事实上,现代世界与二战前的差别要比当时美洲与欧洲的差别大得多。因此,同那些新大陆的开拓者相比,当代世界中的长辈所面临的挑战要严峻得多。

---

① 〔美〕米德著:《文化与承诺:一项有关代沟问题的研究》,周晓虹、周怡译,河北人民出版社1987年版,第27页、第28页。

换个角度看,年轻人反而因此有了难得的机遇。新环境为年轻人提供了闯荡的舞台,大挑战激发了年轻人的活力。古往今来,没有任何一代能像今天的年青一代经历如此迅猛又令人眼花缭乱的社会变革。"即使不久以前,老一代仍然可以毫无愧色地训斥年青一代:'你应该明白,在这个世界上我曾年轻过,而你却未老过。'但是,现在的年青一代却可以理直气壮地回答:'在今天这个世界上,我是年轻的,而你却从未年轻过,并且永远不可能再年轻。'"① 在新的历史阶段和社会形态面前,长辈的经验不可避免地丧失了传喻的价值。

早先的移民运动发生在世界的局部地区,从欧洲到美洲。现代世界的巨变却是全球性的。因此,米德强调,现代社会的代际冲突也是全球性的。"今天,却几乎在顷刻间发生了骤然的变化,因为世界上所有的人都置身于电子化的互相沟通的网络之中,任何一个地方的年轻人都能够共同分享长辈以往所没有的、今后也不会有的经验。……因此代际之间的这次决裂是全新的、跨时代的:它是全球性的、普遍性的。"②

对于如何解决这种代际冲突,米德给出的答案与众不同,让人深思。米德认为,代沟产生的原因并非一般所认为的年青一代的"反叛",相反是在于老一代的"落伍"。解决的办法是加强两代人之间的交流,但是这种交流绝不是有些人主张的老一代为恢复在新一代面前的权威而采用的教化手段,而是双方之间为相互理解和共同进步而进行的对话与沟通。米德特别申明,对话双方的地位虽然是平等的,但他们对未来所具有的意义却完全不同。后喻方式的文化传递决定了在这场对话中,虚心接受教益的应该是老一代。对于老一代而言,这种经历或许是惨痛的,但却是无法回避的现实。米德说:"我确信,除此之外别无选择,只有通过年青一代的直接参与,利用他们广博而新颖的知识,我们才能够建立一个富于生命力的未来。"③

米德以人类学的视野从文化传递的方式出发对代沟问题的考察,既是对社会化的一番精湛分析,因为社会化本身就是传递广义的社会文化以培养社会合格成员的过程;也是关于传播与社会的一项经典研究,因为她的研究表明,社会化主客体之间的矛盾会随着文化在他们之间流动的方式的变化而变化。把"文

---

① 〔美〕米德著:《文化与承诺:一项有关代沟问题的研究》,周晓虹、周怡译,河北人民出版社 1987 年版,第 74 页。
② 同上书,第 75 页。
③ 同上书,第 98 页。

化"置换成"信息",米德的结论就变成了,信息流动方式的变化是社会化变化的一个重要动因。从这一点来说,罗杰斯把米德列为传播学史上66位主要的传播学者之一①,是完全有道理的。

不过,米德的工作重点是归纳、论证和描述三种文化类型。至于这些文化类型形成的原因,或者说,文化传递方式为什么会发生变化,米德着墨不多,未作深论。为什么前喻文化的文化传递方式是从老年人到年轻人?为什么后喻文化的传递方式又必然是从年轻人到老年人?到底是什么力量在推动文化传递方式发生这种变化?在社会化的变化这个问题上,米德和媒介环境学各自完成了一半:米德提供了社会化变化的一个清晰侧面,却没有阐明这种变化背后的动因;媒介环境学强调了社会变革背后的一个重要动因——媒介环境,却无暇集中描述社会化的历史变化图景。本书希望把它们结合起来,从媒介环境的变化这个角度探讨社会化的历史变化。

(二)大卫·里斯曼

心理学对性格的看法基本上可分为两大倾向。一种是行为主义的心理学理论,它们把性格等同于外部可见的行为特点。一种是动力学式的心理学理论,以精神分析为代表,它们把性格看做是内部的动机系统,是隐蔽在外部行为后面的力量。以"勇敢"这一性格特征为例,行为主义理论认为,"勇敢"就是不畏艰险、勇于冒险。动力学式的研究关注的则是这些行为特征背后的动机。"勇敢"的动机可能是野心、虚荣或者正义感。

无论哪一种倾向的心理学,他们对性格的研究通常都是从个体推及社会,从个体性格中归纳社会性格或者民族性格。里斯曼认为,要了解社会和社会性格的类型,仅仅掌握个人生活史是不够的,还需要了解历史。② 里斯曼选择从社会人口的历史变化探究美国中产阶级的性格演变,归纳了其在历史上的三种主要性格类型:传统引导型、内部引导型和他人引导型。

古代和中世纪是"人口高度增长潜力阶段"。这一历史时期的出生率和死亡率都很高,人口中的大多数是年轻人。他们严重依赖家族和家庭,按照传统的规范、习惯和礼仪行动。里斯曼的描述是:"传统引导的人几乎不能把自己看作是一个个人,他也不曾想到个人的生活目标可以塑造自己的命运,或者子女的命

---

① 〔美〕罗杰斯著:《传播学史——一种传记式的方法》,殷晓蓉译,上海译文出版社1997年版。
② 〔美〕大卫·里斯曼、格拉泽、戴尼著:《孤独的人群——美国人性格变动之研究》,刘翔平译,辽宁人民出版社1989年版,第15—16页。

运可以不受家庭和团体的摆布。他们在心理上不能区分自己、家庭或团体。"[1]这一阶段的社会性格属于"传统引导型"。这种性格类型的社会,变化非常缓慢。

17世纪到工业社会之间是"人口增长过渡时期"。粮食增产、卫生条件改善等等因素导致死亡率急速降低,人口快速增长。这一时期的主流社会人群是伴随着文艺复兴、宗教改革和资本积累而出现的一代"强人"。他们主要是在家庭范围内获得行为和态度的参考坐标,然后内化成自己的道德规范并以此行事。这属于"内部引导型"的社会性格。

工业革命至今是"初期人口下降阶段"。西方社会进入工业社会以后,基本的物质需要已经得到满足,人口出生率和死亡率都有所下降,消费、休闲和社会交往成了新的追求。在人们越来越注重社会交往、炫耀攀比,越来越追求他人认同和社会尊重的过程中,社会性格相应地转向了"他人引导型"。这种性格类型的人非常注重他人对自己的态度和评价,注重在内心体验上与他人保持高度的一致。虽然与传统引导型一样容易受他人左右,但这类人对外界有一种博大的胸怀,并不死守任何一个或一群他人。他们"所追求的目标随着这种引导的不同而改变,然而,只有追求过程本身和密切注意他人态度的过程在一生中保持不变"[2]。正因为此,他们能够不断地把陌生事物吸纳转变为熟悉事物。这有利于新生事物的出现和社会领域的变革。

里斯曼同意心理学研究的普遍结论,认为性格主要在童年时期形成。他指出,父母、教师、同侪和大众媒体都是社会文化遗产的主要传播者,他们"对儿童的生活以及整个社会产生着巨大影响"[3],因此是社会性格形成的主要原因。里斯曼分析了在以上三个不同历史时期这些因素与三种社会性格类型之间的关系。

在传统引导时期,父母与孩子之间的关系十分简单。父母不会去刻意影响和教育孩子。孩子主要是在模仿父母亲和周围人的一言一行的过程中形成自己的性格。到了内部引导时期,父母开始习惯对孩子进行有意识的约束。他们强迫孩子们遵从自己的精神意志,按照自己的心理信念去做。在他人引导型的社

---

[1] 〔美〕大卫·里斯曼、格拉泽、戴尼著:《孤独的人群——美国人性格变动之研究》,刘翔平译,辽宁人民出版社1989年版,第15—16页。
[2] 同上书,第19—20页。
[3] 同上书,第35页。

会阶段,培养孩子的主要阵地由家庭扩大到了学校。孩子有了更广阔的自主空间。而且,"讨人喜欢"成了好孩子的重要标准。这些都削弱了父母对孩子的影响能力。

在传统引导时期,学校基本上还不存在,自然谈不上教师对儿童性格的影响。内部引导时期是现代学校教育的初级阶段。学校教育的理念尚不清晰,教师的职业使命和规范不很明确,教师的专业素养也有待提高。所以,学校的师生关系比较僵硬和紧张。教师只关心儿童的学业,不关心他们的精神和心灵。因为无法从父母和教师那里得到有效的心理引导,这一阶段的儿童自然而然地形成了内部引导型的性格。到了他人引导时期,教师的专业素质有了很大提升。他们在传授知识的同时,更注重学生的人际关系和心理健康。这种教育方式有助于培养他人引导型的性格。

里斯曼没有分析传统引导时期同侪群体对儿童性格的影响。内部引导时期的孩子受森严的社会等级和严格的两性隔离等等的限制,相互之间的来往很少,同侪的影响比较微弱。在他人引导时期,父母和教师都很注重培养孩子的适应能力,教会孩子们与其他人相处的艺术。理斯曼认为,这固然使孩子们生活得更幸福、更快乐,但也会使孩子过于重视同侪群体的印象,而不敢表现个人的卓越才能和个性意见。

理斯曼认为,大众传播媒体可以通过同侪团体影响儿童性格的形成。在传统引导时期,社会价值观在歌谣、故事和传说等等大众传播媒介中被四处传播,不断强化,维系着传统引导型社会的绵延。在内部引导时期,大众传播媒介主要是印刷品。印刷传播使人们摆脱了狭隘的地方观念,不断为人们树立新的榜样和帮助他们建立新的社会关系。小说、诗歌和传记等等印刷读物点燃了孩子们的野心、志向和冒险精神,让他们在想象中就可以离开尘世步入一个理想的社会,在一个新世界中体验新鲜的角色。在他人引导时期,各种针对儿童的传播媒介和传播内容设计得更加符合儿童的特点,题材和表达风格也更加丰富。竞争与合作已经成为这一时期社会关系的主题,大众传播媒介因此更多地强调对他人的关注、了解与共处。受此影响,孩子们往往过分关注他人的功败荣辱,却很少关心自己内心的道德冲突。理斯曼深刻地指出,这一现象反映了他人引导者对合作与竞争的矛盾态度。

里斯曼本"试图探讨自中世纪以来西方社会的人口变化与某些社会和性格

演变的关系,研究两者的因果联系"①,但他们最终出版的研究结果只是归纳了美国中产阶级的三种性格类型,却并未在人口变化与社会性格演变之间建立起明确的因果联系。书中有关人口变化的资料实际上不过是画蛇添足。换句话说,人口变化的追溯与社会性格的研究实际上是两张皮。对此,里斯曼的研究团队坦言:

> 在我们出版《孤独的人群》之前,我和我的同事们就意识到,我们依据人口统计学的支持而把历史发展阶段与人口的 S 曲线阶段联系起来可能是相当不可靠的。阅读了初稿的读者提醒我们,传统引导、内部引导和他人引导的概念很可能是有用的,即使没有我们在本书第一章所提出的人口决定的历史发展阶段也无妨大局。②

他们虽然没有在人口变化与性格类型的形成发展之间建立起联系,但探讨了父母、教师、同侪团体、大众传播媒介这四个因素对性格类型的影响。而且,表面上他们探讨的是美国中产阶级的性格类型及其演变,实际上他们分析的主要是儿童的性格类型,因此可以说研究的主要是儿童社会化的问题。显然,就本章所探讨的媒介环境变革与社会化的历史变化这一主题而言,他们的研究极具借鉴价值。一方面,他们归纳的三种性格类型代表了三种不同力量主导的社会化,即传统力量主导的社会化、自我意识控制的社会化、新生力量主导的社会化。把这三种社会化的方式与米德总结的三种文化传递方式对应起来看,更有助于我们认识社会化的历史变化情况。另外,他们对三种性格类型成因的探讨,也有助于本章对社会化过程中一些重要影响来源的分析。

(三) 尼尔·波斯曼

波斯曼的传播理论在本书第二章已经作了大致的介绍。本章主要借鉴的是他在其《童年的消逝》一书中的论述。波斯曼在这本书中首先提醒我们注意,事实上的"儿童"与观念上的"儿童"(童年)并非一个概念,也不具有历史的一致性。"事实上,如果将儿童视为七岁至十七岁中间的一个需要特别养育和保护的特殊团体,并且相信他们的本质与成人不同,那么我们就有许多证据证明儿童的概念的历史少于四百年。"③

---

① 〔美〕大卫·里斯曼、格拉泽、戴尼著:《孤独的人群——美国人性格变动之研究》,刘翔平译,辽宁人民出版社 1989 年版,第 5 页。
② 同上书,作者原序。
③ 〔美〕波斯曼著:《童年的消逝》,萧昭君译,台北远流出版事业股份有限公司 1994 年版,第 5 页。

波斯曼提出,人类社会从文艺复兴开始才发现了"儿童"。在此之前,也就是16世纪之前,六七岁以上的孩子被当作成人对待。因为在这一历史时期,社会文化的传播和社会关系的协调几乎完全靠口头语言。孩子发育到六七岁就具备了比较成熟的口语能力,自然也就具备了接触几乎全部社会文化和参与几乎全部社会活动的能力。所以,社会不把他们看做是成人之外的一个特殊群体。自文艺复兴开始,印刷术在儿童与成人之间划出了清楚的界限。儿童开始被视为一个与成人有别的、需要受到特殊保护和不断学习的年龄阶段。由此逐渐产生了观念上的儿童,也就是童年的概念。现代社会发展提出了完整意义上的"儿童"观。这种观念是"我们须将儿童当'人'看,必须承认儿童具有与成人一样的独立人格;第二,我们须将儿童当'儿童'看,承认并尊重儿童生活的价值"[1]。可是,按照波斯曼的说法,随着产生童年的印刷传播环境的消失,新近出现的电子传播环境将导致童年这个"最具人性的理念"消逝。

波斯曼追溯了儿童在不同历史时期的社会待遇,这与社会化问题密切相关,或者说它本身就是社会化当中的重要问题。而且,波斯曼对这一问题的分析着重是从媒介环境的角度展开。这些都与本章的研究内容非常接近。所以,本章后面的讨论多处借鉴了波斯曼的这些分析。

不过,本章侧重于研究社会化本身的历史变化,除了涉及"儿童"这一概念,还有社会化的内容变化、社会化主客体之间的矛盾等其他一些重要问题。其次,如学者卜卫所问,电子媒介真的会摧毁童年吗?我们是该向波斯曼学习来捍卫18、19世纪的童年,还是应该着眼于尊重和维护儿童的自然生长状态和社会权利?[2] 事实上,电子媒介既有过分的暴力、色情等不适宜儿童的内容,也解放了对儿童本不该有的一些"秘密"。本书希望避免波斯曼先入为主的研究立场,以一种客观的态度更全面地分析媒介环境对社会化的影响。同时不因循波斯曼对这一问题的单因素分析,在重点分析媒介环境这一因素的同时留意其他因素的作用。

---

[1] 卜卫著:《大众媒介对儿童的影响》,新华出版社2001年版,第30页。
[2] 同上书,第43—45页。

第二节　长幼无间——口语社会的社会化

一、老生常谈

在口语社会,口头交流的内容具有以下两个特征:感性的而非抽象的;熟悉的而非陌生的。这是由口头传播方式本身决定的。

口头语言转瞬即逝。传受双方都没有多余的时间前思后想,修饰润色。再加上,人类的记忆能力又十分有限。这些因素决定了口头传播不允许进行复杂的思维活动和容纳过多的陌生内容。具体来说,一方面,在没有书写和阅读的口语社会,口头传播不可能像在文字社会里那样对人类的认知对象进行高度的抽象、层层的演绎,更不可能有今天学术意义上的"研究"活动。口语社会因此不可能发展出繁复抽象博大精深的文化。另一方面,过多陌生信息对理解和记忆是一个挑战。日常阅读中我们都有这样的经验,如果一本书有绝大部分内容是全新的,阅读和理解起来就很困难。当年,出版社编辑很担心《理解媒介》一书的市场情况。在他们看来,这本书超出了常规:一本成功的书不能冒险去容纳10%以上的新材料。① 可以反复阅读细加品味的书籍尚且如此,遑论口头传播?而且,在没有其他媒介可记载存储的情况下,已经获得的知识必须不断重述以免被遗忘。美国民俗学家、荷马史诗研究专家米尔曼·帕里和他的学生阿尔伯特·洛德(Albert Lord,1912—1991)的研究显示,代表西方原生口语文化的荷马史诗,并非此前普遍认为的那样灵动、自然。荷马史诗似乎有很多陈词滥调:一些反反复复使用的套语和标准化的主题——议事会、调兵遣将、对垒叫阵、对战败者的掠夺、英雄的盾牌等等。② 荷马时代的社会文化之所以大量使用套语,是因为在口语社会唯有如此才能有效组织、传播和存储知识。

所以,原生口头传播并非今天人们想象的那样是一种非常有个性的活动。恰恰相反,它本质上是一种社会性的大众传播活动,"因为不同的传播者其实是循着同一传统习惯传播着同一种价值观念"③。那个历史时期的社会化主要是言传身教世代相传的风俗传统和颠扑不破的经验性知识。即使部落中偶尔出现或者引入了新的事物,这种新事物往往也会被转述成他们熟悉的东西或者身边

---

① [加]麦克卢汉著:《理解媒介》,何道宽译,商务印书馆2000年版,中译本第一版序。
② Walter J. Ong, *Orality and Literacy: The Technologizing of the Word*, Methuen, 1982, p.23.
③ 高小康著:《世纪晚钟——当代文化与艺术趣味评述》,东方出版社1995年版,第14页。

的形象。玛格丽特·米德举例说,如果一个部落向其他部落学会了制造帐篷来宿营,几代之后,这个部落的老人却可能绘声绘色地向后代描述,他们的祖先是如何通过模仿树叶卷曲的形状发明了帐篷。①

在文化以经验和传统为主的社会里,长辈很容易成为文化的高势能者。他们的阅历最深,往往是一个部落或族群最高文化的代表。只要生存的环境不变,他们的经验就会屡试不爽。这反过来更加强了他们的地位和权威。社会学家费孝通在其《乡土中国》一书里讲到他的一次经历,能够很好地说明这种情况:

> 我自己在抗战时,疏散在昆明乡下,初生的孩子,整天啼哭不定,找不到医生,只有请教房东老太太。她一听哭声就知道牙根上生了"假牙",是一种寄生菌,吃奶时就会发痛,不吃奶又饿。她不慌不忙地要我们用咸菜和蓝青布去擦孩子的嘴腔。一两天果然好了。这地方有这种病,每个孩子都发生,也因之每个母亲都知道怎样治,那是有效的经验。只要环境不变,没有新的细菌侵入,这套不必讲学理的应付方法总是有效的。既有效也就不必问理由了。②

二、开放的交往

社会化主体的存在前提,是对社会化内容的有效掌握和控制。控制到什么程度,如何释放这些内容,是社会化过程中的一个关键问题。现实生活中,什么事情该在什么时候让孩子知道,应该通过什么方式让孩子知道,这往往是父母们面临的一个很大挑战。社会化主体希望对社会化的内容进行有效控制和有序释放,以保证社会化的平稳进行,同时还不危及他们的社会地位。社会化客体则渴望及早获取这些内容,以确立自己在社会中的自主独立地位。主体想要有序释放与客体想要及早获取之间的矛盾,是社会化过程中的一个基本矛盾。而信息在双方之间的流动是否畅通,有多少阻隔,或者说,控制的程度与获取的难易,是这一矛盾的主要内容。

在口语社会,几乎所有的社会文化都是通过口头进行传播。一般来说,正常的孩子到六七岁就基本具备了成人的说话能力。这是一个生理上自然而然的

---

① 〔美〕米德著:《文化与承诺:一项有关代沟问题的研究》,周晓虹、周怡译,河北人民出版社1987年版,第43页。
② 费孝通著:《乡土中国》,三联书店1985年版,第51—52页。

过程,无须经过特别训练。跨过了口头语言这条河,就等于进入了社会文化的大门。正如媒介环境学的发起者尼尔·波斯曼所说,孩子一旦掌握了口头语言,他们就拥有了接近和参与几乎所有社会文化的能力。所以,口头传播支持这样一种划分:六七岁之前是学说话的婴儿阶段,六七岁以后就进入了成年人行列。不存在今天所谓的18岁以下的儿童。①

不但信息流通的无形渠道难以控制,信息流通的有形屏障也难以形成。口头语言的学习相对而言不需要特别的场所。育婴与生产生活交融在一起,田间地头,院里灶前,都可以是婴儿咿呀学语的地方。现实当中的成人世界不是一个由铜墙铁壁围起来的神秘园地,甚至连稀疏的栅栏也没有。在孩子掌握了口头语言以后,成年人要想保守秘密,就必需在孩子无法进入的实在地点或场所,像现代社会当中专业的成人交往场地——酒吧、夜总会、商务会所。但是,在口语社会,基本上没有这样的场所可以让成人进行他们的私下交往或者保守他们的秘密。通常,人们的居所极其简陋。已有的研究表明,他们的房屋内部往往没有有效隔开的房间。在玛格丽特·米德考察的原始部落萨摩亚人那里,已婚男女在房子里仅用蚊帐作墙来遮挡。家里家外也没有专用的男女厕所和洗澡的地方。② 这一切都使孩子们对成年人的世界洞若观火,包括对男女两性的生理特征和性行为。

所以,在口语社会,成人之间的交往,无论是其使用的口语媒介还是地点场所,基本上是完全开放的。成人与孩子之间的信息流通几乎不存在人为的障碍。在掌握了语言能力之后,孩子基本上就完全进入了成年人的世界。除因生理因素不能胜任成年人的部分劳动,孩子与成人并无二致。这也就不难理解为什么古希腊人对天底下的东西都要命定一个名号,却一直没有"儿童"这个概念。波斯曼评点说:"希腊文字对于儿童或者青年几乎是非常模糊的,似乎是介于婴儿和老年人中间的任何一个人皆是。虽然希腊人的绘画并未流传,希腊人也不可能会认为替儿童作画是值得做的事,因为在希腊人所留下的雕塑作品中,没有一个是儿童。"③ 在一些国家里,直到14、15世纪,五六岁的孩子上学还要全副武装,上课之前先要取下他们的佩剑。"在当时的西方文化中,无论上学与否,一

---

① 〔美〕波斯曼著:《童年的消逝》,萧昭君译,台北远流出版事业股份有限公司1994年版,第24页。
② 〔美〕玛格丽特·米德著:《萨摩亚人的成年》,周晓虹、李姚军译,浙江人民出版社1988年版,第108—109页。
③ 〔美〕波斯曼著:《童年的消逝》,萧昭君译,台北远流出版事业股份有限公司1994年版,第14页。

个人只要年满七岁就被认为已经成年,就要对自己的行动负法律责任。如果犯了重罪还有可能被绞死。七岁以后,出身于穷苦家庭的孩子往往会出去工作,从此担起生活的重担。"①

没有今天意义上的"儿童",并不意味着这个群体不需要社会化或者说不存在社会化。关键在于,今天所谓的"儿童"在古代不是一个需要与成年人隔离,而且也不可能很好地实施隔离的特殊群体。他们的社会化过程是在度过了婴儿期以后,在与成年人的共处中进行的。性、暴力、死亡等等很多今天被视为"儿童不宜"的事情,古代的孩子们很早就看到甚至参与其中了。

原生口语社会里面的口头传播是面对面的即刻交往,交往过程中的任何一方都没有自我整饬的时间和空间。而且在这种交往方式中,人的全部感官参与其中。除了具体的交流内容,对方的整体的、感性的印象是双方在口头交流中获取的一项重要内容。我们就以体语为例来加以说明。所谓体语,是指人的身体或身体活动发出的各种信号,如容貌、体态、声音、姿势。古代口头传播是个人与个人的交往。这种交往比较容易形成熟悉、丰富而准确的印象。如果交往对象有限的话,可以想象,仅凭体语就可以辨别出一个人来。所谓,"未见其人,先闻其声"。明代文人归有光在其《项脊轩记》里记述,他久居项脊轩,日常接触的老是那些人,所以日子久了可以通过脚步声辨别来者是谁。② 这种情况在今天的一些偏僻村寨里仍然司空见惯。强调这一点是要说明,口头传播在一个狭小的环境里很容易产生亲密无间的关系。没有文化势能的社会化客体一览无遗,有文化势能的社会化主体在相当程度上也是透明的。用米德的话说,长辈知道他们的孩子将延续他们的生活,就像晚辈知道他们的长辈就是他们的将来一样。

口头传播并非决定口语社会社会化的唯一因素。在社会生产力水平低下和社会分工不发达的情况下,家庭除了是一个生产单位,还承担着教育、娱乐、保护等功能。每一个家庭成员的生存资料都只能通过家庭内部的经济活动获得。个体要生存,首先脱离不开家庭。这在很大程度上决定了家庭在社会化当中的首要地位。社会化主要也只能是在家庭内部由长辈来执行。

另外,在科学尚未起步、人类生存更多地仰承自然条件的时期;人们对世代总结出来的生存经验总是格外珍惜。这些经验对他们来说,是免灾消难、佑护他

---

① 黄育馥著:《人与社会——社会化问题在美国》,辽宁人民出版社1986年版,第33页。
② 原文:余扃牖而居,久之,能以足音辨人。

们生存的不二法门。即使这些经验失灵,不能给他们带来预期的满意结果,他们也不会轻易动摇对这些经验的信仰。他们会习惯性地认为,问题不在于这些经验而是一切逸离传统的行为和新奇的事物。人类学家提供了很多这方面的例子。斯宾塞说:"任何奇怪的东西都使土人害怕。"① 这种对经验和传统的严密守护,压制了新事物的输入和产生。口语社会的社会化以传统为核心,缺乏变革与突破,与此也有莫大的关系。

三、长幼无间

综合以上分析,口语社会的社会化可以归纳为具有以下四个主要历史特征。

第一,社会化的内容是世代沿袭的传统,这种传统的唯一正确性不容怀疑。在这种传统的规范下,人们的行为和态度相当程度上是一致的。正如法国人类学家斯特劳斯的研究结论,文字社会与文字前社会的根本区别在于:前者是多元化的,对一个问题往往有一个以上的观点及一个以上的行为可能性;原始社会或文字前社会则倾向于单一化,已有的行为方式是毫无疑问的,一度形成的传统也就成了其他万事万物的准则。②

第二,社会化的主体是在岁月历练中拥有经验优势的长辈。这与人类学家玛格丽特·米德定义的前喻文化的特征相一致。在这样的文化中,长辈掌握着生存的秘诀和几乎全部社会文化。社会化的主体是长辈。孩子很早就进入成年人行列。他们不仅是长辈肉体的延续,而且是他们精深的再造。因此,口语社会的社会化,其方向本质上是往回看而不是向前进。

第三,社会化的主客体双方亲密无间。孩子在掌握了口语以后,在与成年人的共处中接受社会化。成年人只是因为年龄才自然而然地拥有相对多的经验和文化优势,而且他们没有什么有效的手段对这些优势加以人为地巩固、延续或使之神秘化。社会化在口语社会是一个相对自然的过程。

第四,社会化还没有从生产生活中分离出来成为一项独立的社会事业。社会化只是被用来维持族群的延续,谈不上个体在其中的发展和创造。

---

① 转引自〔法〕列维—布留尔著:《原始思维》,丁由译,商务印书馆1981年版,第79页。
② 转引自陈燕主编:《超越时空——媒介科技史论》,河北大学出版社2002年版,第8页。

第三节 尊卑有序——印刷社会的社会化

口头语言的学习和口语文化的吸收相对而言是一个生理上自然而然的过程。相应地,口语社会的社会化基本上是在身体发育的过程中自然而然完成的。自从人类发明了在身体之外大规模储存文化的媒介——文字之后,社会文化就不再是身体的自然发育所能接近。文字在持久、大量保存人类文化的同时,也给人们接近这些文化设置了重重关卡。随着社会文化主要由大脑记忆和口头传播转向由书籍记载和文字传播,社会化发生了很大的变化。

一、印刷传播对社会化的主体和场所的转换

口语社会成就具有高超记忆力的人。英国历史学者保尔·汤普森(Paul Thompson)在其口述史研究中发现,在卢旺达,重要的口语文化由记忆力超群的人保存:家谱官必须记住国王和母后们的名单;记忆官必须铭记各个统治时期最重要的事情;赞颂官要保存对国王们的颂词;秘书官则必须把王朝的秘密保存在他的大脑里。①

文字和纸张凝固了社会文化,削弱了记忆的重要性,从而也削弱了建立在记忆之上的权威。苏格拉底在《裴多篇》里转述埃及主神的话对希腊文字评价道:"你发明的这个东西使习字者的心灵患上健忘症,因为他们不再使用自己的记忆;他们会相信外在的文字,记不得自己。"

不仅如此,文字在社会文化的有无多少上制造了新的社会分化。在口语社会,主要是生理年龄把人们分为站在文化高处的长辈和处于文化低处的晚辈。进入印刷时代,文字对社会进行了重新洗牌。社会分化为习文弄字的读书人阶层和没有读写能力的文盲阶层。社会化的主体不知不觉由长辈转换成了读书人阶层,或者说,读书人阶层分取了长辈在社会化当中的主体地位和权力。

文字还启动了文化积累与发展的历史。在口语社会,人类记忆能力和口头传播范围的有限,使人类文化只限于经验的缓慢积累和传统的世代相传。那是一个几乎看不到文化进步的原始阶段。有了文字,人类得以有效地保存古往今来的文化,并在此基础上从容不迫地进行文化再创造。人类文化的创造呈几何

---

① 〔英〕汤普森著:《过去的声音:口述史》,覃方明等译,辽宁教育出版社2000年版,第27页。

指数快速繁殖,很快积累了博大精深的人类文化。就社会化这个问题来说,当文化复杂到一定程度,个人和家庭都难以担负起这个繁重任务的时候,社会化就需要专门的机构来承担。学校应运而生。学校是社会化的主体和场所发生变化的一个集中体现。这意味着,社会化开始跨越家庭走进学校,教师成为社会化的另一个重要主体。

二、印刷传播有利于社会化主体附魅在身

首先需要声明,笔者绝不否认印刷书籍解放知识的历史事实。无论是文字产生之初还是手抄书阶段,文字主要都是掌握在部落首领、巫师、祭司和牧师手中,被这些人用来宣扬一套神秘的解释系统。大批量复制和大范围传播的印刷书籍,极大地冲击了思想禁锢和知识垄断。这是人类文明史上的一大盛事。本书不是在文字产生之初、手抄书和印刷书籍这三个阶段之间比较,而是紧紧围绕社会化问题在大规模的印刷传播与口语社会的口头传播之间进行比较,以突出印刷传播环境中的社会化主体的特征。这与印刷书籍的历史功绩并不矛盾。

(一) 印刷文化的分级制度

印刷文化的符号和语法特征,支持印刷文化形成从易到难相对分明的多个层级。

文字迄今为止仍然是人类发明的最精致深邃的一种媒介。其他任何符号系统包括现在的计算机语言,都没有复杂到文字这样的程度,以至于能够形成专业的文字学、语言学等研究学科,或者需要人们长达十多年的学习才能具备基本的读写能力。汉语的基本读写能力要求熟练掌握2000多个汉字。即使比较容易学习的拼音文字比如英语,基本的读写能力也要求熟练掌握1000多个单词。熟练掌握一定数量的文字,还只是基本读写能力的一个方面。要理解和吸收印刷文化,还必须有句子结构、语法语气、逻辑修辞等等方面的基本知识。因为,句子不是字词的简单堆砌,正如段落不是句子的简单堆砌。所以,相比较而言,口语文化简单,通向这种简单文化的途径——口头语言也很简单;印刷文化复杂,通向这种复杂文化的道路——印刷语言也很复杂。印刷语言本身构成了一种极其繁复的文化。它远比口头语言更需要一个循序渐进从易到难的学习过程。

印刷传播对身心控制提出了很高的要求。与口头语言相比,书本是有形实体。读书首先占用了手和眼睛。这意味着,书本的出现从一开始就为社会化活动从劳动中分离出来埋下了伏笔。读写还要求人们尽量停止身体其他部位的运动,关闭其他感官。注意力不能分散,必须集中在眼睛和大脑。阅读还要符合相应的印刷传播规则。阅读时,信息是一句一句、一段一段、一页一页依次出现的。浮光掠影对于阅读来说是不守规矩和难以奏效之举。耐心和信心,静心和恒心,都是阅读所要求的心智状态。所以,儿童学习阅读,不仅仅是在学习其中的文化,首先他是在锻炼一种特别的行为。这种行为无疑是对儿童身心的一种挑战。这种高难度的挑战暗示,印刷社会中的儿童应该分阶段来培养。

这些因素决定了印刷时代的社会化必然是一个步步攀登的长期过程。难易有序,而且层级分明。一年级的小学生对二年级的学习内容几乎完全不懂。初中与高中的学习难度判然有别。所谓"成年人",如尼尔·波斯曼所言,从此不再是一个生物性的成就,而是一个象征性的成就。① 印刷时代的儿童也不再像口语社会的孩子到六七岁就自然而然地进入了成人世界,他们必须分阶段努力学习,熟练掌握印刷文化以后,才有可能成为"成年人"。社会化变成了一个有相当难度、需要技巧和长期努力的学习过程。社会化的主体因此变得高高在上。

(二)主体隐匿和自我整饬

原生口语社会的口头传播是面对面的即刻交往。印刷传播则把传者和受众在时间和空间上分隔开来,使双方相互之间成为难以辨识的模糊对象。

美国文艺理论家斯科勒斯(Robert Scholes)和克劳格(Robert Kellogg)在其专著《叙事的本质》(*The Nature of Narrative*)一书中,深入分析了印刷传播的传受过程。书中写道,我们的叙事模式最早是坐着听说书人现身讲述。到了文字叙事时代,说故事的不再是一个活生生的人,而是作者在作品中精心安排的一个模拟讲述人——叙事者。他们的研究证明,文字叙事永远包含下列六种参与者:真正作者、隐身作者、叙事者、听讲者、隐身读者、真正读者。隐身作者是读者在读书过程中想象到的著作者;叙事者是书中的故事叙述者;听讲者是书中的故事叙述对象;隐身读者是著作者想象的读者;真正读者是读这本书的活生生的人。② 这一事实说明,印刷传播拉开了传受双方之间的时空距离,在传与受之间形成了阻滞。对社会化主体来说,社会化活动从此不再必须通过面授进行。文字可以传达他们的教导,同时又能够隐匿他们的肉体和表情。这既使社会化的内容有板有眼,又让社会化的主体变得无形无象,神秘有加。社会化的主体尽可

---

① 〔美〕波斯曼著:《童年的消逝》,萧昭君译,台北远流出版事业股份有限公司1994年版,第46页。
② 〔美〕莎拉·孔兹洛夫:《叙事理论与电视》。见〔美〕Robert C. Allen 编:《电视与当代批评理论》,李天铎译,台北远流出版事业股份有限公司1993年版,第73—74页。

以用文字以成教化之功,丝毫不用担心私下表情的流露,或者人格和道德缺陷的暴露。中外历史上之所以有很多道貌岸然之流能够著书教化他人,文字这幕墙起了很大的掩护作用。白纸黑字的真实性超越了现实的真实性。在言行合一的原生口语社会,这类人不会有立足之地。即使有这样的人,也会很快被整个部族抛弃,更不要说充当社会化主体这样的角色。

我们再来看印刷时代社会化的集中地:学校。学校教学主要是面对面的口头交流。但是,它与口语社会的口头交流有很大不同。首先,学校里的教与学都是特定场合下的行为。离开了学校,教师与学生彼此是分离的。学生对教师的日常生活或者私生活了解甚少。有关教师私下活动的消息,在学生中间总是像新闻一样被传播。在校园里面,教室和办公室截然分开。教师可以自由出入这两种场合,而办公区域对于学生来说总是有些"禁地"的味道。其次,教师在课堂教学之外,有充足的时间和安全的空间进行排练和预演。教师不仅表现得很有知识,而且还很熟练。换句话说,在印刷传播环境中,教师有条件进行充分的自我整饬和良好的印象管理,使自己显得完美无缺。

口语社会的社会化与日常的生产生活交融在一起,社会化的主客体双方都没有多少秘密可言。进入印刷时代,不仅繁难的印刷媒介和印刷文化衬托了社会化主体的高大和权威,而且,印刷传播对交往场景的分离还扩大了社会化主体的私密空间,让社会化主体更容易附魅在身。

三、印刷传播扩大了社会化的时空范围

印刷传播无需身体在场。它可以使同一环境里的人们知道和体验不同的事情,也可以使不同地区的人们因为阅读同样的文字而建立联系。与口头传播相比,印刷传播的这种超时空优势让人们无须远游,也无须让时光倒流,就可以尚友千里之外,遐思万年之古。一个经典的例子是,俄国大文豪托尔斯泰(Lev Tolstoy,1828—1910)深为两千年前孔夫子的《论语》所折服,著《川逝》以和应。美国传播学者彼得斯(John Durham Peters)正是根据这一特点,把传播媒介比作"招魂术"。他深刻地指出:"事实上,在某种限度上可以说,一切有中介的交流都是与死者的交流,因为媒介可以储存'生者的幻象',而且可以在人体死亡之后回放这些形象。"[1]

---

[1] 〔美〕彼得斯著:《交流的无奈——传播思想史》,何道宽译,华夏出版社 2003 年版,第 133 页。

约书亚·梅罗维茨曾举例说:"我们"这种意识,在口语社会很明确指的是同属一地、在面对面交往中形成的共同体;到了印刷社会,"我们"除此之外,还包括不在一地却分享同样文本的共同体。① 换句话说,文字让不同地区的人们有可能形成彼此联系的象征共同体,由此分解了口语社会中人们因居于一地而形成的实在共同体。这一变化的结果之一是:社会化的范围不再局限于人们的生活所在地。印刷读物输入了异地的规范、榜样和广阔的外部世界。它帮助人们摆脱狭隘的地方观念,敲响了社会变革的钟声。

四、印刷传播培育了社会化客体的怀疑精神

每一本书都是一个容量有限的有形实体。每一本书都有相对明确的主题和传播对象。所以,一本书总是与特定的写作个体和专业领域相联系。无论是书店、图书馆还是个人藏书,也总是依此进行图书分类。从受众角度来说,阅读书籍多是个人性质的活动。读者的期待视野相当明确。或者是出于一时之需,或者是因为个人兴趣,或者是出于身份认同。正因为如此,人们往往把私人藏书视为一个人的精神和兴趣写照。从这点来看,印刷传播比原生口头传播更具有私人性。这种私人性,不是形体容貌上的私人特征,而是内在的思想和精神特征。

印刷传播助长独处和静思。这在传者一方,自然是不言而喻。让书房与烟柳之地隔窗相望,或者在闹市能够踞地奋笔作文,无疑属于异类。对受众来说同样如此。读书不仅要求相对安静、独立的时间和空间,而且要求静如处子,心无旁骛。这种状态是反思和疑问发育生长的沃土。文字特别是印刷术出现以降,人类文明的前进步伐骤然加快,这既与文字的文化保存功能有关,更与读写活动生发出来的怀疑精神息息相关。

不过,印刷传播并非一开始就有这些传播特征和效果。中西方的一些考古发现和研究都证明了同一个现象:早期书写基本上是口头语言的照实记录,根本没有现在所谓的标点符号、段落结构等文法。文字是连续书写的。对中国古代标点符号的发展历史有精到研究的管锡华教授证实,中国古代的标点符号到宋元时期才发展成熟。② 美国芝加哥的图书馆研究员保尔·萨恩杰(Paul Saenger)历经二十多年研究证明,西方直到中世纪早期才出现字间分隔。

---

① Joshua Meyrowitz, "Shifting Worlds of Strangers: Medium Theory and Changes in 'Them' Versus 'Us'," *Sociological Inquiry*, Vol. 67, No. 1, February 1997.
② 管锡华著:《中国古代标点符号发展史》,巴蜀书社 2002 年版。

当书写尚未出现字间分隔和句间停顿时,人们不得不大声朗读以分辨字词的前后搭配和文意的起承转合。读书更像口头传播,是一种公开的诵读。保尔·萨恩杰指出,后来出现的字间分割改变了读书的生理过程,使今天所谓的"默念"成为常态。默念压缩了感官活动。读书不再必需嘴巴和耳朵的声觉活动。读书不再是"读"书,而是"看"书。不仅是看,而且是埋头看,视觉只能固定在书本上。两耳不闻窗外事,一心只读圣贤书。读书从一种相对公开的活动转变成一种个体活动。质疑和反叛从此增多。据保尔·萨恩杰考证,色情诗和异教的兴起,就有默念在其中发挥重大作用。保尔·萨恩杰在结论中提出:爱尔兰人和盎格鲁-撒克逊抄写员7世纪左右发明的书写间隔标志着一种戏剧性的变化,形成了阅读史上古代文化和现代文化的巨大分野;间隔书写的发展放大了私密性,形成了现代世界的一个重要特点。①

萨恩杰的研究表明,文字的传播方式曾经深刻地改变了人类的文化创造。就社会化问题来说,印刷传播为怀疑精神的发育提供了条件,印刷时代的社会化本质上不再是口语社会里"一个只能不断复演过去的封闭系统"②。

当然,印刷传播并非社会化变化的唯一推动力。社会生产力的发展、社会交往的扩大、经济活动的发达等等,都是导致社会化变化的重要因素。马克思和恩格斯曾说:"家庭起初是唯一的社会关系,后来,当需要的增长产生了新的社会关系,而人口的增多又产生了新的需要的时候,家庭便成为(德国除外)从属的关系了。"③ 在印刷社会里,人们之间的主要社会关系是在社会化大生产中形成的生产关系。成年人的大部分活动从家庭转移到了工厂企业。生产环境与儿童的成长环境发生了分离。在家庭之外,成年人拥有一个很大的、不为儿童接近和了解的活动空间。在家庭内部,儿童与成年人的交往也出现了隔离屏障。家居环境不再像原始社会那样简陋和透明。厚厚的墙壁隔开了儿童和成年人的住室。

在原生口语社会,成年人掌握社会文化。但是在文化优势之外,成年人在孩子面前没有过多的其他秘密可言。孩子们的社会化是在与成人的亲密交往中进行的。在印刷社会里,成年人不仅掌握文化优势,而且他们获取文化优势的过程

---

① Paul Saenger, *Space between Words: The Origins of Silent Reading*, Stanford University Press, 1997. 转引自 James Giles, "Editor's Choice: Books, Bytes, and Beyond," *Cross Currents*, Vol. 50, No. 3, Fall, 2000.

② 〔美〕米德著:《文化与承诺:一项有关代沟的研究》,周晓虹、周怡译,河北人民出版社 1987 年版,第 97 页。

③ 《马克思恩格斯选集》第 1 卷,人民出版社 1995 年版,第 80 页。

和环境都是相对隔离的。换句话说,对于儿童来说,成年人不仅拥有秘密,而且他们如何获得这些秘密也是一种秘密。在此基础上,成年人得以建立各种各样的秘密,例如身体和性的秘密以及各种"趣味"和"礼仪",由此更加剧了他们与儿童之间的文化势差。

五、尊卑有序

随着社会生产力的发展和社会的进步,随着人类文化从大脑记忆转向由文字记载和书籍传播,社会化的内容发生了重大的变化。一方面,祖辈的传统经验不再是唯一灵验的药方。各类行业知识、职业技巧、礼仪规范成为社会化的主要内容。另一方面,日积月累的知识文化在迅速为社会化加码,社会化的内容前所未有地增多了。

不仅社会化内容的量增加了,更要命的是难度骤然加大。相对于简单的口头语言和口语文化,复杂的文字媒介和印刷文化延长了学习的期限。这一方面决定了社会化的主体主要是成年人。因为,儿童只有经过多年的训练和学习,才能熟练使用这种媒介并正确解读这种媒介所负载的文化。另一方面,社会化的过程相对于口语社会来说被大大延长了。里斯曼在归纳内部引导型性格的特点时说:"与传统引导时代的社会化过程相比,内部引导时期培养孩子所需的时间更加延长了,这使儿童的社会化过程具有更大的压力。"[①] 印刷传播导致产生了印刷文化学习的分级制度,进而把社会化变成了一个按部就班循序渐进的漫长过程。

印刷传播延长了社会化的过程,并且拉开了传受双方之间的距离,这塑造并强化了社会化主体的威魅。写书与读书分离;教室和办公室分离;工作与生活分离;孩子和父母的住室分离。在这种情况下,成年人不仅因为持有文化优势,而且还因为拥有不为孩子所知的很多秘密而显得更有力量,更加神秘。复杂的印刷文化所要求的分阶段学习,也衬托了社会化主体的高大。印刷传播的速度和社会化工作的职业化,也为社会化主体提供了游刃有余的整饬空间,使之在社会化客体面前表现出完美无瑕、全知全能的形象。因此,印刷社会更容易形成和出现圣人、权威、经典和禁忌。

另一方面,社会化在印刷社会已经成为一项相对独立的社会事业。大规模

[①] 〔美〕里斯曼、格拉泽、戴尼著:《孤独的人群——美国人性格变动之研究》,刘翔平译,辽宁人民出版社1989年版,第42页。

的学校教育是这种独立性的典型表现。社会化不再只是为了族群和种族的生存延续。个人的发展和社会的进步开始受到重视。印刷传播为这种需求提供了方便。而且,印刷传播使社会化超越了实在共同体的范畴,滋生了同气相求的象征共同体,同时又能够助长社会化客体的反思和疑问,这些都为印刷时代的社会化埋下了变革与创造的种子。

第四节 小鬼当家——电视时代的社会化

"从人的本质看交往,人要求在交往中全面地占有对象,以自己的全部感觉肯定自己。"① 面对面的口头交往正是这样一种全息性的交往方式。人的全部感官参与其中。身体、表情、语气、听觉、视觉、嗅觉等等协同作用。中西方早期的三位先师圣人——孔子、耶稣和苏格拉底,都不约而同地笃守这种交流方式,"述而不作"。"对苏格拉底来说……口头传授是一种比书写本身更加长寿的'书写'。写在学生心中的字有繁殖的能力,可以通过老师的传授在别人身上扎根,可以在辩论中捍卫自己;与此相反,书写患了不育症,不能繁殖。苏格拉底想要的,是口头回答的亲切而不是书写的广泛传播,是受精多产而不是广种薄收。"②

在革命事业中始终注重传播效果的马克思和恩格斯,也对口头交往欣赏有加。恩格斯说:"站在真正活生生的人民面前,直接地、具体地、公开地进行宣传,比胡乱写一些令人讨厌的抽象文章,用自己的眼睛看着同样抽象的公众,是完全不同的两回事。"③ 马克思也意识到了不同感官参与交往的重要区别。"眼睛对对象的感觉不同于耳朵,眼睛的对象不同于耳朵的对象。……人不仅通过思维,而且以全部感觉在对象世界中肯定自己。"④

伊尼斯十分推崇这种面对面的口头交流。他甚至把古希腊的全面、均衡发展归功于这种全息的交往方式。麦克卢汉用"声觉空间"一词来概括这种交往方式的特征。在接受《花花公子》采访时,麦克卢汉对印刷传播与口头交流的不同做了细致的比较分析:

---

① 陈力丹著:《精神交往论》,开明出版社1993年版,第97页。
② 〔美〕彼得斯著:《交流的无奈——传播思想史》,何道宽译,华夏出版社2003年版,第42页。
③ 转引自陈力丹著:《精神交往论》,开明出版社1993年版,第97页。
④ 同上。

因为耳朵和眼睛不同,它无法聚焦,它只能是通感的,而不能是分析的、线性的。……听觉场是同步的,而视觉场是连绵的。无文字民族的生活方式是隐而不显、同步和连续的,而且也比有文字的民族的生活方式要丰富得多。……因为口语词比书面词承载着更丰富的情感——用语调传达喜怒哀乐愁等丰富的感情,所以部落人更加自然,更富于激情的起伏。听觉—触觉的部落人参与集体无意识,生活在魔幻的、不可分割的世界之中。这是由神话、仪式模式化了的世界,其价值是神圣的、没有受到任何挑战的。与此相反,文字人或视觉人创造的一个环境是强烈分割的、个人主义的、显豁的、逻辑的、专门化的、疏离的。①

与口头交流相比,印刷传播扩大了人类交往的范围。但是,这种进步付出了巨大的代价:"全息化的交往方式变成了乏味的文字或印刷符号,并损失了相当多的非文字信息。"② 很多人正是在这个意义上念念不忘面对面的口头交往。历史车轮不可能倒开。不过,人类总是可以通过不断的努力,不断完善借以交流的传播媒介。以电视和因特网为代表的电子媒介,就是人类在电子时代尽力召回全息交往的结果。这不是在封闭的循环中重新回到起点。借用陈力丹教授的话说,这是"一种更高层次上的面对面交往"③。

一、电视成就儿童

不同的媒介,其接触的类型以及接触所需的步骤和难度不一样。

印刷媒介的接触代码是高度抽象的文字。它所要求的解码能力不仅区分了文盲和有读写能力的人,而且在有读写能力的人中间也分出了不同等级。人们在获取信息之前,已经被媒介本身分进了不同级别的信息系统。

照片显然比文字易读。20世纪30年代,著名报人戈公振在倡议创办《申报》摄影副刊时说道:"图画为新闻之最真实者,不待思考研究,能直接印入脑筋……且无老幼,无中外,均能一目了然,无文字深浅、程度高下之障碍。"④ 与文字相比当然是如此。换个角度看,摄影是对现实某一瞬间的凝固,这一点与雕塑

---

① 〔加〕埃里克·麦克卢汉、秦格龙编:《麦克卢汉精粹》,何道宽译,南京大学出版社2000年版,第365页。
② 陈力丹著:《精神交往论》,开明出版社1993年版,第97页。
③ 同上书,第98页。
④ 段京肃:《跨文化传播对中国西部的影响》,见钟期荣主编:《经济全球化与跨地区文化传播》,浙江大学出版社2003年版。

异曲同工。它们都力图用静止的瞬间表现出这一瞬间前后的情节和意义。这样的表达要求欣赏者有相当丰富的想象和联想能力。正因为如此,摄影才成为一种艺术,一种有一定理解难度的视觉艺术。

电视媒介的接触难度不仅低于摄影,可以说低于其他所有人造媒介。第一,电视传播的是声像一体的活动画面,它更逼真更全面地复原了现实世界。现实世界是一个时刻都在变动的活动景象。同样是以现实世界为表现内容,活动图像比静止图画给人的感觉更真实。人们最初在电影院里看到银幕上疾驰而来的火车,被吓得大呼小叫。那是银幕上的影像给他们造成了一种真火车直冲过来的感觉。除此之外,电视还是迄今为止人造媒介中最多最直接地采用现实元素进行传播的媒介。人物同期声、现场音响、色彩、背景等等,大都是对现实的直接采录。仰拍、俯拍、跟拍等表达手法所实现的效果,与人们的日常交往情景也如出一辙。一个人可能不懂倒叙、溶暗、淡入、淡出、平行编辑等电视技术,但这丝毫不妨碍人们理解内容前后之间的关系。即使儿童理解有困难,比如可能会把同一物体的特写镜头和远镜头当作两个不同的物体,熟悉它们也不需要系统的训练。总之,电视绝对不要求人们为了看电视,特意去学校学习它的代码及其编码规则。

第二,电视传播是迄今为止最接近原生口头传播的传播方式之一。口头交流能让人"以全部感觉在对象中肯定自己",因为它的全息性最大程度地保全了真实的交往情景。人们在这样的交往场景中能够肯定周围存在的真实,并从真实的周围存在中肯定自己的真实存在。马克思说,"人起初是以别人来反映自己的。名叫彼得的人把自己当作人,只是由于他把名叫保罗的人看作是和自己相同的"[①]。社会学家库利的"镜中人"理论也说明,人往往以他人为镜子来认识和肯定自己的存在。在面对面的口头交流中,"他人"和自己都完全呈现,并能够以全部感官去肯定彼此的真实存在。因此,面对面的口头交流是最好的社会交往方式。在著名的《真实性的社会构建》(*The Social Construction of Reality*,1966)一书中,美国社会学家彼得·博格(Peter Berger)和托马斯·拉克曼(Thomas Luckmann)写道:"他人最重要的经验产生于面对面的情境之中,这是社会交往活动的原型例子。在这种情境中,对方是完全真实的,这种真实性是日常生活总体现实的一部分……当然,可以认为在面对面的情境中,对我来说,对

[①] 《马克思恩格斯全集》第23卷,人民出版社1972年版,第67页。

方比我对我自己要来得更加真实。"① 电视虽然不能让观众以全部感官参与和互动，但是，它在很大程度上实现了"对象"的全息性。截至今天，没有什么媒介可以比电视更能让受众看到更接近真实的他人和世界。

一方面，印刷媒介本身极大地限制了儿童对印刷文化的接触。他们一时很难征服高高的印刷媒介这围城墙。另一方面，电视空前低的接触门槛使儿童可以近乎无障碍地收看任何电视节目。美国研究人员 G. 哥姆斯托克等人指出，就像水往低处流一样，由于电视让儿童更容易接近，电视视听在儿童的生活中构成了"基准性活动"。② 20 世纪 80 年代，日本 NHK 放送舆论调查所进行的"幼儿生活时间和电视"调查显示：出生 4 个月到 7 个月的婴儿对电视毫不关心的只有 1/3，表现出对画面（图像和声音）"关心"的婴儿是 50% 强。1 岁后，不仅显露出"关心"画面的迹象，而且"理解"内容的婴儿逐渐增多。在 2 岁到 2 岁半这一阶段，关心画面的幼儿和对内容略有理解的幼儿，以及进行习惯性视听（看的时间和节目大致固定下来）的幼儿各占 1/3。③ 电视因此被人们称为电子保姆。美国政治学家、战略家和前美国总统卡特的国家安全顾问（1977—1981）布热津斯基（Zbigniew Kazimierz Brzezinski）曾经说道："今天，对于世界上的大多数人——特别是年轻人——来说，电视是接触社会和接受教育的最重要的工具。在这方面，它正迅速地替代历来由家庭、教会和学校所起的作用。"④

在印刷社会，有读写能力的成年人掌握着印刷媒介，在文化上形成了对儿童的完全优势。开放性的电视削弱了印刷媒介对接近社会文化的限制，由此颠覆了依赖这些限制而存在的社会化主体。父母的见识赶不上孩子，如何充当社会化主体的角色？至少不会再像印刷社会那样有绝对的权威。日本学者藤竹晓指出："随着电视的出现，这种父母信息垄断体制的基础，就开始大大地动摇了。"⑤

二、电视的祛魅潜力

《圣经》记载，上帝捏造的亚当和夏娃原本全身赤裸。受蛇的诱惑偷吃禁果

---

① 〔美〕玛格丽特·莫斯：《电视新闻人物与可信度——对转换中新闻的反思》，见王逢振主编：《电视与权力》，天津社会科学院出版社 2000 年版，第 131 页。
② 〔日〕藤竹晓著：《电视的冲击》，李江林、攀诗序编译，北京广播学院出版社 1989 年版，第 194 页。
③ 同上书，第 190 页。
④ 〔美〕兹比格涅夫·布热津斯基著：《大失控与大混乱》，潘嘉玢、刘瑞祥译，中国社会科学出版社 1995 年版，第 80 页。
⑤ 〔日〕藤竹晓著：《电视的冲击》，李江林、攀诗序编译，北京广播学院出版社 1989 年版，第 197 页。

以后，他们顿生羞耻之心，赶忙摘下无花果树叶遮盖羞处。文明即从他们用树叶遮阴那一刻发源。这一最经典的人类创始神话提示我们，上帝是人类身体之父，羞耻感乃人类文明之母。尽管人类文明在其后的绵延蓬勃中还幸赖生存和发展的需要，审美和自我实现的需要，但是，羞耻感始终是人类文明的底线。

羞耻感是违反或触犯社会戒律而产生的难堪。社会设置的戒律有多少，产生羞耻和难堪的可能就有多少。著名德国社会学家诺贝特·埃利亚斯（Norbert Elias, 1897—1990）通过分析中世纪以来西方人的行为变化，有力地说明了"自16世纪起羞耻和难堪的阈限是如何愈益迅速地向前推进的"[①]：人们不再赤手擤鼻涕并在衣服上擦干，而是用手绢或纸巾；人们不再用脏兮兮的手去抓饭吃，而是用刀叉进餐。总之，人们不再信由冲动的情绪和本能主宰自己的行为。埃利亚斯说："这表明，行为的整个问题有了完全不同于以前的性质；较之中世纪人们更加有意识地塑造自己和塑造他人。"[②]

人类不断克制动物式的本能，积极修饰和完善行为举止的过程，是人类文明不断发展的过程。但是，埃利亚斯指出，文明的发展并不都是进步，羞耻感的演变不完全是正常的：

> 在我们看来似乎仅仅从生理学的角度就可以解释，为什么孩子不懂得两性之间的关系，为什么给半大的姑娘和男孩启蒙，让他们了解自己并向他们解释发生在他们周围的事情，是一个特别棘手和令人尴尬的任务。只有当人们了解了另一个阶段的人在这些方面的举止行为，才会意识到，这种情况是极不自然的。这也是文明进程的一个结果。[③]

埃利亚斯所说的"另一阶段"是指中世纪以前。据他考察，那个时期的儿童很早就进入了成年人的世界。性生活方面，成年人不管是在行为上还是在谈吐中都不像以后那么有节制。可是，"随着文明的发展，人类生活越来越严格地被区分为私下的和公开的领域，从而形成了秘密的和公开的行为方式"[④]。"这时候，社会强制成年人把所有的情欲，特别是性欲变成私下的事情，加上'缄默的禁忌'，即社会对于谈论这些事情的限制以及对有关性生活方面的大多数用语的节制——心理压抑的特征，所有这一切，在成年人周围形成了一堵厚厚的、神

---

① 〔德〕诺贝特·埃利亚斯著：《文明的进程》（第一卷），王佩莉译，三联书店1998年版，第320—321页。
② 同上书，第267页。
③ 同上书，第395页。
④ 同上书，第294页。

秘的墙。"①

埃利亚斯和梅罗维茨不期然地在同一点相遇。他们的研究不约而同地证明,西方人的交往场景和行为方式在16至18世纪之间,分裂成了私下和公开两种泾渭分明的类型。成年人拥有很大的私密空间。他们在其中的一切行为和表现,社会认为孩子们不应该知道,事实上孩子们也无从知道。不同的是,埃利亚斯的主要贡献是对这种社会变化进行了社会学的研究和描述,梅罗维茨则为这种社会变化提供了传播学阐释。根据梅罗维茨的研究,印刷传播放大了私密空间特别是知识和权力所有者的私密空间。在社会化领域,当然是成就了社会化主体,使他们更有机会附魅在身,高高在上,以权威自居。与印刷传播不同,以电视为代表的电子媒介是一种强大的解构力量。它们不仅剥夺了社会化主体的文化优势,而且压缩了他们的私密空间。这意味着,社会化主客体之间的关系在电子传播环境中将为之一新。

第一,电视让儿童"看"。与书籍让儿童"看"生冷的文字不同,电视让儿童"看"的是活生生的人。这些人无论是作为传播者还是传播内容中的人物,都不再像在书籍传播中那样虚无缥缈,只供人琢磨、想象和品味,而是看起来如同现实一般。

更突出的在于,电视能够而且热衷于让观众看其中人物的下意识行为和表情。"身势学"创立者、人类学家雷·伯德惠斯戴尔(Ray Birdwhistell,1918—1994)研究发现:"光人的脸,就能做出大约250000种不同的表情。"② 印刷媒介无以反映如此丰富的面部表情。即使文学大家也常常遗恨文不逮意。唐朝刘禹锡有诗云:"常恨言语浅,不如人意深。今朝两相视,脉脉万重心。"印刷传播把活人抽象成了死板的文字。电子传播把人又复活了。由于画面较小,电视不适合展现全景和远景。无论是新闻、电视剧还是各类艺术节目,多用中近景镜头取人物的上半身。所以,电视屏幕为我们展现了无穷丰富的人物表情。

表情当然可以表演出来。但是,很多表情是一种无意识的或者难以控制的真情流露。即使一个人有意识地想要表演某种表情,他也不可能时时处处都拿捏得很有分寸。况且,在众目睽睽之下刻意要做某种表情,反而容易产生南辕北辙之效。无意识流露的表情往往是真实而自然的心灵触动,很能打动人。所以,电视总是热衷于把镜头推上去做一个特写,捕捉这一瞬间。观众自然也非常喜

---

① 〔德〕诺贝特·埃利亚斯著:《文明的进程》(第一卷),王佩莉译,三联书店1998年版,第283—284页。
② 〔美〕克特·W.巴克主编:《社会心理学》,南开社会学系1984年译,第317页。

欢和希望从这些表情中去认识人物的真情实感。这类情况在访谈类节目中最为常见,像中央电视台的"艺术人生"、"实话实说",凤凰卫视的"口述历史"。在这些节目中,大人物也罢,小市民也罢,痛苦的表情、激动的情绪总是主持人要努力挖掘、摄影师要及时捕捉的内容。这是节目的高潮和亮点。

因此,电视不仅展现了无穷丰富的人物表情,更重要的是它天生具备能够展现更多下意识表情的能力,更多地向观众袒露人物的真性情。这让它与常常有意识进行的文字传播大大地不同。这种不同在社会化领域的意义非同一般。因为,儿童难以掩饰自己,成人则戴有更多的面具。两者之间的信息势差必将因为电视传播而趋于弥合。成人真实的一面必将更多地暴露在儿童面前。

第二,电视让儿童无所不"看"。这一点也是相对于印刷传播而言。法国文艺学家罗兰·巴特(Roland Barthes,1915—1980)在《符号学美学》一书中,一一分析了语言系统、衣着系统、食物系统、汽车系统、家具系统和综合系统。麦克卢汉在《理解媒介》一书中用26个小节讨论了口语、文字、服装、住宅、汽车、电视等各种媒介。这两本书不仅在结构安排和讨论的对象上相似,而且观点也有耦合之处。巴特认为,电视是综合系统。"至少在属于集体信息范围的这些系统中,最为有趣的系统是不同实体被衔接在一起的综合系统。"① 麦克卢汉认为,电视综合作用于人,延伸的不是人体的某一个或某几个感官,而是人的整个中枢神经系统。

机缘巧合还是英雄所见略同,不得而知。反正,他们都把电视看作一个综合的符号系统。它集图像、声音、语言、文字等多种符号于一体。它的内容覆盖人类生活的方方面面。一本书或者一部电影,称不上是万花筒;一台电视机却可以。书和电影的内容区分体现在不同的书和拷贝上。电视内容的区分体现在电视机内部的不同频道上。这些频道的转换又集中在一个遥控器上。所以,在电视上进出不同领域,绝对不像要看不同种类的书或电影那样,有那么多的障碍和麻烦——最起码需要起身去拿甚至还要特意去买。打开电视,就进入了一个大千世界。再加上,前面已经说明的电视相对于书籍而言低得多的接触门槛,儿童通过电视几乎可以遍览人间万象。

这样,儿童的收视范围就不只限于儿童节目。单是转换频道时偶然瞥见的儿童不宜的内容,就远远超过了在印刷社会里对成人世界的了解。现实当中,成

---

① 〔法〕罗兰·巴特著:《符号学美学》,董学文、王葵译,辽宁人民出版社1987年版,第25页。

人节目在儿童的电视视听活动中所占比重确实很大。日本的原芳男教授等人的研究表明,儿童的视听时间有35%被面向成人的节目所占据。在不干别的专心观看电视时,成人节目所占比例为25%,在边干别的边看电视的"非专注视听"状态下,其比例超过50%。① 时至今日,在有各式各样电子媒介武装的儿童面前,成人再没有什么高深的秘密可言。

第三,电视让儿童无所顾忌地"看"。电视传播缺乏互动性。一种比较普遍的观点认为,这是电视的一个很大缺陷。有人甚至断言,未来电视将因此被互动性能优越的电脑取代。对未来之事,不敢妄下断言。但是,一定不能忽略的一个基本常识是,人们的需求永远都是多种多样的。缺乏互动性可以说是缺陷。可是,人们需要甚至离不开消极和被动。你能想象一个人从早到晚一天24小时都在互动吗?消极的不等于落后的,更不等于可以被积极的所代替。消极自有消极的价值。同样是缺乏互动性,抽象的文字传播满足了人类对自身和世界的理性思考,电视的单向传播赋与观众一种隔岸观火式的超然地位。观众懒卧沙发,对屏幕中的人和事品头评足,丝毫不必担心自己的失态和失言。电视传播既让人获得了"窥视"的条件,也让人免去了因"窥视"而生的胆怯和对被发现的担忧。这是一种安全、悠然、居高临下的"窥视"。这种传受方式对儿童的意义尤其大。毕竟,更多的秘密在成年人一方。

社会中的群体身份很大程度是靠特定的信息系统定义的。爱尔兰剧作家萧伯纳(George Bernard Shaw,1856—1980)有一句话:所有的专业,都是用来对抗外行人的阴谋。② 如果每个人都具备律师的知识,学生具备老师的知识,三年级学生具备五年级学生的知识,社会就不需要区分这些不同的社会群体。借助完全融进日常生活中的电视,儿童经常窥见成年人的另一面。梅罗维茨的结论是,这将导致成年人失去以往的权威地位,儿童和成人之间的界限将变得模糊不清。稍后,日本学者藤竹晓通过自己的研究,正面回应了梅罗维茨的这一观点:

> 这的确是距离的消失,但是这不仅是物理距离的消失,由于能够接触多种多样的外界事物,电视甚至使社会的距离也消失了。表述为社会距离的消失是有些过分。也许说社会距离的缩小或者缩短更为稳妥。但是为了强

---

① 〔日〕藤竹晓著:《电视的冲击》,李江林、攀诗序编译,北京广播学院出版社1989年版,第195页。
② 〔美〕波兹曼著:《童年的消逝》,吴燕莛译,广西师范大学出版社2004年版,第121—122页。

调这种状态,还是称社会距离的消失为好。①

三、小鬼当家

电子传播成就了儿童的信息优势。电视、因特网等电子媒介把社会文化转换成简易的声像符号,为儿童提供了接近海量信息的便利通道。儿童借助电子媒介在很多方面积累了相对于成年人的信息优势。从更大的范围来看,电子媒介扩大了人们的交往,加速了社会变化。电子产品的上市之日,就是落后之始。所谓"最好",永远都是"下一个"。因此,电子社会本质上是着眼于未来的社会。约翰·奈斯比特在预言人类发展的大趋势时指出,与农业社会习惯往回看,工业社会关心眼前不同,"在信息社会里,人们的时间倾向性是将来"②。在这样的社会里,儿童不仅拥有相对的信息优势,而且表征着社会发展的趋势。

于是我们看到,在正向社会化之外,出现了大规模的"文化反哺"现象。儿童用他们不断获取的新知识、新观念、新思维,影响和同化他们的长辈。这正是玛格丽特·米德所谓的"后喻文化"——"所有传统都被抵押上了历史的拍卖台","代表着未来的是晚辈,而不是他们的父辈和祖辈"。③ 儿童的权利意识明显增强。他们不再被动地接受父母和社会的授权与认可,而是主动地主张权利,创造规范。

在这样的背景下,社会化主客体之间必然发生广泛而激烈的代际冲突,社会也将发生同样广泛而激烈的文化冲突。伊尼斯的研究证明,社会主导媒介的变更总是不可避免地引起权力的重组。这一结论在社会化问题上仍然应验。电子媒介与印刷媒介一样,都改变了社会化主客体的力量对比。只不过,印刷媒介是对口头语言的否定,电子媒介是对印刷媒介的否定。电子媒介既剥夺了成年人的文化优势,也剥夺了他们的"秘密"优势。这些"秘密"依赖印刷传播而存在,因电子传播而消失殆尽。

---

① 〔日〕藤竹晓著:《电视的冲击》,李江林、攀诗序编译,北京广播学院出版社1989年版,第159—160页。
② 〔美〕奈斯比特著:《大趋势:改变我们生活的十个新方向》,梅艳译,中国社会科学出版社1984年版,第17页。
③ 〔美〕米德:《文化与承诺:一项有关代沟问题的研究》,周晓虹、周怡译,河北人民出版社1987年版,第76页、第93页。

本 章 小 结

多数研究关注的是社会化当中的具体矛盾和问题。本章讨论的主题是媒介环境变迁所引起的社会化的历史变化,或者可以说,不同媒介环境对社会化本身的影响。

当然,讨论每一种角色的社会化或者社会化的所有方面是不可能的。本章重点分析了社会化的三个核心要素:社会化的对象、社会化的内容、社会化主客体之间的关系及其中的基本矛盾。社会化的对象,即谁需要社会化,这是社会化首先要明确的问题;社会化的内容,即需要让社会化对象学习什么和知道什么,这是困扰父母的一个重要问题;社会化主客体之间的基本矛盾,即主体想要有效控制与客体想要及早获取之间的矛盾,其实就是如何进行社会化的问题。这是社会化当中难度系数最高、最需要技巧的一个问题。这三个要素是社会化活动中的三个重要方面。它们综合起来能够基本反映社会化的概貌和主要特征。

在原生口语社会,人类几乎所有的交流都依赖面对面的口头传播。原生口头传播强化了经验及其保有者老年人的社会地位。这决定了社会化的内容多是世代沿袭的传统和颠扑不破的经验,社会化的主体是拥有经验优势的长辈,社会化的方向本质上是往回看,目标是培养传统的继承人。口头传播的进出门槛较低,而且原生口语社会的社会化都是在开放的生产和生活环境中进行的,社会化过程中几乎不存在任何人为的秘密及其控制。所以,社会化主客体之间是一个亲密无间的关系,远不像今天有如此严重的代沟之类的紧张关系。

口头语言的学习和口语文化的吸收相对而言是一个生理上自然而然的过程。相应地,原生口语社会的社会化基本上是在身体发育的过程中自然而然完成的。自从人类发明了在身体之外大规模储存文化的媒介——文字之后,社会文化就不再是身体的自然发育所能接近。随着社会生产力的发展和社会的进步,随着人类文化从大脑记忆转向由文字记载和书籍传播,传统经验逐渐淡出了社会化内容的范围,日益繁复的印刷文化成为社会化的主要内容。印刷传播所支持的读书人阶层开始掌握社会化的主导权。印刷文化的难度则意味着社会化的专业化发展,学校成为家庭之外的社会化重地,而且这种难度迫使社会化开始分步骤循序渐进地展开。印刷文化的分级制度和印刷传播中传受双方的分离,无形中让社会化主体显得高不可攀、神秘莫测。所以,印刷社会的社会化容易形成主客体之间尊卑有序的社会关系。

不过，印刷传播对交往范围的扩大及其所要求的独处和静思，也为怀疑精神的发育和社会变革的酝酿提供了最重要的条件。

电子传播扭转了印刷社会当中的社会化主客体关系。开放性的电视削弱了印刷媒介对接近社会文化的限制，由此颠覆了依赖这些限制而生的文化垄断和社会化主体的文化优势。不仅如此，电子媒介还压缩了社会化主体的私密空间，剥夺了他们完美表演的机会。相反，儿童却因为电子媒介而获得了前所未有的信息优势，成了这个美丽新世界的主宰。

展望未来，"地球村"的故事才刚刚展开，媒介环境学的常规研究和本土化研究都大有空间可为。虽然今天不需要再为范式革命而披荆斩棘，摇旗呐喊，但这一领域的研究仍然苛求开阔的视野，宽广的知识，灵活的思辨，能够透入历史表象背后的慧眼，和对潜藏暗涌却广泛而激烈的社会变化的疑虑。

西方社会在16、17世纪从口头传播环境过渡到了印刷传播环境，又在20世纪60年代从印刷传播环境跃入了电子传播环境。在这三种媒介环境叠加的两个交锋时期，西方社会都发生了非常明显的大规模社会冲突。

中国的媒介环境变革和社会历史变化远不是如此阶段分明。就社会发展而言，当西方从漫长的中世纪一觉醒来的时候，中国还在熟睡；当西方经过资产阶级革命和工业革命的双重洗礼而傲然挺立的时候，中国刚刚苏醒；当西方社会过渡到后现代阶段，中国的现代化建设却刚刚开始。当前，有中国特色的社会主义正在压缩熔炼西方二百年的发展，工业革命和后工业革命逐鹿并进，社会主义的现代化建设与社会的后现代转向交汇共流。

与西方的媒介环境变革相比，中国的媒介发展历史同样存在滞后现象和压缩效应。古登堡发明的现代印刷术是西方口头传播环境和印刷传播环境的分水岭。世界四大发明之一的中国印刷术却没有把中国引入印刷传播环境。中国的媒介环境直到20世纪70年代基本上仍然是以口头传播为主。等到印刷媒介在中国渐成繁荣之势，电子传播媒介又汹涌而来。电子传播环境甫露峥嵘，以网络为代表的数字媒介又已经抢滩成功。在短短不到半个世纪的时间里，中国的媒介环境同时有印刷媒介的繁荣怒放、电子媒介的迅速涨潮，还有网络媒介的极速蔓延。

因此，媒介环境学的本土化研究需要我们紧盯复杂而多变的中国现实，充分地占有资料，整合尽可能多的学科研究成果和研究方法。希望有更多人的努力，期待更有见地的成果。

主要参考文献

中文参考书目

1. 〔美〕阿尔温·托夫勒著:《未来的冲击》,孟广均译,中国对外翻译出版公司1985年版。
2. 〔美〕阿尔温·托夫勒著:《第三次浪潮》,朱志焱等译,新华出版社1996年版。
3. 〔美〕阿尔温·托夫勒著:《权力的转移》,刘江等译,中共中央党校出版社1991年版。
4. 〔英〕阿诺德·汤因比著:《历史研究》,刘北成、郭小凌译,上海人民出版社2000年版。
5. 〔英〕阿诺德·汤因比著:《文明经受着考验》,沈辉等译,浙江人民出版社1988年版。
6. 〔加〕埃里克·麦克卢汉、秦格龙编:《麦克卢汉精粹》,何道宽译,南京大学出版社2000年版。
7. 艾思奇著:《大众哲学》,中国社会出版社2000年版。
8. 〔美〕安德鲁·芬伯格著:《可选择的现代性》,陆俊、严耕译,中国社会科学出版社2003年版。
9. 〔古希腊〕柏拉图著:《理想国》,张子菁译,光明日报出版社2006年版。
10. 〔英〕保尔·汤普森著:《过去的声音:口述史》,覃方明等译,辽宁教育出版社2000年版。
11. 〔美〕保罗·莱文森著:《手机》,何道宽译,中国人民大学出版社2004年版。
12. 〔美〕保罗·莱文森著:《数字麦克卢汉》,何道宽译,社会科学文献出版社2001年版。
13. 〔美〕保罗·莱文森著:《思想无羁》,何道宽译,南京大学出版社2003年版。
14. 〔美〕保罗·莱文森著:《真实空间:飞天梦解析》,何道宽译,中国人民大学出版社2006年版。
15. 〔美〕保罗·利文森著:《软边缘:信息革命的历史与未来》,熊澄宇等译,清华大学出版社2002年版。
16. 〔美〕彼得斯著:《交流的无奈——传播思想史》,何道宽译,华夏出版社2003年版。
17. 〔美〕鲍布·爱德华兹著:《爱德华·R.默罗和美国广播电视新闻业的诞生》,周培勤译,复旦大学出版社2005年版。

18. 〔美〕波斯曼著：《童年的消逝》，萧昭君译，台北远流出版事业股份有限公司1994年版。
19. 卜卫著：《大众媒介对儿童的影响》，新华出版社2001年版。
20. 〔英〕蔡汀·沙达著：《库恩与科学战》，金吾伦译，北京大学出版社2005年版。
21. 陈筠泉、殷登详主编：《科技革命与当代社会》，人民出版社2001年版。
22. 陈力丹著：《精神交往论》，开明出版社1993年版。
23. 陈力丹著：《世界新闻传播史》，上海交通大学出版社2002年版。
24. 陈世敏著：《大众传播与社会变迁》，台北三民书局股份有限公司1996年版。
25. 陈卫星著：《传播的观念》，人民出版社2004年版。
26. 陈燕主编：《超越时空——媒介科技史论》，河北大学出版社2002年版。
27. 〔美〕大卫·里斯曼、格拉泽、戴尼著：《孤独的人群——美国人性格变动之研究》，刘翔平译，辽宁人民出版社1989年版。
28. 〔英〕大卫·尼科尔著：《古罗马生活》，曾玲玲等译，希望出版社2007年版。
29. 〔英〕戴维·巴特勒著：《媒介社会学》，赵伯英、孟春译，社会科学文献出版社1989年版。
30. 〔美〕丹·希勒著：《数字资本主义》，杨立平译，江西人民出版社2001年版。
31. 〔美〕丹尼尔·贝尔著：《后工业社会的来临——对社会预测的一项探索》，高铦等译，商务印书馆1986年版。
32. 〔美〕丹尼尔·贝尔著：《资本主义文化矛盾》，赵一凡等译，三联书店1989年版。
33. 〔美〕丹尼尔·杰·切特罗姆著：《传播媒介与美国人的思想》，曹静生、黄艾禾译，中国广播电视出版社1991年版。
34. 〔加〕德里克·德克霍夫著：《文化肌肤：真实社会的电子克隆》，汪冰译，河北大学出版社1998年版。
35. 〔美〕丹尼斯·麦奎尔著：《大众传播理论》，潘邦顺译，台北风云论坛出版社2000年版。
36. 段京肃著：《传播学基础理论》，新华出版社2003年版。
37. 〔美〕E.拉兹洛著：《用系统论的观点看世界》，闵家胤译，中国社会科学出版社1985年版。
38. 〔美〕E.M.罗杰斯著：《传播学史——一种传记式的方法》，殷晓蓉译，上海译文出版社1997年版。
39. 〔德〕恩斯特·卡西尔著：《人论》，甘阳译，上海译文出版社1985年版。
40. 〔德〕恩斯特·卡西尔著：《国家的神话》，范进等译，华夏出版社1999年版。
41. 〔美〕恩斯特·卡西尔著：《语言与神话》，于晓等译，三联书店1988年版。
42. 〔美〕凡勃伦著：《有闲阶级论——关于制度的经济学》，蔡受百译，商务印书馆1964年版。
43. 〔法〕菲利普·阿利埃斯、乔治·杜比主编：《古代人的私生活——从古罗马到拜占庭》，李群、赵娟娟等译，三环出版社、北方文艺出版社2007年版。
44. 〔加〕菲利普·马尔尚著：《麦克卢汉：媒介及信史》，何道宽译，中国人民大学出版社2003

年版.

45. 〔美〕菲利普·迈耶著:《正在消失的报纸:在信息时代拯救记者》,张卫平译,新华出版社2007年版.

46. 费孝通著:《乡土中国》,三联书店1985年版.

47. 〔德〕F.拉普著:《技术哲学导论》,刘武等译,辽宁科学技术出版社1986年版.

48. 〔法〕弗雷德里克·巴比耶著:《书籍的历史》,刘阳译,广西师范大学出版社2005年版.

49. 〔英〕G.昂温、P.S.昂温著:《外国出版史》,陈生铮译,中国书籍出版社1988年版.

50. 高亮华著:《人文主义视野中的技术》,中国社会科学出版社1996年版.

51. 高小康著:《世纪晚钟——当代文化与艺术趣味评述》,东方出版社1995年版.

52. 管锡华著:《中国古代标点符号发展史》,巴蜀书社2002年版.

53. 〔加〕哈罗德·伊尼斯著:《传播的偏向》,何道宽译,中国人民大学出版社2003年版.

54. 〔加〕哈罗德·伊尼斯著:《帝国与传播》,何道宽译,中国人民大学出版社2003年版.

55. 郝侠君等主编:《中西500年比较》,中国工人出版社1996年版.

56. 〔德〕黑格尔著:《历史哲学》,王造时译,上海世纪出版集团2006年版.

57. 胡翼青著:《传播学:学科危机与范式革命》,首都师范大学出版社2004年版.

58. 胡翼青著:《再度发言:论社会学芝加哥学派传播思想》,中国大百科全书出版社2007年版.

59. 黄育馥著:《人与社会——社会化问题在美国》,辽宁人民出版社1986年版.

60. 〔英〕霍克斯著:《结构主义和符号学》,瞿铁鹏译,上海译文出版社1987年版.

61. 〔法〕加布里埃尔·塔尔德著:《传播与社会影响》,何道宽译,中国人民大学出版社2005年版.

62. 〔美〕加里·沃尔夫著:《连线:数字时代的传媒梦想》,黄锫坚译,中国铁道出版社2006年版.

63. 〔英〕杰弗里·巴勒克拉夫著:《泰晤士世界历史地图集》,毛昭晰等译,三联书店1985年版.

64. 〔美〕杰里米·里夫金、特德·霍华德著:《熵:一种新的世界观》,吕明、袁舟译,上海译文出版社1987年版.

65. 金观涛、王军衔著:《悲壮的衰落——古埃及社会的兴亡》,四川人民出版社1988年版.

66. 金观涛:《西方社会结构的演变》,四川人民出版社1985年版.

67. 金观涛著:《在历史的表象后面》,四川人民出版社1985年版.

68. 金吾伦著:《塑造未来——信息高速公路通向新社会》,武汉出版社1998年版.

69. 〔英〕卡尔·波普尔著:《客观知识——一个进化论的研究》,舒炜光译,上海译文出版社2001年版.

70. 〔美〕凯特·穆迪著:《电视的影响与儿童电视病:一份给家长的报告》,粟秀云译,中国广播电视出版社 1988 年版。
71. 〔英〕柯林伍德著:《历史的观念》,何兆武译,中国社会科学出版社 1986 年版。
72. 〔英〕克里斯托夫·霍洛克斯著:《麦克卢汉与虚拟实在》,刘千立译,北京大学出版社 2005 年版。
73. 〔意〕克罗齐著:《历史学的理论与实际》,傅任敢译,商务印书馆 1982 年版。
74. 〔美〕克特·W. 巴克主编:《社会心理学》,南开社会学系 1984 年译。
75. 〔美〕拉里·劳丹著:《进步及其问题——科学增长理论刍议》,方在庆译,上海译文出版社 1991 年版。
76. 〔英〕雷蒙德·威廉姆斯著:《电视:科技与文化形式》,冯建三译,台北远流出版事业股份有限公司 1992 年版。
77. 〔英〕雷蒙德·威廉姆斯著:《文化与社会》,吴松江、张文定译,北京大学出版社 1991 年版。
78. 李彬著:《全球新闻传播史》,清华大学出版社 2005 年版。
79. 李苓编著:《传播学理论与实务》,四川人民出版社 2002 年版。
80. 〔美〕李普曼著:《舆论学》,林珊译,华夏出版社 1989 年版。
81. 〔美〕理查德·尼克松著:《1999:不战而胜》,王观声等译,世界知识出版社 1989 年版。
82. 〔法〕列维—布留尔著:《原始思维》,丁由译,商务印书馆 1981 年版。
83. 林文刚编:《媒介环境学:思想沿革与多维视野》,何道宽译,北京大学出版社 2007 年版。
84. 凌志军、马立诚著:《呼喊——当今中国的五种声音》,广州出版社 1999 年版。
85. 刘豪兴、朱少华著:《人的社会化》,上海人民出版社 1993 年版。
86. 刘润清编著:《西方语言学流派》,外语教学与研究出版社 1995 年版。
87. 刘文海著:《技术的政治价值》,人民出版社 1996 年版。
88. 〔美〕鲁滨逊著:《新史学》,齐思和等译,商务印书馆 1964 年版。
89. 〔美〕罗杰·菲德勒著:《媒介形态变化:认识新媒介》,明安香译,华夏出版社 2000 年版。
90. 〔英〕罗杰·西尔弗斯通著:《电视与日常生活》,陶庆梅译,江苏人民出版社 2004 年版。
91. 〔法〕罗兰·巴特著:《符号学美学》,董学文、王葵译,辽宁人民出版社 1987 年版。
92. 〔法〕罗兰·巴特著:《符号学原理》,王东亮等译,三联书店 1999 年版。
93. 〔德〕马尔库塞著:《现代文明与人的困境——马尔库塞文集》,李小兵译,上海三联书店 1989 年版。
94. 〔美〕马克·波斯特著:《第二媒介时代》,范静哗译,南京大学出版社 2000 年版。
95. 〔美〕马克·波斯特著:《信息方式》,范静哗译,商务印书馆 2000 年版。
96. 〔德〕马克斯·霍克海默著:《批判理论》,李小兵等译,重庆出版社 1989 年版。
97. 〔英〕马林诺夫斯基著:《野蛮人的性生活》,高鹏编译,团结出版社 2005 年版。
98. 〔加〕马歇尔·麦克卢汉著,斯蒂芬尼·麦克卢汉、戴维·斯坦斯编:《麦克卢汉如是说》,

何道宽译,中国人民大学出版社2006年版。

99. 〔加〕马歇尔·麦克卢汉著:《机器新娘——工业时代的民俗》,何道宽译,中国人民大学出版社2004年版。

100. 〔加〕马歇尔·麦克卢汉著:《理解媒介》,何道宽译,商务印书馆2000年版。

101. 〔美〕玛格丽特·米德著:《萨摩亚人的成年》,周晓虹、李姚军译,浙江人民出版社1988年版。

102. 〔美〕玛格丽特·米德著:《三个原始部落的性别与气质》,宋践等译,浙江人民出版社1988年版。

103. 〔美〕玛格丽特·米德著:《文化与承诺:一项有关代沟问题的研究》,周晓虹、周怡译,河北人民出版社1987年版。

104. 〔加〕玛丽·葳庞德著:《传媒的历史与分析——大众媒介在加拿大》,郭镇之译,北京广播学院出版社2003年版。

105. 〔美〕曼纽尔·卡斯特著:《认同的力量》,夏铸九等译,社会科学文献出版社2003年版。

106. 〔加〕梅蒂·莫利纳罗、科琳·麦克卢汉、威廉·托伊编:《麦克卢汉书简》,何道宽译,中国人民大学出版社2005年版。

107. 〔美〕梅尔文·德弗勒、桑德拉·鲍尔—洛基奇著:《大众传播学诸论》,杜力平译,新华出版社1990年版。

108. 孟繁华著:《众神狂欢——当代中国的文化冲突问题》,今日中国出版社1997年版。

109. 〔美〕迈克尔·埃默里、埃德温·埃默里著:《美国新闻史》,展江、殷文译,新华出版社2001年版。

110. 闵大洪著:《传播科技纵横》,警官教育出版社1998年版。

111. 〔法〕米歇尔·福柯著:《知识考古学》,谢强、马月译,三联书店1998年版。

112. 〔美〕莫里斯·迪克斯坦著:《伊甸园之门——六十年代的美国文化》,方晓光译,上海外语教育出版社1985年版。

113. 〔英〕纳撒尼尔·哈里斯著:《古罗马生活》,卢佩媛等译,希望出版社2007年版。

114. 〔美〕尼尔·波兹曼著:《娱乐至死》,章艳译,广西师范大学出版社2004年版。

115. 〔美〕尼古拉·尼葛洛庞帝著:《数字化生存》,胡泳、范海燕译,海南出版社1997年版。

116. 〔英〕尼古拉斯·阿伯克龙比著:《电视与社会》,张永喜等译,南京大学出版社2001年版。

117. 〔英〕尼克·史蒂文森著:《认识媒介文化——社会理论与大众传播》,王文斌译,商务印书馆2001年版。

118. 〔德〕诺贝特·埃利亚斯著:《文明的进程》(第一卷),王佩莉译,三联书店1998年版。

119. 〔美〕欧文·戈夫曼著:《日常生活中的自我呈现》,徐江敏译,云南人民出版社1988年版。

120. 庞元正著：《决定论的历史命运：现代科学与辩证决定论的建构》，中共中央党校出版社 1996 年版。

121. 钱存训著：《印刷发明前的中国书和文字记录》，印刷工业出版社 1988 年版。

122. 秦麟征著：《后工业社会理论和信息社会》，辽宁人民出版社 1986 年版。

123. 冉华著：《电视传播与电视文化》，武汉大学出版社 1998 年版。

124. 〔法〕让·鲍德里亚著：《物体系》，林志明译，上海人民出版社 2001 年版。

125. 〔法〕让·鲍德里亚著：《消费社会》，刘富成、全志钢译，南京大学出版社 2001 年版。

126. 〔法〕让·弗朗索瓦·利奥塔尔著：《后现代状态：关于知识的报告》，车槿山译，三联书店 1997 年版。

127. 〔瑞〕让·皮亚杰著：《儿童的语言与思维》，傅统先译，文化教育出版社 1980 年版。

128. 〔瑞〕让·皮亚杰著：《结构主义》，倪连生、王琳译，商务印书馆 1984 年版。

129. 〔法〕让—诺埃尔·让纳内著：《西方媒介史》，段慧敏译，广西师范大学出版社 2005 年版。

130. 〔美〕R.E. 帕克等著：《城市社会学——芝加哥学派城市研究文集》，华夏出版社 1987 年版。

131. 〔美〕R. C. 阿伦编：《电视与当代批评理论》，李天铎译，台北远流出版事业股份有限公司 1993 年版。

132. 〔日〕扇谷正造等著：《怪异的一代——新人类》，何培忠编译，社会科学文献出版社 1989 年版。

133. 石义彬著：《单向度、超真实、内爆——批判视野中的当代西方传播思想研究》，武汉大学出版社 2003 年版。

134. 〔美〕斯宾塞著：《社会学研究》，张红晖、胡红波译，华夏出版社 2001 年版。

135. 〔美〕斯蒂文·小约翰著：《传播理论》，陈德民、叶晓辉译，中国社会科学出版社 1999 年版。

136. 〔美〕斯塔夫里阿诺斯著：《全球通史：从史前史到 21 世纪》（上册），吴象婴等译，北京大学出版社 2006 年版。

137. 〔美〕斯塔夫里阿诺斯著：《全球通史——1500 年以后的世界》，吴象婴、梁赤民译，上海社会科学院出版社 1999 年版。

138. 孙小礼、冯国瑞主编：《信息科学技术与当代社会》，高等教育出版社 2000 年版。

139. 〔美〕塔里克·阿里、苏珊·沃特金斯著：《1968 年——反叛的年代》，范昌龙等译，山东画报出版社 2003 年版。

140. 〔美〕唐诺·里齐著：《大家来做口述历史》，王芝芝译，台北远流出版事业股份有限公司 1997 年版。

141. 〔日〕藤竹晓著：《电视的冲击》，李江林、攀诗序编译，北京广播学院出版社 1989 年版。

142. 〔美〕托尼·施瓦茨著:《传播媒介:第二位上帝》,蒯亮编译,台北政治大学新闻研究所1986年版。

143. 屠文淑著:《社会心理学理论与应用》,人民出版社2002年版。

144. 〔美〕托马斯·库恩著:《科学革命的结构》,金吾伦、胡新和译,北京大学出版社2003年版。

145. 王逢振主编:《电视与权力》,天津社会科学院出版社2000年版。

146. 王雨田主编:《控制论、信息论、系统科学与哲学》,中国人民大学出版社1986年版。

147. 〔美〕威尔伯·施拉姆、威廉·波特著:《传播学概论》,陈亮、周立方、李启译,新华出版社1984年版。

148. 〔美〕威尔伯·施拉姆著:《大众传播媒介与社会发展》,金燕宁等译,华夏出版社1990年版。

149. 〔美〕威廉·麦克高希著:《世界文明史——观察世界的新视角》,董建中、王大庆译,新华出版社2003年版。

150. 〔意〕维柯著:《新科学》上册,朱光潜译,商务印书馆1989年版。

151. 〔美〕维纳著:《人有人的用处:控制论与社会》,陈步译,商务印书馆1989年版。

152. 〔加〕文森特·莫斯可著:《传播政治经济学》,胡正荣等译,华夏出版社2000年版。

153. 〔美〕沃尔特·翁著:《口语文化与书面文化:语词的技术化》,何道宽译,北京大学出版社2008年版。

154. 〔美〕沃纳·赛佛林、小詹姆斯·坦卡德著:《传播理论:起源、方法与应用》,郭镇之译,华夏出版社2000年版。

155. 吴伯凡著:《孤独的狂欢——数字时代的交往》,中国人民大学出版社1998年版。

156. 吴予敏著:《无形的网络》,国际文化出版公司1988年版。

157. 席巧娟著:《电视传媒与传播文化大趋势》,中国书籍出版社2003年版。

158. 〔爱〕肖恩·麦克布赖德等编著:《多种声音,一个世界》,中国对外翻译出版公司1981年版。

159. 〔英〕亚当·斯密著:《国富论》,杨敬年译,陕西人民出版社2001年版。

160. 严春友:《西方哲学新论(上下卷)》,中国社会科学出版社2001年版。

161. 严建强、王渊明著:《西方历史哲学:从思辨的到分析与批判的》,浙江人民出版社1997年版。

162. 杨祥银著:《与历史对话——口述史学的理论与实践》,中国社会科学出版社2004年版。

163. 〔日〕野家启一著:《库恩:范式》,毕小辉译,河北教育出版社2002年版。

164. 〔比〕伊·普里戈金、〔法〕伊·斯唐热著:《从混沌到有序》,曾庆宏、沈小峰译,上海译文出版社1987年版。

165. 殷晓蓉著:《战后美国传播学的理论发展——经验主义和批判学派的视域及其比较》,复旦大学出版社 2000 年版。

166. 余凤高著:《西方性观念的变迁——西方性解放的由来和发展》,湖南文艺出版社 2004 年版。

167. 〔美〕约翰·R.霍尔、M.J.尼兹著:《文化:社会学的视野》,周晓虹、徐彬译,商务印书馆 2002 年版。

168. 〔美〕约翰·杜威著:《民主主义与教育》,王承绪译,人民教育出版社 1990 年版。

169. 〔美〕约翰·奈斯比特著:《大趋势:改变我们生活的十个新方向》,梅艳译,中国社会科学出版社 1984 年版。

170. 〔美〕约书亚·梅罗维茨著:《消失的地域:电子媒介对社会行为的影响》,肖志军译,清华大学出版社 2002 年版。

171. 〔美〕詹姆斯·W.凯瑞著:《作为文化的传播:"媒介与社会"论文集》,丁未译,华夏出版社 2005 年版。

172. 张耕华著:《历史哲学引论》,复旦大学出版社 2004 年版。

173. 张广智、张广勇著:《史学:文化中的文化》,上海社会科学院出版社 2003 年版。

174. 张锦华:《传播批判理论》,台北黎明文化事业股份有限公司 1995 年版。

175. 张瑞生著:《社会历史观的发展和比较》,陕西人民出版社 1989 年版。

176. 张文杰等编译:《现代西方历史哲学译文集》,上海译文出版社 1987 年版。

177. 张咏华著:《大众传播社会学》,上海外语教育出版社 1998 年版。

178. 张咏华著:《媒介分析:传播技术神话的解读》,复旦大学出版社 2002 年版。

179. 张政、罗振宇著:《理解电视的一个角度》,中国青年出版社 2000 年版。

180. 郑继兵著:《现代人的回溯与思考——关于中西方文明不同发展道路的对话》,贵州人民出版社 1988 年版。

181. 周晓虹著:《西方社会学:历史与体系(第一卷)》,上海人民出版社 2002 年版。

182. 周毅著:《传播文化的革命》,浙江人民出版社 2001 年版。

183. 朱立、陈韬文编:《传播与社会发展》,香港中文大学新闻与传播系 1992 年版。

184. 〔美〕兹比格涅夫·布热津斯基著:《大失控与大混乱》,潘嘉玢、刘瑞祥译,中国社会科学出版社 1995 年版。

185. 〔日〕佐藤卓己著:《现代传媒史》,诸葛卫东译,北京大学出版社 2004 年版。

中文参考论文

1. 卜卫:《传播学思辨研究论》,《国际新闻界》1996 年第 5 期。

2. 陈力丹:《试论传播学方法论的三个流派》,《新闻与传播研究》2005 年第 2 期。

3. 陈力丹:《以全球视角观察新闻传播的历史》,《传媒》2005 年第 11 期。

4. 陈力丹:《用自信的微笑应对 2044 年报纸消亡的预言》,http://blog.sina.com.cn/chenlidan。

5. 陈卫星:《当代西方传播学学术思想的回顾和展望》,《新华文摘》1998 年第 9 期。
6. 陈卫星:《麦克卢汉的传播思想》,《新闻与传播研究》1997 年第 4 期。
7. 崔保国:《媒介是条鱼——关于媒介生态学的若干思考》,《中国传媒报告》2003 年第 2 期。
8. 郭海良:《基督纪元体系的形成与基督教史学》,《华东师范大学学报(哲学社会科学版)》第 36 卷第 2 期(2004 年 3 月)。
9. 郭镇之:《关于麦克卢汉的思想——与埃里克·麦克卢汉博士的一次访谈》,《现代传播》1999 年第 4 期。
10. 汉诺·哈特:《范式转变:大众传播研究话语中心的消解》,刘燕南、钱芹茹译,《国际新闻界》2002 年第 3 期。
11. 何道宽:《异军突起的第三学派——媒介环境学评论之一》,《深圳大学学报·人文社会科学版》2006 年第 6 期。
12. 何道宽:《媒介环境学辨析》,《国际新闻界》2007 年第 1 期。
13. 何兆武:《社会形态与历史规律再认识笔谈》,《历史研究》2000 年第 2 期。
14. 何镇飚:《"媒介即信息"还是"媒介即按摩"?》,《新闻界》2006 年第 1 期。
15. 黄旦:《还是先回到历史去》,《现代传播》1996 年第 3 期。
16. 纪莉:《论麦克卢汉传播观念的"技术乌托邦主义"——理解麦克卢汉的新视角》,《新闻与传播研究》2003 年第 1 期。
17. 李彬:《批判学派纵横谈》,《国际新闻界》2001 年第 2 期。
18. 李彬:《现代传播探源》,《现代传播》1995 年第 2 期。
19. 林文刚:《媒介生态学在北美之学术起源简史》,中国新闻研究中心,2003 年 9 月 24 日。原载香港《中国传媒报告》2003 年第 2 期。
20. 刘燕南:《信息高速公路与未来传播展望》,《华中理工大学学报(社会科学版)》1995 年第 3 期。
21. 陆道夫:《多伦多传播学派媒介文化理论初探》,《学术论坛》2004 年第 2 期。
22. 毛峰:《文明传播的偏向与当代文明的危机——伊尼斯传播哲学中的历史智慧》,《史学理论研究》2005 年第 2 期。
23. 闵大洪:《电视直播的后现代感觉》,《青年记者》2005 年第 11 期。
24. 单波、王冰:《西方媒介生态理论的发展及其理论价值与问题》,《新闻与传播研究》第 13 卷第 3 期。
25. 石林、冉华:《对麦克卢汉媒介思想研究现状的检讨》,武汉大学新闻与传播学院网站,http://journal.whu.edu.cn,2005-05-25。
26. 石义彬、王勇:《后现代主义产生的媒介背景——电视》,《国际新闻界》2006 年第 5 期。
27. 苏克军:《后大众传播时代的来临——信息高速公路带来的传播革命》,《现代传播》1998 年第 3 期。

28. 苏克军:《信息高速公路对人类社会的冲击》,《现代传播》1998年第4期。
29. 孙振斌:《大众媒介:人的比喻》,《现代传播》1991年第3期。
30. 田中初:《电子媒介如何影响社会行为——梅罗维茨传播理论述评》,《浙江师范大学学报·社会科学版》2006年第1期。
31. 王纬:《哈罗德·伊尼斯传播理论与美加的文化战》,《现代传播》1999年第2期。
32. 王怡红:《"忧虑的时代"与不忧虑的麦克卢汉》,《国际新闻界》1997年第1期。
33. 徐桂权:《传播图景中的制度》,《国际新闻界》2004年第3期。
34. 夏文蓉:《发展传播学视野中的媒介理论变迁》,《扬州大学学报(人文社会科学版)》2007年第5期。
35. 杨保军:《现实世界与媒介世界》,《国际新闻界》2000年第2期。
36. 杨伯溆、李凌凌:《艺术的视角——理解麦克卢汉》,《现代传播》2001年第6期。
37. 杨婷婷:《论中西媒介生态学的差异》,《新闻界》2005年第3期。
38. 殷晓蓉:《麦克卢汉对美国传播学的冲击及其现代文化意义》,《复旦学报·社会科学版》1999年第2期。
39. 喻国明:《"拐点"的到来意味着什么——兼论中国传媒业的发展契机》,《中国记者》2005年第10期。
40. 张咏华:《归于消失,还是再获新生?——试论传媒的发展前景兼与朱光烈先生商榷》,《国际新闻界》1996年第5期。
41. 张咏华:《媒介分析领域的重要理论成果——贝尼格的"控制革命"论评析(上、下)》,《新闻大学》2000年秋。
42. 张咏华:《新形势下对麦克卢汉媒介理论的再认识》,《现代传播》2000年第1期。
43. 张卓:《传播学学术身份与研究范式的论战与反思》,《中国传媒报告》2007年第3期。
44. 郑保卫、王静:《数字化对传媒生态的影响》,《兰州大学学报(社会科学版)》第36卷第5期(2008年9月)。
45. 周燕、余文蕙:《近十五年国内大众传媒影响儿童社会化研究综述》,《广州大学学报(社会科学版)》第6卷第9期(2007年9月)。
46. 朱光烈:《"不谋万世者无以谋一时,不谋天下者无以谋一域"——2006年再论"泡沫"》,《现代传播》2006年第5期。
47. 朱光烈:《我们将化为"泡沫"——信息高速公路将给传播业带来什么?》,《北京广播学院学报》1994年第2期。
48. 庄国雄:《历史分期法:历史哲学与马克思》,《哲学研究》第25卷第3期(2004年7月)。

英文参考书目

1. Arthur Kroker, *Technology and the Canadian Mind*, *Innis/McLuhan/Grant*, St. Martin's Press,

New York, 1984.

2. Charles Horton Cooley, *Social Organization: A Study of the Larger Mind*, New York: Charles Scribner's Sons, 1967.

3. David Crowley and David Mitchell, *Communication Theory Today*, Polity Press, 1994.

4. Derrick De Kerckhove, *The Skin of Culture: Investigating the New Electronic Reality*, Kogan Page Ltd. , 1997.

5. Harold Adams Innis, *Essays in Canadian Economic History*, edited by M. Q. Innis, Toronto: University of Toronto Press, 1956.

6. Harold Adams Innis, *The Fur Trade in Canada: An Introduction to Canadian Economic History*, University of Toronto Press, 1956.

7. James R Beniger, *The Control Revolution*, Harvard University Press, 1986.

8. John Durham Peters, *Speaking into the Air: A History of the Idea of Communication*, University of Chicago Press, 1999.

9. Joshua Meyrowitz, *No Sense of Place: the Impact of Electronic Media on Social Behavior*, New York: Oxford University Press, 1985.

10. Lewis Mumford, *Technics and Civilization*, Harcout, Brace and Company Inc. , 1934.

11. Marshall McLuhan, *Understanding Media: the Extensions of Man*, New York: McGraw-Hill, 1964.

12. Marshall McLuhan and Bruce R. Powers, *The Global Village: Transformations in World Life and Media in the 21st Century*, New York: Oxford University Press, 1989.

13. Neil Postman, *Technopoly: the Surrender of Culture to Technology*, Random House, Inc. , New York, 1993.

14. Rowland Lorimer & Mike Gasher, *Mass Communication in Canada*, Oxford University Press, 2001.

15. Walter J. Ong, *Orality and Literacy: The Technologizing of the Word*, Methuen, 1982.

英文参考论文

1. Arthur Asa Berger, "The Virtual Marshall McLuhan," *Public Relations Review*, 28, No. 2, 2002.

2. Christine Nystrom, "Towards a Science of Media Ecology: The Formulation of Integrated Conceptual Paradigms for the Study of Human Communication Systems," Doctoral Dissertation, New York University, 1973.

3. David Skinner, "McLuhan's World and Ours," *The Public Interest*, No. 138, Winter, 2000.

4. Elizabeth L. Eisenstein, "The Advent of Printing and the Problem of the Renaissance," *Past and*

Present, No. 45 (Nov, 1969), pp. 19—89.

5. Elizabeth L. Eisenstein, "The Advent of Printing and the Problem of the Renaissance: A Reply," *Past and Present*, No. 52(Aug, 1971), pp. 140—144.
6. Elizabeth L. Eisenstein, "The Advent of Printing in Current Historical Literature: Notes and Comments on an Elusive Transformation," *The American History Review*, Vol. 75, No. 3 (Feb, 1970), pp. 727—743.
7. Eric Alfred Havelock, "The Preliteracy of the Greeks," *New Literary History*, Vol. 8, No. 3, 1977, pp. 369—391.
8. Fletcher Baragar, "The Influence of Thorstein Veblen on the Economics of Harold Innis," *Journal of Economic Issues*, Vol. 30, Spring, 1996, pp. 667—683.
9. Frank McConnell, "Marshall McLuhan," *Commonweal*, February 27, 1998, Vol. 125.
10. Glenn Clark, "Harold Innis through the Lens of Educational," *Technology*, April, 2000, http://www.usask.ca/education/coursework/802papers/clark/clark.htm.
11. Harold Adams Innis, "The Newspaper in Economic Development," *Political Economy in the Modern State*, Toronto: Ryerson Press, 1946.
12. James Giles, "Editor's Choice: Books, Bytes, and Beyond," *Cross Currents* Vol. 50, No. 3, Fall, 2000.
13. Joshua Meyrowitz, "Medium Theory," *Communication Theory Today*, edited by David Crowley and David Mitchell, Polity Press, 1994.
14. Joshua Meyrowitz, "Shifting Worlds of Strangers: Medium Theory and Changes in 'Them' Versus 'Us'," *Sociological Inquiry*, Vol. 67, No. 1, February, 1997.
15. Marc Leverette, "Towards an Ecology of Understanding: Semiotics, Medium Theory, and the Uses of Meaning," http://www.image and narrative.be/medium theory/marcleverette.htm.
16. Marshall Fishwick, "Marshall McLuhan," *Journal of Popular Culture*, 31, No. 4, Spring, 1998.
17. Marshall Soules, "Harold Adams Innis: The Bias of Communications & Monopolies of Power," 1996, http://records.viu.ca/-media113/innis.htm.
18. Matthew Evenden, "The Northern Vision of Harold Innis," *Journal of Canadian Studies*, 34, No. 3, Fall, 1999, pp. 162—186.
19. Neil Postman, "Five Things We Need to Know about Technological Change," Denver, Colorado, March 27, 1998.
20. Neil Postman, "Science and the Story that We Need," *First Things*, January, 1997, p. 69.
21. Neil Postman, "The Humanism of Media Ecology," Keynote Address Delivered at the Inauguration Media Ecology Association Convention, Fordham University, New York, June, 2000, pp. 16—17.

22. Paul Levinson,"McLuhan and Media Ecology," www.media-ecology.org.
23. Richard Abel, "Marshall McLuhan: A Master of Academic Grandstanding," *Logos*, 12, No. 3, 2001.
24. Richard Abel,"Marshall McLuhan Revisited,"*Logos*, 12, No. 1, 2001.
25. Robert Babe,"Foundations of Canadian Communication Thought,"*Canadian Journal of Communication*, Vol. 25, No. 1(2000).
26. Ronda Osterhoff,"Meyrowitz,McLuhan,Medium Theory and Me: Why Medium Theory Needs to Be Taught Alongside Techniques for New Communication Technologies," AEJMC Conference Papers(http://eric.ed.gov/ERICDocs/data/ericdocs2sql/content_storage_01/0000019b/80/19/31/06.pdf).
27. Rowland Lorimer,"Marshall McLuhan: Media Genius,"*Logos*,12, No. 2. 2001.
28. Walter J. Ong,"African Talking Drums and Oral Noetics," *New Literary History*, Vol. 8, No. 3 (Sping,1977), pp. 411—429.
29. Walter J. Ong, "Orality, Literacy, and Medieval Textualization," *New Literary History*, Vol. 16, No. 1(1984), pp. 1—12.
30. William J. Buxton, "Harold Innis' Excavation of Modernity: The Newspaper Industry, Communications, and the Decline of Public Life," *Canadian Journal of Communication*, 1998: Volume 23.
31. William J. Buxton, "The Bias against Communication: On the Neglect and Non-publication of the 'Incomplete and Unrevised Manuscript' of Harold Adams Innis," *Canadian Journal of Communication*,2001,Vol. 26,Issue 2.

后　　记

　　这是我的第一本专著，借此机会总结一下自己的学问之路。

　　我喜欢"学问"胜于"学术"。因为，有"问"始成"学"，趣味在"问"不在"术"。

　　我的学问之路从大学起步。人生第一次为一个问题沉思良久难以释怀，是从胡山林老师在文艺欣赏课上评点史铁生的短篇小说《宿命》开始。小说情节很简单：一个所有证件都已办齐即将出国留学的中学老师，因为晚了一秒钟或没能再晚一秒钟，也可以说早了一秒钟却偏又没能再早一秒钟，以至于遭遇车祸终身截瘫的故事。司机开车没有错，自己骑车也没错。错在哪里？是自行车轧上的那只又光又大的茄子吗？如果在此之前没有遇到一个熟人捏了一下车闸停留那几秒，就算轧上茄子摔倒，也会给司机留下足够的刹车时间。再往前回想，如果自己下课后从学校直接回家而没有去看歌剧，就不会遇到那个熟人，也不会有后来发生的不幸。但是，要不是那个被自己罚出教室的学生放学后拖了自己二十分钟，自己也不会碰巧被老校长塞一张当晚的歌剧门票。为什么要把那个学生罚出教室呢？说起来着实可气！那个平素非常老实的学生在最后一节课上不停地笑，问他原因他还是不停地笑。课堂秩序都乱了。他为什么止不住地笑呢？多年以后终于有机会当面向那个学生请教他当年为何大笑不止，学生好不容易才忍住笑，认真地解释说：他看见并听到一只狗望着学校大门正中的大标语放了个屁。主人公不敢相信：一个狗屁，一声闷响，断送了自己的前程，把自己从此种在了轮椅上。可这就是宿命！

　　这个故事当时让我顿如菩提花开（当然没有彻悟成佛），开始认真思考人的命运，命运的荒诞。百思不得解，荒诞从此成了我的心魔。

　　时隔五年，不期然地因为一本书而心魔除开。这本书是朱学勤的文集《书斋里的革命》。书中收录的一篇短文写道:追究一事物的原因,如果不适可而止,那就会开启事物原因的稀释过程。原因挖得越深,距离事物就越远,与其他事物之原因的联系就越近,特定事物的原因分子随深入程度而稀释,直至稀释为零。……这种病态的深刻癖是生活在观念世界里的知识分子经常容易犯的毛病。美国思想家悉尼·胡克讲过一句大白话:原因的原因的原因,就不是原因。

这段话让我一下子走出了五年来的沉重,仿佛久居暗室而顿见光明。《宿命》不正是一个看似深刻实际是稀释事件原因曲解命运际遇的讲述吗?但转念一想,间接原因就不是原因吗?间接原因就一定比直接原因微不足道吗?生命中的很多荒诞难道不就是一些小概率偶然事件的连锁反应?

世界是复杂的,认识应该是多元的。它们没有对错之分。对我来讲,文学故事把我拖入了思想的漩涡,去反思人的存在,生命的意义,上帝与意志。哲学思想一针见血在认识论上为我打开了一扇门。这正是读书和学问的乐趣——一个反思、质疑、求解的思想之旅,其中不乏悬念与刺激,快慰与狂喜。所以,我要感谢胡山林老师,感谢史铁生和朱学勤的思想之光,是你们为我开启了幸福的学问生活。

我不知道为什么要读硕士,也许是为了延续刚刚开始的幸福生活。事实证明,这是一个扩大幸福的英明选择。硕士三年,我如饥似渴地读书,读书,再读书;观察,观察,再观察;思考,思考,再思考。我开始认真地思考自己的人生,规划自己的道路。我一直在问自己,我要过怎样的一生?我到底应该追求什么?我能追求什么?我要怎样才能洞明世事,做好自己,发出自己的声音?二十出头,我真正开始了自觉的人生与学问追求,不算晚但也绝说不上早。

值此嫩芽抽发之际,导师王振铎为我这棵小苗施予了最好的水肥。他的教学态度和教学方式都让我深为动容,受益匪浅。还记得2000年的七八月份,正是酷暑季节,王老师亲自领队带我们到河南报业集团调研。当时他已年过花甲,却不辞艰辛与我们同吃同住,为我们多方联系,安排甚至还亲身参与访谈。一个多月下来,王老师的身体骤然消瘦。我们看在眼里,敬由心生。他从基本的概念辨析入手,锻炼我们的学术基本功。他以学术争鸣引领我们入行。他不在课堂讲授,而是组织我们讨论,挑起我们辩论,在讨论和辩论中启发我们如何发现问题和分析问题,如何言之有理、持之有故。他虽年事已高,却始终保持对新生事物的好奇心、学习劲头和应用热情,无形中催我奋进。所以,我要感激王振铎导师,感激他对我的教育和指导。

攻读博士学位是我在开始硕士学习不久就定下的目标。此时,我已经明白了自己的兴趣和志向。画一个圆圈,圈内代表一个人的所知,圈外就是这个人的未知。一个人的知识圈越大,他所能接触到的未知领域就越大。我感兴趣和我需要的,正是接触未知,发现问题。

我很幸运,找到了一个我心目中最理想的博士生导师——陈力丹。他为我呈现并带我进入很多未知的领域。陈老师是一个多面手。第一次见他时,他举重若轻地问了我一个问题:清朝历代皇帝的名号依次是什么?我懵了!可他却能张口就来。后来我才真正领略到他在文史方面的浓厚兴趣和真功夫。他对中西历史、地理和人文的熟悉程度非同一般。每到一处古迹,他总能钩沉一些历史故事,回去往往是挤时间也要写个游记。我见贤思齐,却只能遗憾自己没有长八颗脑袋。

不仅是历史,陈力丹老师对人类现代文明的重要成果——民主与法治、自由与责任、权利与平等,尤其珍视。他引入这些观念的心态之迫切,推动这些制度建设的努力之不惜,在新闻传播学界,堪称翘楚。身为其门徒,受他所感染,思想有了大解放。

陈力丹老师的人品和学识,已为圈内外很多人所称道。我只讲我所经历的其中两个细节,以表我所领受的恩惠。我们曾经联名发表过一篇论文《教授走进电视直播间的学理追问》。发表至今的引用率说明这个论文选题切中了社会突出问题。发现这个突出问题的是陈老师,不是我。他提议我们就此问题合写一篇论文。他自己写了一部分,又指导我写了一部分。最后,又是他来修改定稿。自始至终,陈力丹老师做了大部分工作。可是,当我拿到刊物的时候却看到,自己的名字竟然被放在了前面。这着实触动了我的心灵。

博士学位论文的选题,对学生和导师而言都事关重大,往往也是师生之间很容易发生矛盾的大问题。想当年,陈力丹老师主动向我推荐了好几个选题。我在认真研读了相关文献之后都提出了疑问,可他依旧不遗余力地帮我出主意。当我按照他的建议看了梅罗维茨和莱文森的书,然后决定研究媒介环境学的时候,他给予我的是肯定与支持。无论是学位论文选题,还是研究兴趣和学术方向,陈老师都从不强加干涉。在他门下,我始终沐浴着思想自由的春风。

陈力丹老师让我看到了做人和治学的高度,给了我无尽的教益与感动。我心存感激,铭怀难忘。

博士三年能有知识和思想的精进,还要感谢中国社会科学院新闻与传播研究所的尹韵公所长、卜卫研究员、张西明研究员、时统宇研究员和李斯颐研究员,他们让我领略到了不同研究领域的别致。感谢作为答辩委员会委员参加我的博士学位论文答辩的中国传媒大学郭镇之教授和刘燕南教授,他们的批评精准而诚恳,启我深思,策我前行。感谢作为学位论文评阅人对我的博士学位论文进行评议的清华大学李彬教授和中国人民大学郑保卫教授。他们的评阅意见指引我后来的研究。感谢上海大学张咏华教授对我的博士学位论文悉心指导。感谢中国青年政治学院展江教授对博士学位论文选题的支持和鼓励。

从学校到社会,这是我感受最为强烈的一次转型。节奏骤然加快,琐事纷至沓来,压力前所未有。时至今日,南下深圳大学任教已倏忽四年。整体来看,还算顺风顺水。教学工作问心无愧,学问私趣丝毫未减,社会阅历大幅增加。个人所得非一己之劳,诚蒙天时地利人和所共举。

感谢深圳这座城市。尽管她年轻,文化的底蕴不厚,但她的蓝天、绿树和青山,让我身心畅快。

感谢吴予敏院长,他为传播学院的整体发展殚精竭虑。很多次,他耳提面命,教导我如何利用资源,释放潜能。他在事业上的勤奋和智慧总让我难望其项背。他在事业上的宏大愿景一直在激励着我勇往直前。

感谢何道宽教授,自从2005年10月15日在深圳仙湖植物园的斋菜馆相识,他就一直在给予我慷慨无私的帮助。何道宽教授在译介传播学西著方面的贡献无人能出其右。他的勤进不懈让我敬佩。他的建议和勉励是我前进的动力。

一定不能忘记、要深表谢意的是我的家人和朋友。他们始终给我温暖和勇气。我的母亲父亲、哥哥姐姐为我付出了很多很多。我的岳母明达宽厚,支持我的学业和事业。我的爱人风雨中伴我左右,为我默默奉献。我的女儿如此健康乖巧懂事,是我最大最大的幸福。我的一些老师和几位朋友给了我莫大的鼓励与支持。

最后还要特别感谢北京大学出版社的周丽锦女士、卢旖旎女士,感谢她们为本书的出版做出的努力。

李明伟
2009年2月10日
于深圳塘朗山之俊峰丽舍